일본 영대장

日本永代藏

이하라 사이카쿠(井原西鶴) 지음
정형(鄭灐) 옮김

◆ 일러두기

1. 번각(翻刻) 저본으로는 주로 『定本西鶴全集 第七卷』(中央公論社, 1949年)을 사용했고, 영인 복제본(複製本)은 필자가 소장하고 있는 『復刻 日本永代藏』(山海堂出版部, 1937年)을 사용했다.
2. 번역 본문에도 영인 복제본의 삽화를 삽입해 본 작품의 시각적 메시지를 그대로 전달하고자 했고, 권말에는 복제본 전문을 수록했다.
3. 원문의 표현을 충실하게 번역하는 것을 원칙으로 했고, 자연스러운 한국어 번역을 위해 부분적으로 의역, 혹은 보완, 삭제 등이 이루어지기도 했다.
4. 인명, 지명, 신(神)의 이름, 관직 등과 같은 일본 고유의 명칭은 일본어 발음으로 표기했고 한자를 병기했다.
5. 4의 경우라고 하더라도 우리에게 통용될 수 있는 한자용어, 불교용어, 서명 등은 한자어 발음을 표기했다.
6. 일본어 발음의 한글표기는 국립국어연구원의 한글맞춤법에 의거한 외래어표기법에 따랐다.
7. 권말의 해제는 본문 내용을 돕기 위해 작성되었다.

역자 서문

이 책 『일본영대장日本永代藏』은 17세기에 간행된 일본 최초의 본격 경제소설로서 일본문학사에서 크게 평가를 받고 있는 고전작품이지만 지금까지 한국에서는 소개된 적이 없다. 세계적으로 알려진 일본의 주요 고전소설들은 문학사적인 의의와 비중, 연구의 축적량 등을 고려할 때 율령국가律令國家 성립 이후의 9세기부터 12세기에 걸친 헤이안平安 귀족정권시대와 17세기 도쿠가와막부德川幕府 성립 이후인 근세 봉건시대에 창작된 것들이 대부분이다. 일본문학사 초기의 소설장르인 모노가타리物語가 등장한 헤이안시대에는 『다케토리모노가타리竹取物語』(10세기 초), 『이세모노가타리伊勢物語』(10세기 초), 『겐지모노가타리源氏物語』(11세기 초) 등이 만들어졌는데, 특히 당시 수도였던 헤이안平安 즉 지금의 교토京都를 배경으로 작품내용이 전개되는 『겐지모노가타리』는 여성작가 무라사키 시키부紫式部에 의해 쓰여져 세계적으로 높은 평가를 받고 있는 작품으로 한국에서도 최근에 번역본이 간행된 바 있다.

한편 근세 봉건시대의 주요 소설로는 아사이 료이淺井了意, 이하라 사이카쿠井原西鶴, 우에다 아키나리上田秋成, 교쿠테이 바킨曲亭馬琴과 같은 작가들의 작품을 들 수 있는데, 특히 『호색일대남好色一代男』(1682년), 『일본영대장日本永代藏』(1688년) 등과 같은 일련의 사실주의적寫實主義的 작품을 창작해낸 이하라 사이카쿠(이하 사이카쿠)는 명실 공히 일본의 근세소설을 대표하는 작가로 자리매김 되어 메이지시대 이래 일본의 연구자들에 의해 방대한 양의 연구가 행해져 왔고 서구의 연구자들에게도 잘 알려져 크게 주목받고 있다.

그렇지만 이처럼 일본문학사에서 큰 비중을 차지하는 작품들이 한국에서는 그간 거의 번역되지 않고 연구 또한 미미한 수준에 머물고 있는데, 이것은 일본문학에 대한 거부반응 내지는 무관심 등 과거 역사에 기인한 우리의 특수 상황 외에, 객관적이고 실증적인 일본연구의 여건 미숙이라는 한국의 학문적 상황과도 무관하지 않을 것이다.

이상과 같은 의미에서 이번에 한국학술진흥재단(교육과학기술부)의 지원으로 일본 근세기의 대표적인 작가 이하라 사이카쿠의 작품 중 특히 일본 최초의 본격 경제소설로서 크게 평가 받고 있는 『일본영대장日本永代藏』을 주석과 해제를 포함한 '학술명저번역서'로서 출간하게 된 것은 역자로서도 큰 보람이 아닐 수 없다.

그간 한국의 인문학 영역에서 거의 알려지지 않았던 사이카쿠는 에도시대 '천하의 부엌天下の台所'이라고 불렸던 경제도시 오사카大坂에서 17세기 후반에 활약한 상인출신의 하이카이俳句 시인이며 소설가였다. 당시의 일본문학도 한국과 마찬가지로 중국문학의 영향권에 있었지만 사이카쿠의 작품은 동시대의 타 작품들과 비교해 가장 일본적인 형태와 내용을 담고 있었다는 점에서 일본 근세소설의 대표적 위상을 지니게 된 것이라 볼 수 있다. 이와 관련하여 사이카쿠와 그의 작품 성격에 관해 당대의 저명한 유학자인 이토 바이우伊藤梅宇는 그의 저서 『견문담총見聞談叢』에서 다음과 같이 기술하고 있다.

"17세기 후반기에 오사카大坂津에 히라야마 도고平山藤五라는 상인이 있었다. 부유한 상인이었는데 일찍 처를 잃고 딸이 한 명 있었지만 맹목盲目으로 태어난 뒤 얼마 후 죽고 말았다. 가업을 종업원에게 일임하고 출가는 하지 않은 채 자유롭게 살면서 전국을 반년 정도 순회한 뒤 돌아와, 하이카이誹諧에 심취해 잇쇼一晶에 사사한 뒤, 스스로 유파를 만들어 이름을 사이카쿠西鶴라고 바꾸었다. 『영대장永代藏』, 『서쪽 바다西の海』, 『세상사민世上四民』, 『히나가타雛形』라는 작품을 창작했다. 세간의 길흉吉凶·회인悔吝·환난患難·예탈豫奪의 기미氣味와 인정人情을 묘사하는데 천부적인 소질을 지닌 사람이었다. 그의 작품은 노장老莊과는 다른 별종別種의 성격을 지닌 것으로 보인다."

당대의 유학자로서 중국의 고전에 해박한 이토 바이우는 사이카쿠의 본명이 히라야마 도고였다고 구체적으로 밝히면서, 그의 작품에 관해 노자나 장자로 상징되는 중국의 사상과 문화와는 이질적인 별개의 일본적 성격을 지니고 있다고 평하고 있는데, 이러한 그의 시각은 사이카쿠 소설에서 나타나는 사실주의적 특성을 함축적으로 시사하고 있는 것이다.

일본 근세문학사에서 사이카쿠의 작품은 일반적으로 작품의 주제와 성격에 따라 호색물好色物, 무가물武家物, 조닌물町人物, 잡화물雜話物 등으로 분류되고, 그 중 『일본영대장日本永代藏』은 조닌물町人物의 첫 작품인데, 이 작품의 성격과 관련해 우리에게 생소한 조닌町人이라는 용어에 관해 주목할 필요가 있다. 앞 글자인 정町은 일본에서 만들어진 한자로서 도시 또는 시가지라는 의미이고 정인町人 즉 조닌은 도시에서 활동하는 상인이라는 의미이다. 이는 주자학을 지배이데올로기로 하는 근세 일본의 봉건적 계층질서인 사농공상士農工商 중 최하위의 상인계급에 관한 일본적 표현이라고 할 수 있다. 그런데 도시적 시민의 성격을 지니는 조닌이라는 상인층은 사회적·경제적 측면에서 실제적으로는 농공인農工人층과는 비교가 될 수 없을 정도로 높은 위상을 지니고 있었기에 엄밀하게 말하자면 일본 근세기의 사회계층질서는 사상농공士商農工이었다고 볼 수 있으며, 조닌이라는 신분은 16세기 이후 근세일본의 사회경제사적인 특성을 나타내 주고 있는 상징적 용어인 것이다. 작가 사이카쿠는 조닌 출신으로서 이러한 조닌들의 계층적 의미와 경제활동을 직시하고, 그들이 주인공이 된 작품을 창작하면서 문학의 주제로서 다루기 어려운 금전金錢 즉 경제현실과 인간의 물욕物慾의 문제를 사실적으로 묘사하는데 성공했다는 점에서 『일본영대장』은 일본 최초의 본격 '경제소설'이라는 평가를 받게 된 것이다.

30개의 단편소설로 이루어진 이 작품은 부제가 『대복신장자교大福新長者教』라고 붙여진 것에서도 알 수 있듯이 치부도致富道를 언설하는 교훈적 실용서의 포즈를 취하고 있지만, 상인의 입신출세담立身出世談이나 혹은 파멸담破滅談을 통해 금은만능의 조닌사회町人社會의 여러 모습들을 날카롭게 묘사하는 데 성공함으로써 선행의 교훈적 치부담과는 그 문예적 내실內實을 전혀 달리하는 전형적인 일본적 시민소설인 것이다.

이 소설이 창작된 17세기 근세 일본은 일본경제사에서 획기적인 고도성장을 기록했던 시대였다. 근세 전기에 마련되었던 일본의 이른바 상업자본주의적 토대는 17세기 중반에 비약적으로 성장하였고 17세기 후반에는 고도성장의 정점에 이르렀음은 현재까지의 일본경제사 연구에서 잘 밝혀져 있다. 이 시기는 사이카쿠의 문학 활동의 거점이었던 오사카大坂가 명실 공히 근세일본의 대표적 경제도시로서 부동不動의 지위를 확립했던 때로서, 오사카 이전의 경제활동의 거점도시였던 교토京都는 막부幕府와 가까웠던 문벌적門閥的 특권상인御用商人, 또는 귀족을 대상으로 하는 고급 의료품이나 고가의 공예품이 중심이었기 때문에 상권이 제한적일 수밖에 없었고, 해외와의 인적·물적 교류를 제한하는 이른바 쇄국령의 발효 등으로 경제적 활력을 더욱 잃어가면서 상권의 중심은 오사카로 이동해갔다. 오사카에도 특권상인이 없었던 것은 아니지만 그보다는 지속적으로 증대되는 농촌의 생산물과 도시를 근간으로 하는 수공업과 연계하여 대량의 일상 생활용품의 물류의 거점이 되기 시작했고 17세기 초반에 들어서자 전반적인 생활수준의 향상과 더불어 오사카의 도시경제적 기능은 교토를 압도해 갔다. 이러한 오사카 일원(교토와 나라를 포함)의 경제권에서 도시 민중을 소비자로 해 사업에 성공한 많은 신흥상인들이 등장하게 되었고 그들은 정치도시 에도江戶로까지 활동범위를 확대해갔다. 근세 후기에는 근세일본의 도시경제의 중심은 다시 오사카에서 에도로 바뀌게 되었던 바, 일본경제사에서는 이들 신흥상인들을 전대前代의 이른바 기생적寄生的 특권상인에 대해 '혼초닌本町人'이라고 지칭하고 있다. 앞에서도 언급한 바와 같이 실제적으로 상인계급이 사士인 무사武士의 다음 위치로 자리 잡을 수 있게 된 요인 중에 바로 이러한 '혼초닌'들의 경제적 활동이 있었음은 조선의 경제사적 현실과 크게 다른 점이라 할 수 있다.

이처럼 『일본영대장』의 창작의도와 배경에는 근세일본의 사회경제사적인 현실과 '혼초닌'에 대한 작가의 인식이 자리 잡고 있으며, '혼초닌'은 이른바 서구시민 사회의 부르주아지에 가까운 성격을 지니면서 작품의 주인공으로 등장하고 있음은 주목할 만하며, 바로 이러한 점들이 사이카쿠의 소설 중 『일본영대장』이 당시 독자들에게 가장 많이 판매되고 읽혀졌던 이유이기도 할 것이다.

또한 근세일본의 사회경제사적인 측면 외에 이 작품이 일본근세소설사에 그 유례를 찾아보기 어려울 정도로 대량 유포될 수 있었던 문학내적 배경으로는 이전의 작품에서는 볼 수 없었던 작가의 기발한 창작방법과 이른바 모델소설이라는 독창적 창작기법 등을 들지 않을 수 없다. 단순히 일본 전국 각 지방의 진기하거나 기이한 이야기를 소개하는 지리적 흥미를 뛰어넘어 중앙과 지방의 지역적 경제상황을 서로 관련시켜 한편의 작품 안에 공간적인 내용의 폭을 부여하는 창작방법과 더불어 17세기 중반기에 활약했던 신흥상인新興商人의 군상群像을 실존인물들의 에피소드와 오버랩시키는 모델소설의 새로운 창작기법이 생생하게 제시되고 있는 것이다. 그리고 이러한 참신한 창작기법과 독자들의 관심과 취향을 의식하는 창작방법이야말로 17세기라는 이른 시기에 일본문학사에서 본격적으로 소설의 문예대중화의 시대를 열게 했던 상인 출신 작가 사이카쿠의 본령이라고 할 수 있을 것이다.

이상, 작가 사이카쿠와 그의 경제소설인 『일본영대장』의 위상과 내용에 관해 간단히 조감해 보았다. 이 작품은 앞에서도 언급한 바와 같이 일본문학사 더 나아가 일본문화・일본사상의 특질을 문학과 경제의 측면에서 가장 사실적이고 구체적으로 제시해 주는 중요한 고전텍스트이며 우리의 일본연구에 중요한 자료가 될 것이다. 더 자세한 사항에 관해서는 각 작품의 내용과 각주 및 권말 해제 등을 참고해 주기를 바란다.

이 번역본의 본문과 더불어 각주, 권말 해제 등의 작성을 위해 근대기 이후 일본에서 간행된 수많은 저본과 주석서, 연구서 등을 참고로 했고, 주요 참고문헌은 해제에서 밝혀두었다. 특히 주 텍스트는 번각翻刻 저본으로서 가장 높은 평가를 받고 있는 『定本西鶴全集 第七卷』(中央公論社, 1949年)를 사용했고, 번역본 중의 삽화 및 권말부록에 들어 있는 복제본複製本은 필자가 소장하고 있는 『復刻 日本永代藏』(山海堂出版部, 1937年)을 사용했다.

끝으로 이 책의 간행에는 일본유학시절의 은사恩師이신 와세다대학早稻田大學 다니와키 마사치카谷脇理史 교수님의 도움이 있었음을 밝혀두고자 한다. 일본의 근세소설 연구 특히 사이카쿠 연구 분야에서 최고 석학의 자리에 계신 선생님과의 사제 간의 인연은 금년으로 30년째 이어지고 있다. 그간의 학은學恩에 보답을 하지 못한 채, 다시 이번 번역본의 작업에서도 복제본 선정 및 주석의 문제 등 여러 면에서 세심한 조언과 배려를 받을 수 있었다. 이 자리를 빌어 그간의 선생님의 학은을 되새기면서 깊은 감사의 말씀을 올리고자 한다.

2009년 5월 15일 스승의 날에

역자 정형

영인본은 뒤에서부터 시작됩니다

일본영대장日本永代藏 : 니혼에이타이구라

권1

권 1-1

첫 오일午日 날 말 타고 오는 행운[1]

유명한 에도江戸[2]의 벼락부자[3]

센슈泉州 미즈마데라水間寺 이생利生의 금전[4]

권 1-2

2대째에 찢겨져버린 부채의 바람[5]

유명한 교토京都의 구두쇠 남자

1보步 금을 주워 집안을 망친 아들

권 1-3

풍랑 없는 바다를 나아가는 진즈마루神通丸 호[6]

유명한 이즈미和泉의 상인

빗자루 신을 모시는 기타하마北濱의 여자

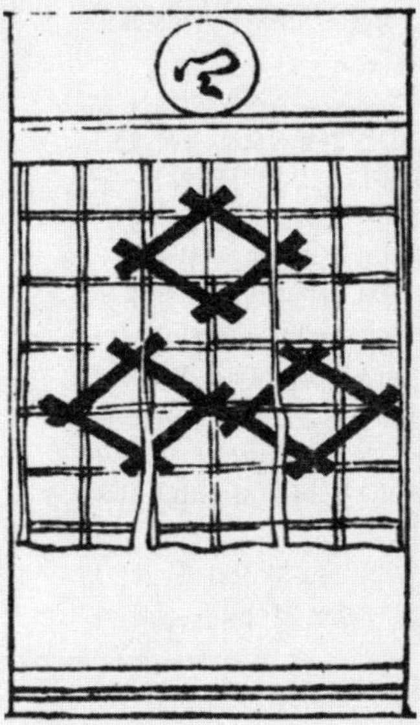

권 1–4

옛날은 외상장사 지금은 현금장사7)

유명한 에도江戶 지점

일촌사방一寸四方의 천 조각도 장사의 밑천8)

권 1–5

세상의 탐욕 속에 입찰로 얻은 행운9)

유명한 남도南都10)의 마쓰야松屋의 상속11)

여성의 귀감이 된 과부

1) 2월의 첫 오일로 농업의 신을 모신 이나리稲荷 신사의 제삿날이다. 이 오일 날에 미즈마데라에 참배를 해 돈을 벌었다는 본문의 내용을 함축하는 제목이다.
2) 현재의 도쿄東京로 강에 인접해 있다는 뜻의 지명이다. 도쿠가와 이에야스徳川家康가 막부幕府를 연 이후 18세기에는 인구 100만의 대도시로 성장했다. 1868년 9월 도쿄로 개칭했다.
3) 일본어로는 니와카분겐俄分限이라고 하는데 우리 말 벼락부자도 그렇지만 반드시 긍정적인 의미만으로 사용되지는 않는다. 일반명사로 분겐分限은 전통적으로 유서 있는 부호들의 통칭으로 이의 상세에 관해서는 작품 말미에 제시되고 있다. 이들 자산가들은 대부분 가업을 종업원들에게 맡기고 대대로 풍류를 즐기며 호화로운 생활을 했는데 일대一代에 이루어진 벼락부자들과는 달리 장자長者로서의 프라이드가 강했다.
4) 2월의 첫 오일午日 날 농가에서는 봄 농사를 시작하기에 앞서 미즈마데라를 찾아 농업의 신 이나리稲荷에 참배해 풍작을 기원하고 종자돈을 빌려 돌아오는 풍속이 있었다. 미즈마데라는 오사카부大坂府 가이즈카시貝塚市의 미즈마水間라는 곳에 있는 천태종天台宗계의 실존 사찰이다. 오사카大坂・사카이堺 근처의 성시城市인 기시와다岸和田・가이즈카貝塚・사노佐野등이 해당 지역인 미즈마데라에서는 종자 대신에 그 자금을 대출해 주었다고 한다. 금전의 대출은 이 미즈마데라 이외에도 여러 사찰이나 신사에서도 행해졌다.
5) 2대째에 부채가게의 가업이 몰락하는 이야기를 표현한 것이다. 목차의 삽화에 그려지고 있는 부채문양으로 보아 이 집의 가업이 부채를 만드는 것으로 보이지만 실제 이 작품 안에서 그 내용을 확인할 수는 없다.
6) 주인공이 소유한 배의 이름으로 풍랑에도 신통력으로 아무 탈 없이 잘 헤쳐 나간다는 뜻이다.
7) 옛날에는 외상으로 장사를 했지만 지금은 현찰로 물건을 사고파는 것이 새로운 장사의 스타일이 되었다는 이야기이다.
8) 일촌사방一寸四方(한 치 사각)의 천조각도 얼마든지 상품으로서 가치가 있다는 의미이다. 一寸은 한 치로 약 3센티미터이다.
9) 세상 사람들의 욕심을 이용하여 입찰 복권 방식으로 가운家運을 만회한 이야기를 의미한다.
10) 지금의 나라奈良 지방을 말한다.
11) 이 작품의 주인공인 과부의 집 상호가 마쓰야松屋이고 상속받은 집을 입찰해 부채를 청산하는 내용을 의미하고 있다.

본조 에이타이구라本朝永代藏 : 본조영대장[1] 권 1

권 1-1_첫 오일午日 날 말 타고 오는 행운[2]

하늘은 묵묵히 국토에 깊은 은혜를 베풀고 있으나, 인간은 성실하면서도 허위에 이르는 적이 많다. 그것은 인간의 마음이 본래 허虛의 상태에 있으면서 사물에 반응하기만 하는 존재이기 때문이다.[3]

---

1) 「본조本朝」는 「우리나라의 조정朝廷」이라는 뜻으로 「일본」을 가리킨다. 「영대장永代藏」은 영원히 재물로 가득한 곳간・창고라는 뜻으로 이 작품이 경제소설을 표방하고 있음을 알 수 있다. 작품 전체에서 이곳에만 「본조영대장本朝永代藏」이라는 내제內題가 보인다.

2) 오일午日은 일본어로 하면 '우마노히'이다. 우마는 말馬을 의미하는 우마와 동음이의어이다. 일본의 전통 시가인 와카和歌의 작법作法 중의 하나에 가케코토바掛詞라는 것이 있다. 동음이의어同音異義語를 이용해서 한 단어에 두 가지 이상의 의미를 갖게 하는 방법인데 와카와 하이카이俳諧의 가인歌人으로도 유명했던 작가 사이카쿠西鶴는 이러한 운문의 작법을 소설의 수사법으로 자주 사용하고 있다. 미즈마데라의 오일(우마노히)의 풍속과 주인공인 빌린 돈을 여러 말(우마)에 싣고 온다는 제목을 붙인 수사법은 작가의 재치가 느껴지는 대목이다.

이처럼 인간은 선과 악 사이에서 흔들리며 살아가기 마련인 바, 정의로운[4] 지금의 이 세상을 여유롭게 살아가는 사람은 사람 중의 사람이라고 할 수 있는데, 이는 범인凡人에게는 불가능한 일이다. 범인에게 일생 일대사란 바로 이 세상을 살아가야 하는 것이기에, 사농공상은 말할 것도 없고 신불神佛[5]을 섬기는 승려나 신직神職[6]에 있는 사람들도 검약儉約 신[7]의 계시에 따라 열심히 돈을 모으지 않으면 안 된다. 이 돈이야말로 양친兩親 다음으로 중요한 생명의 부모인 것이다.

무릇 인간의 목숨이라는 것은, 길다고 해도 내일 아침 어떻게 될지 알 수 없으며 짧게는 오늘 저녁도 모르는 것이다. 그렇기에 옛 사람들도 천지는 만물의 역려逆旅, 광음光陰은 백대百代의 과객過客, 부세浮世는 몽환夢幻이라고 말했던 것인가.[8] 눈 깜짝할 사이에 화장터의 연기가 되어 이

---

3) 『고문진보후집古文珍寶後集』「사누원기寺漏院記」 왕원지王元之의 '天道不言而, 品物亨'과 『고문진보후집古文珍寶後集』「시잠視箴」 정정숙程正叔의 '心兮本虛, 應物応跡'의 두 문장을, 인간은 선과 악의 양면을 모두 갖고 있으며 이 사이에서 갈등하며 살아가고 있음을 말하기 위해 인용하고 있다. 『고문진보후집古文珍寶後集』은 무로마치시대室町時代(1366~1573) 이후 계속해서 간행되었고, 특히 에도시대 때는 시문을 배우기 시작하는 초학자들의 필독서로 널리 읽혔다. 고조루리古淨瑠璃의 『일본봉래산日本蓬萊山』과 『가소기可笑記』(1642), 『우키요모노가타리浮世物語』(1661~1673) 등의 다른 산문 작품에도 유사한 표현이 보인다. 고조루리는 에도시대에 서민의 오락으로 크게 유행했던 예능의 하나이다. 샤미센三味線을 반주로 곡절을 붙여 고전이나 창작된 이야기를 들려주는 형식에서 시작되어 나중에는 인형극과도 결합된다. 주로 도시의 상인인 조닌町人을 주인공으로 하는 연애물이 많았다. 대표적 조루리인 기다유부시義太夫節(1488~1688) 성립 이전의 조루리를 고조루리라 한다.

4) 이어지는 언설에서 보통 사람들은 이 세상을 여유롭게 살아가기 어렵다고 하면서 당세를 정의롭다고 말하는 작가의 언설에는 당대의 치세를 은연중에 비꼬는 뉘앙스가 담겨 있다고도 볼 수 있다.

5) 일본의 전통적 신앙의 형태로서 신도神道의 신과 불교의 불이 서로 포용하고 보완하는 성격을 지닌다. 이를 일본종교사 용어로서 신불습합神佛習合이라고 한다.

6) 신사神社의 신사神事에 종사하는 사람으로 주로 신주神主나 신관神官 등을 말한다.

7) 치부를 위해 검약은 기본 중의 기본임으로 검약의 신 시마쓰다이묘진始末大明神을 받들어 모시며 검약을 철저히 하라는 뜻이다. 시마쓰始末 즉 시말이라는 용어는 원래 무언가를 정리하고 처리한다는 뜻으로 쓰이는 말이었으나 사이카쿠가 처음으로 검약을 의미하는 해학적 표현으로 쓰기 시작한 것이 계기가 되어 이후 검약의 뜻으로도 쓰이게 되었다.

세상으로부터 사라져 버린다면 금은金銀이 있다고 한들 기와나 돌덩이만도 못하고, 황천黃泉에서도 도움이 될 리 없을 것이다.

그런데 역시 이 돈을 남겨두면 자손을 위해서는 도움이 되기는 할 것이다. 곰곰이 생각해보면 세상 사람들이 바라는 것 중에서 돈의 힘으로 되지 않는 것은 천하에 다섯 가지[9]가 있을 뿐이니, 이것은 사람 마음대로 되지 않는 목숨을 말하는 바, 그 이외에는 돈이면 다 되는 것이다. 그렇다고 하면 금은보다 월등한 보물선이 있을 소냐.

가본 적도 없는 섬의 도깨비가 지니고 있다는 마술 삿갓이나 마술 도롱이[10] 같은 보물이 설사 수중에 있다고 해도 갑작스러운 폭우에는 전혀 도움이 되지 않으므로 그런 현실성이 없는 바람은 버리고 구체적이고 현실적인 방법으로 각자의 가업에 힘써야 할 것이다. 또한 복덕福德을 얻기 위해서는 건강해야 하므로 늘 조심해야 한다. 그리고 무엇보다

---

8) 『고문진보후집古文珍寶後集』「춘야연도리원서春夜宴桃李園序」 이백李白의 '夫天地者萬物之逆旅, 光陰者百代之過客也. 而浮生若夢'을 인용하고 있다. 『고문진보후집古文珍寶後集』에서는 「부생浮生」으로 되어 있으나 작가가 이를 「부세浮世」라는 당대의 용어로 바꾸고 있다.

9) 우주는 지地·수水·화火·풍風·공空의 오륜五輪 또는 5원소元素로 구성되어 있다. 소우주라고도 할 수 있는 인간은 오륜을 빌려 이 세상에 태어났다고 한다. 따라서 인간이 죽는다는 것은 빌린 다섯 가지를 돌려주고 대우주로 귀일하는 것이 된다. 이와 같이 천하의 다섯 가지는 우주의 다섯 가지, 즉 地·水·火·風·空의 오륜을 뜻하며 이는 곧 인간의 목숨을 말하나 종종 생生·노老·병病·사死·고苦의 다섯 가지로 해석된다. 인간의 뜻대로 될 수 없는 것이 목숨임을 말하고 있다.

10) 일본의 설화에서 도깨비가 갖고 있다는 보물로 유명하다. 여기에서는 현실에서는 얻으려 해도 얻을 수 없는 보물의 예로 들고 있다. 마술 삿갓과 마술 도롱이는 쓰거나 입으면 자기 모습을 감출 수 있다고 한다. 마술 삿갓과 마술 도롱이를 입으면 모습은 감출 수 있지만 소나기에 옷이 젖는 걸 막을 수는 없다고 하면서 하이카이俳諧의 연상어聯想語인 쓰케아이고付合語를 이용해 해학적 표현을 하고 있다. 쓰케아이付合란 렌가連歌나 하이카이를 지을 때 앞 구에 붙는 대구對句를 짓는 것을 말하고 쓰케아이고付合語란 어떤 특정한 단어가 전구前句에 제시 될 때는 꼭 그 특정한 단어에 부합하는 정해진 단어를 시가 속에 담는 규칙으로 일련의 셋트화 된 단어들을 말한다. 여기에서는 삿갓·도롱이와 갑작스런 폭우가 바로 쓰케아이고이다. 작가 사이카쿠는 스스로를 소설가이기보다는 근세시가의 시인으로 자처했다.

大福新長者教
吉
寶

이 세상의 인의仁義[11]를 소중히 여기고 신불을 잘 섬겨야 한다. 이것이 화국和國[12] 일본의 풍속인 것이다.

때는 산에 봄기운이 감도는 이월 첫 오일午日 날, 센슈泉州[13]에 진좌鎭坐하고 있는 미즈마데라水間寺의 관음에게 수많은 귀천남녀貴賤男女가 참배하고 있었다.[14] 그들은 모두 신심信心은 안중에도 없고, 그저 욕심을 벗 삼아서, 끝없이 펼쳐지는 이끼 낀 산길과 풀 태운 곳에 무성하게 돋아난 싸리나무와 억새풀을 힘들게 헤쳐 가며 아직도 꽃이 피기에는 먼 시골구석을 찾아와 이곳 부처님께 기원을 하는 것인데, 그 이유는 각자의 형편을 벗어나 좀 더 부자가 되기를 원하기 때문이다. 이 본존本尊[15]님으로서는 그 많은 사람들에게 일일이 대답을 해 주실 수 없으므로 "지금 이 세간에 횡재라는 것은 없도다. 내게 부탁할 일이 아니다. 토민土民[16] 즉, 백성이라는 것은 너희들의 천직이도다. 남편은 밭을 갈고 아내는 베

---

11) 세상의 풍속과 도리를 말한다.

12) 일본인들이 일본을 스스로 가리켜 부를 때 화국和國(일본어 발음은 와코쿠)이라 한다. 중국의 문헌상에 일본이 맨 처음 등장했을 때는 倭라 하였다. 倭라는 글자는 왜소하다는 부정적인 의미이기에 일본어 음이 같은 和로 대체된 것이라는 설이 유력하다. 和는 일본의 고대국가의 기초를 다진 쇼토쿠 태자聖德太子(574~622)의 헌법십칠조憲法十七條의 첫 머리에 「和를 소중히 하라」라는 것에서 유래되었다. 이에 和=日本이 되었다. 화어和語, 화식和食, 화한和漢, 화복和服 등이 그 예이다.

13) 센슈泉州는 이즈미노쿠니和泉國의 별칭이다. 이즈미노쿠니는 고키五畿 중의 하나로, 지금의 오사카부大阪府의 남쪽지역을 말한다. 고키五畿는 고키나이五畿內의 약자로 역대의 황거皇居가 있던 야마토大和, 야마시로山城, 가와치河內, 이즈미和泉, 셋쓰攝津를 가리키는 말이다.

14) 711년(화동和銅 4) 9월 11일의 오일午日에 교토京都의 후시미이나리다이샤伏見荷稲大社의 신이 강림했다는 신사의 사전社傳에 의해 유래되었다. 현재도 전국 각지의 이나리신荷稲神을 모시고 있는 곳에서 제를 올린다. 그러나 지방에 따라서는 이나리 신앙과 관계없이 2월 4일의 기년제祈年祭와 관련된 농작 기원의 농업제로 치러지는 곳도 있다. 이것이 원래의 모습이었고 후일 이나리와 결부된 것으로 보여진다. 이 날 미즈마데라를 찾아 제를 올리면 행운이 찾아온다 하여 지위 고하를 막론하고 많은 사람들이 참배를 했다.

15) 신앙과 기도의 대상으로서 사원의 중앙에 안치하는 부처님. 이 절의 본존은 액厄을 막아주는 것으로 유명한 성관음聖觀音이다.

16) 토민土民이란 일정한 곳에서 여러 대에 걸쳐 살아가는 사람들을 말한다.

를 짜면서 매일매일을 그 일에 전념해야만 한다.[17] 모든 인간은 모두 이와 같아야 하느니라"라고 불전 장막 안쪽에서 새로운 계시의 말씀을 하시건만 참배객들의 귀에 들리지 않으니 참으로 딱하기만 할 노릇이다.

무릇 이 세상에서 빚의 이자처럼 무서운 것은 없다.[18] 이 사원에서는 참배객 1만 명 정도가 돈을 빌리는 풍습이 있다.[19] 올해 1전錢[20]을 빌리면 다음해에 2전으로 갚고 100문文[21]을 빌리면 200문으로 갚는 방식인데, 무엇보다도 이 돈은 관음의 돈이므로 누구나 어김없이 이 돈을 두 배로 해서 돌려 드렸다. 사람들은 제각기 5전, 3전 등 10전 안에서 빌리는 것이 보통이었다. 그런데 이때 갑자기 23,4세 정도의 남자가 나타났다. 크고 다부진 몸매에 옷차림은 검소하고 고풍스러우며 머리 모습은 촌스럽게 뒤쪽에서부터 틀어 올려져 있고, 소매 폭이 좁고 옷단이 짧고 상하의 모두 거칠게 짠 명주 천에 무늬 없는 남색 옷을 입고 있었는데, 이제는 한물 간 영락없는 노부나가信長시대[22]의 의복차림이었다. 게다

17) 1649년에 막부·다이묘大名로부터 일선의 부서와 서민들에게 내려진 문서에 "一. 남편은 논을 경작하고 아내는 밭을 경작해 부부가 함께 농업에 힘써야 한다"라는 대목이 있고 이를 참고로 하여 당시 위정자들에 의해 강요된 농민관을 사이카쿠가 인용하고 있다. 당연히 같은 논리가 당시의 조닌들에게도 영향을 미쳤을 것이다. 다이묘는 막부를 중심으로 하는 통치조직 중에서 각 지방에서 광역의 지배영역을 갖고 있는 영주이다. 막부 즉, 쇼군將軍에 대해서는 직접적인 봉공奉公의 의무가 있었다.

18) 사이카쿠의 다른 작품 『요로즈노후미호구万の文反古』(1669년 간행)의 5권 1에도 "세상에서 제일 무서운 것은 술에 취하는 것과 빌린 돈의 이자다"라는 언설이 들어있다. 일반 서민들에게 복리로 불어나는 이자에 대한 부담이 상당했었음을 짐작할 수 있는 대목이다.

19) 종자돈種錢이라 하여 사원이나 신사의 새전賽錢을 빌려 갚을 때 배로 갚는 습속은 이 미즈마데라 이외에서도 보인다. 빌린 돈이 부처님의 돈이기도 하고 대개 소액이었기에 제 때에 잘 갚았다고 한다.

20) 일본의 옛 화폐 단위이다. 해제의 각종 단위 표기를 참조할 것.

21) 일본의 옛 화폐 단위이다. 해제의 각종 단위 표기를 참조할 것.

22) 오다 노부나가織田信長(1534~1582)는 사이카쿠가 활약했던 에도시대보다 한 시대 전의 무장이다. 일본사에서 말하는 전국시대戰國時代에 막부를 무너뜨리고 아즈치성安土城을 쌓아 천하를 호령했다. 전국통일을 목전에 두고 교토의 혼노지本能寺에서 가신이었던 아케치 미쓰히데明智光秀에게 배신을 당해 스스로 목숨을 끊었다. 한 시대 전에나 입었을 듯한 옷을 입고 있다는 표현으로 외모를 봐서는 큰 돈을 빌려 갚을 것 같아

가 같은 남색 천으로 만든 앞깃에 우에다지마上田縞의 하오리羽織[23] 위에 무명 안감을 대고, 작은 여행용 칼을 차고 옷자락을 걷어 올린 채 사람 눈을 전혀 개의치 않는 황당한 복장의 남자였다. 이 절을 참배한 기념으로 지역 명물인 야생 동백나무 가지에 참마[24]를 담은 대나무 통을 묶어 단 것을 걸쳐 메고 있었는데, 돌아가는 길인 듯 이 남자는 서둘러 불전 앞으로 다가가 차전借錢 1관貫[25]이라고 말했다. 금전대출 업무를 맡은 승려가[26] 줄이 꿰어져 있는 돈 꾸러미 채로 넘겨주었는데 주소와 이름을 물어볼 겨를도 없이 그 남자는 행방을 감추고 말았다. 이 일이 있은 후 승려들이 모여 "이 절이 생긴 이래 1관이나 되는 큰 돈을 빌려준 예가 없으니 이 사람이 처음이다. 이 돈은 액수가 많아서 받기 어려울 것 같다. 앞으로는 절대로 큰 금액을 빌려주지 말자"고 다짐을 했다.

그런데 그 남자는 무사시武藏[27] 에도 고아미초小網町[28]에서 어부 상대의 해운운송업을 하고 있었다. 점차 사업이 번창하는 것을 기뻐하면서 벼룻집에 행운호[29]라고 써 붙이고 미즈마데라水間寺에서 빌린 돈을 넣어

보이지는 않는다는 암시적 표현으로 쓰이고 있다.

23) 우에다지마上田縞는 우에다上田 지방에서 만드는 줄무늬가 들어간 직물의 일종이다. 두 종류 이상의 색상을 이용해 위에서 아래로 혹은 옆으로 줄무늬가 들어가게 만든 직물이다. 이를 통칭하여 우에다지마라 한다. 바둑판 모양의 무늬도 있다. 하오리羽織는 옷 위에 방한용 또는 장식용으로 입는 팔 길이가 조금 짧은 겉옷이다.

24) 동백나무와 산마는 미즈마 지방의 명물이다. 산 동백나무 가지 끝에 매단 행랑 속에 이 지방의 산마를 꽂고 있는 삽화의 모습에서 이 사람이 외지인임을 알 수 있다.

25) 관貫은 구멍 뚫린 동전에 끈을 관통하여 꾸러미를 만드는 데에서 유래한 단위이다. 해제의 각종 단위 표기를 참조할 것. 간에이쓰호寬永通寶 한 닢을 1문文이라 하였고 1,000문을 1관이라 하였다. 에도시대에는 실제로 960문을 1관이라 하였고 메이지明治시대가 되어서는 10전을 1관이라 하였다. 1관은 현재 돈으로 환산하면 대략 10만 원이 넘는 금액으로, 본문 내용으로 보면 보통 빌려주는 돈이 많아야 1만 원 정도를 넘지 않았는데 10만 원이라면 절로서도 부담스러운 금액이라고 할 수 있다.

26) 사역寺役이라 하여 절에서 금전업무를 담당하는 스님이다.

27) 현재의 도쿄도東京都・사이타마현埼玉縣이 이에 속하나 일부분은 가나가와현神奈川縣에 속하는 곳도 있다. 현재의 도쿄를 위시한 주변지역을 무사시노쿠니武藏國라 했다.

28) 현재의 도쿄도 주오구中央區 니혼바시日本橋 지역을 말한다.

29) 행복 또는 행운을 나타내는 시아와세仕合에 배 이름에 붙이는 말인 마루丸를 붙여 시아와세마루仕合丸, 우리말로 '행운호'라는 뜻의 이름을 붙였다.

둔 뒤, 어부가 출어를 할 때 돈의 유래를 설명하고 100문씩 대출해 주었다. 이 돈을 빌린 사람은 저절로 행운이 찾아온다는 소문이 먼 어촌까지 퍼져나가 빌리고 갚는 돈이 매년 점점 쌓여 일 년에 두 배의 이자계산으로 13년째가 되자 원금 1관의 돈이 8,912관[30]으로 늘어났다. 그리고 그 거금을 운송용 말에 실어 도카이도東海道[31]를 거쳐 미즈마데라 경내에 쌓아두니 승려들은 경탄할 뿐이었다. 그 뒤 여러 가지 의논을 한 끝에 이 미담을 두고두고 후세에 전하기로 결정하고 도시에서 여러 명의 목수를 불러와 보탑寶塔[32]을 건립했다. 참으로 감사하기 그지없는 공덕이라 할 것이다. 이 상인이야말로 안 창고에서 주야 불을 밝히고 있는 큰 부자인 바, 그 이름은 아미야網屋[33]라고 하는데 무사시 지방에서는 모르는 사람이 없을 정도다.

대개 부모의 유산을 받지 않고 자신의 힘으로 돈을 벌어 은銀 500관 이상이 되면 이것을 분겐分限[34]이라고 하고 1,000관 이상이 되면 장자長

30) 13년 복리로 계산하면 정확하게 8,912관이라는 금액이 산출된다. 현재 돈으로 하면 8,912만 엔으로 우리 돈으로 환산하면 10억 원 정도의 엄청난 액수이다. 이 엄청난 금액을 돌려받은 사찰이 기뻐하는 것은 당연하다고 할 수 있지만 주인공 아미야는 이 돈을 연 10할의 금리로 늘려온 것이 아니다. 본문에서도 나나타고 있듯이 근해어업을 하는 어부들에게 미즈마데라 관음님의 돈이라는 명목으로 짧은 기간(당시 근해어업은 보통 수일 길어야 한달 미만이었다)에 10할의 고리의 이자를 받은 것으로 보여진다. 그렇다면 주인공은 엄청난 차익을 남긴 셈이고 이는 전형적인 악덕금융의 모델이라고 할 수 있을 것이다.

31) 에도시대의 행정구역 오기五畿 칠도七道의 하나로 기나이畿內(지금의 오사카부大阪府를 중심으로 한 주변 지역)의 동쪽 동산도東山道의 남쪽을 가리키는 말로 주로 바다를 끼고 있는 지역을 말하며, 오가도五街道의 하나로 에도의 니혼바시日本橋에서 서쪽 연해의 각 지역을 거쳐 교토京都로 가는 가도를 가리키는 말이기도 하다.

32) 현대 건축에서는 원형의 탑신에 방형方形의 지붕을 씌운 1층탑 및 다보탑의 상계裳階를 떼어낸 이층탑을 보탑寶塔이라 하고 있다. 이 절 미즈마데라는 실제로 1660년(万治 3)에 삼중탑을 재건했다. 이 탑의 기진자寄進者가 이 작품의 주인공 아미야일 가능성이 높다.

33) 본문에는 후나도이야舟問屋로 되어 있으나 정확하게는 가이센도이야廻船問屋를 말한다. 가이센廻船은 연안항로沿岸航路에서 여객 또는 화물을 수송하는 배로 회선廻船과 화물주貨物主사이에서 중개업을 하는 이른바 해운운송대리업을 하는 사람 또는 그 가게를 가이센도이야라 한다.

者[35]라고 한다. 이 정도 돈의 위세라면 이자가 다시 이자를 쳐서 수천만 관으로 늘어나 대대로 번성할 것이라고 아미야에서는 크게 자축하고 있었다.

---

34) 분겐分限은 원래는 신분 · 지위 · 능력의 최대한도의 뜻으로 쓰이던 것이 신분의 정도 · 분수라는 뜻으로 쓰이다가 에도시대에는 부자나 자산가의 뜻으로 쓰이기도 했다.
35) 부자를 가리키는 말로 『일본영대장』에서는 1,000관 이상의 돈을 지닌 사람을 뜻한다.

권 1-2_ 2대째에 찢겨져버린 부채의 바람

사람들은 집 정원에 대개 매화나무 · 벚나무 · 소나무 · 단풍나무 등을 심고 싶어 하지만[36] 그것보다 중요한 것은 금과 은, 쌀값이다. 정원의 석가산石假山[37]보다 보기 흐뭇한 것은 뜰 구석에 있는 재물창고이고, 이 창고에 사계절의 여러 물품들을 제 철마다 다량으로 확보해 두는 것이야말로 희견성喜見城[38]의 기쁨으로 삼고 있는 남자가 있었다.

이 남자는 번화한 도읍지 교토에 살면서도 시조노하시四條の橋[39] 건너 동쪽 편 연극찻집[40] 동네나 오미야도오리大宮通로부터 단바丹波[41] 입구 서쪽 시마바라島原의 유곽遊廓[42]에는 얼씬도 않고, 여러 절의 중들과도 교분을 갖지 않을 뿐 아니라,[43] 실업자가 된 낭인浪人들과 쓸데없이 어

36) 헤이안시대(794~1192)의 여류 작가 세이 쇼나곤清少納言의 수필 『마쿠라노소시枕草子』의 139段 "집에 심고 싶은 나무는 소나무, 벚나무……"라는 부분을 인용하고 있다. 세상 사람들은 먹고 살만 하면 집 뜰에 이러한 관상수들을 심으며 풍류를 즐기려 하는 것이 인지상정이건만 금 · 은 · 쌀 · 돈을 으뜸으로 치며 재물을 축적하는 낙에 사는 주인공을 해학적으로 묘사하고 있다.

37) 정원에 돌을 모아 쌓아서 조그마하게 만든 산으로 가산이라고도 한다.

38) 불교 용어이다. 수미산須彌山 정상에 있는 제석천帝釋天이 사는 성으로 네 문의 안쪽에는 사대원四大園이 있어 제천인諸天人의 유희장으로 이용되었다. 극락세계의 즐거움을 말한다. 제석천은 범천梵天과 함께 불법을 지키는 신이다.

39) 시조四條는 교토를 동서로 가로지르며 발달한 거리를 말하며 교토를 흐르는 가모가와鴨川에 놓여진 다리를 시조노하시四條の橋라고 한다. 이 다리를 건너면 바로 강가를 중심으로 환락가가 밀집해 있었다.

40) 시바이자야芝居茶屋라고 해서 극장에 부속해 있으며 관객의 안내와 막간의 휴게 · 식사 그 밖의 편의를 제공하는 곳이다.

41) 교토에서 단바丹波 지금의 효고현兵庫縣으로 가는 가도街道의 기점이다. 시마바라島原 유곽의 입구가 여기에 있다.

42) 지금의 교토시京都市 시모교구下京區의 서쪽에 니시신야시키西新屋敷라고 하는 유곽이 있었다. 1640년(寛永 17) 로쿠조六條 미스지초三筋町에서 이곳으로 유곽을 옮겼고, 당시에 일어났던 시마바라島原의 난 이후 속칭 '시마바라'라고 부르기 시작했다. 시마바라의 난은 1637,8년 사이에 지금의 나가사키현長崎縣 아마쿠사天草와 시마바라에서 기독교 탄압에 반발해 일어났다.

43) 이들과 어울리면 기진寄進과 시주施主를 하게 되기 십상이기에 이를 피했다는 의미

울리지 않고,[44] 감기나 복통 정도는 스스로 만든 약으로 해결했다. 낮에는 가업에만 충실히 전념하고 밤에는 집 안에 틀어박혀 젊었을 때 배웠던 고우타이小謠[45]를 이웃집에 방해가 되지 않게 작은 목소리로 흥얼거리는 것을 유일한 낙으로 삼고 지내는데, 고우타이 대본이 있었지만 등불도 켜지 않고 가사를 외어서 어둠 속에서 흥얼거릴 정도로, 낭비가 되는 일은 일절 하지 않는 사람이었다.[46] 이 남자는 일생 나막신[47]의 끈을 끊어뜨린 적이 없었고, 못 끝에 옷소매를 한 번도 찢긴 적이 없을 정도로, 만사에 주의를 기울여 자신의 대에 2천 관의 돈을 모은 뒤, 88세까지 장수하였기에 사람들은 이 영감의 미수米壽를 축하하며 됫박에 산처럼 가득 담은 쌀을 평미레로 깎는 잔치를 벌였다.[48]

그렇지만 사람의 목숨은 유한한 것, 이 영감도 그 해 겨울을 재촉하는 늦가을비가 내릴 무렵 갑작스런 노환으로 손 쓸 틈도 없이 세상을 뜨게 되니, 대를 이은 외아들이 유산을 그대로 상속받아 21세의 나이에 갑자기 갑부가 되었다.[49] 그런데 이 아들 아버지 못지않게 검약을 최우

이다. 교토에는 불교의 각 종파의 사찰이 많다.

44) 낭인은 주군을 떠나 봉록俸祿을 잃은 무사를 말한다, 재력이 있으면 낭인들의 기숙寄宿을 부탁받거나 했다. 이들과의 사교에 자연히 돈이 필요하게 되고 이를 피하기 위해서 이들을 만나지 않았다는 의미이다.

45) 고우타이小謠는 요쿄쿠謠曲 중에서 짧은 대목을 떼어서 추렴구 등을 붙이지 않고 부르는 노래로, 주로 술자리나 여흥의 자리에서 부르는 사카나우타이肴謠 등을 말한다. 요쿄쿠는 일본 극예술의 하나인 노가쿠能樂의 대사 또는 그 대사를 노래하는 것이고, 사카나우타이는 사카나肴는 원래 술안주라는 뜻으로 술자리 같은 곳에서 흥을 돋우기 위해서 부르는 노래이다.

46) 금욕주의와 그에 따른 합리화에의 지향은 초기 상업자본주의시대에 성공한 기업가나 상인들에게 공통되게 보여 지는 자세이다.

47) 왜나막신을 말한다. 조리草履라는 짚신은 엄지와 검지 발가락 사이에 끼는 끈 부분이 조금 센 힘이 가해지면 잘 끊어진다. 이와 같은 표현은 무슨 일이 있어도 당황하거나 허둥대지 않고 신중하게 대처하고 행동한다는 주인공의 행동 양식을 잘 표현하고 있다.

48) 88세를 미수라고 부르는 것에 연유하여 미수를 맞은 88세의 노인을 위해 됫박에 가득 담은 쌀을 평미레로 평평하게 깎는 의식을 치루고, 그 노인의 손이나 대나무 주걱에 먹을 칠해 종이에 날인한 것을 받으면 행운을 얻을 수 있다고 전해진다.

49) 88세에 죽은 자의 외아들이 21세라 하면 68세에 낳은 자식이 된다.

선으로 삼고 지내는 것이었다. 많은 친척들이 있었지만 상속받은 재산은 젓가락 하나 넘겨주지 않았고,[50] 선친의 7일 재齋 법사[51]가 끝나자 8일째부터는 가게 문을 열고 가업을 성실히 이어나갔다. 화재가 난 집을 위문하러 갈 때도 배가 쉽게 꺼질 것을 염려해 서둘러 걷지 않을 정도로 낭비 없는 생활에 골몰하면서 어느덧 그해도 저물어 새해가 시작되었다. "작년 오늘이 바로 아버지의 기일忌日이지" 하면서 아버지의 위패를 모신 절에 들러 참배하고 오는 길에 옛날 일을 떠올리곤 옷소매에 눈물을 떨구며 더욱 슬픔에 잠겼다. 그러면서도 "수직手織 명주실로 만든 바둑판 무늬의 이 옷은 아버지가 즐겨 입으셨는데 제대로 된 옷이라서 앞으로도 얼마든지 입을 수 있겠구나. 그런데 생각하면 안타깝기 만한 것이 사람의 목숨, 앞으로 22년만 더 사실 수 있었다면 딱 100을 채우시는 건데[52] 그 전에 가셨으니 큰 손해를 보셨구나"라고 구두쇠 아들답게 아버지의 목숨마저도 손득을 따지는 것이었다. 돌아오던 중, 무라사키노紫野 부근 오야쿠엔御薬苑[53]의 대나무 담 앞길에서 동행한 여자 하인이 재미齋米[54]를 담았던 빈 포대를 한 손에 든 채, 땅에 떨어져 있는 봉함 편지를 발견하고 이 남자에게 넘겨주었다. 편지를 잘 살펴보니 겉봉투에는 "하나카와花川 님께" 뒷면에는 "니사二三[55]로부터"라고 쓰여

50) 처음에 선대 못지않은 절약가라는 것을 밝혀둠으로써 이후 벌어질 주인공의 행동을 묘사하는 데 효과를 발휘한다.

51) 시신을 화장한 후 7일째가 되는 날 장례에서 신세를 진 주변 사람들을 불러 감사의 뜻을 전하고 식사를 대접하며 장례에 들어간 여러 비용을 지불한다.

52) 일본어로는 장백長百이라고 표현한다. 선친 사후 1년이 지났으니 정확하게는 11년 더 살아야 백세가 되는 데 22년이라는 것은 작가의 착오로 보인다. 보통 96문을 꾸러미로 꿰어 100문으로 통용시켰던 것에 비해 100문을 정확히 100문이라 계산하는 것을 장백長百이라 한다. 죽은 아버지의 나이를 계산하는 데에도 돈 계산할 때 쓰는 용어를 사용해 손득을 따지고 있는 해학적 표현에서 아버지보다 더 이해타산적인 주인공의 성격이 잘 나타나 있다.

53) 교토의 북쪽 무라사키노紫野의 다이토쿠지大德寺 근처에 있었던 궁중에서 쓰는 약재를 재배하던 약초원을 오야쿠엔御薬苑이라고 하였다.

54) 절에 기진하는 쌀이다.

55) 조정의 관직명인 고뵤에五兵衛의 오五 자를 분해하여 유곽 등에서 자신의 이름을 숨

있었고 밥풀로 봉함[56]이 된 곳에 정성스럽게 도장이 찍혀 있었는데, 그 위에는 오대력보살五大力菩薩[57]이라고 그럴싸하게 붓글씨가 적혀 있었다. "이건 들어본 적이 없는 구게公家[58] 분의 성함이다"라고 의아해 하면서 집으로 돌아와 사람들에게 알아보니 "그건 아마 시마바라島原 유곽의 싸구려 기녀[59]에게 보내는 편지일 것이다"라는 것이었다. 그대로 버릴까 했으나 "이것도 버리지 않으면 스기하라杉原 종이[60] 한 장분의 이득이다. 손해는 아니지"라면서 가만히 편지를 열어보니 1보步[61] 금 한 개가 대구루루 굴러 나왔다. "아니 이건" 하고 깜짝 놀라면서 우선

기기 위해서 사용하는 일종의 은명隱名이었다. 고뵤에五兵衛는 병위부兵衛府의 관리를 말한다. 이 부서에는 좌우의 2府가 있고 중앙상비군中央常備軍인 사유에시左右衛士・에몬衛門과 함께 오위부五衛府를 구성하였으며 그곳의 관리를 고뵤에五兵衛라 한다. 이들은 궁문의 경비, 궁의 순찰 등을 담당했으며 천황의 출타 시에는 경호를 맡는다.

56) 밥풀로 편지봉투를 봉하는 것은 학식 있고 풍류를 아는 사람이 편지를 봉하는 방법이 아니었다. 보통은 무스비부미結文라 하여 서장書狀을 말아 접고 끝을 접어 묶고는 겉봉에 먹을 치는 방식이 널리 사용되었다.

57) 삼보三寶를 보지하고 있는 국왕을 수호하는 금강후金剛吼・용왕후龍王吼・무외십력후無畏十力吼・뇌전후雷電吼・무량력후無量力吼의 다섯 보살을 말한다. 에도시대에 주로 여자가 편지를 봉하는 곳, 또는 갖고 있는 샤미센三味線・비녀・담배 함 등에 썼던 주어呪語이다. 편지에 쓸 때는 받는 이에게 봉한 것이 열리지 않고 무사히 도착하기를 바라는 주문이 되고, 샤미센이나 비녀・담배 함 같은 곳에 쓰는 경우는 정조貞操나 그 밖의 맹세의 표시로 삼았다. 삼보三寶는 부처님과 그 가르침法, 그것을 신봉하는 사람들의 집단僧을 보물에 비유한 것이고 샤미센은 3현으로 된 일본의 대표적인 현악기이다.

58) 원래는 천황・조정을 가리키는 말이었으나 가마쿠라시대鎌倉時代(1192~1333)에 무가武家의 지위가 확립된 이후에는 무가 사람들을 가리키기도 했다. 여기서는 천황을 가까운 곳에서 보필하는 조정의 신하들로 주로 문관귀족을 말한다.

59) 쓰보네조로局女郎라 하여 유곽의 최하급 기녀이다. 하시조로端女郎라고도 했다. 문밖에 나게시長押를 달고 안쪽에 세 척三尺 정도의 작은 정원을 만들고 넓이가 아홉 척 정도 되는 쓰보네局에 있었기에 붙여진 이름이다. 쓰보네局는 궁정이나 저택・사원 등에 따로 마련된 조그만 방을 말한다. 보통 시중을 드는 여성들이 대기하고 있었다. 조로女郎는 유곽의 젊은 여성을 말할 때 쓰는 호칭이며 나게시長押는 일본건축에서 기둥과 기둥을 잇는 수평재水平材를 말한다.

60) 효고현兵庫縣 다카군多可郡 가미초加美町 스기하라杉原에서 닥나무를 원료로 해서 만든 얇고 부드러운 종이를 말한다. 주로 문서용으로 많이 쓰였으나 판화용으로도 쓰였다. 당시 종이는 상당히 귀중한 물건이었다.

61) 금 한 량兩의 4분의 1로, 현재의 금액으로는 약 2만 엔 정도이다. 해제의 각종 단위 표기를 참조할 것.

시금석으로 살펴보고 저울 눈금으로 재어보니 1돈 2분62)이 넘는 것이었다. 너무도 기뻐서 가슴이 뛰었지만 가까스로 진정시키고 "뜻밖의 행운이라는 것이 이런 것이도다. 다른 사람들에게 이 사실을 말해서는 안 된다"고 하인들에게 입 조심을 시킨 뒤, 편지를 읽어 보니 사랑타령의 말은 일체 없고 처음부터 조목별 나열체로 "내 몸보다 소중한 당신 일이기에 연말이 다가오는 시기에 염치없는 부탁을 해서 내년 봄의 춘절미春切米63) 급여를 가불하여 보내 드리오. 이 중 2돈은 지난 번 술값이고 나머지 13돈은 모두 그대 것이오. 이것으로 매년 밀려 왔던 그대의 빚을 갚도록 하시오. 어차피 인간이란 하고 싶은 것이 있어도 각자 자기 분수에 맞게 살 수 밖에 없는 것이라오. 오사카야大坂屋의 노카제씨野風64)에게 사이코쿠西國65)의 다이진大臣66)이 중양절重陽節67) 비용으로 써 달라고 1보 금 삼백 개를 보낸 것과 내가 이렇게 1보 금 한 개를 보낸 것은 금액은 다르겠지만 마음 씀은 다 같은 것이라오. 돈이 더 있다면 내 어찌 안 보내겠소?"라고 애처롭기 그지없는 문장, 읽으면 읽을수록

---

62) 돈匁은 척관법尺貫法에서 중량을 나타내는 단위의 하나로 관의 1,000분의 1, 약 3.75그램 정도이다. 분分은 1돈의 10분의 1이다. 그러나 중량이 아닌 화폐의 단위로 쓰일 때는 전錢을 세는 단위로 전혀 다른 뜻이 된다. 전 한 닢은 1문. 아래에 바로 나오는 돈은 화폐단위의 돈이다. 해제의 각종 단위 표기를 참조할 것.

63) 봄 2월에 지급되는 부지미扶持米 또는 급료를 말한다. 여름 5월, 겨울 11월이 지급기였다. 춘절미를 받고 있는 것으로 보아 이 남자는 구게公家 계급이 아니라 돈 씀씀이가 헤픈 상가의 고용인임을 암시하고 있다.

64) 시마바라 아게야초揚屋町에 있는 오사카야大坂屋라는 가게의 2대째 주인이다.

65) 오사카·교토를 중심으로 하는 간사이關西 지방에서 봤을 때 서쪽에 있는 지방國들로, 특히 규슈九州 지방을 가리키는 말이다. 이후에는 주고쿠中國·시코쿠四國 지방도 사이코쿠西國라 했다. 고대 일본에서는 현재의 각 지방을 가리켜 ~고쿠國라 불렀으나 이는 독립된 나라의 의미가 아니라 현재의 현縣 정도로 이해하면 된다.

66) 다이진大臣이란 호칭은 현재는 일본 정부의 각 부처 장관長官을 부를 때 쓰는 호칭이지만 예전에는 재산을 많이 갖고 있는 부호나 유곽 등지에서 돈을 많이 쓰는 사람을 가리켜 부르는 호칭이었다. 현재로 치면 VIP 손님이다.

67) 양陽의 수인 九가 겹친다는 뜻으로 다섯 셋쿠節句의 하나이다. 음력 9월 9일로 중국에서는 등고登高라는 언덕에 오르는 행락의 행사가 있다. 일본에서는 나라시대奈良時代서부터 관국觀菊의 연宴을 열어 국화를 감상하였고, 국화에 솜을 대어 놨다가 그곳에 맺힌 이슬로 몸을 닦으면 무병장수한다는 풍습이 있었다. 국화의 셋쿠라고도 한다.

불쌍하기만 해 "무슨 일이 있더라도 이 돈을 이대로 갖고 있을 수는 없다. 이 돈에 담긴 남자의 집념도 무서운 것이다. 그렇지만 이 남자에게 돌려주려고 해도 어디에 살고 있는 지 알 수 없으니. 그렇다면 받는 사람이 시마바라에 있으므로 그곳에서 하나카와를 만나 직접 건네주자"고 마음먹고 흐트러진 머리모양새를 가다듬고 집을 나섰다. 그렇지만 막상 이 1보 금을 그대로 돌려주자니 아까운 마음이 들어서 몇 번이고 생각을 바꾸던 중, 어느 새 시마바라 유곽 입구의 큰 문 앞에 다 달았다. 그 문을 바로 지나가도 될 지 잠시 머뭇거리다가 마침 한 아게야揚屋[68]에서 나와 술을 사러가는 하인 남자에게 다가가 "이 문 안에 허락 없이 누구나 들어가도 됩니까?"라고 묻자 그 남자는 대답은 하지 않고 상관없다는 뜻으로 턱을 끄덕였다.[69]

그때서야 그 남자는 삿갓을 벗어[70] 한 손에 들고 엉거주춤한 자세로 입구 쪽에 있는 자야茶屋[71] 앞을 지나 조로마치女郎町[72]에 도착했다. 그 때 이치몬지야一文字屋에서 일하는 기녀 이마모로코시今唐土[73]가 손님 맞을 채비를 하고 걸어오고 있기에 다가가서 "하나카와라는 분이 어디에

---

68) 유곽에서 창기들을 불러 노는 곳을 말하고, 기녀들을 모아 놓고 있는 집을 오키야置屋라고 한다. 점주는 자기 집에서는 손님과 기녀들을 놀게 하지 않고 아게야揚屋나 자야茶屋로부터 주문이 들어오면 창기들을 그곳에 보내는 형태로 영업을 한다.

69) 일개 아게야에서 허드렛일을 하는 말단 종업원에게 정중하게 존댓말로 질문을 하고 있는 주인공과 이에 말이 아닌 턱으로 답을 하는 종업원에 관한 묘사이다. 처음 보는 사람이 묻는데 턱으로 대답한다는 것은 몹시 무례한 행동으로 말단 급사에게 무시를 당하고 있는 주인공의 어리숙한 모습이 사실적으로 묘사되고 있다.

70) 유곽에 놀러온 손님이 유곽을 출입할 때는 삿갓으로 얼굴을 가리는 것이 상식이었다. 그것도 입구 근처의 자야茶屋에서 빌려 쓰는 것이 보통이었고 자신의 삿갓을 쓰고 들어가는 것도 우스운 일이었다. 앞의 묘사와 함께 주인공의 촌스럽고 세련되지 못한 모습을 잘 나타내고 있다.

71) 손님에게 식음食飮과 유흥을 할 수 있도록 장소와 음식 등을 제공하는 소규모의 유곽업소이다. 스모자야相撲茶屋 · 연극자야芝居茶屋 · 요리자야料理茶屋 등이 있다.

72) 시마바라島原 6마치町 중 아게야마치揚屋町를 제외한 나머지 5마치의 총칭이다.

73) 아게야揚屋로 일하러 가는 이치모지야一文字屋의 기녀 이마모로코시今唐土에게 말을 걸고 있다. 오키야置屋에서는 일정한 연봉을 주고 기녀를 고용하고 있었는데, 이마모로코시는 오키야 이치몬지야의 최고급 간판 기녀 다유太夫였다.

계신 지요?"라고 묻자 다유太夫[74]인 그 기녀는 옆에 동행한 야리테遣手[75] 할멈 쪽으로 얼굴을 돌리면서 잘 모른다는 투로 쌀쌀한 표정을 지을 뿐이었다. 옆에 있던 할멈이 파란 막[76]이 걸려 있는 유곽 쪽을 가리키며 "어딘 지 모르지만 저 쪽에서 물어 보시게"라고 답하자 뒤따라오던 남자 하인이 눈을 부릅뜨며 "그 기녀 데려 와 봐, 내가 봐 줄 테니"라고 내뱉는 것을 듣고 이 남자는 "내가 데려 올 수 있었으면 여쭈어 보지도 않았을 것입니다"라고 응수를 했지만 험악한 분위기라 뒷걸음치면서 물러났다. 그리고 난 후 이곳저곳을 수소문한 끝에 겨우 그 유곽을 알아내 그녀를 찾았더니 하나카와는 2돈을 받는 싸구려 기녀인데 최근 2,3일 몸 상태가 좋지 않아 쉬고 있다며 그 집 사람이 퉁명스럽게답을 하기에[77] 편지도 전해주지 못하고 발길을 돌릴 수밖에 없었다. 그런데 바로 그 순간 갑자기 뜻하지 않은 바람기가 발동해 "원래 이 돈은 내 것이 아니었지. 일생 한 번 있을까 말까한 일인데 이 돈으로 오늘 놀만큼 놀아보고 노후의 이야기 거리로 삼자"고 마음을 바꾸게 되었다. 아게야에서 즐기기에 1보 금으로는 부족하므로[78] 좀 더 저렴한 자야[79]에 가기로 마음먹고 후지야히코에몬藤屋彦右衛門이라는 자야 이층으로 올라가 낮 시간 동안 화대 9돈의 기녀를 불러 입에 대지도 않던 술에 흠뻑 빠져 들었다. 이것이

74) 다유太夫는 원래 율령제도에서 五位에 해당하는 관리들의 통칭이나, 유곽에서는 최고급 기녀를 일컬어 다유라 했다.

75) 유곽에서 기녀들을 관리, 지휘하며 뒤를 봐주는 여자. 보통 유곽에서 은퇴를 한 여자들이 주로 맡았다. 가샤花車・火車 또는 교샤香車라고도 한다.

76) 쓰보네조로(주80 참조)가 있는 가게 입구에는 감색 노렌暖簾(가게 입구에 거는 막)이 걸려 있으면 영업 중이라는 뜻이다.

77) 누구하나 거들떠보지 않는 하급 기녀에 대해서 이러니저러니 답하는 것 자체가 귀찮다는 의미이다.

78) 아게야揚屋에서 기녀를 불러 놀게 되면 가장 적게 들어도 비용이 18돈 정도인데, 지금 주인공이 주워서 갖고 있는 돈은 금 1보 = 15돈이므로 자기 돈은 한 푼도 쓰려 하지 않는 주인공의 인색함을 해학적으로 묘사하고 있는 대목이다.

79) 자야茶屋에서는 손님을 아게야로 안내하는 것이 보통이지만 낮에는 하급의 기녀를 불러 놀 수가 있었다.

계기가 되어 주색놀이에 빠져 기녀와 연애편지를 주고받고 놀면서 점차 상대 기녀의 급도 높아져[80] 유명한 다유는 남김없이 섭렵하게 되었다. 바로 그때부터 유곽에서 미야코노맛샤시텐노都の末社四天王[81] · 간사이願西 · 가구라神樂 · 오무鸚鵡 · 란슈亂酒[82] 등 유명한 다이코모치太鼓持[83]들이 나릿님 대접을 해주면서 바람을 잡아주니 우쭐한 마음에 점점 망설임 없이 이 분야의 달인이 되어갔다. 나중에는 멋쟁이 유객들의 새로운 풍속도 이 남자의 주색행각을 흉내 낼 정도가 되었고, 오기야扇屋[84]의 고이카제戀風[85] 님이라고 통하면서 주색에 엄청난 돈을 쏟아 부었다. 사람 일이란 정말 알 수 없는 법이다, 이 생활에 빠지니 4,5년도 채 안 가 2천 관의 유산은 형체도 없이 사라졌고 생계를 꾸릴 여력도 없이[86] 몰락해 가문의 문양이었던 오래된 부채를 한 손에 쥔 채 "한때는 번창하지만 한때가 되면 쇠락하기 마련이도다"라고[87] 신세를 한탄하는 요쿄쿠謠曲 가

---

80) 기녀의 계급은 맨 밑에 쓰보네조로局女郎, 그 다음이 가코이조로鹿戀女郎, 그 위가 덴진天神(덴진은 화대가 은 25돈이었는데 기타노텐진北天神의 연일緣日이 마침 25일이었기 때문에 거기에서 따온 이름), 최상급 기녀인 다유太夫 순이었다.

81) 맛샤末社는 원래 혼샤本社에 부속되어 있는 작은 신사를 말하나 유곽에서는 본 신사에 속해 있는 다이진大神을 섬긴다는 뜻으로서의 맛샤의 역할에 주목해 비유적으로 손님을 다이진大神이라 했으며 손님의 유흥에 동반하여 북을 치고 장단을 맞추며 흥을 돋우는 다이코모치太鼓持를 맛샤라 했다. 간사이願西 · 가구라神樂 · 오무鸚鵡 · 란슈亂酒는 교토京都에서도 유명한 다이코모치로 맛샤의 4대천왕이라 불리었다.

82) 간사이願西의 미나彌七, 가구라神樂의 쇼자에몬庄左衛門, 오무鸚鵡의 기치베吉兵衛, 란슈亂酒의 요자에몬與左衛門을 말한다.

83) 연회석에 나가 자리를 흥겹게 하는 것을 업으로 삼는 남자들을 말한다.

84) 부채제작을 가업으로 하는 사람, 또는 그 가게를 말한다.

85) 주인공의 가업인 부채가게에서 따온 유곽에서 통하는 통명通名이다. 고이카제戀風는 사랑의 바람이란 뜻으로 원래 부채란 시원한 바람을 내기 위한 도구이나 시원한 바람을 내기보다는 유곽에서 주색잡기에 빠져 사랑의 바람만 피운다는 비아냥 투의 통명이라고 할 수 있다. 부채 바람으로, 시작하면 날려버린다는 말이 따라 나오는 하이카이俳諧의 쓰케아이고付合語를 이용해 기교를 부린 문장이다.

86) 하이카이의 쓰케아이고를 이용한 문장이다. 재灰가 앞에 나오면 불火이 따라 나오는 하이카이의 연상어의 흐름으로 바람을 불 힘도 없는 무력함을 나타내고 있다.

87) 요쿄쿠謠曲 『가키쓰바타杜若』의 한 소절 "하지만 세상에 한 때는 번창하지만 한 때는 쇠락하는 세상 이치의 ……"를 인용하고 있다.

사를 타령조로 흥얼거리면서 하루를 보내는[88] 이 남자의 모습과 목소리를 보고 들을 때 마다 "지금 세상은 정말 돈 벌기 힘든데 그 많은 돈을 아깝게도" 하면서 견실하게 재산을 모은 가마다야鎌田屋[89]의 아무개 씨가 그 아이들에게 한 부자의 몰락담을 들려주는 것이었다.

---

88) 우타이謠를 부르고 다니면서 동냥을 구하는 거지를 말한다. 주인공은 주색에 빠져 갖은 재산을 전부 탕진하고 결국은 거지 신세가 됐다. 이야기의 머리 부분에 주인공의 선대는 고우타이小謠를 부르는 것을 취미로 삼았다는 것과 대조적으로 주인공은 우타이를 부르며 동냥질을 하게 되었다는 사실을 이야기함으로써 이번 이야기의 주제인 근검절약을 하지 않으면 부富가 2대를 가기 힘들다는 것을 이러한 단어 하나하나의 선정에 의해 잘 표현하고 있다. 우타이謠는 노能나 교겐狂言, 또는 그와 비슷한 예능의 가창歌唱이다. 일반 서민들은 당시 유행했던 이러한 예능에서 불리던 유명한 노래의 한 소절을 따로 떼어 내 오늘날의 유행가처럼 흥얼거리거나 따라 부르거나 했다.

89) 『장자교長者教』(1627년 간행, 작자미상)에서 소개하고 있는 에도시대의 대표적 재산가이다. 이치몬지야一文字屋의 기녀 이마모로코시今唐土와 함께 실존인물의 이름을 들어 이야기에 사실적 색채를 더하고 있다. 『장자교』는 가마다야鎌田屋・나하야那波屋・이즈미야泉屋의 세 자산가가 마을의 어린 아이의 질문에 대답하는 형식으로 장자長者가 되기 위해 알아둬야 할 운신運身의 방법과 꼭 마음속에 새겨둬야 할 교훈을 담은 교훈서이다.

권 1-3_ 풍랑 없는 바다를 나아가는 진즈마루神通丸호

그 많은 다이묘大名[90]들은 전생에 도대체 어떤 씨앗을 뿌렸던 것일까. 매사 만사형통으로 지내는 것을 보면 이 세상 사람들 중에 부처님[91]이라고 말할 수 있는 것은 다이묘 이외에는 없도다. 어떤 다이묘의 봉록俸祿[92]은 120만 석石[93]이라고 하는데, 500석 받는 무사가 석가여래께서 입멸入滅[94]하신 때부터 지금까지 계속 봉록을 받은 것으로 쳐서 그 금액을 계산해 보아도 이 엄청난 봉록을 넘지 못한다. 무사들의 대소의 차이는 이처럼 엄청나게 크고 세계는 넓기만 한 것이다.

작금에 센슈泉州 지방에 가라카네야唐金屋[95]라는 금은金銀[96]이 많은 사람이 나타났다. 큰 배를 만들어 그 이름을 진즈마루神通丸호라고 붙이고, 쌀을 3천 7백 석이나 실어도 배의 속도가 빨라 홋코쿠北國[97]의 바다를

---

90) 에도시대, 장군에게 직속되어 있었던 봉록이 1만 석 이상인 무사를 가리킨다. 다이묘大名란 다이묘슈大名主에서 나온 말로, 무가사회에 있어서 많은 영유지와 부하를 소유하는 무사를 의미하는 말로 바뀌었다. 장군과의 친소관계에 따라 친번親藩・후다이譜代・도자마外樣, 또한 영지관계에 따라 국지國持・준국지准國持・성주城主・성주격城主格・무성無城 등으로 나누어진다.

91) 아무 어려움 없이 사는 다이묘의 자유로운 생활 모습을 비유한 말로, 이 세상에서 가장 행복한 사람이란 뜻이다.

92) 에도시대에는 막부나 번藩이 가신에게 녹으로 토지를 지급했고 그 토지를 지교知行라고 했다.

93) 석石은 다이묘, 무사의 봉록의 양을 가리키는 말로 쌀로 계량했다. 1석은 10말로 180.39리터이다. 해제의 각종 단위 표기를 참조할 것. 본문의 120만 석은 당시 최대의 다이묘인 가가加賀번의 마에다가前田家를 지칭하는 것으로 보인다.

94) 불교에서 수도승의 죽음을 이르는 말이다.

95) 이 지역 출신의 실존인물인 가라가네야 쇼사부로唐金屋庄三郎를 가리킨다. 오사카 신에비스마치新戎町에서 해운운송대리업을 하던 사람으로 소유하던 배의 이름이 다이쓰마루大通丸이었다. 진즈마루는 이 다이쓰마루를 패러디한 것이다.

96) 금과 은은 화폐의 단위였으며 금은이라고 하면 일반적으로 돈 또는 재산이라는 의미로 사용되었다.

97) 현재의 야마구치현山口縣 시모노세키下關로부터 홋카이도北海道 마쓰마에松前까지의 동해 항로를 '북해주로北海舟路'라고 했다. 악천후와 암초가 있는 위험한 항로였다.

자유자재로 항해하면서 나니와難波[98]의 항구에 쌀을 실어 나르는 해운업을 해 점차 가업을 크게 일구어냈는데, 그것은 만사에 이 남자의 사업수완이 좋았기 때문이었다.

기타하마北浜[99]의 쌀 시장에서는 이곳 오사카大坂가 일본 제일의 항구이기 때문에 두 시간 사이에 5만 관[100] 규모의 쌀 경매가 입회한 상인들 사이에서 이루어진다. 창고마다 산더미처럼 쌀이 쌓여있고 상인들은 저녁의 풍랑,[101] 아침의 비를 신경 쓰고, 날씨를 잘 살피고 구름상태도 따져서 전날 밤중에 시세의 예상을 해 팔고 사는 것이다. 1분分[102] 2분의 시세차이를 다투고, 사람들이 산더미처럼 모여들어 서로 얼굴을 잘 아는 사람들 사이에서는 1,2천 석이나 되는 쌀을 매매할 경우에도 두 사람이 서로 박수를 치는 것으로 계약을 끝내 버리고 뒤에 조금도 이 계약을 위반하는 일이 없다. 세간에서 현금의 임차거래를 할 경우에는 차용증서에 보증인의 도장까지 확실하게 찍고 "언제라도 필요시에는 반드시 반제하겠음"이라고 기입했음에도 불구하고 그 약속을 지연시켜 소송이 벌어지곤 하는데, 구름[103]처럼 변할 수 있는 말만을 믿고 약속한 계약을 어기지 않으며, 당일 하루의 손실과 이득에 개의치 않고 매매를 하는 것은 부상扶桑[104] 제일의 대상인들이 배포가 커서 거상巨商다운 사업을 하고 있기

98) 오사카시 부근의 옛 이름이다.

99) 오사카시 센바船場 북부의 지명이다. 요도가와淀川에 면하고 있어서 기타하마北浜라고 한다. 에도시대에는 쌀 시장이 있었다.

100) 은화를 세는 단위이다. 쌀 1석이 은 40돈이라 하면 은 5만 관으로 쌀 120만 석의 매매가 가능하다. 하루의 거래시간을 약 네 시간으로 보면 거래금액이 약 240만 석이 된다. 또한 당시의 쌀 시세를 1석 은 60돈으로도 보며 이 경우 쌀 83만 석의 매매가 가능하게 된다. 이 경우 하루의 거래금액은 약 166만 석이 된다.

101) 요쿄쿠謡曲『한조班女』의 "저녁의 풍랑 아침의 구름夕の嵐朝の雲"의 묘사내용을 패러디하고 있는 부분이다.

102) 에도시대의 통화 단위로 1분은 은 1돈의 10분의 1이다. 금 1량의 4분의 1. 소액이나 쌀의 대량거래에 있어서는 큰 차이가 난다는 것을 의미하고 있다. 해제의 각종 단위표기를 참조할 것.

103) 변하기 쉽고 기준이나 표준이 되지 않은 것의 비유이다.

104) 고대 중국에서 해가 뜨는 동쪽 바다에 있다고 한 신목神木 또는 그것이 있는 땅으

때문이다. 나니와바시難波橋[105]에서 서쪽을 바라보면 수천 채 도매상의 지붕기와가 늘어서 있고 창고의 흰 벽[106]은 마치 눈 내린 새벽 모습처럼 빛나고 있다. 삼나무[107] 모양으로 쌓아 놓은 엄청난 쌀가마를 마치 산이 움직이듯이 말에 실어 보내면 큰 길거리가 땅 벼락이라도 치는 듯한 큰 소리에 진동한다. 우와니上荷[108] 배와 자부네茶船[109]가 무수히 강 물결 위에 떠 있는 모습은 마치 가을 버드나무 낙엽이 퍼져 있는 것 같다. 앞다투어 색대[110]를 휘두르고 있는 젊은 일꾼들의 위세는 호랑이가 웅크리고 있는 대나무 숲처럼 보이고, 다이초大帳[111]는 구름처럼 휘날리고 있고, 주판은 싸라기눈이 지붕 위를 튕겨나가듯 하고, 천칭天秤[112]의 침구를 두드려 울려 퍼지는 소리는 시각을 알리는 종소리보다 요란하다. 각 상점들은 제각기 가풍에 맞는 노렌暖簾[113]을 내걸고 번창하고 있다. 많은 상인들 중에서도 나카노시마中の島[114]에 있는 오카岡, 히젠야肥前屋, 기야木屋, 후카에야深江屋, 히고야肥後屋, 시오야鹽屋, 오쓰카야大塚屋, 구와나야桑名屋, 고노이케야鴻池屋, 가미야紙屋, 비젠야備前屋, 우와지마야宇和島屋, 쓰카

로, 일본을 가리킨다.

105) 요도가와에 걸려있고 기타하마와 덴마天滿을 잇는 다리로 서쪽에 구라야시키藏屋敷와 대상인이 많았다. 구라야시키란 에도시대의 다이묘 등이 영領내의 쌀·특산물 등을 저장 판매하기 위해 에도나 오사카 등지에 두었던 저택을 가리킨다. 이 다리에서 바라보는 조망은 오사카에서 가장 아름다운 광경이었다고 전해진다.

106) 석회반죽을 바른 벽으로 화재에 강했다.

107) 당시는 곡식이나 재목들을 삼나무 모양으로 쌓았다.

108) 우와니부네上荷船의 약어이다. 부두와 본선本船 사이를 왕복하여 짐을 운반하는 배로 20석 선적용으로 사용되었다.

109) 부두와 본선本船 사이를 왕복하여 짐을 운반하는 배로 주로 10석 선적용이다.

110) 쌀섬을 찔러서 쌀을 뽑아내 품질검사를 하는 대나무 통을 말한다.

111) 다이후쿠초大福帳라고도 한다. 상가에서 매일 매매 거래 내용을 적은 원장元帳이다.

112) 천칭의 균형을 잡기 위해서 천칭 중앙 상부에 있는 침구針口를 망치로 두들겼다.

113) 상점 출입구에 상호를 써 넣어 드리워져 있는 천으로 상호와 업종을 나타낼 뿐만 아니라 상점의 신용의 상징이다. 본문에서는 가업의 번성을 바람에 나부끼는 노렌으로 표현했다.

114) 현재의 오사카시 기타구北區 나카노시마中の島이다. 에도시대에는 번藩의 구라야시키藏屋敷가 있었다.

구치야塚口屋, 요도야淀屋 등은 이곳에서 오래된 부자들인데,[115] 원래 하던 장사는 그만 두었더라도 금융업 등을 하면서 여전히 많은 종업원[116]을 두고 살아가고 있다.

한때는 여기저기서 영세한 장사를 하고 지냈던 사람들도 때를 잘 만나 성공하게 되면 나릿님[117] 소리를 들으며 오키즈킨置頭巾[118]을 머리에 두르고, 당목지팡이[119]를 짚고, 갈아 신을 조리草履[120]를 하인에게 들리게 할 정도의 신분이 되는데, 이들은 대개 야마토大和[121] · 가와치河內[122] · 쓰노쿠니津の國[123] 지역의 시골 농민의 자식들이다. 이들 농가에서는 장남만을 집에 남기고 차남 이하[124]를 뎃치丁稚[125]라고 불리는 상점의 견습점원으로 보내게 된다. 콧물을 흘리면서 아직 촌티를 벗지 못하는 어린 나이에는 두부나 화유花油[126]와 같은 소소한 물건을 사오는 심부름 등을 하게 되는 데, 그 뒤 나이를 먹어 주인으로부터 계절 옷을 두세 벌 받아 입을 정도가 되면, 생가의 조몬定紋[127]을 알아내 스스로 꾸며보기도 하고, 머리 스타일에도 신경을 쓰기 시작해 풍채도 그럴싸한 어른 모습으로 변해 간다. "주인을 시중들기 위해 노能[128]나 뱃놀이

---

115) 오카岡로 시작되어 나열되고 있는 상인들은 모두 구라야시키와 관련된 실존 인물들이다.

116) 부호가 된 상인들은 표면적으로는 장사를 그만두고 데다이手代라고 하는 사용인에게 맡기고 금융업 등을 하며 여유 있는 생활을 보냈다.

117) 일본어로는 단나사마旦那樣라고 한다. 점원이 남자 주인을 높여서 부르는 말이다. 단나旦那 · 檀那란 원래는 절에서 보시하는 사람을 가리키는 말이다.

118) 접은 천을 머리에 올린 두건의 일종으로 주로 은퇴한 노인들이 착용한다.

119) 정자丁字형의 지팡이로 오키즈킨과 같이 은퇴한 노인용이다.

120) 조리草履는 일본식 짚신이다.

121) 현재의 나라현奈良縣이다.

122) 현재의 오사카 남동부에 해당한다.

123) 현재의 오사카 북서부와 효고현兵庫縣 남동부에 해당한다.

124) 개발이 진행되었던 오사카에서는 차남 이하의 아들에게 물려줄 땅이 적었기 때문에 상점에 점원으로 보내지는 경우가 많았다.

125) 견습점원으로 잡무나 심부름을 했다.

126) 유자는 기름으로 사용하는 외에 꽃이나 껍데기를 맑은 국 등에 사용한다.

127) 각 집안을 상징하는 가문의 문양을 말한다.

등에 따라나서고, 흘러가는 물에 숫자를 쓴다"[129]는 옛 와카和歌[130]의 표현과 같이 모래로[131] 글자연습을 하고 주인 자제들을 돌보면서 틈틈이 시간을 내어 주판을 갖다놓고 덧뺄셈 연습을 하면서, 어느 틈엔가 스미마에가미角前髮[132]를 하게 되는 성인 나이가 되면 외상값을 수금하는 돈주머니를 메고 나서면서 점차 중견 종업원인 데다이手代[133]의 직무를 수행하게 되는 것이다. 그렇게 되면 눈동냥으로 터득해 주인 몰래 자신의 속을 채우곤 한다. 돈을 벌게 되면 자신이 챙기고 손해를 보게 되면 주인 쪽으로 떠넘기는 것인데, 정작 자신이 독립[134]을 하게 될 때 대개 들통이 나 주인이나 보증인에게 폐를 끼치게 된다. 써 버린 돈이 다시 솟아날 리 없고 그럭저럭 내부에서 해결하게 된 뒤 결국 행상인의 처지로 전락하는 자가 셀 수 없을 정도로 많다. 이처럼 자신의 마음가짐 하나로 장자가 되느냐 마느냐가 결정되는 것이다.

대개 오사카의 부자들은 대대로 내려온 것이 아니다. 대부분은 기치조吉藏・산스케三助[135] 등으로 불리던 미천한 자들이었는데, 졸부가 되어 부자행세를 하면서 시가詩歌[136]・마리鞠[137]・요큐楊弓[138]・가야금・

---

128) 일본 고전예능의 하나. 중세에 사루가쿠猿樂로부터 발전한 가무극이다. 조닌이 노를 구경하거나 배우는 것은 사치스러운 일이었다.

129) "흐르는 물에 숫자 쓰는 것보다 덧없는 것은行く水に數かくよりもはかなきは"(『고킨와카슈古今和歌集』 戀一)이라는 와카에서 나온 표현이다. 흔적이 남지 않아서 덧없는 것이라 표현했다.

130) 일본고유의 시가로 5・7음을 바탕으로 한 5・7・5・7・7의 31음으로 이루어지는 정형시이다.

131) 쟁반이나 얕은 찬합 등에 모래를 깔고 손가락으로 글씨연습을 하는 것을 말한다.

132) 에도시대의 성인식을 하기 전인 14,5세의 소년의 머리모습으로 앞머리를 세우고 이마의 양옆을 밀어 네모지게 했다.

133) 에도시대의 상점 종업원 중 중간등급인 점원이다. 종업원은 3단계로 나누어지며 견습점원인 뎃치丁稚와 데다이手代, 그리고 수석종업원인 반토番頭가 있었다. 17,8세 정도가 되면 뎃치에서 올라가 데다이가 되는데 처음 2,3년은 데다이 견습이라 할 수 있어서 이를 데다이분手代分이라 부르기도 한다. 21,2세 전후가 되면 정식 데다이가 된다.

134) 데다이로서의 고용기간이 끝나 결혼하여 별도의 가게와 살림을 차리는 것을 말한다. 상점에 고용된 지 25,6년째가 되는 35세 전후 정도가 된다.

135) 에도시대 하인들 이름에 자주 사용되었고 머슴의 통칭이라고 할 수 있다.

피리 · 장구 · 향회香會[139] · 다도까지도 배워 상류층 사람들과 교제를 하고 옛날에 썼던 시골 사투리도 사라져 버린다. 어쨌든 인간은 환경 여하에 따라서 구게公家[140]의 숨겨진 자식이라도 몰락하게 되면 조화造花 행상을 하지 말라는 법도 없는 것이다.

이런 저런 것을 감안해보면 봉공奉公[141]은 좋은 주인을 모시는 것이 최고의 행복이다. 번창하는 곳에서 일을 하는 것만이 반드시 행복한 것은 아니다. 번화가로 알려진 기타하마카쇼마치北浜過書町[142] 부근에 사시모노指物[143] 세공인細工人이 살고 있었다. 이 사람에게도 연소한 제자 두 명이 있었는데, 아타라시야新屋[144] · 덴노지야天王寺屋[145] 등의 금융업자가 사용할 10관이 들어갈 수 있는 금고를 만들면서 제작기술은 잘 배웠지만 정작 그 안에 들어가는 돈은 한 번도 손에 쥔 적이 없었다. 이 제자들은 독립해서 자신의 가게를 냈지만 주인과 마찬가지로 솥뚜껑이나 불쏘시개 통을 만드는 것 외에는 아무 것도 할 줄 모른다. 이 사람들이 같은 일터라고 하더라도 큰 규모의 제작소에서 일을 배웠더라면 모두 제대로 된 상인이 될 수 있었을 터인데 딱하기만 한 것이다.

속담에 "생계수단은 풀씨처럼 얼마든지 있다"고 하듯이 살아가는 길은 싸리비의 씨처럼 얼마든지 있는 것이다.

---

136) 한시와 와카를 말한다. 본문에서는 이하 벼락부자가 된 조닌들의 속물적 귀족취미를 열거하고 있다.

137) 공을 가리키는 말이며 게마리蹴鞠라 하여 고대부터 귀족 사이에서 행해졌던 옥외유희의 일종이다. 몇 사람이 가죽신을 신고 사슴가죽으로 된 공을 떨어지지 않도록 발등으로 차며 주고받는 놀이이다.

138) 에도시대에 유행한 놀이용 작은 활이다. 버드나무로 만들어졌고 앉아서 쏜다.

139) 여러 가지 향목香木을 그 이름을 숨긴 채 태워 두 편으로 갈린 사람들이 그 나무의 이름을 맞히며 승부를 겨루는 모임이다.

140) 공경公卿의 신분으로 조정朝廷에 출사出仕하는 귀족을 말한다.

141) 남의 집에 고용되어 그 가사家事나 가업에 종사하는 일을 말한다.

142) 기타하마에 있었던 환전상이나 대상인들이 살았던 지역이다.

143) 널빤지로 짜서 만든 가구나 기구이다.

144) 에도시대에 실존했던 대 환전상이다.

145) 에도시대에 실존했던 대 환전상이다.

이 고장 기타하마에서 사이코쿠西國[146] 쌀을 하역할 때 떨어진 쌀을 긁어모아 하루하루를 먹고 살아가던 노파가 있었다. 팔자가 드세어 23세부터 과부가 되었는데 그 후 남편이 되 줄 사람도 없어서 외아들의 장래만 낙으로 삼으며 곤궁한 나날을 보내고 있었다. 어느 땐가 제국개면諸國改免[147]이 있었던 해였는데, 그 해는 큰 풍년이 들어 쌀이 대량으로 오사카에 수송된 적이 있었다. 입항할 배가 많아서 주야에 걸쳐 작업을 해도 다 하역을 하지 못하고 임대 창고도 가득 차 쌀을 둘 장소가 없을 정도였다. 이곳저곳으로 운반하는 중에 떨어지는 쌀을 이 노파는 쓰레기와 함께 쓸어 모았는데 조석으로 먹고도 1말斗[148] 4,5되升[149] 정도 남았기에 이때부터 욕심을 내어 검약을 해 어느 틈엔가 그 해 안에 7석 5두斗로 늘어났고, 이를 몰래 판 뒤, 다음 해에는 더욱 검약생활을 해 재산을 늘렸고 이런 식으로 매년 재산이 늘어나 20여 년간에 몰래 모은 돈이 12관 5백 돈目이 되었다.

그리고 아들도 놀려두지 않고 9세때부터 버려진 쌀가마니를 주워 모으게 한 뒤 그 짚으로 돈꿰미를 엮어 금융업자나 도매상에 팔게 했더니 생각도 못했던 큰 돈을 벌게 되었다. 이런 식으로 돈을 불려 나중에는 믿을 만한 곳에 일변日邊[150] 얼마 정도로 빌려주고 남은 돈은 도자가시當座貸[151]로 빌려 주었다. 이런 돈놀이로 재미를 본 다음 생각해 낸 것이 이마바시今橋[152] 구석에 환전상[153]을 여는 것이었다. 그러자 시골에서 올라온

---

146) 현재의 규슈 지방이다. 규슈 지방의 쌀이 10월 중순부터 연내에 오사카에 회송된다.

147) 특정 시기의 금은의 대차에 관해 소송을 유보했던 제도이다. 당사자간 대화로 해결할 것을 정한 법령을 내렸다. 차용금의 지불은 일시적으로 연기되었는데 주로 무가의 경제적 궁핍의 완화를 의도했던 제도였다. 1661년 이후 수차례 행해졌다.

148) 18.039리터이다.

149) 1되升는 1말의 10분의 1로 약 1.8리터이다. 해제의 각종 단위 표기를 참조할 것.

150) 하루만 한정해서 높은 이자로 돈을 빌려주는 것을 말한다.

151) 보증서 없이 단기간 높은 이자로 돈을 빌려주는 소액금융이다.

152) 현재의 오사카시 주오구中央區 이마바시今橋이다. 이마바시 부근에는 생선과 청과물 시장, 선착장이 있어서 소액의 은이나 돈이 필요한 여행객들이나 근처의 농민들의 왕래가 많아 번화했다.

사람들이 늘어서서 쉴 시간이 없을 정도로 장사가 잘 되었다. 새벽부터 밤까지 얼마되지 않는 돈을 굴려 조긴丁銀[154]을 고마가네細銀[155]로 바꾸어 주거나 은화의 무게를 재는 데 쉴 틈이 없었다. 이렇게 매일 매일 이윤이 늘어나 10년도 지나지 않아 동업자 중에서는 최고의 부자가 되었다. 여기저기 돈을 빌려주어 대출 장부에 기록해 두지만 자신이 돈을 빌리는 적은 없고 돈을 빌리러 오는 데다이手代도 이 남자에게 허리를 굽히고 비위를 맞추게끔 되었다. 고반小判[156] 시장에서도 이 남자가 사러나가면 갑자기 시세가 오르고 팔게 되면 순식간에 가격이 떨어졌다. 자연스럽게 세간 사람들도 이 남자의 말에 신경을 쓰고 누구나 자세를 낮추고 나릿님, 나릿님 하면서 떠받쳤다.

그 중에는 이 남자의 출신을 집요하게 따지며 "뭐야 저런 놈한테 머리를 숙이다니 세상사는 거 더러워서 못해먹겠다"고 핏대를 세우는 자도 있었지만 그런 사람도 돈이 급해지면 어쩔 수 없이 이 남자에게 돈 부탁을 하는 것이었다. 이것이 금전의 위력이라는 것이다. 그 후에는 다이묘를 상대로 하는 가케야掛屋[157]에 전념하여 이곳저곳의 다이묘 저택을 드나들게 되었다. 이제는 더 이상 이 남자의 옛날 일을 말하는 사람도 없어졌고, 유서 있는 상인 집 딸을 부인으로 맞아 집과 창고를 여러 채 짓고, 한때 모친이 땅에 떨어져 있는 쌀을 긁어모았던 통 빗자루와 볏짚 빗자루, 시부우치와澁団扇[158]를 세간에서는 가난을 부르는 것이라

153) 전錢을 금화 은화로 환전하는 가게이다. 제니미세錢店라고 불렀다. 소자본으로 일용품의 소매를 본업으로 하며 그 돈으로 소액 은화와 교환하여 수수료를 받았다.

154) 은화의 일종으로 무게를 달아 수수하는 칭량 화폐이다. 조긴丁銀은 무게 43돈(약 160그램)전후인 해삼모양을 한 것. 교토・오사카를 중심으로 한 가미가타上方 지역에서는 은화, 에도를 중심으로 하는 간토關東 지방에서는 금화가 주로 사용되었다.

155) 무게가 약 1돈에서 5돈 전후인 원형의 은화이다. 마메이타긴豆板銀・고다마긴小玉銀・고쓰부小粒・고마가네細銀・쓰유露라고도 불렸다.

156) 에도시대의 금화로 타원형이며 1장이 1량이다. 금화에는 오반大判・고반小判・이치부반一歩判의 세 종류가 있었다.

157) 번藩의 특산품을 오사카에서 판 대금을 보관해 주기고 하고 또 번과 금융거래를 하는 어용상인이다.

고 하지만 이 집에서는 보물로 여겨 건방乾方[159] 구석에 모셔 두었다.

여러 지방을 돌아다녀 보면 지금도 여전히 한 밑천 잡을 수 있는 곳은 오사카의 기타하마이며 여기에는 돈이 흘러 다니고 있다고 한다.

---

158) 떫은 감물을 바른 튼튼하고 실용적인 부채이다.

159) 서북 방향을 말하며, 이 방향에 복신福神을 모시는 것이 당시의 풍습이었다.

권 1-4_ 옛날은 외상거래 지금은 현금거래

예전[160]과는 달리 요즘 사람들 복장이 점차 호화롭게 변해 매사에 자신들의 처지 이상으로 화려해졌는데 특히 부녀자들이 의복에 더 이상할 수 없을 정도로 사치를 하는 것은 분수를 모르는 것이며 하늘 보기에도 겁이 나는 일이다. 더욱이 고케高家[161] 같은 귀인貴人들의 옷도 교오리하부타에京織羽二重[162] 정도 밖에는 없고, 이쓰토고로몬五所紋[163] 문양紋樣이 들어간 검은색[164] 옷은 다이묘를 위시해 그 아래 신분의 사람들이 입어도 누구에게나 잘 어울리는데 말이다.

그런데 최근에는 멋 내기 좋아하는 도회지 사람들이 남녀 의류에 새롭게 여러 가지 화려한 유행을 만들어 내고 있는데, 예를 들면 기본천인 히나가타雛形[165]에 염색을 한 새로운 스타일의 고몬小紋[166]이나 고쇼御所[167] 풍의 모모이로조메百色染,[168] 아라이가노코洗鹿子[169] 염색 등과 같

160) 일본어 본문에는 고대古代라고 표현되고 있다. 에도시대에 고대古代라고 하면 메이레키明曆(1655~1657) 이전을 가리키는 경우가 대부분이다.

161) 고귀한 가문의 사람 즉, 황족皇族・장군・구게公家 다이묘大名 등을 말한다.

162) 교오리京織는 교토의 니시진오리西陣織를 말한다. 니시진은 현재의 교토시 가미교구上京區 신마치도리新町通에서 서쪽인 이치조도리一條通의 북쪽 일대를 가리키다. 그 지역에서 나는 직물의 총칭을 니시진오리라고 하는데 주로 고급견직물을 가리킨다. 하부타에羽二重는 얇고 광택이 있는 순백색의 견직물의 일종이다.

163) 정식 예장용으로 기모노에 가문을 넣었다. 등에 하나, 양쪽 소매의 뒷부분과 양쪽 가슴에 각각 하나씩 합계 다섯 개의 가문을 넣는다.

164) 가문을 넣는 기모노는 대부분 검은 색을 이용한다.

165) 천의 무늬나 염색의 견본이다.

166) 일면에 자잘한 무늬를 넣은 염직물이다. 에도시대에는 무사의 정장인 가미시모에 쓰였으나 이후 시중의 상가에서도 기모노 등의 염색에 쓰였다.

167) 천황이 있는 곳이나 장군이나 대신大臣의 처소를 가리킨다.

168) 고쇼풍御所風은 고미즈노오後水尾천황의 황후가 화려한 것을 선호한 것에서 비롯되었다고 한다. 모모이로조메百色染는 바탕은 흰색으로 여러 색으로 무늬를 내어 물들인 것이다.

169) 가노코鹿子는 천을 접어서 실로 묶어 염색하는 방법으로 사슴의 등 무늬로 염색한 염직물을 가리킨다. 아라이가노코洗鹿子는 실로 묶는 부분을 풀어 씻어서 색이 바랜

은 특별한 취향의 옷 주문이 나오고 있어 별세계가 따로 없다. 이처럼 부인의 사치나 딸의 혼사비용 때문에 재산을 낭비하게 되어 가업에 지장을 초래하는 일이 자주 일어난다. 유녀遊女가 평소에 아름답게 치장을 하고 있는 것은 먹고 살아가기 위해서 어쩔 수 없는 일이다. 봄 꽃구경, 가을의 단풍놀이, 혼례복장 등은 그렇다 치더라도 평상시에는 눈에 띨 정도로 화려한 복장을 몇 겹이나 걸쳐 입지 않아도 살아가는 데 별 문제가 없을 텐데 요즈음은 보통 부녀자들까지도 유녀처럼 사치를 하는 것이다.

어느 날의 일이다. 교토의 무로마치室町[170] 한 구석에 재봉집이 있었는데 그 집 처마 끝에는 향기가 바로 배어나올 듯한[171] 귤나무 문양의 노렌暖簾이 걸려 있었다. 이 집에는 그때그때 유행하는 의상을 잘 만들기로 교토에서도 가장 솜씨가 좋다는 장인匠人이 있어서 많은 사람들이 견직이나 면을 들고 와 주문을 위해 이 가게 앞에 줄을 설 정도였다. 들고 온 많은 흰 천들이 늘어선 것이 그 유명한 기누카케야마衣掛山[172]를 마치 집에서 바라다보는 듯했는데, 손님들은 시침질의 실을 꿰고 다리미질을 하는 등 옷이 완성되는 것을 학수고대하고 있었다. 그런데 이들과 마찬가지로 매년 도시사람들이 학수고대[173]했던 두견새[174]가 하늘에서 첫 소리를 내는 묘월卯月[175] 1일은 계절이 바뀌는 고로모가에衣替[176] 날이라 때

것처럼 보이게 염색한 것이다.

170) 현재의 교토시를 남북으로 가로지르는 거리의 하나로 가라스마루도리烏丸通의 서쪽에 위치한다.

171) 향기를 뜻하는 '가오리薫り'와 귤을 뜻하는 다치바나橘는 연어緣語이다. 노렌의 향기가 난다는 것은 가업이 번성하다는 의미를 담고 있다.

172) 교토시가의 북서부에 위치하는 산으로 기누가사야마衣笠山라고도 한다. 우다宇多 법황法皇이 한여름에 설산에 비유해 이 산에 흰 비단을 걸었다고 전해진다.

173) 마치카네待兼는 '학수고대하다'라는 뜻인 마치카네루待兼ねる와 마치카네야마待兼山라는 말의 양쪽에 걸리는 말이다. 마치카네야마는 우타마쿠라歌枕로 현재의 오사카부 이케다시池田市 북부에 있던 산이다.

174) 마치카네야마와 두견새, 묘월은 연어緣語이다.

175) 음력 사월의 이칭異稱이다.

176) 여름과 겨울, 계절에 따라 옷을 바꾸어 입은 일을 가리킨다. 음력 4월 1일과 10월 10일에 행해졌다.

깔 좋은 겹옷[177]을 이 날에 맞추어 만들어 입게 되는 데, 하얀 몬로紋絽[178]를 뒤집어 히지리멘緋縮緬[179]을 속에 넣고 세 겹으로 만든 겹옷인 것이다. 더구나 양 소매와 옷깃에는 풀솜까지 붙이고 있는 데 이런 복장은 예전에는 없었던 모습이다. 이 보다 더 사치가 심해지게 되면 여러 가지 당직唐織[180]을 일상복으로 입게 될 지도 모를 일이다. 그렇기에 지난 번 의류의 사치를 금하는 법령[181]은 모두를 위한 것이었기에 지금 와서 보니 새삼 고맙게 느껴지는 것이다. 상인[182]이 고급 비단옷을 입고 있는 것은 볼썽사나운 일이다. 고급 명주明紬 복장은 그 신분에 맞을 때 좋은 것이다. 무사는 위엄을 지키면서 근무하는 신분이므로 설사 수행 하인이 없는 하급 무사라도 복장을 상인처럼 해서는 바람직하지 않은 것이다.

근년[183] 에도江戸는 태평성대가 이어지고 있고, 그 중에서 소나무 숲이 영원히 변함이 없는 에도 성城이 보이는 도키와바시常盤橋.[184] 그곳에서 바로 이어지는 혼초本町[185] 부근에 큰 포목점[186]이 늘어서 있다. 모두 교토에 본점이 있는 상점인데, 몬쓰키카가미紋付鑑[187]에 그 상호가 등록

---

177) 일본어로는 아와세袷라고 한다. 안감을 단 기모노. 가을에서 이른 봄까지 입는다. 당시에는 초여름과 초가을에 입는 습관이 있었다.

178) 여름용 비단 옷감이다.

179) 바탕이 오글오글한 붉은 비단이다.

180) 중국에서 건너온 직물로 금란金襴·능직綾織의 비단을 말한다.

181) 도쿠가와막부는 전 계급에 걸쳐 신분에 맞는 의류의 규정을 정했으나 경제력이 풍부한 조닌은 그 금령을 지키지 않은 경우가 많았다. 엔포延寶(1673~1680)·덴나天和(1681~1683)·조쿄貞享(1684~1687) 기간에 걸쳐서 자주 발령되었다.

182) 『고킨와카슈古今和歌集』 序의 "말하자면 상인이 좋은 옷을 입고 싶어 하는 것과 같다いはば、商人のよき衣着たらむがごとし"에서 나온 말로 허례허식의 어리석음을 풍자하고 있다.

183) 본문에는 근대라고 되어 있다. 에도시대에서 근대라 말하면 근년을 가리키며, 엔포延寶(1673~1680)·조쿄貞享(1684~1687)의 시기를 말한다.

184) 에도성 오테구치大手口에서 혼초本町 1초메丁目에 걸린 다리로 소나무와 도키와바시常盤橋는 연어緣語이다.

185) 현재의 도쿄 주오쿠中央區 니혼바시日本橋로 포목점이 많이 있었다.

186) 포목점을 고후쿠조吳服所라 하였으며, 궁중·막부·다이묘·구게 등의 저택에 출입하며 거래를 했다.

187) 다이묘·하타모토·어용상인들의 문紋이 들어간 명감名鑑을 말한다.

되어 있고, 지배인인 반토番頭[188]나 데다이手代가 제각기 단골 무사 저택에 드나들고 있다. 그리고 서로 협력해서 장사를 성실히 하고 말솜씨도 좋고 빈틈도 없다. 수단이 좋고 돈 계산도 잘해 불량화폐[189]를 거래하는 일은 좀처럼 없다. 이익을 위해서는 살아 있는 소의 눈을 빼낼[190] 정도로 신속하고, 에도성의 도라노고몬虎ノ御門[191]을 어둠이 채 가시기도 전에 천리를 마다않는 마음으로 지나간다. 이렇듯 아침은 별[192]을 보고 일어나 저울대에 모든 신경을 쓰고 불철주야 고객의 기분을 맞추어 일을 하는 것이다. 이전과는 달리 지금은 크게 번창하고 있는 무사시노武藏野[193]라고는 하지만 많은 상인들이 구석구석 자리를 잡고 있어 일확천금 같은 떼돈을 버는 일은 좀처럼 없다. 예전에는 다이묘 댁의 혼례라든지 연말에 의상을 선물[194]할 때 담당 데다이가 무가의 회계실무자인 고난도小納戶[195]를 잘만 만나기만 하면 한 밑천 벌기도 했었다. 그런데 지금 세상은 여러 상인들이 얼마 되지 않는 이윤을 위해 입찰[196]을 통해 경쟁을 하므로 점점 손해가 누적되어 곤란을 겪게 되었다. 이런 실상은 더 심해지고 있지만 어쩔 수 없이 세상의 눈을 의식해 장사를 하고 있는 것이다. 게다가 많은 금액의 외상대금이 수년간 밀려 있어 조금 들어오

---

188) 반토番頭는 상점 등의 고용인중 우두머리이다. 교토 등지에 본점이 있는 가게의 지점을 맡은 점원이다.

189) 마모되거나 중량이 부족하거나 위조한 불량 화폐를 말한다.

190) 빈틈이 없고 방심할 틈도 없다는 뜻의 속담을 "살아있는 소의 눈을 뽑는다生き牛の目を拔く" "살아있는 말의 눈을 뽑는다生き馬の目を拔く"라고 한다.

191) 에도성 산노마루三の丸 도라노쿠치虎の口 어문御門으로 현재의 미나토쿠港區 도라노몬虎ノ門 지역을 말한다.

192) 새벽에 일어나 일하는 근면한 모습을 표현했다. 또한 천칭의 눈금을 별이라고 했다.

193) 현재의 도쿄 중심부이다. 1657년의 대화재 후에 개간된 토지를 가리킨다. 또한, 현재의 도쿄도와 사이타마현에 걸쳐 있는 홍적대지洪積臺地로 에도시대에는 농업지로 개발되었던 토지를 가리키기도 한다.

194) 연말에 설빔용으로 일가 사람들과 고용인에게 옷을 선물하는 습관이 있었다.

195) 장군이나 다이묘의 신변의 잡무를 하는 사람으로 막부에서는 잡무를 다이묘 저택에서는 의복이나 세간을 마련하는 등 회계사무의 일부를 담당했다.

196) 무가의 재정이 궁핍해짐에 따라 출입상인에게 맡기지 않고 입찰제도로 전환했다.

는 수입으로는 교토의 환전상에서 빌린 이자도 충당하지 못하고 환換 대금인 가와세긴爲替銀[197]도 마련하지 못해 어려움을 겪고 있지만, 지금까지 벌려 놓은 사업을 그만둘 수도 없기에 점차 장사규모를 줄이면서 소규모 경영이 되어 가는 것이다.

결국 채산이 맞지 않는 에도점을 남겨두게 되면 손실은 몇 백 관이라는 큰 금액이 되어 버린다. 때가 더 늦기 전에 장사방식을 바꾸어야 한다고 상인들이 여러 궁리를 하고 있을 때 정말 기발한 장사방법이 등장했다.

미쓰이쿠로에몬三井九郎右衛門[198]이라는 남자는 자신의 자금력으로 오래전부터 금화金貨[199] 주조鑄造로 유명한 스루가초駿河町[200]라는 곳에 입구가 9칸[201] 내부길이가 40칸으로, 기둥이 높은 대규모 전통식 목조건물[202]을 신축해 새 가게를 열었다. 모든 것은 현금구입이고 외상은 사절한다는 획기적 영업방침[203]을 내걸고, 40여 명의 똑똑한 데다이를 동원해 한사람에게 한 종류의 상품을 맡게 했다. 예를 들면 견직물을 세분하여 금란金襴[204]류, 히노견日野絹[205]류와 군나이견郡内絹[206]류, 하부타

197) 에도시대에 환전을 위해 지급된 금과 은을 말한다. 본문에서는 교토나 오사카에서 매입한 물건대금을 환어음으로 지급하는 은을 지칭하고 있다.

198) 실존인물로 미쓰이하치로에몬三井八郎右衛門을 가르킨다. 개업은 1683년이고 현재의 일본의 대표적 백화점인 미쓰코시三越의 창업주이다.

199) 고반小判을 가르킨다. 도쿠가와 이에야스는 스루가에서 주조한 금화를 게이초慶長 고반이라고 부른다. 스루가쵸의 조코토바序詞이다. 조코토바는 와카 등에서 어떤 어구를 이끌어내기 위한 수식어이다.

200) 지금의 도쿄도 주오구中央區 쓰루가초駿河町로서 환전상이 많이 있었다.

201) 길이의 단위로 1칸間은 6척尺, 약 1.82미터이다. 논이나 땅을 재는 경우는 6척 5치寸, 1.97미터, 실내 다타미疊의 경우에는 6척 3치, 약 1.91미터를 가리키기도 한다. 해제의 각종 단위 표기를 참조할 것.

202) 이런 전통식 건물을 나가야쓰쿠리長屋造り라고 한다. 나가야長屋란 용마루를 길게 지은 집으로 칸을 막아 여러 가구가 독립해서 살 수 있도록 한 연립 주택으로 일본의 전통적인 도시주거 형태이다.

203) 당시의 상거래는 어음을 발행하는 외상거래가 일반적이었기에 오직 현찰거래만을 내세운 것은 획기적인 것으로 일본경제사에서 최초라고 할 수 있는 백화점식 상법이라고 할 수 있다. 현금거래를 통해 금리부담을 줄임으로써 상품가격을 낮출 수 있었던 것이다.

204) 금실을 씨실로 하여 무늬를 넣은 비단의 일종이다.

205) 오미近江 히노日野산의 견직물이다. 히노는 현재의 시가현滋賀縣 남동부 가모蒲生군

에羽二重[207])류, 사야紗綾[208])류, 모미紅[209])류, 아사바카마麻袴[210])류, 모직류 등에 제각기 한사람씩 업무분담을 해 전문적으로 판매하게 했다. 그리고 1치寸 4방方의 우단,[211]) 족집게주머니[212]) 정도밖에 되지 않는 단자緞子,[213]) 창槍 끝 표 딱지[214]) 길이의 히주스緋繻子,[215]) 류몬龍門[216])의 한쪽 소매부분 등 소량의 물품이더라도 개의치 않고 현금거래라면 제약 없이 팔게 했다. 특히 급히 주군을 알현하게 된 무사가 서둘러 마련하는 노시메熨斗目[217])나 하오리羽織[218]) 같은 특별한 물품의 경우는 주문하러 온 하인을 기다리게 한 다음, 수십 명의 장인이 공동작업을 해 그 자리에서 만들어서 넘겨주었다. 이런 식의 상법으로 상점은 더욱 번창해 매일 평균 금 150량[219])씩의 매상을 올렸다고 한다. 이 가게는 정말 보물과 같은 상법을 발휘하고 있는 것이다. 이 주인을 보니 눈과 코, 수족이 다른 사람과 다를 바 없지만 다른 점은 가업을 운영해 가는 방식이 아

의 지명으로 지질이 비슷한 조슈上州산 조슈기누를 가리키기도 한다. 조슈는 현재의 군마현群馬縣에 해당한다.

206) 가이군나이甲斐郡内 지방산의 견직물로 가이는 현재의 야마나시현山梨縣에 해당한다. 나이는 그 동반부東半部의 옛 호칭이다.

207) 얇고 반드러우며 윤이 나는 광택이 있는 순백색의 견직물의 일종이다.

208) 능직 비단을 가리킨다.

209) 홍견紅絹을 말한다.

210) 마로 된 주름잡힌 하의로 예복으로 많이 쓰였다.

211) 비로드나 벨벳·면·비단·털로 짠 부드럽고 광택이 있는 직물이다.

212) 족집게는 당시 남자들의 미용도구로 휴대품이었다.

213) 능직의 비단을 말한다.

214) 창의 손잡이 부분에 다는 표지를 말한다.

215) 붉은 수자繻子로서 날실이나 씨실을 도드라지게 짠 반드럽고 윤이 나는 비단 옷감이다.

216) 굵은 실로 짠 광택이 있는 견직물로 중국·조선이 원산지였다.

217) 무사계급 중 오메미에お目見え 이상의 지위인 무사들의 예복을 말한다. 무지로 소매 하단이나 허리부분만 줄무늬를 짜 낸 것이다. 오메미에란 에도세대에 직접 장군을 알현할 자격이 있는 사람을 가리킨다.

218) 기모노 위에 걸쳐 입는 짧은 겉옷이다.

219) 하루 매상의 150량은 현재 일본 돈으로 600만 엔이 되는 거액이다. 금 1량兩은 게이초고반慶長小判 1장(4.75돈, 약 17.8그램)이며 그 4분의 1을 분分이라 한다. 해제의 각종 단위 표기를 참조할 것.

주 현명했다. 대상인의 모범이라고 할 수 있을 것이다. 이로하いろは[220] 순으로 번호를 붙인 서랍에는 당국唐國[221]이나 일본의 견포絹布를 접어서 넣어두었고, 시대별로 다양한 견직류, 예를 들어보면 주조히메中將姬[222]의 수제 모기장, 히토마로人丸[223]의 아카시치지미明石縮,[224] 아미타여래阿彌陀如來의 턱받이, 아사히나사부로朝比奈三郎[225]가 입고 있었다는 마이즈루舞鶴[226] 문양이 있는 천 조각, 달마대사達磨大師[227]가 깔고 있었다는 방석, 임화정林和靖[228]이 뒤집어쓰고 있었다는 괄두건括頭巾,[229] 산조고카지三條小鍛冶[230]의 특산품인 칼집에 이르기 까지 없는 물건이 없었고, 게다가 이 모든 물품이 장부에 기재되어 있었다. 참으로 상인으로서 경하할 만한 일이다.

---

220) 이로하いろは 47자로 순서를 매겼다. 이로하란 이로하우타いろは歌의 첫머리 세 글자를 가리킨다. 우리로 치면 가나다 순이라고 할 수 있다. 이로하우타는 히라가나 47자를 한 글자씩 넣어서 읊은 7・5조의 노래이다.

221) 중국과 조선 등 외국을 지칭한다.

222) 일본의 전설상의 인물이다. 우다이진右大臣 후지와라노 도요나리藤原豊成의 딸로 아버지의 좌천을 비관하여 16세에 다이마데라當麻寺에 들어가 출가해 연꽃 줄기 섬유로 만든 실로 관무량수경觀無量壽經의 만다라를 짰다고 전한다. 작가 사이카쿠의 하이카이풍의 골계 표현이 이어지고 있는 대목이다.

223) 가키노모토 히토마로柿本人麿를 가르킨다. 히토마루人丸는 관용적으로 쓰이는 표기로서 『만요슈萬葉集』의 대표적 가인이다. 장가長歌의 형식을 완성하며 단가短歌도 많이 남겨 후세에 가성歌聖으로 숭상되었다.

224) 날은 생명주실, 씨는 누인 명주실로 짠 비단이다. 간분寬文(1661~1673)년간에 아카시지로明石次郎가 아카시明石에서 시작했다고 전해진다.

225) 아사히나 사부로는 가마쿠라시대 전기의 무장武將으로 와다 요시모리和田義盛와 기소 요시나카木曾義仲의 첩 도모에고젠巴御前 사이에 태어난 아들이다.

226) 아사히나의 하카마에 학이 나는 모습의 가문이 그려져 있다.

227) 선종의 시조로서 면벽좌선面壁坐禪을 9년간 했다고 전해진다.

228) 중국 송대의 은사隱士이다.

229) 노인들이 쓰는 테두리를 좁게 묶는 둥근 두건을 말한다.

230) 교토 산조三條에 살았던 이치조一條 천황시대(980~1011)의 도공刀工으로 산조는 현재의 교토시 중앙부를 동서로 가로지르는 도로를 말한다.

권 1-5_ 세상의 탐욕 속에 입찰로 얻은 행운

조심할 지어다, 나라[231]에는 도둑, 집에는 쥐가 해를 입힌다고 하는데 과부[232]에 데릴사위도 비슷한 것이니 일을 서두르지 않는 편이 좋을 것이다. 지금 세상의 중매쟁이들은 봉사하는 마음으로 일을 하는 것이 아니다. 신부의 지참금[233]에 응해서 예를 들면 50관이라면 5관을 수수료로 받는다고 한다. 이처럼 10분의 1이나 주선료를 내면서까지 딸자식을 시집 보내는 것을 보면 도대체 딸에게 무슨 사정이 있기에 그렇게까지 하는 지 의아스럽기만 하다. 결혼은 일생에 한번 하는 거래, 여기서 손해를 보게 되면 돌이킬 수 없게 되므로 정말 신중하게 결정해야 한다.

세간의 풍조를 보면 자산이 넉넉한 사람 중에 겉치레를 따지지 않는 사람은 드물다. 자신의 처지[234]보다 만사를 화려하게 보이려 하는 것이 작금의 세태인 데 좋지 않은 일이다. 신부를 맞이할 때가 된 아들이 있는 집에서는 별 필요가 없는 집을 새로 짓고, 방을 늘리는 공사를 하거나 여러 도구들을 새로 사들이고 갑자기 남녀 하인들을 늘려 부유한 척 하는데, 이것은 신부의 지참금을 기대해 그 돈을 사업 수단으로 사용하려고 하는 것이니 참으로 치졸하기 짝이 없다. 주변을 의식한 허영심에 부녀자 외출용으로 가마[235]를 새로 마련하거나, 친척 문중 간의 왕래에

---

231) "집에는 쥐가, 나라에는 도둑, 소인에게는 재물이 있다家に鼠あり、國に賊あり、小人に財あり"라는 속담을 패러디하고 있는 대목이다. 또한『쓰레즈레구사徒然草』97段에는 "나라에는 도둑, 집에는 쥐, 스님에게는 부처의 가르침이 있다國にぬす人、家にねずみ、僧に法あり"라는 속담이 나온다.

232) 과부의 재혼을 경고하고 있다. 재혼해서 들어오는 남자가 자주 재산분쟁이나 가정불화의 원인이 되었다. 이 작품의 주인공인 과부의 내용을 끌어내기 위한 복선이다.

233) 결혼할 때 대개는 여자가 지참금을 갖고 가는 것이 에도시대 상인들의 풍습이다. 지참금은 여자의 신분을 보호하는 보험의 역할을 했고, 특별한 이유 없이 이혼을 당할 경우에는 지참금을 반환받을 수 있었다.

234) 자산상태를 처지의 기본으로 삼는다. 권1의 4에도 비슷한 표현이 나오고 있고, 분수를 지켜야 한다는 것은 근세인 다운 사이카쿠의 주장이다.

경쟁이라도 하듯 과소비를 해 전혀 불필요한 비용이 누적되고, 얼마 안 가 재산에 구멍이 나, 비를 막아줄 지붕의 짚도 잇지 못한 채 결국 집안의 파멸을 맞게 되는 것이다.

또 어떤 딸 가진 부모는 자신보다 더 많은 재산의 상대를 바라고, 재산만이 아니라 사위의 성격도 좋고 여러 예능에도 정통해 사람들의 이목을 받을만한 인물인지를 알아본 후 혼사를 맺으려고 하는 데, 북[236]을 잘 치는 자들은 대개 도박도 하기 마련이고, 최근 유행하는 옷차림을 즐겨 입는 자는 기생놀이에 빠지기 십상이며, 사람들과 사교가 능하다는 자는 남색놀이[237]에 돈을 쏟아 붓는다. 세상 일이 이렇게 돌아가기에, 남자답고 가업에 충실하며 세상물정에 정통하고 부모에게 효행을 하며 사람들에게 미움을 받지 않고 세상에 도움이 되는 사람을 사위로 맞고자 수소문하고 다녀 본들 그런 완전한 사람이 세상에 있을 리 만무한 것이다. 만일 그런 사람이 정말 있다면 이쪽이 너무 부족해 오히려 사위로 맞기에 곤란할 것이다. 신분이 높은 분[238]에게도 부족한 점이 있는 법인데 하물며 서민[239]들이야 열 가지 중 다섯 가지 정도의 부족한 점은 너그럽게 넘어가야 한다. 키가 작거나 대머리인 남자라도 손님을 맞는 장사예절이 좋고 부모의 재산을 축내지 않는 남자라면 인연을 맺는 것이 좋을 것이다. "저 사람은 어떤 집, 어떤 분의 사위다"라는 말을 들으면서

235) 미닫이문이 있는 고급 가마로 조닌들은 부인이나 딸들의 외출에 사용해 허세를 부리기도 했다.

236) 일본어로는 쓰즈미小鼓라고 한다. 노能나 나가우타長唄에 쓰이는 작은 북으로 오른쪽 어깨에 올려 왼손으로 줄을 잡고 오른손으로 친다.

237) 남색의 대상으로 가부키 배우인 와카슈若衆를 불러 노는 일을 야로아소비野郎遊び라 한다. 와카슈는 가부키 배우로도 활동을 하며 남색을 팔기도 하였다. 원래 와카슈란 성인식을 하기 전의 소년을 가리키는 말이고, 야로란 앞머리를 자른 젊은 남자를 가리키는 말이다, 또한 야로가부키란 와카슈가부키가 금지된 이후 야로 모습을 한 배우가 연기한 가부키를 말한다. 야로는 야로가부키의 배우를 가리키기도 하나 일반적으로 젊은 남자를 가리킨다.

238) 상류사회인 구게公家나 무가들을 가리킨다.

239) 사농공상士農工商 중 農·工·商을 뜻하나 여기서는 商의 조닌 계층을 가리킨다.

명절인 고셋쿠五節句[240]에는 하카마袴[241]・가타기누肩衣[242] 등을 단정히 차려 입고 가문家紋이 새겨진 고소데小袖[243]에 금 장식의 고와키자시小脇差[244] 칼을 허리에 차고 뒤쪽으로 고모노小者[245]・데다이手代・하사미바코모치挾箱[246] 같은 하인들을 대동하는 모습은 그야말로 멋쟁이 사나이가 따로 없으니 딸을 가진 모친은 기뻐하기 마련이다. 그렇지만 결국 집이 파산을 해 의류나 와키자시脇差[247]마저도 모두 다른 사람들 손으로 넘어가 버리게 된다면, 그런 멋쟁이 사위는 차라리 엷은 남색으로 물들인 작은 문양이 들어간 소박한 명주옷이나 면[248] 하카마를 입은 평범한 사위보다도 못한 것이다. 신부도 마찬가지일 것이다. 신분이 높은 집은 별도로 치더라도 보통 상인의 딸이라면 거문고 대신 풀솜[249]을 잘 트는 것이 좋고, 침향枕香[250]의 향기를 즐기는 것보다 장작불 조절을 잘 하는 법을 배우는 것이 좋다. 각자 자신의 신분에 걸 맞는 처신을 하는 것이 보기에도 좋은 것이다.

이렇듯 남들 눈에 보이는 것만 신경을 쓰는, 가식으로 가득 찬 이 세

---

240) 셋쿠節句는 명절로서 1월 7일의 인일人日 3월 3일의 상사上巳, 5월 5일의 단오端午, 7월 7일의 칠석七夕, 9월 9일의 중양重陽의 다섯 날을 가리킨다.

241) 에도시대 서민들의 평상 예복이다.

242) 에도시대 일반무사와 평민들의 평상 예복이다. 셋쿠에 하카마와 가타기누를 제대로 차려입고 중매인에게 인사가는 모습을 표현하고 있다.

243) 넓은 소매의 겉옷에 받쳐 입었던 속옷이다. 현재 일본의 기모노의 원형이 된 소매가 좁은 옷으로 에도시대에는 계층, 남녀 구분없이 입었다.

244) 일본도日本刀의 일종으로 큰 칼에 곁들여 차는 작은 칼이다. 칼자루까지의 길이가 약 30센티미터이다.

245) 성인식을 하지 않은 나이의 견습점원을 말한다.

246) 갈아입을 옷이나 그 외의 물건을 집어넣고 운반하는 상자이며 그것을 막대기에 끼워서 짊어지고 따라다니는 하인을 하사미바코모치挾箱持라 불렀다.

247) 왼쪽 허리에 차는 단도이다.

248) 면은 값이 싸고 실용적이다.

249) 일본어로는 마와타眞綿라고 한다. 거문고를 켜다라는 표현인 '彈く히쿠'와 풀솜을 틀다는 표현인 '引く히쿠' 의 발음이 같아서 고귀한 집안의 자녀는 거문고를 켜지만 대신 서민은 풀솜을 튼다고 재미있게 표현한 부분이다.

250) 에도시대에는 가라伽羅라고 표현했다. 고급 향목香木인 침향沈香의 수심樹心에서 뽑아낸 향료이다.

상에, 늦 가을비 내리는 나라자카奈良坂[251]를 넘어 가스가春日 동네에 표백 무명[252]의 도매업을 하고 있는 마쓰야松屋 아무개[253]라는 부자가 있었다. 한때는 지금의 아키타야秋田屋[254]나 구레야榑屋[255]보다 더 번창해서 만개한 겹 벚꽃처럼 이 지역에서 떵떵거리며 여러 해 봄을 풍요롭게 맞았다. 씁쌀한 그곳 향토 술[256]을 음미하고 상어[257] 회를 즐기며 사치에 넘치는 세월을 보내고 있었는데, 그러던 중 이 집도 점차 사업이 기울기 시작해 천명天命[258]을 알 나이가 되니 평소의 나쁜 생활습관으로 갑자기 병이 들어 죽고 말았다. 처자식들에게는 엄청난 빚을 남겼으니 사람의 재산은 죽기 전에는 알 수 없는 것이다. 마쓰야의 과부는 금년 38세로 작은 체구의 여성이었는데 특히 피부가 희고 젊어 보여 그냥 보아서는 27,8세의 매력적인 당세풍當世風의 여자[259]였다. 그렇기에 죽은 남편의 뒷바라지를 잇고[260] 얼마든지 재혼할 수 있는 용모였지만 어린 자식 생각에 그런 마음은 꿈도 꾸지 않았다. 세간으로부터 정절을 의심받지 않도록 머리카락을 짧게 자르고, 흰 분 화장기가 없는 얼굴과 연지를 바르지 않은 입술에, 남자들이 입는 작업복을 입고 오비帶[261]도 소박한 것을 두르고 있었다. 지혜는 남자를 능가했지만 여자 몸으로 괭이

---

251) 나라시의 북쪽에서 교토의 기즈쵸木津町로 통하는 언덕길이다.
252) 나라는 표백한 무명의 명산지였다.
253) 실존인물일 가능성이 높다.
254) 당시 나라奈良에서 공용公用으로 사용된 표백한 무명천을 거래했던 대 도매상 중의 하나이다.
255) 앞의 아키타야와 같은 대 도매상에 속하는 유서 있는 집안의 하나이다.
256) 나라는 일본의 대표적인 술의 산지이다. 당시부터 남도모로하쿠南都諸白라 하여 흰 쌀과 흰 누룩으로 빚은 고급청주가 유명했다.
257) 나라는 사방이 산지로 둘러 쌓여있는 분지로서 바다에서 멀리 떨어진 지역이기 때문에 잘 부패되지 않는 상어를 귀하게 여겼다.
258) 50세를 말하는데, 『논어論語』 爲政篇 "五十而知天命"에서 유래한다.
259) 사이카쿠의 작품 『호색일대녀好色一代女』에도 "당세녀는 얼굴이 갸름하고 분홍색当世女は丸顔櫻色"이라는 표현이 나온다.
260) 죽은 남편의 재산·가업을 지키고 대를 이으며 제사 지내는 일을 말한다.
261) 당시는 폭이 넓은 띠가 유행했는데, 여기서는 화려하지 않게 조심스러운 복장을 하는 모습을 나타내고 있다.

작업도 하기 힘들고 기둥을 수리하려고 해도 여자 힘으로는 어림도 없기에 어느 틈엔가 비가 새는 처마 끝[262] 앞은 잡초가 무성해지고 집 마당 전체가 온통 들판처럼 변해버려 멀리서 사슴[263] 우는 소리도 보통 때 보다 더욱 구슬프게 들렸다. 남편이 그리운 것은 말할 것도 없고 남편이 있었기에 먹고사는 데 얼마나 든든했었는지 회상하면서 여자 혼자 몸으로 이 세상 살아가는 어려움을 새삼 몸으로 절감하는 것이었다.

지금 세상에 과부를 수절시키는 것은, 남편 사후에 막대한 재산이 남아 있기에 그 여자 주위의 친척들이 부추겨 아직 한창인 젊은 여성을 억지로 머리를 자르게 하고 마음에도 없는 불교의 신심信心을 강요해 죽은 남편의 기일忌日을 맞게 하는 것이다. 그런데 대개는 이런 식으로 무리하게 수절을 하다가 염문이 생기게 되는 데, 집에서 오래 부리고 있던 머슴[264]을 남편으로 삼게 되는 예를 여기저기서 보게 된다. 이렇게 될 바에야 처음부터 다른 곳으로 재혼을 시키는 것이 현명하며 사람들이 비웃을 일도 아니다.

이 마쓰야의 과부야말로 세상 사람들의 귀감이었다. 여러 가지로 먹고 살 궁리를 해 보았지만 뜻 같지 않았고, 옛날 진 부채를 갚을 길도 없어서 점점 생활이 어려워져만 갔다. 그러던 참에 일생일대의 지혜를 발휘해서 "부채를 갚을 길이 없으니 이제 제 집을 채권자분들에게 넘겨드리겠습니다"라고 말했더니 이 과부를 동정하는 마음에 집을 받으려고 하는 채권자는 한 명도 없었다. 더구나 채무는 모두 5관이어서 이 집을 팔아봤자 3관 밖에 되지 않는 것이다. 그래서 과부는 마을사람[265]들

---

262) 판자지붕에는 비가 새고 처마 끝에는 시노부구사忍草(넉줄고사리)가 자라고 있다는 표현이다. 지붕이나 바위 등에 착생하는 상록성 식물로서 죽은 남편을 그리워한다는 "시노부忍ぶ"라는 의미를 갖고 있다.

263) 가스가다이샤春日大社의 사슴은 신의 사자使者로 신록神鹿이라 여겨진다. 여기서는 황폐해진 저택 내에 가스가다이샤의 사슴까지도 출몰함을 묘사하고 있다. 남편을 잃은 입장에서 짝을 찾아 우는 사슴의 울음소리가 더 슬프게 들린다는 표현이다.

264) 상인들이므로 대개는 데다이手代를 말한다.

265) 일본어로는 마치주町中라고 한다. 가옥의 매매에는 거주하는 지역의 도시요리年寄(에

에게 사정을 해 자기 집을 다노모시賴母子[266] 입찰에 넘기기로 했다. 한 사람 당 은銀 4돈씩 입찰료를 내게 하고 낙찰된 사람에게 집을 넘겨주기로 한 것이다. "에이, 운에 맡기자, 손해 보아야 4돈이다"라면서 많은 사람들이 입찰에 참가하니 모두 3천 매의 입찰이 들어왔고 과부는 합계은 12관을 받았다. 그 중에서 5관으로 부채를 갚고 7관이 남아 다시 부자가 될 수 있었다. 낙찰을 받은 사람은 고용 일을 하고 있는 하녀였는데 이 여자는 불과 4돈으로 집 주인[267]이 된 셈이었다.

도시대 町・村의 행정을 맡은 우두머리)와 고닌구미五人組(에도시대 다섯 집을 한 단위로 한 연대조직)의 동의와 도장이 필요했다. 집을 소유하는 조닌과 셋집 사는 사람사이에는 신분 차이가 있어서 집의 매매는 신분에 관계되는 중요한 일이었다.

266) 원래는 계를 뜻하나 여기서는 덴구타노모시天狗賴母子라 해서 추첨에 당첨되어 돈을 받은 사람은 그 후의 부금을 주지 않아도 되는 계의 일종이다. 한 사람만이 그 이익을 획득하는 것으로 지금의 복권에 가깝다고 할 수 있다.

267) 집 주인을 이에모치家持라고 하는데, 에도시대에는 집을 소유하는 사람은 공역公役의 의무와 권리가 주어졌고, 대개는 '조닌'이라고 불렸던 사람들이다. 따라서 통상적으로 하녀의 신분으로는 이에모치가 될 수 없었다.

일본영대장日本永代藏 : 니혼에이타이구라

권 2

권 2-1

세계 최고의 셋집 대장[1]

유명한 교토의 재략가

떡 찧는 소리도 끊긴 집[2]

권 2-2

설상가상의 겨울벼락

유명한 오쓰大津의 간장업자[3]

무엇을 해도 먹고 살 수 있는 이 포구[4]

권 2-3

재략才略을 크게 발휘한 다이코쿠大黑[5]

유명한 에도의 고쿠라모치小倉持[6]

밥벌이가 된 구운 개고기[7]

권 2-4

덴구天狗는 가명家名 깃발에는 풍차[8]

유명한 기노쿠니紀伊國의 구지라에비스鯨恵比壽[9]

요코데부시横手節의 고우타小歌의 유래[10]

권 2-5

뱃사람과 마부들로 바쁜 아부미야鐙屋의 마당[11]

유명한 사카타坂田의 남자주인[12]

날이 새니 봄이 왔도다 나가모치長持의 덮개[13]

1) 셋집에 살고 있는 자로서는 세상에서 가장 부자大將(대장)라는 뜻의 익살스러운 제목이다. 주인공인 후지이치藤市는 셋집에 살면서도 은銀 1,000관의 부자인데 이를 몹시 자랑스럽게 생각하고 있었다는 본문 내용을 나타내고 있다. 실존인물이었던 후지이치는 나가사키에서 상업으로 일대一代에 2,000관의 부자가 되었던 바, 그의 성공담은 구두쇠의 전형으로 『고금견저문집古今犬著門集』 권5 등을 통해 전해지고 있다. 이 이야기를 통해 작가는 단지 구두쇠로서 뿐만 아니라 금욕주의를 철저히 실천하면서 합리주의 정신을 통해 일대에 큰 부자가 될 수 있었던 조닌의 전형으로서 실존인물 후지이치와는 또 다른 상인상을 묘사하고 있다.

2) 정월에 쓸 떡도 장사의 방해가 된다며 집에서는 직접 장만하지 않았다는 내용을 말한다. 조닌들에게 있어 가장 큰 명절은 정월이었다.

3) 주인공 기헤이지喜平次를 가리킨다. 기헤이지의 견문록과 가련한 그의 생활을 병렬적으로 기술하고 있다.

4) 이 땅에서 살아가는 사람들의 모습은 각양각색인데 다들 어떤 일을 해서라도 세상을 살아간다는 기헤이지의 감개에서 나온 부제이다.

5) 교토의 다이코쿠야大黑屋의 장남 신로쿠新六가 부모에게 의절당한 후 기민한 재략으로 성공한 것을 대흑천大黑天의 복운에 빗댄 제목이다. 대흑천은 원래는 불교의 수호신이지만 일본에서는 칠복신七福神의 하나로 더 친숙하다. 불교의 대흑천이 일본 신화의 오쿠니노누시노카미大國主神와 습합習合하여 민간신앙으로 자리 잡았고 에비스惠比壽와 함께 부엌신의 하나로 추앙되기 시작했다.

6) 다이코쿠마이大黑舞의 창가唱歌에 "아홉에 창고를 세우고九つ小倉をぶっ建て"라는 것에서 따온 부제이다. 다이코쿠마이는 무로마치시대에 발생해 에도시대에 걸쳐 행해진 예능의 하나이다. 가면을 쓰고 두건을 두른 대흑천大黑天의 모습으로 집 문 앞에서 신년축하의 말을 하고 창가를 부르면서 춤을 춘다.

7) 주인공이 재기를 노리고 에도로 내려가는 도중에 먹고 사는 방법으로 구운 개, 즉 구로야키黑燒를 늑대 구로야키라고 하면서 팔러 다닌 내용을 표현한 부제이다.

8) 주인공인 포경선捕鯨船 사수射手 덴구겐나이天狗源內의 '덴구'는 가명家名으로 가문家紋이 풍차였던 것에 따른 제목이다.

9) '구지라에비스'는 기이紀伊 지방의 우부스나가미土産神인 아스카데라飛鳥寺의 말사末社 중의 하나로 추정된다. 우부스나가미는 그 지역의 수호신이다.

10) '요코테부시의 고우타'는 뱃노래의 일종으로 추정된다.

11) 아부미야鐙屋라는 큰 도매상 집 마당에 뱃사람舟人이나 마부馬方를 위시해 많은 사람들이 모여들며 각지의 산물들이 아부미야의 창고에 가득 가득 쌓으며 번성하고 있다는 의미의 제목이다.

12) 사카타坂田는 지금의 야마가타현山形縣 사카타시酒田市이다.

13) 아부미야가 일 년 내내 수익금을 나가모치長持에 구멍을 뚫어 그곳에 집어넣고 있었다는 본문 끝 부분의 내용에서 따온 부제이다.

본조 에이타이구라本朝永代藏 : 본조영대장 권 2

권 2-1_ 세계 최고의 셋집 대장

"차옥청장지사借屋請狀之事,[1] 무로마치 히시야초자에몬室町菱屋長左衛門[2] 님에게 셋집 입주에 임해 후지이치藤市[3]라는 사람 틀림없이 천 관 재산

1) 집을 빌릴 때 보증인과 임차인이 연대하여 계약서를 작성하고 그것을 해당 관공서에 제출하게 되어 있는데, 이를 '차옥청장지사借屋請狀之事'라고 한다. '차옥청장지사'는 집을 빌리는 사람의 신원과 계약기간, 집세를 밀리지 않고 꼬박 꼬박 지불하겠다는 내용을 보증한다는 내용이 적혀 있는 일종의 임차보증서이다. 이야기의 첫머리를 돌연 '차옥청지사'로 시작하는 것이 매우 흥미로우며 이를 통해 독자들에게 강한 인상을 심어주고 있다.

2) 무로마치 히시야초자에몬室町菱屋長左衛門이라는 인물에 대해 정확히는 알 수 없으나 『사이카쿠오리도메西鶴織留』 권2의 4, 『사이카쿠나고리노토모西鶴名殘の友』 권3의 2 등에 등장하는 무로마치도오리 사이교사쿠라노초室町通西行櫻之町에서 포목점絹屋을 하는 인물이거나, 혹은 무로마치도오리 오이케노초室町通御池之町에서 다이묘大名를 상대로 금융업을 했던 히시야의 선대先代로 추정된다.

을 소유하고 있음"이라고 셋집 보증서에 쓰여 있었다. 이 후지이치는 "이 넓은 세상에서 아무도 따라올 자 없는 부자는 나뿐이다"라고 자랑하고 있었는데 그 이유는 자기 집도 없이 2칸間[4]짜리 셋방살이를 하면서 천 관의 재산을 갖고 있었기 때문이다. 이 특이한 사연은 교토 중에 널리 알려졌는데, 우연히 가라스마루도리烏丸通[5]에 38관의 채권으로 저당을 잡고 있던 집[6]이 그 이자가 점점 늘어나자 자연스럽게 그 집을 소유하게 되었기에 오히려 이것을 그는 애석하게만 생각했다. 왜냐하면 지금까지는 셋방살이를 하는 부자라고 자처했지만 집 주인이 되고 난 뒤로는 교토 역대의 일류 상인들 중 말단에 지나지 않기 때문이다.[7]

이처럼 후지이치는 머리가 잘 도는 사람이어서 자신의 대에서 이 정도의 재산가가 된 것이다. 무엇보다도 사람은 건강이 세상살이의 근본이다. 이 남자는 가업을 잘 꾸려가는 중에서도 휴지를 철해 장부로 사용했고 종일 가게를 비우지 않고 붓을 쥐고 있었다.[8] 환전상[9]의 종업원

---

3) 후지야 이치베藤屋市兵衛의 약칭이다. 무로마치도오리 오이케노초室町通御池之町에 살면서 나가사키에서 무역 등을 통해 당대에 2,000관의 거부가 되었다. 근검·절약하는 정신이 세간에 널리 알려져 당대뿐만 아니라 후대의 소설이나 교훈담에 종종 주인공으로 등장하는 인물이다.

4) 칸間이란 원래 일본건축에서 기둥과 기둥의 사이를 말하는데 주로 토지나 건축물의 길이를 재는 단위가 되었다. 1칸은 약 1.82미터. 2칸은 상가商家 중에서는 가장 좁고 작은 규모이다.

5) 교토의 가미교上京에서 주교中京로 통하는 길을 가라스마루烏丸라고 하며 이 골목 일대를 가리킨다. 교토의 부호들의 저택이 밀집되어 있으며 상업과 금융의 중심지라 할 수 있다.

6) 고리대금업을 할 때 저택을 담보로 해 돈을 빌려주는 것이 대금업자에게는 가장 위험부담이 적은 방법이었다. 38관의 담보가 될 정도의 집이라면 상당한 규모의 저택이다.

7) 지금까지는 남의 집을 빌려 사는 부자란 소리를 듣고 살았는데 이제 본의 아니게 집을 소유하게 되었다는 의미이다. 집 한 채를 갖고 있는 정도로는 교토에서 대대로 내려오는 부자 상인들 축에는 끼지도 못하기 때문에 오히려 집 없는 부자란 소리를 듣는 편이 낫다는 생각에서 집을 갖게 된 것을 분하게 여긴다는 익살스러운 내용이다.

8) 후지이치는 버리게 되는 휴지反故를 철해 장부로 만들어 썼으며 하루 종일 가게를 떠나지 않고 붓을 들고 장부에 출납을 기록할 정도로 근검·절약하는 인물로 묘사하고 있다.

9) 일본어로는 료가에야両替屋라고 한다. 수수료를 챙기며 화폐의 환전을 해주는 가게

이 지나가면 전錢[10]이나 고반小判의 시세를 물어 장부에 기록해 두었고, 쌀 도매의 거래시세를 알아보거나,[11] 생약상이나 포목점의 종업원에게는 나가사키長崎의 시장 상황을 물었고,[12] 조면繰綿[13]이나 소금・술의 시세는 에도 지점[14]에서 서장書狀이 도착하는 날을 기다려 기록을 해 두는 등 매일 장사를 위해 만반의 사항을 적어 두었다.[15] 그렇기에 장사에 관한 것은 이 가게에서 물어보면 해결된다고 할 정도로 시내에서 소중한 존재가 되었다. 이 남자의 평상시 복장을 보면 맨 몸에 홑겹 속옷인 주반襦袢[16]을 입고 겉옷은 솜 3백 돈이 들어간 오누노코大布子[17] 한 벌을 걸치고 있을 뿐이었다. 소매에 가두리 천을 두르는 소데후쿠린袖覆輪[18]은 이 남자가 처음으로 만들어 입은 뒤 세상에 퍼진 것인데, 모양새도 근사하고 경제적이었다. 가죽버선[19]에 셋타雪踏[20]를 신고 다녔

로 금전의 매매나 대부貸付, 예금 등도 취급했다. 교토・오사카를 중심으로 하는 가미카타 지방에서는 주로 은銀이 화폐의 중심이었음으로 은에 대해 전錢과 금화인 고반小判의 비율이 환전의 중심이 된다.

10) 전錢은 지금은 돈의 속칭으로 쓰이지만 에도시대 때는 동銅이나 철로 만든 원형의 화폐를 지칭했다. 가운데 구멍이 뚫려 있는 것이 특징이다.

11) 쌀의 시세와 은의 시세는 서로 연관이 있음으로 환전상에서는 쌀의 시세를 숙지하고 있었다.

12) 생약生藥이나 고급 옷감들은 수입품이 많았고 따라서 생약상이나 포목점에서는 나가사키의 여러 정보를 많이 알고 있었다.

13) 면화를 물레에 걸어 씨를 앗아낸 상태로 아직 정제되지 않은 면이다.

14) 에도다나江戶棚라 하여 가미카타 상인들이 에도에 낸 지점이다. 조면・술・소금 등은 교토 지역에서 주로 만들어 에도에서 소비되는 것으로 에도의 시세가 중요했다. 에도의 지점에서 정기적으로 교토의 본점으로 서신을 통해 이를 보고하는데 후지이치는 이 서신이 도착하는 날을 잘 알고 있었다.

15) 주인공 후지이치는 단순히 근검・절약만이 아니라 유통과 경제에 관한 주변 정보를 열심히 수집하였고 이를 잘 이용해 장자가 되었음을 암시하고 있다.

16) 포루투칼어 'gibao'를 한자로 표기한 것이다. 맨 몸에 바로 입는 속옷을 말한다.

17) 겨울철 평상복으로 명주가 아닌 면에 솜옷을 입는 것만으로도 검소한 복장이다. 그 솜옷도 일반적으로는 100돈(약 375그램)의 솜을 넣은 것을 겹쳐 입는 것이 보통인데 300돈의 오누노코 하나만을 입고 있다는 것으로도 후지이치의 검약상이 잘 나타나고 있다.

18) 옷소매가 쉽게 닳지 않도록 옷소매 끝을 접어 꿰매거나 혹은 다른 천을 대어 도톰하게 만든 것이다.

19) 동물의 가죽으로 만든 버선으로 질겨서 경제적이기는 하지만 맵시가 나지 않는다.

고, 신발이 닳을까봐 한 번도 길가를 내달려 본 적이 없었다. 일생 견직물이라고는 명주 옷 두 벌이었는데 그 중 한 벌은 엷은 남색이었고 또 다른 한 벌은 다시 물들일 수 없는 갈색염색[21]을 해 버렸기에 젊은 시절에 무분별한 짓을 했다고 그 후 20년간 두고두고 후회를 했다. 가문家紋은 특별히 정하지 않고 원형에 간단히 세 줄을 긋거나 혹은 1치 8분의 소용돌이 문양巴[22]을 그려 넣었고, 토왕지절土旺之節[23]에도 옷이 상하지나 않을까 다다미 위에 바로 깔아 말리지 않았고, 예복인 아사바카마麻袴[24]와 올이 거친 가타기누肩衣[25]는 오래 입어도 옷 모양이 변하지 않도록 늘 잘 간수해 두었다.[26] 마을 내 장례식에는 어쩔 수 없이 도리베야마鳥部山[27]의 장지까지 전송하지만 돌아오는 길에는 일부러 사람들보다 뒤처져서,[28] 도중에 있는 로쿠하라六波羅[29]의 들판에서 동행한 어

20) 대나무 껍질로 만든 신발에 소가죽이나 말가죽을 입힌 것. 후지이치는 유행이나 멋보다는 오래 착용할 수 있는 실용적이며 경제적인 것을 즐겼다.

21) 청각채 색을 띤 갈색으로 청각채는 청각과에 속하는 해초이다.

22) 북이나 기와 등에 그려 넣는 팔지鞆의 측면을 도안화한 문양이다.

23) 일본어로는 도요土用라고 한다. 입하立夏 전 18일을 봄 도요, 입추立秋 전 18일을 여름 도요, 입동立冬 전 18일을 가을 도요, 입춘立春 전 18일을 겨울 도요라 한다. 그러나 일반적으로 도요라 하면 여름의 도요土用를 가리키는 말로 쓰인다. 이 날 곰팡이와 해충을 막기 위해 의복이나 책 등을 햇볕에 말리는 것을 도요보시土用干라고 한다.

24) 하카마는 하오리와 함께 주로 예복으로 입는 남자들의 품이 넓고 주름이 들어간 바지를 말한다. 아사바카마麻袴는 삼베로 만든 하카마이다.

25) 소매 없이 어깨와 몸통만 있는 허술한 옷 또는 무사들의 정장을 말하나 여기서는 전자에 해당한다.

26) 하품下品의 예복. 아사바카마・오니모지로 만든 가타기누 같은 보잘 것 없는 예복을 정성스럽게 보관하고 있는 모습을 통해 후지이치의 검약상과 물건을 아끼는 정신을 잘 묘사하고 있다.

27) 도리베노鳥部野라고도 한다. 교토시 히가시야마구東山區 기요미즈데라清水寺에서 니시오다니西大谷로 나아가는 길 중간의 구릉지로 헤이안시대부터 이곳에 화장터와 묘지가 있었다.

28) 장례식에서 돌아오는 길에는 보통 술집이나 유흥점에 들러 노는 것이 보통인데 후지이치는 쓸데없는 돈을 쓰지 않기 위해 일부러 뒤처져 돌아오는 것이다.

29) 교토의 가모가와鴨川 동쪽에 혹은 도리베야마의 서북쪽 지역이다. 로쿠하라미쓰지六波羅密寺가 있기 때문에 붙여진 이름이다. 로쿠하라미쓰지는 교토시 히가시야마구에 있는 진언종眞言宗계의 사찰이다.

린 점원과 용담龍膽[30)]을 발견하면 뿌리 채 뽑아 "이것을 말려 두면 복통약이 된다"고 하면서 그냥 지나치는 일이 없었고, 걷다가 돌에 걸려 넘어지기라도 하면 그 자리[31)]에서 바로 부싯돌을 주워 주머니에 넣는 것이었다. 조석의 끼니 준비로 연기를 피우는[32)] 세대주들은 만사 이 정도는 신경을 써야 하는 법이다.

이 남자의 천성이 원래 인색했던 것은 아니다. 만사를 처리하는 데 오직 사람들의 모범이 되고자 했던 것이다. 이 정도의 재산이 될 때까지 정월을 맞으면서 한 번도 집에서 떡을 찧은 적이 없었다. 연말의 다망한 때에 사람 손이 필요하기도 했고 떡 찧는 여러 도구를 다루는 것도 번거롭게 느껴져 절약을 위해 다이부쓰大佛 앞 떡집[33)]에 주문해서 1관에 얼마씩 가격을 정해서 떡을 찧게 했다. 12월 28일 이른 아침에 떡집 주인은 종업원과 함께 바쁜 듯이 떡을 지고 와서 후지야 가게 앞에 내려놓고 "떡 갖고 왔습니다"라고 말했다. 막 만들어진 떡이라 맛나게 보였고 한층 정월 기분이 났다. 그런데 후지이치는 못 들은 척 하면서 주판만 튕기고 있었다. 떡집 주인은 연말이라 시간에 쫓기고 있어서 "빨리 받아 주십시오"라고 여러 번 독촉을 했다. 그러자 눈치 빠른 데다이가 정확하게 큰 대저울로 무게를 확인하고 떡을 받았다. 떡집 주인이 돌아가고 난 뒤 후지이치는 "오늘 떡은 잘 받았는가?"라고 물었고 "이미 대금도 지불하고 떡집 주인은 돌아갔습니다"라고 대답했다. 그러자 후지이치는 "네 놈은 이 집의 고용인 자격이 없구나. 아직 식지도 않은

---

30) 일본어로는 苦蔘이라고 표기하고 센부리千振라고도 한다. 산과 들에 자생하는 용담과의 2년초 자주색 풀이다. 줄기와 뿌리는 건위약健胃藥으로 쓰며 구충제로도 쓴다.

31) 일본의 속담에 "넘어진 곳에 부싯돌", "넘어져도 모래", "넘어져도 그냥은 일어나지 않는다"라는 말이 있다. 이러한 속담에 빗대어 후지이치의 살아가는 방식을 묘사하고 있다.

32) "아침저녁으로 밥 짓는 연기를 피우다"라는 것은 즉, "생계를 맡고 있는"이라는 뜻이다.

33) 교토시 히가시야마구東山區에 있는 호코지方廣寺의 대불전大佛殿 앞에 있던 유명한 떡집이다.

떡을 용케도 받았구나"라고 말하는 것이었다. 그리고 나서 다시 한 번 떡을 저울에 재어 보았더니 뜻 밖에도 무게가 줄어 있었다.[34] 이렇게 되자 데다이도 어찌 할 바를 모르고 아직 먹지도 않은 떡을 앞에 두고 입을 벌린 채 할 말을 잃어버렸다.

새해가 시작되고 어느 덧 여름이 되자 도지東寺[35] 부근의 마을 사람들이 첫 수확한 가지를 바구니에 담아 팔러 왔다. 만물을 먹으면 75일을 더 산다고 해서 어느 집이나 이것을 즐겨 사곤 했다. 한 개에 2문이지만 두 개면 3문에 판다고 하니 두 개를 사지 않는 사람이 없었다. 그런데 후지이치는 한 개만 2문에 사고 나서 "나머지 1문으로 제 철이 되면 더 큰 것을 살 수 있다"고 말할 정도로 이 남자의 판단은 무엇 하나 빈틈이 없었다.[36] 집 마당 빈 터에 버드나무·호랑가시나무·굴거리나무·복숭아나무·꽃창포·염주알 등을 골고루 심어 둔 것은 외동딸을 생각해서였다.[37] 갈대발을 걸쳐 놓은 담 벽에 저절로 자라난 나팔꽃을 보고는 어차피 바라만볼 거라면 "이건 도움이 되지 않는다"면서 덩굴콩[38]으로 갈아 심어버렸다.

무엇보다도 자식이 커가는 것을 지켜보는 것처럼 즐거운 일은 없다. 후지이치도 딸이 점점 커지자 혼수용 병풍[39]을 만들어 주었는데 "교토

34) 떡이 식으면 수분이 증발해 무게가 조금 줄어든다고 한다.

35) 이 사찰은 미나미구南區 구조초九條町에 있었다. 이 절 소유의 밭에서 채소를 길러 시내에 공급했다.

36) 후지이치는 보통 사람들과는 전혀 사고방식이 달랐다. 철저하게 합리주의 정신에 입각해 있었음을 전하는 에피소드 중의 하나이다.

37) 후지이치는 나무를 심어도 실용적인 수목을 심었다. 버드나무는 젓가락이나 장식용으로 혹은 3월 3일의 명절인 모모노셋쿠 때에는 복숭아꽃과 함께 장식용으로 쓰이고, 호랑가시나무柊는 세쓰분節分 때에 잡귀를 물리치기 위해 문에 꽂는 용도로, 굴거리나무譲葉는 정월의 잡귀를 물리치는 금줄(시메나와)용으로, 꽃창포는 5월 5일 단오날 머리에 장식을 하고, 창포빗·창포도菖蒲刀를 만드는데 사용되기도 한다.

38) 덩쿨콩은 꽃이 오래 피고 그 열매는 쓰케모노(절임음식)의 재료로 사용된다.

39) 여자가 결혼 할 때 지참해야 하는 혼수 중의 하나로 혼례 당일 축의祝儀를 행하는 자리에 세운다.

의 명소가 열거된 그림[40]을 보게 되면 아직 못 가본 곳을 가보고 싶어질 테니 좋지 않다. 그리고 『겐지모노가타리源氏物語』[41]나 『이세모노가타리伊勢物語』[42]의 그림을 보게 되면 바람기가 생겨 안 된다"면서 다다多田[43] 지역의 은산銀山에서 은이 많이 채굴되는 광경을 그려 놓았다. 절약생활과 더불어 글을 깨우치도록 이로하우타いろは歌[44]를 스스로 만들어 읽고 외우게 하고 아이들이 다니는 데라코야寺小屋[45]에는 보내지 않고 집에서 습자를 익히게 하는 등 교토 안에서 누구보다 훌륭하고 현명한 신붓감으로 키워 놓았다. 딸도 부모의 절약정신을 배워 8세[46]에 습자공부를 시작하면서 소맷자락에 먹물을 묻힌 적이 없었고, 3월 셋구節句의 인형놀이[47]나 본 오도리盆踊[48]도 하지 않았다. 매일 머리도 스스로

40) 교토 시내의 모습이나 명소를 그린 것이다.

41) 헤이안시대 중기의 장편소설로 작가는 무라사키 시키부紫式部이다. 궁정생활을 중심으로 한 헤이안시대 전기・중기의 세상을 묘사하며 전편 54첩으로 되어 있다. 히카루 겐지光源氏라는 주인공의 애정편력을 중심으로 한 화려한 일생을 그리고 있다. 일본 고전문학의 백미로 일컬어진다.

42) 와카和歌를 중심으로 이야기를 전개하는 헤이안시대 우타모노가타리歌物語의 대표작이다. 실존인물인 아리와라노 나리히라在原業平로 상정되는 남자 주인공의 일대기로, 남녀의 정사를 중심으로 하는 화려하면서도 세련된 귀족의 일상이 125개의 설화의 형태로 이야기되고 있다.

43) 효고현兵庫縣 가와베군川辺郡 이나가와초猪名川町의 은산銀山을 중심으로 하는 지역이다.

44) 헤이안시대 중기에 일본 고유의 문자 히라가나를 학습하기 위해 히라가나 47자를 모두 한 번씩 중복 없이 사용하여 읊은 7・5조의 노래이다.

45) 에도시대에 주로 절에 병설되어 읽기・쓰기・산수・주산 등을 가르친 서민 교육기관이다. 우리나라로 치면 조선시대의 서당과도 같은 곳이다.

46) 남녀 공히 보통 8세가 되면 공부를 하기 시작한다.

47) 일본어로는 히나아소비雛遊라고 한다. 3월 3일의 셋쿠節句를 모모노셋쿠桃の節句라고 하는데, 이 날 여자아이들이 있는 집에서는 아이의 행복・성장을 기원하여 히나단雛壇을 만들어 히나인형雛人形를 장식하고 마름 열매로 만든 떡(히시모치)・시로자케白酒・복숭아꽃 등을 장식하는데 이를 히나마쓰리雛祭り라고 한다.

48) 우라본盂蘭盆인 7월 13일에서 16일에 걸쳐 정령精靈을 맞이하고 이를 위로하기 위해 노래에 맞춰 추는 춤이다. 원무식圓舞式과 진행식進行式의 두 종류가 있다. 교토에서는 고마치오도리小町踊라 해서 7월 7일과 15일 낮에 소녀들이 특별한 의상을 입고 부채나 북을 치고 춤을 추며 거리를 행진했다.

감고 대충 둥글게 땋아 올리는[49] 등 자신의 신변 잡일은 일절 다른 사람에게 맡기지 않았고, 풀솜을 트는 일[50]도 제대로 배우고 옷기장의 가로 세로에 잘 맞게 완성시켰다.[51] 이를 보면 역시 여자 아이는 놀게만 해서는 안 되는 법이다.

때는 정월 7일 밤의 일이었다. 근처 사람들이 "장자가 되는 법을 지도해 주었으면 한다"면서 남자 아이들을 후지이치 집으로 찾아가게 했다. 후지이치 집에서는 좀처럼 없던 일이었기에 객실에 등불을 밝히고 딸을 불러 "문소리가 나면 바로 알려라"고 말해 두었다. 그런데 이 대견한 딸은 손님이 와 있지 않은데 불을 밝혀 놓는 것은 낭비라고 생각해 등불을 한 줄기 밝기로 줄이고 있다가 "실례하겠습니다"라는 문소리를 듣고 나서 등불을 다시 원래대로 밝힌 뒤 부엌 쪽으로 자리를 떴다. 세 남자 아이들이 자리에 앉았을 때 마침 부엌에서 양념절구 소리가 크게 들려왔다. 이들은 무언 가 맛있는 음식이 나오는 것으로 은근히 기대하면서 그 중 한 명이 "고래껍질이 들어간 맑은 장국[52]이 아닐까?"라고 말하자 또 한 명이 "아냐, 아냐 정월 초이니까 조니雜煮[53]일 꺼야"라고 대꾸했고, 또 한 명은 한참 생각하더니 "뉴멘入麵[54]일 것 같은데"라고 말하는 것이었다. 이럴 경우에 누구나 은근히 먹을 것을 기대하는 것은 인지상정이라고는 하지만 좀 우습기도 하다.

드디어 후지이치는 객실로 나와 이들에게 세상 먹고 살아가는 비결

---

49) 여자아이라면 머리 모양에도 신경을 많이 쓰는 것이 보통인데 이 딸은 그냥 대충 올려 묶었다. 이런 머리를 마루마게丸髷라 하는데 주로 하녀들이나 하는 머리 모양이었다.

50) 옷 속에 넣기 위한 솜을 잘 틀기 위해서는 많은 연습이 필요하다.

51) 옷 치수에 맞춰 솜이 골고루 잘 펴지게 넣을 수가 있었다. 후지이치의 근검·절약상에 관한 이야기에서 일변하여 외동딸에 대한 후지이치의 독자적인 교육법과 그 성과를 기술하면서 모든 면에 있어 자신의 검약관을 관철시키는 후지이치의 독특한 생활 철학이 잘 묘사되어 있다.

52) 껍질에 붙어 있는 하얀 지방 부분을 넣어 끓인 국물로 특히 한겨울에 많이 먹었다.

53) 정월에 먹는 일본식 떡국이다.

54) 소면을 일본의 장국인 미소시루 국물에 말아먹는 것으로 야식으로 즐겨 먹었다.

을 들려주기 시작했다. 그 중 한 명이 "오늘은 나나쿠사七種[55]날이라고 하는데 그 유래는 어떻게 된 것인가요?"라고 물어보니 "그것은 신대神代로부터 시작된 검약생활인데 조스이增水[56]라는 절약음식을 우리들에게 가르쳐 주신 것이다"라고 답해 주었고, 또 한 명이 "마른 도미[57]를 6월까지 고진님荒神様[58] 앞에 놓아두는 이유는 무엇입니까?"라고 물어보니 "그것은 조석 식사 시에 생선을 먹지 않고 바라본 것만으로 먹은 마음이 되어야 한다는 의미이다"라고 답하는 것이었다. 그 다음으로는 정월에 나무젓가락인 후토바시太箸[59]를 사용하는 유래를 물었다. "오래되어 색이 지저분해진 것을 하얗게 깎아내서 다시 쓸 수 있으니 젓가락 한 벌로 1년 내내 사용할 수 있는 것이다. 그리고 이것은 신대의 두 신[60]을 뜻하는 것이기도 하다. 그러니 만사를 잘 생각해 낭비를 하지 않도록 하는 것이 중요하다. 그런데 자네들과 저녁때부터 오래 이야기를 했더니 어느새 야식[61]시간이 되었다. 그런데 이럴 때 야식을 내지 않는 것이 또한 장자의 비결이다. 앞서 들렸던 양념절구 소리는 외상장부[62] 표지를 만들 풀을 쑤는 소리였다"고 말하는 것이었다.

---

55) 나나쿠사가유七草粥라고 하며 봄에 나는 일곱 가지 푸성귀를 넣고 끓인 죽이다. 음력 1월 7일을 나나쿠사七草의 셋쿠節句라 하여 이 나나쿠사가유를 먹는다. 나나쿠사는 미나리·냉이·떡쑥·별꽃·광대나물·순무·무 등이다.

56) 보통 나베요리鍋料理라 하여 우리의 '탕蕩'과 같은 음식을 먹고 난 후 남은 국물에 밥을 넣어 만드는 죽이다. 원래는 '雜炊'라고 표기한다.

57) 가케다이掛鯛라고 해서 정월에 짚 등으로 묶어 부뚜막 위에 걸어두는 두 마리의 도미를 말한다. 6월 1일에 이것을 먹으면 병치레를 면한다고 한다.

58) 산보코진三寶荒神의 약어이다. 불佛·법法·승僧의 삼보三寶를 수호한다는 신으로 근세시대에는 부뚜막 신으로서 모셔졌다.

59) 버드나무의 껍질을 벗겨 굵고 둥글게 만든 젓가락으로 정월에 사용한다.

60) 이주신二柱神을 말한다. 일본의 국토와 신을 낳은 음양신陰陽神 이자나기·이자나미의 두 남녀신이다. 柱는 신을 세는 조수사이다.

61) 당시에는 아침·저녁의 이식二食이 보통이었는데 야밤에 면류 등을 가볍게 먹는 것을 야식이라 했다.

62) 일본어로는 다이후쿠초大福帳라고 한다. 1월 10일이나 11일에 조도지이와이帳綴祝라 하여 일 년 동안 쓸 장부를 철하며 표지에 장부의 이름을 쓰고 이를 축하한다. 그 장부의 표지는 몇 장씩 풀로 붙여 두껍게 만든다.

권 2-2_ 설상가상의 겨울벼락

잔물결[63] 출렁이는 오미近江의 큰 호수에 한 되 들이 항아리가 잠겨 본들 고작 한 되의 물만이 들어갈 뿐이다.[64]

오쓰大津[65] 시가지에서 간장 장사를 하는 기헤이지喜平次라는 사람이 있었다. 이 고장은 호쿠리쿠北陸[66] 지방의 각종 산물이 도착하는 선착장으로 특히 도카이도東海道[67]의 역참驛站[68]으로 번창하고 있다. 말을 교체[69]하거나 가마를 바꾸어 타기도 하고 짐차 소리가 요란한 가운데 사람들이 바쁘게 돌아가고 있다. 여기라면 뱀 초밥, 도깨비의 뿔 세공[70] 등 어떤 진기한 물건이라도 어렵지 않게 내다 팔 수 있는 곳이다. 근년에는 이곳 도매상 거리[71]도 옛날과는 달리 건물들이 늘어나 부자 동네

---

63) 본문에는 細波라고 표현되고 있으며 오미近江의 이미지를 떠올리게 하는 마쿠라고토바枕詞의 수사법이 활용되고 있다. 오미는 원래 아와우미淡海, 즉 담수해라는 뜻으로 비와코琵琶湖를 가리키는 말이었다. 지금의 시가현滋賀縣의 옛 지명이다. 마쿠라고토바는 옛 노래나 문장에 보이는 수식법의 하나로 특정한 낱말 앞에서 그 낱말을 수식하거나 리듬을 고르기 위해 사용된 말이다. 5음 이하의 관용적인 용법이라는 점에 특징이 있다.

64) 사이카쿠의 또 다른 작품 『세켄무네잔요世間胸算用』 권5－2에도 "한 되들이 국자에는 한 되밖에 들어가지 않는다一升入る柄杓へは一升よりはいらず"라는 표현이 보인다. 세상 사람들은 제각기 자신의 분수가 있기 마련임으로 그 이상의 것을 하거나 바랄 수는 없다는 의미이다.

65) 현 시가현滋賀縣의 중심지이다.

66) 호쿠리쿠北陸 지방의 주요 도시를 홋코쿠北國라고 불렀다. 이 지역에서 오사카나 교토로 보내지는 산물은 주로 쓰루가敦賀에서 말을 이용해 비와코 쪽 연안으로 옮겨진 후 그곳에서 다시 배로 오쓰大津로 옮겨졌다.

67) 권1 주31을 참조할 것.

68) 역마를 바꿔 타던 곳을 말한다.

69) 역참을 일본어로는 슈쿠바宿場라고 한다. 오쓰는 도카이도의 주요 슈쿠바였다. 말이나 가마의 중계지로 마차나 우차, 혹은 그러한 운수업에 종사하는 노동자들의 근거지이기도 했다. 슈쿠바는 슈쿠에키宿驛라고도 했다. 지방의 교통·경제의 중심지로 에도시대에는 이러한 시설을 중심으로 도시가 번성하기도 했다.

70) 세상에서 흔히 볼 수 없는 진귀한 물건도 이곳에서는 다 구할 수 있었다는 비유 표현이다. 단, 호쿠리쿠에는 일명 뱀 초밥이라 불리던 문절망둥이와 비슷하게 생긴 민물고기로 만든 가지카즈시鰍鮓라는 것이 있었다.

답게 거창해졌다. 한 건물 이층에서는 샤미센三味線[72] 뜯는 소리가 간드러지게 들리는 가운데 시바야마치柴屋町[73]로부터 유녀를 불러들여[74] 주객들은 밤낮에 걸쳐 유흥을 즐기고 있다. 상가에서는 저울눈금 재는 소리가 퍼져 나가고, 돈이라는 것이 있는 곳에서는 넘쳐나는 것인지 이곳에는 기와나 돌처럼 굴러다니고 있다. "사람의 재산처럼 차이가 심한 것은 또 없을 것이다"라고 기헤이지는 행상 짐[75]을 내려놓으면서 허탈하게 중얼거리는 것이었다. "장사하면서 이곳저곳 돌아다녀 보면 어디에나 수희빈복愁喜貧福의 차가 있으니 세상살이는 뜻 같지 않은 것 같다. 똑똑한 사람은 스가미코素紙子[76] 같은 남루한 옷을 입고 어리석은 사람은 비단옷을 겹겹이 처 두르고 있으니 말이다. 여하튼 돈벌이라는 것은 똑똑하다고 되는 일이 아니다. 그렇다고 스스로 일하지 않으면 땡전 한 푼도 하늘로부터 떨어지지 않고 땅에서 솟아나지 않는다. 또 정직하게 지낸다고 일이 해결되는 것도 아니다. 결국 자신에 맞는 장사를 성실하게 할 수밖에 없다"면서 그날 그날의 생활에 만족하는 것이었다.

세키데라關寺[77] 부근에 모리야마 겐코森山玄好라는 사람이 살고 있었다. 그런대로 약 조제를 잘 했고 진찰도 노련한 편이었지만 히에이比叡의 산바람 탓에 걸린 감기[78] 정도에도 얄궂게 이제껏 그의 약이 제대로

---

71) 현재의 오쓰시의 하마초浜町 일대로 에도시대에는 쌀·기름·생선 등을 취급하는 도매상問屋들이 많이 모여 있던 상업의 중심지이다.

72) 삼현三弦으로 된 일본 고유의 현악기이다. 목제로 된 사각형의 납작한 동체 양쪽에 고양이 가죽을 댔다.

73) 오쓰의 유곽 바바초馬場町의 속칭이다.

74) 유녀遊女는 주로 숙박시설 등에 불려가 가무와 손님과의 동침을 업으로 하는 여성을 말한다. 여기에서는 '샤레온나白女'라 하여 주로 목욕시설에서 손님을 상대하는 유녀이다.

75) 간장을 파는 상인은 간장을 담은 뚜껑 달린 통을 짊어지고 다니며 저울로 재서 판다.

76) 땡감즙으로 방부 처리조차 하지 않은 하얀 종이를 재료로 해서 만든 옷으로 겨울옷 중에서 가장 남루한 옷이다.

77) 현재 시가현 오쓰시 오사카逢坂에 있는 조안지長安寺 터에 있던 절이다.

78) 오쓰는 히에이잔比叡山의 동남쪽에 위치하고 있다. 히에잔의 히에比叡와 춥다는 뜻의 히에冷え를, 바람이라는 뜻의 가제風와 감기라는 뜻의 가제風邪라는 동음이의어를

들은 적이 없었다. 집 문을 찾는 환자 소리도 끊긴 집구석에는 신농神農[79] 족자가 바람에 펄럭거리고 각종 약 꾸러미에 적힌 글자들도 뽀얗게 먼지를 뒤집어쓰고 있었다. 겨울에도 얇은 견직 홑겹 하오리羽織[80]를 걸치고 있으니 "약 다리는 것은 보통 때와 같다"[81]고 적혀 있는 약 봉투 처방처럼 그의 의복은 일 년 내내 변함이 없다. 의사도 유녀와 마찬가지로 부르지 않는 집에 갈 수는 없는 노릇이다. 그렇다고 늘 집에만 있자니 남들 눈치가 보여 매일 아침 왕진 시간 때가 되면 집을 나와 시노미야四の宮[82]의 에마繪馬[83]를 바라보거나 혹은 다카칸논高觀音[84]의 무대로 가서 오미팔경近江八景[85]을 바라보곤 하는데 그것도 종일 보고 있자니 싫증이 나게 마련이다. 이처럼 할 일이 없고 시간이 남아도는 것처럼 고통스러운 일은 없다. 오죽했으면 그곳 사람들이 그를 에마繪馬 의사[86]라고 불렀을까, 참으로 딱하기만 했다. 어떤 이의 도움으로 기원

연상적으로 겹쳐 사용한 수사법이다. 이런 수사법을 가케고토바掛詞라고 한다.

79) 중국의 전설에 등장하는 황제이다. 의술의 창시자로서 한방의漢方醫들은 이를 신으로 모시며 추앙한다. 신농神農의 초상화도 겐코의 가난에는 진저리를 치고 있을 정도라는 해학적 표현이다.

80) 의사나 화가, 유학자들은 보통 일반 하오리보다 소매가 긴 나가하오리長羽織라는 의복을 입는데 겐코는 일반 하오리를 그것도 겨울에 홑겹의 여름용 하오리를 입고 있다. 하오리는 의복 위에 덧입는 기장이 짧은 겉옷이다.

81) 약 봉지에 적는 주의사항에 특별히 주의를 필요로 하지 않을 경우에는 "약 다리는 방법은 보통 때와 같다煎じやう常の如し"라는 문구가 적혀 있는데, 이를 빗대어 의복도 늘 같은 옷만 입는다는 해학적 표현이다.

82) 현재의 오쓰시 미야코초京町에 있는 덴손신사天孫神社를 말한다.

83) 신사나 사찰을 찾는 이들이 기원을 하거나 봉납을 할 때 쓰는 액자이다. 원래는 말이나 목마를 봉납했으나 이를 대신하여 말이 그려진 액자를 봉납하기도 했다. 에마에는 구체적으로 기원하는 내용을 적었는데 현재는 말 그림이 있는 조그만 나무판으로 대신한다.

84) 오쓰시 온조지초園城寺町에 있는 미이데라三井寺의 관음당觀音堂으로 절 벽 위에 세워졌고 무대가 마련되어 있었다. 이곳에서는 오미팔경近江八景이 한 눈에 들어왔다.

85) 오미팔경 중의 하나이다. 비와코琵琶湖 남쪽에 있는 여덟 곳의 경승지로서 중국의 소상팔경瀟湘八景를 모방해 만들어졌다. 히라比良의 보세쓰暮雪, 야바세矢橋의 기한歸帆, 이시야마石山의 슈게쓰秋月, 세타瀨田의 세키쇼夕照, 미이三井의 반쇼晩鐘, 가타다堅田의 라쿠간落雁, 이와즈粟津의 세란晴嵐, 가라사키唐崎의 요아메夜雨 등이다.

86) 찾는 환자가 없어 한가한 의사를 빈정대어 하는 표현이다. 왕진을 가는 척하며 사사社寺의 에마繪馬를 보고 다닌다는 의미이다.

棋院을 열기는 했으나 바둑 한 판에 3문文씩 찻값을 받으면서 죽지 않는 것이 버는 것이라고 하루하루를 연명하는 것을 보면 세상에 이런 사람도 있구나 하는 생각이 든다.

또 우마야마치馬屋町[87]라는 곳에 사카모토야 진베坂本屋仁兵衛라는 남자가 있었다. 이전에는 대상인이었는데 그 많았던 돈을 다 날려버리고 유일하게 남은[88] 집 창고를 판 돈 28관을 들고 그곳을 떠나 34,5번이나 장사업종을 바꾼 뒤 그 돈을 모두 탕진해 지금은 아무 일거리도 없이 지내게 되었다. 옛날에 멋으로 따 올렸던 아쓰빈厚鬢[89]도 이제는 머리카락이 많이 빠져 듬성듬성해지고 풍채도 초라해지니 "무엇 하나 제대로 못하는 사람이니 빈핍신貧乏神의 신관神官[90]이나 되라"고 친척 일동은 이 남자를 단념해 버렸다. 그렇지만 모친은 은거자금[91] 10관이 있었기에 외아들인[92] 이 남자를 불쌍히 여겨 "많은 돈은 아니지만 생활비로 쓰게 하고 싶다. 그렇지만 아들에게 바로 넘겨주면 1년도 가지 않을 것이다. 자형에게 맡겨 한 달에 80돈[93]씩 이자를 받아 이것으로 5인 가족

---

87) 현재로서는 정확히 어느 지명을 지칭하는지는 알 수 없으나 바쿠로초博労町의 다른 한자 표기가 '馬喰町'이어서 바쿠로초인 것으로 추정된다.

88) 요쿄쿠謠曲『마쓰카제松風』의 끝부분에 나오는 "오늘 아침 문득 바라보니 남은 건 소나무 숲에서 불어오는 바람뿐인가今朝見れば松風ばかり殘らん"라는 구절은 사이카쿠가 즐겨 인용하는 표현이다. 요쿄쿠는 노能의 대본 또는 그 대본을 노래하는 것이다.

89) 남자들의 머리를 묶는 방법의 하나로 머리 가운데에서 이마까지를 밀고 양쪽의 머리는 더부룩하게 묶는 스타일로 당시에는 세련되고 품위가 있는 머리 모양이었다. 몰락했어도 왕년의 스타일을 유지하고는 있지만 나이도 들고 고생을 많이 해 더 초라해 보인다는 묘사이다.

90) 사람들을 가난하게 만드는 신을 빈핍신貧乏神이라고 한다. 깡마른 체구에 얼굴엔 핏기가 없고 손에는 찢어진 부채를 들고 울상을 짓고 있다고 한다. 하는 일마다 되는 일 없이 노력을 해도 가난에서 벗어나지 못하는 사람을 빗대어 빈핍신이라고 부르기도 한다. 그런 빈핍신을 모시는 신사의 신관이나 되라는 거의 욕에 가까운 매도이다.

91) 隱居銀이라고 한다. 부모가 은거료隱居料로써 상속자에게 양도되는 가산家産 중에서 떼어 받을 수 있는 금전이다.

92) 바로 이어서 자형姉兄이라는 말이 나오고 진사부로仁三郎라는 남동생이 등장하고 있어 외아들이란 기술은 작가의 실수라고 보여진다.

93) 은 80돈으로 월 이자를 8리厘로 계산한 금액이다.

의 생활비를 해결해라"고 말했다. 부부에 애가 하나 있었고, 아우 진사부로仁三郎는 꼽추였다. 또 한 식구가 딸려 있었는데 애에게 젖을 먹이던 유모였다. 병이 들어 걸을 수 없게 된 뒤, 기대볼 섬도 없는 좌초한 배[94]와 같이 이 집 신세를 지고 있다. 집 안을 둘러보아도 이 유모에게 "당장 나가라"고 매정하게 소리칠 수 있는 사람은 아무도 없었다. 그렇지만 10관의 이자 80돈의 금전으로 다섯 식구가 살아가는 것은 쉽지 않은 일이다. 이 80돈을 매달 초에 받아, 5돈의 집세를 제하고 나서 백미 상등품과 된장·소금·장작 등을 사 놓고 보면, 늘 반찬은 채소 절임이었다. 3월의 싸구려 도미[95] 한 마리나 송이 한 근이 불과 2돈일 때도 그저 바라만 볼 뿐 살 형편이 안 된다. 목이 마르면 맹탕으로 끓인 물에 보리미숫가루[96]를 섞어 마시고 등불도 방 한 가운데에 하나만 밝히고 있는데 이것도 잘 때는 꺼버리니 쥐들이 난리를 쳐도 어쩔 도리가 없다. 본盆[97]이나 정월의 명절 옷도 새로 마련하지 못하고 오로지 검약으로 버티면서 심심풀이로 종이로 노끈을 꼬는 간제코놀이觀世子紙縷[98]를 하며 매일매일 어려운 생활을 보내고 있다.

그런가 하면 세상을 보면 백 돈도 되지 않는 돈으로 장사를 잘 해 7,8명의 식구가 여유롭게 해를 넘기는 사람도 있다.

또한 마쓰모토松本[99] 시가지에는 한 과부가 살고 있었다. 외동딸에게

---

94) 사이카쿠는 문장을 쓸 때도 와카의 기법을 자주 이용하고 있다. 여기에서 구사되고 있는 연어緣語도 그 중 하나이다. 연어란 노래 속에서 어느 단어와의 조응에 의해 표현 효과를 높이기 위해 사용하는 말로서 그 말과 의미상 인연이 있는 말을 관용적으로 사용하는 기법이다. '의지할'이란 말에 '섬'이란 말을, '난파선'이란 말에 '맑은 날씨'를 조응시키고 있다.

95) 도미는 원래 고급 생선에 속하나 제철인 3월에는 싸게 구할 수 있다.

96) 일본어로는 고센香煎이라고 한다. 고가시焦穀에 진피陳皮나 산초山椒 등을 섞어 끓인 물에 풀어 마신다. 차를 끓여 먹지도 못할 정도로 궁핍한 상황을 묘사하고 있다.

97) 일본의 우란분재를 말한다. 흔히 오본이라고 한다.

98) 노能의 간제자觀世座의 장長인 간제다유觀世大夫가 시작했다는 설이 있다. 폭이 좁고 긴 종이에 이름을 적어 이것을 불상의 태내胎內 등에 봉납한 것이 그 유래라고 한다. 종이를 가늘고 길게 잘라 실처럼 꼬는 놀이를 말한다.

황차색黃茶色의 후리소데振袖에 사초莎草로 엮은 스게가사菅笠[100] 삿갓을 쓰게 하고 시골 사투리를 조금 배우게 한 다음 "누케마이리拔參[101]를 떠난 저에게 한 푼 베풀어 주십시오"라고 이세신伊勢神[102]을 빙자해서 최근 12,3년간이나 거짓말로 밥을 먹고 사는 여자도 있다.

그런가하면 이케노카와池の川[103]의 바늘집은 대단한 장사를 하는 것 같지 않은데도 딸을 교토로 시집보내고 싶다면서 "지참금 은화 2천 장[104]은 보낼 수 있다"는 것이었다. 중매하는 노파가 여기 저기 알아보더니 "조금 더 요구하면 백 관은 더 받아낼 수 있을 것입니다"라며 부추기고 있었다.[105]

"이런 저런 사람들을 보니 한 집의 사정은 밖에서는 정말 알 수 없는 법이다. 이 오쓰 지방에도 참으로 이런 저런 집들이 있구나"라며 기헤이지는 간장을 팔러 다니며 여기저기서 주워들은 이야기들을 집으로 돌아와서 말하는 것이었다. 그런데 이 남자의 부인은 좀처럼 빈틈이 없는 여자였다. 애들도 단정하게 키우면서 남에게 빚을 지지 않고 정월 물품도 12월 초부터 사두기 시작했으며, "섣달 그믐날 장부를 들고 오는 빚쟁이 얼굴을 보지 않는 것이 기쁘다"면서 연말 계산을 깨끗하게

---

99) 현재의 오쓰시 마쓰모토松本 지역이다. 선착장이 있어 여행객이 많이 왕래하는 곳으로 걸인들이 구걸하기에 알맞은 곳이다.

100) 사초莎草 잎으로 짜서 만든 삿갓이다. 스게가사菅笠는 이세참배伊勢參り 시의 필수품으로 갓에는 출신지와 동행인의 이름을 적는다. 이세참배는 일본의 황조신皇祖神인 아마테라스를 모신 이세신궁伊勢神宮에 참배를 하는 것을 말한다. 근세에는 주로 봄철에 행하는 경우가 많았다.

101) 부모나 남편 또는 주인의 허락 없이 집을 빠져 나와 이세신궁을 참배하는 것이다. 에도시대에 종종 유행했으며 몰래 다녀 왔다할지라도 그에 대한 처벌은 없었다.

102) 일본어로는 이세사마伊勢樣라고 한다. 이세신궁에 간다는 등 이세참배를 빙자해 동냥을 받는 것을 말한다. 당시 이세참배를 하는 사람들에게는 숙식을 제공하거나 쌀이나 금전 등을 무상으로 원조하는 풍습이 있었다.

103) 오쓰시 오이와케초追分町에 있던 이케노카와 바늘집의 원조 다이코쿠야大黑屋를 가리킨다.

104) 은 86관이나 되는 거액의 지참금이다.

105) 중매비는 지참금의 10퍼센트를 받는다.

처리했다. 그러나 매년 알뜰히 모은 돈을 긁어 모아보아도 은 7돈 5분, 혹은 7돈 6분 아니면 8돈 8,9분이 남았을 뿐, 결국 10돈을 갖고 해를 넘긴 적은 없었다. "목판 인쇄한 와카에비스若惠比須[106)]처럼 늘 달라질 것이 없는 정월이구나"라며 탄식을 하고 있자니 갑자기 겨울하늘에서 우르릉 쾅하고 벼락이 떨어져 단 한 개 밖에 없는 재산인 가마솥을 산산조각으로 만들어버렸다. 탄식해 보았자 어쩔 도리도 없고, 당장 없으면 안 되는 도구이기에 새로 장만을 하는 바람에 그 해 연말은 가마솥을 산만큼 돈이 줄어들었다. 불과 9돈 정도의 물건 구입을 24,5군데 가게에서 조금씩 외상으로 샀기 때문에 성가신 빚 독촉을 받게 되었다. "생각해 보면 뜻 같지 않게 어긋나게 되는 것이 세상사이다. 나도 벼락이 떨어지기 전까지는 세상에 무서운 것이 없었는데"라며 기헤이지는 탄식하는 것이었다.

106) 연초가 되면 목판으로 대량 인쇄한 에비스가미惠比須神의 그림을 팔러 다니는데 이 그림을 와카에비스라 한다. 이 그림을 문이나 집 안에 붙여 사업번창을 기원했다. 매년 똑같이 얼마 안 되는 돈을 남기고 정월을 맞이한다는 뜻이다. 에비스는 7주七柱의 복덕신福德神인 칠복신의 하나로 어업이나 상업번창의 신이다. 칠복신에 관해서는 권4-1에서 자세한 설명이 되어 있다.

권 2-3_ 재략才略을 크게 발휘한 다이코쿠大黑

1[107]은 쌀가마니 가득 찬 창고, 2는 근사한 2층 가옥, 3은 3층 높이의 거대한 창고[108]라고들 하는 데, 교토에 바로 이런 저택으로 이름이 잘 알려진 다이코쿠야大黒屋[109]라는 부자가 있었다. 이 세상을 부귀하게 살아가고자 염원하여 고조五條[110]의 나무다리가 돌다리로 다시 놓여졌을 때 이 집 주인은 그 나무다리의 서쪽[111] 끝에서 세 번째 판을 구입해 대흑천大黑天의 상을 새겨 두게 했다. 그런데 신심의 덕인지 그 뒤로 점차 장사가 번창해 옥호屋號를 다이코쿠야신베大黒屋新兵衛라고 붙였고, 이 지역에서는 모르는 사람이 없을 정도로 유명해졌다.

이 부자는 남자 아이 세 명을 별 탈없이 잘 키워 냈는데 모두 현명한 아들이어서 이들의 미래를 노후의 낙으로 삼고 은거 준비를 시작했다. 그런데 장남인 신로쿠新六가 갑자기 낭비하기 시작해 돈을 따지지 않고 유흥가의 기생놀이에 빠져 들었다. 반년도 지나지 않아 170관이나 되는

---

107) 가면극의 하나인 다이코쿠마이大黒舞의 가사 "다이코쿠덴의 재주는 1 쌀 섬을 밟고 2 싱긋 웃고 3 술을 만들고大黒殿の能には一に俵ふまへて、二ににつこと笑うて、三に酒をつくつて"를 패러디한 표현으로 본문의 말미 부분(8은, 9는, 10은 운운)과도 대응하고 있다. "여기서 바라보니 바깥에 쌀가마니를 쌓아두고 이층짜리 저택에 삼층 창고가 우뚝 솟아 있는, 저것이야말로 유명한 부자인 다이코쿠야大黒屋이구나"라는 뜻이다.

108) 조닌의 집은 3층 이상의 건물을 지을 수 없게 되어 있었으나 방화용으로 창고를 3층으로 올릴 수가 있었다. 3층은 객실로 이용되었다.

109) 1664년 교토 무로마치室町에 포목점을 개업한 다이코쿠야 젠베를 가리키는 것으로 추정된다. 이세출신의 상인으로 교토에 개점을 한 후 오사카・에도에서 포목점・환전상 등을 하며 집안이 크게 번창했다.

110) 교토시의 중앙부를 가로지르는 도로로 헤이안平安 시대에는 로쿠조보몬대로六條坊門大路의 위치에 해당한다. 도요토미 히데요시豊臣秀吉가 고조대교五條大橋를 이 대로로 옮기고 나서 이곳을 고조五條라고 부르게 되었다. 1645년에 목조에서 돌다리로 교체되었다.

111) 다리의 서쪽 끝에서 세 번째 판으로 새긴 대흑천의 상을 모시면 복덕을 얻는다는 미신이 있었다. 세 번째 판은 특히 모든 사람들이 자주 지나다니는 곳에 있어서 아무리 밟혀도 견디어 내는 것이 조닌의 성공의 비결이라는 뜻이 포함되어 있다.

거금이 수입 장부[112]에서 사라졌다. 금액이 너무나 엄청나 신로쿠의 힘으로는 해결할 수 없었기 때문에 어쩔 수 없이 데다이는 사 두었던 재고품[113]으로 계산을 맞추고 장부도 새로 작성해 7월[114] 이전에 결산을 겨우 끝낸 뒤 "앞으로는 절대로 이런 사치스러운 놀음은 그만 두십시오"라고 이 아들에게 여러 번 충고를 했다. 그럼에도 신로쿠는 전혀 말을 듣지 않고 그 해 말에 또 230관을 축내고 말았다. 가까스로 숨겨 왔던 장부조작 사실이 결국 들통이 나고 말아 신로쿠는 이나리稲荷[115]신사 앞의 지인 집으로 몸을 숨겼다. 고지식한 부친은 크게 화를 냈고, 주변에서 여러 번 아들을 대신해 잘못을 빌었지만 분이 풀리지 않아 같은 지역의 마치슈町衆[116]를 불러 공식적인 수속을 통해 아들과 의절[117]해 버렸다.

그런데 부모가 이렇게 까지 자식을 미워하게 된 것은 도를 넘은 신로쿠의 악심悪心[118] 때문이다. 신로쿠는 이제 옴짝달싹할 수 없는 처지가 되었다. 당분간 머물고 있던 셋집에도 있을 수 없게 되어 교토를 떠나 동쪽[119]으로 가려고 했으나 몇 푼 안 되는 노잣돈도 없어 "세상 슬픔은 그저 나한테만 있구나"[120]라며 한탄해 봐도 이제 와서 다 소용이 없는 일이었다.

112) 금은의 출납을 기입하는 장부이다.
113) 값이 올라갈 것을 예상하여 미리 사둔 재고품을 말한다.
114) 재고조사의 계산은 1월과 7월, 일년에 두 번하는 것이 관례였다.
115) 교토 후시미구伏見區 이나리고젠초稲荷御前町에 있는 신사이다.
116) 의절이나 이혼 등에 관한 가사 문제를 관공서役所에 신고하려면 거주하는 지역의 도시요리年寄(에도시대 마을의 행정을 맡은 우두머리)와 고닌구미五人組(에도시대 다섯 가구를 한 단위로 해서 연대조직을 지게 한 조직)가 함께 출두해야 했다.
117) 당시 일본어로는 舊里(久離)를 끊는다고 표현했다. 친족관계를 끊는 것인데, 정식으로는 친족과 앞에서 언급한 도시요리・고닌구미가 연판한 서류를 제출하여 구리장久離帳에 등기한다. 구리久離는 부모가 별거하거나 가출한 자식에 대한 경우이고 집안에 남겨둔 채 의절하는 경우를 간토勘当라고 해서 구분하였다.
118) 도를 넘은 신로쿠新六의 방탕放蕩을 악심으로 표현하고 있다.
119) 동쪽은 에도를 가리킨다. 요쿄쿠『가키쓰바타杜若』"살 곳 찾아서 동쪽을 향해가는 구름의住み所求むとて、東の方に行く雲の"에서 나온 표현이다.
120) 요쿄쿠『가키쓰바타杜若』"달도 봄도 예전의 모습이 아닌데 내 몸만 예전의 그대로이니月やあらぬ、春や昔の春ならぬ、我身ひとつは、もとの身にして"에서 나온 표현이다.

때는 12월 28일 밤의 일이었다. 가마솥 욕조[121]에서 목욕 중이었는데 "엇 아버님이 오셨다"라는 소리에 깜짝 놀라 경황 중에 아래 속옷은 챙기지도 못하고 젖은 몸에 면 조각 하나만 걸치고 왼쪽 손에는 허리띠帶[122]를 쥔 채 줄행랑을 쳤지만 길을 떠나려고 해도 아랫도리를 가릴 것[123]이 없어서 난감하기만 했다. 29일 날씨는 변덕스럽기만 했다. 쌓일 정도는 아니었지만 흰 눈발이 후지노모리藤の森[124] 숲의 소나무 위에 흩날리고 있고 사초 삿갓을 쓰지 못하고 왔으니 목덜미는 점점 움츠러들고 저녁 무렵의 종소리[125]는 가슴에 파고들어 처량하기만 하다. 오카메다니大龜谷[126]를 지나 간주지勸修寺[127] 앞에 아담한 찻집이 나타났다. 가게 앞 차 솥에 물이 끓고 있는 곳으로 발길이 끌리면서 "저 차 한잔만 마실 수 있다면 이 힘든 추위를 이겨낼 수 있을 텐데"라고 생각했지만 수 중 무일푼이니 그곳에 걸터앉을 수조차 없었다. 그렇지만 오쓰大津[128]나 후시미伏見로부터 수많은 가마들이 계속 드나들고 있기에 그 어수선한 틈에 끼어 슬쩍 차 한 잔을 받아 목을 축이며 갈증을 달랬다. 사람들이 드나들면서 사용했던 데시마豊島 멍석[129]을 몰래 집어 들면서

---

121) 일본어로는 스이후로水風呂라고 한다. 큰 가마솥 형태의 욕조에 몸을 담그는 목욕탕을 가리킨다. 그 외에 사방을 막고 수증기로 몸을 데운 무시부로蒸風呂가 있다.

122) 오비帶를 말한다.

123) 훈도시ふんどし 즉 남자의 음부를 가리는 폭이 좁고 긴 천인 아래 쪽 오비를 메지 않았기 때문에 이동을 위해 기모노 자락을 걷어 올린 채 걸을 수가 없다는 뜻이다.

124) 교토 후시미구伏見區 후카쿠사深草 후지모리초藤森町 지역으로 후시미 이나리의 남쪽에 위치한다. 후지모리신사가 있고 소나무와 삼나무, 등나무가 무성하게 자라고 있다.

125) 해질 무렵에 치는 종이다. 에도시대에는 시간을 부정시법不定時法으로 표시 하였는데 해가 뜨는 약 30분 전을 '아케무쓰明六つ' 일몰로부터 약 30분 후를 '구레무쓰暮六つ'로 정하고 낮과 밤을 각각 6등분, 그 길이를 '一時'라고 했다. 시간을 알리는 종은 우선 주의를 환기시키기 위해 세 번 종을 먼저 치고, 그 후 시간만큼의 횟수를 쳤다.

126) 교토 후시미구伏見區 후카쿠사深草 지역을 말한다.

127) 후시미伏見와 오쓰大津 사이의 가도街道에 있는 절이다.

128) 오쓰大津는 현재의 시가현滋賀縣 남서부의 도시에 해당한다. 예로부터 수로와 육로의 교통의 요지로 에도시대에는 막부의 직할지였다.

129) 오사카 이케다시池田市 데시마豊島에서 생산된 좁고 짧은 돗자리로 우비 등으로도 사용했다.

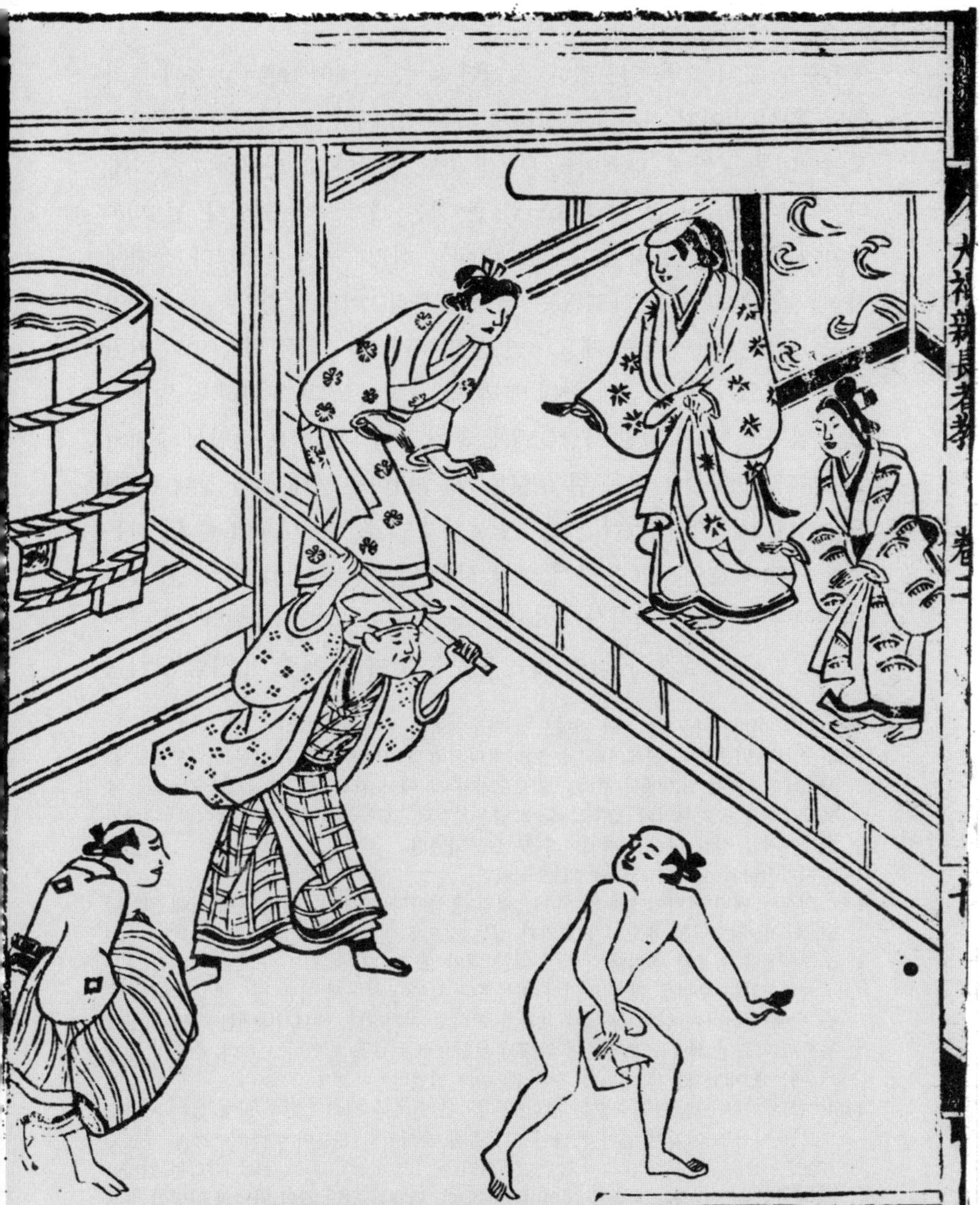
大福新長者教
巻二
十

처음으로 도심盜心을 일으켰다. 그러던 중 오노小野[130]라는 마을에 도착했다. 잎이 떨어져 가지만 앙상하게 남은 감나무 그늘 아래서 아이들이 모여 "너무 불쌍해, 벤케이弁慶[131]가 죽고 말았다"고 탄식하고 있기에, 다가가 가만히 살펴보니 황소만한 큰 검은 개가 죽어 있었다. 들고 온 멍석에 죽은 개를 둘러말고 오토와音羽[132] 산기슭까지 올라갔다. 들판에서 괭이를 들고 일을 하고 있는 남자를 불러 "이것은 경기驚氣[133]에 잘 듣는 묘약妙藥 감이 되는 개요. 3년 동안 여러 가지 좋은 약을 먹여 키웠는데 죽었으니 이제 검게 구워 볼까 하는 중이요"라고 말하자, 일하고 있던 남자도 "그거 정말 사람들에게 좋은 약이 되겠네요"라면서 주위의 섶나무와 마른 풀을 모은 뒤 부싯돌[134] 주머니를 꺼내 불을 붙여 개 태우는 것을 거들어 주었다. 마을사람들에게도 조금씩 나누어 준 뒤 남은 것을 어깨에 짊어지고 일부러 산골 사람 말투를 흉내 내어 "구운 늑대 고기[135] 사려"라고 괴상한 목소리로 외쳐가며 팔기 시작했다. 가는[136] 길도 오는 길도 오사카大坂[137]라는 관문을 넘어 이 사람 저 사람 닥치는

---

130) 교토 야마시나구山科區의 지명으로 간주지의 동쪽에 위치한다.

131) 숫소의 이름이다. 벤케이弁慶는 가마쿠라시대 전기의 승려로 주군인 미나모토노 요시쓰네源義經를 위기에서 구하고 고로모가와衣川에서 전사했다. 중세시대에는 노能에, 에도시대에는 가부키와 조루리 등에 영웅호걸로 그려지는 전설적 인물이다. 나아가 벤케이처럼 강한 사람을 벤케이라 부르게 되었다.

132) 야마시나와 오쓰의 경계에 있는 산이다.

133) 신경이 예민한 아이에게 일어나는 병의 총칭이다. 체내의 간疳벌레에 의해 일어나고, 이 병에는 구운 개고기가 효과가 있는 것으로 알려졌다.

134) 부싯돌은 농부가 밭이나 논일을 나갈 때의 도구였다.

135) 늑대고기는 추위를 많이 타거나 하복부나 고환이 부어서 아픈 병·냉·적(위나 가슴 등에 일어나는 심한 통증)에 효과가 크다고 여겨졌다. 에도시대에는 음력 11월에 농사로 약해진 체력을 보완하게 위해서 보약으로 늑대를 먹었다고 한다. 수요가 많았기 때문에 개고기를 늑대라고 속여 팔 수가 있었다.

136) "실로 가는 사람도 돌아오는 사람도 여기서 얼마나 헤어졌으며, 알고 있는 사람도 모르는 사람도 여기서 얼마나 많이 만났을까 오사카의 관문이여これやこの行くも歸るも別れては知るも知らぬも逢坂の關"(『고센와카슈後撰和歌集』 雜一, 蟬丸)이라는 칙찬勅撰 와카집에 등장하는 와카를 패러디하고 있다. 대개는 남녀 간의 만남과 이별이 주제가 되어 있고, 오사카라는 지명은 만나고 헤어지는 관문에 있다는 의미를 지니고 있다. 앞에서 등장한 오토와산은 오사카야마逢坂山와 이어져 있다.

대로 개고기를 늑대고기라고 속여 팔아넘기며 여행을 계속했다. 이런 짓으로 사기 장사에 익숙해지니 사람 마음을 바늘처럼 꿰뚫어 본다는 바늘장사[138]나 문구장사들까지도 속아 넘어가 오이와케追分[139]부터 핫초八丁[140]에 도착할 때까지 운 좋게 580문文[141] 정도 돈을 벌어 어쨌든 장사 수단 좋은 남자가 되었다. "이 장사수법을 교토에 있었을 때 발휘했다면 먼 에도까지 가지 않아도 됐으련만"이라고 생각하며 마음속으로 울고 또 웃고 하면서 세타勢田[142]의 긴 다리에 도달했다. 자신의 앞날도 이 다리처럼 길게 잘 뻗어나가기를 기원하며 다리를 건너가 구사쓰草津[143]의 여인숙에서 새해를 맞았다. 그곳의 명물 떡인 우바가모치姥が餅[144]를 먹으면서 가가미야마鏡山[145]를 바라보니 지난 날 집에 있었을 때 즐겨 먹었던 가가미모치鏡餅[146] 맛이 그리워졌다. "머지않아 꽃으로 뒤덮일 사쿠라야마櫻山[147]를 바라보게 되면 이제 내 소원도 이루어져 벚꽃처럼 다시 꽃을 피울 수 있겠지. 나는 향기가 그윽한 아름다운 꽃

---

137) 앞의 주의 설명대로 만나고 헤어지는 오사카逢坂라는 의미가 담겨 있는 지명이다.

138) 일본어로는 하리야針屋라고 한다. 사람과의 교류에 익숙해져 바늘과 같은 가시 있는 말을 잘한다고 비유한 표현으로 바늘은 오쓰의 명물이다.

139) 길이 좌우로 나누어지는 것을 오이와케追分라 하는데 도카이도東海道와 후시미카이도伏見街道의 분기점을 가리킨다.

140) 오쓰의 입구에 있는 여덟 개 마을町의 총칭이다.

141) 에도시대에 580은 길운의 수로 여겨졌다.

142) 현재의 미에현三重縣 이세시伊勢市의 지명이다.

143) 현재의 시가현滋賀縣 구사쓰시草津市이다. 도카이도東海道와 나카센도中仙道의 분기점에 해당한다.

144) 구사쓰의 명물로 위에 백설탕을 올린 손가락 크기 정도의 떡을 말한다. '姥'는 '유모乳母'를 가리키는 말이다. 이 떡에 관한 유래는 다음과 같다. 전국시대의 무사 사사키 요시카타佐々木義賢는 일족이 오다 노부나가織田信長에 의해 멸망당하게 되자 세 살이 되는 증손자를 유모에게 맡겼다. 이 유모가 고향 구사츠에 돌아와 떡을 팔면서 이 아이를 양육하였다고 한다. 이후 이 떡을 우바가모치姥が餅라 부르게 되었다고 한다.

145) 오쓰에서 바라보이는 산으로 같은 오미近江 지방 가모군蒲生郡 가가미야마무라鏡山村의 우타마쿠라歌枕이다. 우타마쿠라는 와카의 소재가 된 각지의 명소를 말한다.

146) 주로 설날에 신불에게 바친 음식으로, 하나는 크고, 하나는 작은 두 개의 둥글납작한 찰떡이다.

147) 시가현滋賀縣 야스시野洲市 미나미자쿠라南櫻의 우타마쿠라歌枕이다.

처럼 한창때이니 돈 버는 데[148] 훼방 놀 빈핍신은 없을 거야. 다리가 약한 빈핍신이 나를 쫓아올 리도 만무하고. 그러고 보니 오이소老曾[149] 숲의 시메카자리注連錺[150]에도 저절로 봄기운이 어려 있는 것 같다. 가을에 바라보는 달 모습도 운치가 있을 거야"라면서 후와不破[151]의 관문을 통과해 여행을 계속했다. 미노지美濃路와 오와리尾張를 지나 도카이도東海道 주변의 시골 구석구석을 거쳐 교토를 떠난 지 62일 만에 시나가와品川[152]에 도착했다.

여기에 올 때까지 그럭저럭 굶지 않고 버티면서 2관 3백 문이나 되는 돈을 모았기에 팔고 남은 개고기는 해변 파도 속에 던져 버리고나서 에도[153]에 들어가기 위해 발길을 서둘렀지만 해도 저물고 딱히 갈 곳도 없었다. 별 수 없이 도카이지東海寺[154] 문전에서 하룻밤을 지새우기로 했다. 문 한쪽 구석에 거지들 여러 명이 거적을 뒤집어쓰고 자고 있었는데 봄이라고는 하지만 포구 바람이 거세고 머리맡으로 들려오는 파도 소리가 요란해 좀처럼 잠을 청할 수가 없다. 거지들이 신세한탄 하는 이야기를 들어보니 모두가 갑자기 망한[155] 사람들이었다.

한 사람은 야마토大和[156] 다쓰타龍田[157] 지역 출신으로 "소규모 양조장을 꾸려가면서 6,7명의 가족들과 여유 있게 살았는데, 여러 해 모은

148) 속담 "버는 데에 따라붙을 가난은 없다稼ぐに追い付く貧乏なし"에 의거한 묘사이다.
149) 시가현滋賀縣 가모군蒲生郡 아즈치초安土町에 있는 오이소老曾의 숲을 말한다.
150) 정초에 현관문 등에 치는 새끼줄로 만든 장식을 말한다.
151) 기후현岐阜縣 후와군不破郡. 세키가하라초關が原町에 관문이 있었다. 덴무天武천황이 관문이 뚫리지 않도록 후와의 관문이라 이름 붙였다고 한다.
152) 현재의 도쿄도 시나가와구品川區 일대를 말한다. 에도시대의 도카이도東海道 53개의 역참 중 첫 번째 역참이다.
153) 시바구치芝口 신바시고몬新橋御門 안쪽이 에도부내江戶府內였다.
154) 기타시나가와北品川에 있는 선종계 사원이다.
155) 속담 "거지는 가계가 없다乞食に筋なし"의 패러디이다. 당시 거지들은 히닌초非人帳라는 장부에 등록되어 있었는데 본문에서는 그것에 아직 등록되어 있지 않은 갑자기 망한 사람을 가리킨다.
156) 나라현奈良縣의 옛 이름이다.
157) 나라현 이코마군生駒郡 이루카초斑鳩町 다쓰타龍田를 말하고 '立田'라고도 표기한다.

돈이 100량이 되자 시골 장사가 따분하다고 느껴져 모두 접고 에도에서 한 밑천 잡아볼 생각을 했다. 친척들은 물론이고 주변의 친한 친구들도 여러 번 말렸지만 무분별한 젊은 혈기에 결국 모두 뿌리치고 에도로 와서 고후쿠초吳服町[158] 일각에 어물전 가게를 빌려 작은 양조장을 냈다. 그런데 이 지역은 '조조키치모로하쿠上上吉諸白'[159]와 같은 간판을 내걸고 있는 최상급 청주의 술도가들이 늘어선 곳이었다. 결국은 고노이케鴻池 · 이타미伊丹 · 이케다池田 · 난토南都[160]와 같은 전통 있는 주조업체의 삼나무 통[161] 향이 배어있는 고급 청주를 도저히 따라갈 수가 없었기에 양조 자금을 물처럼 써버린 뒤 지금은 4말 술통의 거적을 뒤집어쓴 거지신세가 되어 버렸다. 고향 다쓰타의 단풍[162] 같은 비단은 입지 못하더라도 그저 새 무명 솜옷이라도 걸칠 수 있으면 돌아갈 수 있을 텐데"라며 울먹이던 그 남자는 "장사는 하던 짓을 해야지, 나처럼 딴 짓을 하면 망하는 법"이라며 후회했지만 이제는 다 끝난 일이다. 뒤늦게 정신을 차렸지만 이제는 만사 물 건너 간 것이다.

또 한 사람은 센슈泉州 사카이堺[163] 지방 출신으로 만사에 재주가 넘쳐 잡기인 예도藝道[164]에 뜻을 두고 에도로 왔다는 것이다. 서예는 히라노 주안平野仲庵[165]에게 전수받았고, 다도는 가나모리 소와金森宗和[166] 유

158) 현재의 도쿄도 주오구中央區 야에스八重洲 1,2초메丁目에 해당한다. 생선가게나 가미가타에서 온 술을 파는 가게가 많았다.

159) 술 가게의 간판에 쓰는 문구이다. 조조키치上上吉는 최상급을 의미하고, 모로하쿠諸白는 흰쌀과 누룩으로 빚은 고급 청주를 의미한다.

160) 고노이케鴻池 · 이타미伊丹 · 이케다池田 · 난토南都는 모두 에도시대 초기의 주요한 청주 양조지釀造地를 나열한 것이다. 그 중에서 난토南都는 나라奈良를 가리킨다.

161) 술통은 삼나무로 만들며 그 배어나온 향기를 즐긴다.

162) 다쓰타龍田는 단풍의 명소이다. 속담 "금의환향한다歸るには錦着て行く"에서 따온 표현이다.

163) 센슈泉州는 이즈미和泉의 별칭이고 사카이堺는 오사카후의 중부에 있는 도시이다. 오사카시와 인접하고 있다. 무로마치시대부터 에도시대 초기까지 외국무역의 중심지로 번창했다.

164) 연예 또는 기예를 닦아 나가는 길을 말한다.

165) 실존의 오이에御家류, 다키모토瀧本류의 서예가이다.

파를 배웠고, 시문은 후카쿠사深草의 겐세이元政[167]에게, 렌가連歌와 하이카이俳諧는 니시야마 소인西山宗因[168]에게, 노能는 고바타케小畠[169]의 부채를 전수받았으며, 고쓰즈미小鼓는 쇼다 요에몬生田與右衛門[170]에게 배웠다. 아침[171]에는 이토 겐키치伊藤源吉[172]에게 도道를, 저녁에는 아스카이飛鳥井[173]에게 마리鞠[174]를 배웠으며, 낮에는 겐사이玄齋[175]의 바둑모임에 참가, 밤에는 야쓰하시 겐교八橋檢校[176]에게 거문고와 샤미센三味線의 연주를, 피리연주인 히토요기리一節切[177]는 소산宗三[178]에게, 조루리淨瑠璃[179]는 우지 가다유부시宇治嘉太夫節[180]를 배웠고, 춤은 야마토야 진베大和屋甚兵衛[181]에게 지지 않을 정도로 연습에 열중했다. 기생놀이라면

---

166) 다도의 소와宗和류의 시조이다. 오리베류織部流에 엔슈류遠州流를 조화시켜 창시했다고 한다. 한적한 정취를 뜻하는 와비侘び 속에 화미華美를 찾고 그 속에서 와비를 찾은 명인으로 알려져 있다.

167) 후카쿠사深草 즈이코지瑞光寺의 창립자로 니치렌슈日蓮宗의 학승이다. 와카와 시문에도 뛰어났다고 한다.

168) 오사카 덴만텐진天満天神의 렌가쇼連歌所의 종장宗匠이다. 단린하이카이談林俳諧의 시조이며 사이카쿠의 스승이었다. 어려서부터 사토무라 쇼타쿠에게서 렌가를 배웠고 이후 렌가시連歌師가 되어 1648년에 덴만궁에 초대받아 종장이 되었다.

169) 노能 오쿠라大藏류의 고쓰즈미小鼓의 명수인 고바타케 료타쓰小畠了達를 말한다.

170) 고幸류의 고쓰즈미의 종가의 고제高弟이다. 교토의 고쓰즈미의 명수로 알려져 있다.

171) 『논어論語』 里仁篇의 "朝聞道夕死可矣"를 패러디하고 있는 부분이다.

172) 에도시대 전기의 유학자로 고의학파古義學派의 시조인 이토 진사이伊藤仁齋를 말한다. 당시에는 호리카와堀川에 있는 그의 고의당숙古義堂塾에 유학을 배우러 다니는 것이 지식인으로서 하나의 유행이었다고 한다.

173) 대대로 게마리蹴鞠와 와카和歌의 종가였다.

174) 귀족들의 공놀이이다. 권1 주137을 참조할 것.

175) 바둑의 명수인 데라이 겐사이玄齋를 말한다.

176) 야쓰하시八橋류 거문고의 시조인 야쓰하시 겐교 시로히데八橋檢校城秀이다.

177) 길이 1척 1치 1분인 전통피리 샤쿠하치尺八의 일종이다. 대나무의 마디 하나로 이루어져 있고, 앞면에 구멍이 네 개, 뒷면에 구멍이 한 개 있다.

178) 히토요기리 중흥의 명인 나카무라 소산中村宗三을 말한다.

179) 샤미센의 반주에 맞추어 특수한 억양과 가락을 붙여 엮어 나가는 이야기의 일종이다.

180) 교토의 조루리淨瑠璃 다유太夫이다. 섬세하고 부드러운 가락인 가다유부시의 창시자로서 가가노조加賀掾 · 요쿄쿠謠曲에 조예가 깊어 조루리를 격조 높은 예능으로 만들려는 노력을 했다. 사이카쿠는 가다유를 위해 조루리 『고요미曆』와 『가이진야시마凱陣八島』를 썼고 지카마쓰 몬자에몬近松門左衛門도 초기에 작품을 제공했다.

시마바라島原[182]의 최고급 기녀[183] 다카하시高橋[184]에게 빠졌고, 남색놀이인 야로아소비野郎遊び는 그 유명한 스즈키 헤이하치鈴木平八[185]를 상대했고, 유곽에서의 유예遊藝[186]는 양대 색리色里[187]에서 내로라하는 유흥꾼인 다이코모치太鼓持[188]들에게 배워 거의 극의極意에 가까운 혼스이本粹[189] 수준까지 도달했다. 이처럼 혼신을 다해 각 분야의 명인에게 배웠으니 "무엇을 해도 이 세상에서 멋지게 살아갈 수 있겠지"라며 자신의 능력을 뻐기고 있었다. 그런데 이렇게 여러 분야의 예도에 깊이 빠져본들 무엇 하나 생활의 도움이 될 리 없었다. 이제 와서는 주판을 다룰 줄 모르고 저울눈을 읽지 못하는 것을 후회하게 되었다. 무가武家 집 근무를 하려고 해도 그 곳 일을 몰랐고, 상인 집에서 일을 해보았지만 아는 것이 없다고 쫓겨 나 버리고 말았다. "지금 이처럼 초라한 몸이 되어 절감하는 것은 그 많은 잡기에 열중할 때, 왜 장사하는 법을 가르쳐 주지 않았을까?"라고 애꿎은 부모를 원망하는 것이었다.

또 한 사람은 부모 대로부터 순수한 에도 토박이로 도오리초通り町[190]에 큰 저택을 갖고 있었다. 1년에 6백 량이나 되는 집세를 받았지만 검약이라는 두 글자를 소홀히 했기 때문에 결국 저택마저 팔아넘기고 몸

---

181) 가부키 배우로서 초대 야마토야 진베大和屋甚兵衛이다. 처음에는 쓰루카와 타쓰노스케鶴川辰之助라 하여 와카슈 역할을 맡았고 1670년대에 야마토야 진베의 예명을 계승했다.

182) 교토시 시모교구下京區의 서부에 있었던 유곽이다.

183) 다유太夫라고 표현한다. 오사카나 교토를 중심으로 하는 가미가타에서 기녀의 계급 중 최상위를 가리킨다.

184) 1684년(貞享 元年)에 유곽을 은퇴한 2대째 다카하시高橋를 가리키는 것으로 보인다.

185) 이 시기에 오사카에서 와카슈 역할을 주로 했던 배우이다.

186) 취미로 하는 예능으로, 무용・샤미센・다도・꽃꽂이 등을 말한다.

187) 유곽의 다른 표현이다. 본문에서는 여색과 남색의 두 이로자토인 시마바라와 가부키 극장이 있었던 시조가와라四條河原를 가리킨다.

188) 술자리에서 손님의 비위를 맞추고 주흥을 돋우는 것을 업으로 삼는 남자를 말한다.

189) 진정한 粹스이라는 의미이다. 스이는 색도色道에 있어서 극의極意에 도달한 사람을 말한다.

190) 도쿄 주오구中央區 니혼바시日本橋 도오리초通り町를 말한다.

붙일 곳도 없이 마음의 불이 타고 있는 화택火宅[191]을 나와 구루마 젠시치車善七[192] 밑에 들어가 집 없는[193] 거지가 되었다는 것이다.

거지 세 사람의 여러 가지 신세 한탄 이야기를 듣고 있자니 자신의 처지를 생각하며 저절로 동정심이 솟아났다. 신로쿠는 거지들 머리말에다가 "나는 교토 사람인데 부친에게 의절을 당해 에도만 믿고 여기까지 오게 되었는데 여러분들의 이야기를 들어보니 불안해졌다"며 창피를 무릅쓰고 자신의 사정을 털어 놓았다. 세 거지들은 입을 모아 "잘못을 빌 방법은 없겠는지?" "이모님[194]들은 안 계신가?" "무슨 일이 있어도 여기까지 오지 않는 것이 좋았을 텐데"라고 말하는 것이었다. "아니요, 이제는 되돌릴 수 없는 일입니다. 앞으로의 생활이 중요하겠지요. 그런데 여러분들처럼 똑똑한 분들이 이렇게까지 처량하게 된 것은 아무리 생각해봐도 이상하기만 합니다. 무슨 장사를 했어도 잘 할 수 있었을 텐데요"라고 답하자, "그렇게도 넓고 넓은 대도시 에도라고는 하지만 일본 안의 재주꾼들이 모여 있으므로 3문의 돈이라도 쉽게 벌려지지 않는다오. 어차피 돈이 돈을 버는 세상이니까요"[195]라고 말하는 것이었다. "여러분들은 오랜 동안 세상 돌아가는 것을 보고 있었을 텐데 뭔가 좋은 장사 거리는 없는 지요?"라고 묻자 "글쎄요, 바닷가에 썩어가는 조개껍질이 많이 널려 있으니 그것을 주워 레이간지마靈岩嶋[196]에서 태워서 석회

---

191) 분하고 억울한 마음을 가지면서 집을 나갔다는 뜻을 화택火宅이라는 불교용어를 써서 표현한 것이다. 화택은 불교용어로 번뇌와 고통으로 가득한 이승을 화염에 휩싸인 집으로 비유한 말이다.

192) 에도시대 대대로 아사쿠사에서 히닌非人이라는 천민계급을 단속・감독하던 사람의 칭호이다.

193) 히닌초非人帳라는 장부에 등록되어 있지 않은 거지를 말한다. 갑자기 망해 거지가 된 사람은 숙소가 없었고 같은 무리 취급을 받지 못했다.

194) 의절을 당할 경우 용서를 빌기 위해서 이모와 같은 친척이나 단나데라旦那寺(신도로 속해 있고 가족의 묘나 위패를 모셔 두기도 하는 절)의 스님에게 부탁하는 것이 흔히 쓰는 방법이었다.

195) 상업 자본주의의 본질을 명확히 지적한 말로, 본 작품의 권5의 4나 권6의 4 등의 예에서 등장하는 사이카쿠 특유의 표현이다.

라도 만들어 보든지, 아니면 이 에도는 바쁘게 돌아가는 곳이니 조각 다시마[197]나 가다랑어 분말을 만들어 무게로 달아 조금씩 팔든지 또는 1단反[198] 길이의 무명천을 사서 손수건 조각을 만들어 팔아 보는 건 어떨까요. 이런 장사 말고는 쉽게 할 수 있는 것이 없을 것이요"라고 말하는 것이었다. 듣고 보니 정말 괜찮은 장사거리 같았다. 날이 밝자 그곳을 떠나면서 세 명의 거지들에게 작별 조[199]로 돈 3백 문씩을 집어 주자 아주 기뻐하면서 "그대의 운이 트이는 것이 훤히 보이는 것 같습니다. 머지않아 후지산富士山 정도의 부자가 될 겁니다"라고 말해 주는 것이었다.

그 뒤 신로쿠는 덴마초傳馬町[200]의 옷감 집에 아는 사람이 있어서 그곳을 찾아가 그 간의 사정을 말했다. 주인은 신로쿠를 동정하면서 "남자가 일해 볼만한 곳이 에도이니 한 번 열심히 돈을 벌어 보라"는 말에 기운을 내서 거지들의 말대로 무명천을 사서 조각 손수건을 팔기로 했다. 첫 장사로 마침 잿날[201]이었던 3월 25일[202]에 시타야下谷[203]에 있는 덴진天神 신사의 조즈바치手水鉢[204] 옆에 조각 손수건을 늘어놓았더니,

---

196) 현재의 주오구中央區 아라카와新川 1,2초메丁目 부근에 해당한다. 메이레키明曆 대화재 이후 지붕을 흙이나 굴 껍데기 등으로 덮게 되었다. 조개껍질을 구워 분말로 해서 벽 등을 발랐는데, 레이간지마靈岩嶋 부근은 굴과 대합의 산지로 껍데기가 많이 버려져 있었기 때문에 자본 없이도 이를 활용해 장사를 할 수가 있다는 의미이다.

197) 여자 수가 적고 남자들 살림이 많은 에도에서는 간편한 반찬으로 인기가 있었다. 손은 많이 가나 소자본으로 할 수 있는 일거리였다.

198) 천 종류의 길이의 단위로 폭 약 34센티미터, 길이 약 10미터 대개 1인분의 의복에 필요한 길이이다.

199) 원래 뜻은 숙소를 떠날 때 두고 오는 돈, 팁을 말한다.

200) 주오구中央區 니혼바시日本橋 오텐마초大傳馬町이다. 양측에는 무명 가게가 늘어서 있었다.

201) 신사나 사원에서 모시는 신불의 강탄降誕 성불 등과 관련하여 공양·재를 올리는 날이다.

202) 매월 25일은 덴진天神의 잿날이었다.

203) 도쿄도 다이토구台東區의 옛지명이다.

204) 입과 손을 씻는 물을 준비해 놓은 것을 말한다. 대개는 석조로 만들어져 있다. 신사나 절의 입구에 놓여 있으며 신성한 영역에 들어가기 전에 입과 손을 씻어 몸과 마음의 부정을 씻어낸다는 의미가 있다.

참배를 위해 손과 입을 물로 적신 사람들이 "이것을 사면 복을 받을 거야"[205]라면서 팔아 주니 하루 만에 상당한 이익을 얻었다. 그 후 매일 장사에 힘을 쏟아 10년이 되지 않아 5천 량의 부자로 소문이 나게 되었고, 이 동네에서 최고의 재략가로 인정받아 그곳 사람들은 만사에 신로쿠의 지도를 받을 정도로 소중한 인물이 되었다. 가게 앞의 노렌暖簾[206]에 사초 삿갓를 뒤집어 쓴 대흑大黒을 염색해 그려 넣었기에 사람들은 삿갓 다이코쿠야笠大黒屋라고 불렀다. 신로쿠도 결국은 "여덟,[207] 저택에 드나들며 장사를 시작해 아홉, 고반小判 금화를 비축해 놓고 열에, 다 만사가 순조로운"세상에 살게 되었으니 참으로 경사스러운 일이도다.

205) 신사 앞에서 파는 물건이므로 구입을 하면 재수가 좋을 것이라는 의미이다. "사면 복 받고 팔아서 행복하고買うての幸賣つての仕合せ"라고 하는 상인이 물건을 팔 때의 입담・문구를 말한다.

206) 권1 주113을 참조할 것.

207) 다이코쿠마이大黒舞의 가사 "8은 저택을 넓히고, 9는 작은 창고를 더 만들고, 10은 만사형통이다 자 다이코쿠옹을 보시게나八ツ屋敷をひろめて、九ツ小藏をぶつ立て、十でてうどおさまつた。大黒翁を見さいな"의 패러디이다. 이 작품의 첫 부분 묘사와 대응하고 있다. 주107을 참조할 것.

권 2-4_ 덴구天狗는 가명家名, 깃발에는 풍차

바다처럼 넓은 지혜로 일하는 일본 사람들을 보고 세상살이에 어두운 당나라의 백락천白樂天[208]이 도망치듯 돌아갔다고들 하는 데 지어낸 것이라고는 하지만 참으로 어이없는 이야기이다. 한시 읊는 것을 들어 보면 역시 어렵게만 느껴져서, 그것보다는 역시 훨씬 쉽고 재미난 요코데부시橫手節[209]라는 고우타小歌[210]의 유래를 알아보니, 기이紀伊[211] 지방의 오미나토大湊 다이지泰地라는 곳에서 여자 아이들이 부르기 시작한 것이라고 한다. 이 지역은 활기가 넘치는 곳으로 힘차게 솟아 있는 소나무들 숲 속에 구지라에비스鯨惠比須신사[212]가 모셔져 있다. 도리이鳥居[213]에 고래 등뼈를 세워 놓았는데 그 높이는 3장丈[214] 정도 될 것이다. 지금까지 본 적이 없는 것이기에 깜짝 놀라 그곳 사람들에게 연유를 물어보았더니 이런 이야기를 해 주는 것이었다.

이 바닷가 마을에 고래에 작살을 잘 꽂기로 소문난 덴구 겐나이天狗源

---

208) 백락천이 일본인의 지혜를 시험하러 와서 비천한 어부, 사실은 스미요시묘진住吉明神과 시가를 나누다가 그 문아文雅에 놀라 도망쳤다는 요쿄쿠謠曲 『백낙천白樂天』의 이야기에서 나온 표현이다.

209) 뱃노래의 일종으로 보여진다. 『헤이케모노가타리平家物語』에 "가다라는 곳에 도착하였다. 여기도 유명한 명소이기에 해변의 고우타를 부르는 여자들을 불러 모아 잔치가 시작되었고 구마노요코테 서둘러 타라고 하는 창가 재미있고賀田といふ所に流れよりぬ。ここも聞ふる名所なれば、浦中の小歌女を大よせして酒事はじまり、熊野横手をいそいでのりやれといふ唱歌、つれぶしおかしく"라는 기술이 보인다.

210) 무로마치시대에 생겨난 민간에서 행해졌던 손뼉이나 히토요기리(대나무의 한 마디로 만든 피리의 일종)를 반주로 하는 짧은 가요이다.

211) 기이紀伊 지방은 현재의 와카야마현和歌山縣과 미에현三重縣의 일부에 해당한다. "다이지 해변은 고래잡이를 전업으로 하고 있어 다른 해변과 모든 일에서 차이가 있다太地浦は鯨を捕るを專業とするを以て、諸事多浦と異なり"라고 『속기이풍토기續紀伊風土記』에 나오는 것처럼 다이지泰地는 고래잡이로 유명한 지역이었다.

212) 기이 지방의 우부스나가미인 아스카데라飛鳥寺의 말사末寺 중의 하나로 추정된다.

213) 신사의 신역神域을 상징하는 일종의 출입문이다.

214) 1장丈은 약 3미터이다.

內[215]라는 사람이 있었는데 매년 운이 따라붙는 남자라고 소문이 나 예전에는 선주들이 앞 다투어 이 남자를 고용해서 자주 배를 부리곤 했다고 한다. 어떤 날의 일이었다. 먼 바닷가 쪽에 큰 소나기구름이 핀 것처럼 바닷물이 솟아오르자마자 작살 한 개를 쏘았고 이어서 고래에 명중했다는 표시로 풍차[216] 문양이 새겨진 깃발이 높이 치켜 올려졌다. 사람들은 이번에도 역시 겐나이가 명중시켰음을 바로 알아챘다. 뱃사람들은 파도소리에 구령을 맞추어 피리 · 북 · 징의 장단과 함께 고래에 큰 그물을 씌우고 도르래에 감아 올려 해변에 끌어내 보니 그 길이가 무려 33길[217] 2척 6치나 되는 세미千味[218]라는 큰 고래였는데 실로 전대미문의 일이었다. "고래 한 마리 잡으면 일곱 마을이 흥청거린다"[219]는 말처럼 이 고장 여러 마을 사람들은 모두 활기에 넘쳤다. 부뚜막 연기가 연일 피어오르는 가운데 짜낸 기름[220]은 천 통도 넘었고 몸체와 껍질 그리고 지느러미까지 버릴 것이 없어서 고래 한 마리 덕분에 엄청난 돈을 벌게 되는 것이다. 흰 살코기를 차곡차곡 잘라내는 광경은 산이 없는 해변에 마치 눈에 덮힌 후지산이 나타난 게 아닌지 눈을 의심할 정도였고, 붉은 살코기는 단풍에 물든 다카오高雄[221] 숲을 이곳으로 옮겨 놓은 것 같았다. 고래 뼈는 대개 그대로 버리게 되는데, 겐나이는 그것을 받아다 잘게 갈아 가루로 만든 뒤 여기에서 기름을 짜 내어 생각지도 못 했던 이익을 내 순식간에 부자가 되었다. 이렇게 머리를 쓰면 서

---

215) 목록에는 아부라야油屋라고 있으나 모델은 미상이다.

216) 매의 깃털 8개로 만든 톱니바퀴 모양으로 만들어진 깃발이다. 고래를 잡으면 이 깃발을 선수船首에 걸었다.

217) 일본어로는 히로尋라고 표현한다. 양손을 뻗은 사이의 길이를 말하며 5척(약 1.515미터), 또는 6척(약 1.816미터)이다. 밧줄이나 낚싯줄의 길이, 수심을 재는 데에 쓰인다.

218) 고래의 일종으로 背美라고 표기하기도 한다. 몸길이는 12~15미터 정도이고 피하지방층에서 양질의 기름을 얻을 수 있다.

219) "고래 한 마리 잡으면 일곱 마을 술렁인다鯨一匹捕れば七郷の賑わい"라는 속담이 있다.

220) 세미고래 같은 큰 고래에서는 2말들이 통으로 6,7백 통의 기름이 나온다고 한다. 1말은 18.039리터이다.

221) 교토시 우쿄구右京區의 지명이다. 명승지로 단풍의 명소이며 高尾라고도 표기한다.

민들도 적지 않은 돈을 모을 수 있는 것인데 지금까지 아무도 이런 생각을 못했다니 아쉽기만 한 일이다. 그는 또 궁리를 해 고래 그물[222]을 만들었는데 이것을 사용하면 고래를 놓치는 일이 없었기 때문에 지금은 어느 포구에서나 이 그물을 사용하게 되었다. 겐나이는 한때 해변의 초라한 집에 살고 있었는데 지금은 노송나무로 지은 큰 집에서 살며 2백여 명의 어민들을 부리고 배도 80척이나 소유하면서 사업을 잘 일구어내 깜짝 놀랄 정도로 축재를 해 아무리 돈을 써도 재산이 줄지 않는 토대가 굳건한 부자가 되었다. 이렇게 뿌리가 깊게 뻗어 내린 큰 나무와 같은 부자를 바로 장목樟木[223] 부자라고 한다.

"믿음이 있으면 덕이 있다"[224]는 속담대로 겐나이는 신불 섬기기를 게을리 하지 않았는데 그 중에서도 니시노미야西の宮[225]의 에비스 신사를 자주 찾았고, 특히 매년 정월 10일에는 다른 사람들보다 앞서 참배를 했다. 그러던 어느 해였다. 신년의 거래 장부를 새로 마련한 뒤 마신 축하주[226]에 전후불각이 되어 겨우 새벽녘에 깬 뒤, 소유하고 있는 배 20척의 노를 저어 파도를 헤치며 바다로 나아갔다. 출어가 예년보다 늦어져서 은근히 신경을 쓰고 있었는데, 새해에 같은 띠를 맞는[227] 후쿠다유福太夫[228]라는 아래 녀석이 걱정스러운 얼굴로 "최근 20년 동안 매번 아침

222) 여러 명이 조를 이루어 그물에 고래를 몰아넣어 잡는 고래잡이에 쓰는 대형 어망이다. 망으로 고래를 잡는 어법은 1670년대에 시작되었다고 한다.

223) 일본어로는 구스노키楠木라고 한다. 장목樟木과 같이 뿌리를 내려 토대가 든든한 큰 부자를 비유해서 한 말이다. 장목은 땅속 깊이 뿌리를 내려 여러 해를 거쳐 큰 나무가 되며 뿌리는 돌처럼 단단해져 바람이 불어도 쓰러지지 않는다고 한다.

224) 일본어로는 "信心に徳あり"라고 표현한다.

225) 효고현兵庫縣 니시노미야시西宮市 샤케마치社家町에 있는 니시에비스신사를 말한다.

226) 신년의 장부를 새로 만드는 것을 조토지帳綴라고 한다. 주로 외상 판매를 기록하는 장부이다. 1월 10일 또는 11일에 일 년 중에 사용할 장부를 철하고 겉표지를 기입하고 축하했다. 10일에 하는 것은 니시노미야 에비스를 신앙하는 교토 지역 조닌들의 풍습이다.

227) 일본어로는 도시오토코年男라고 한다. 일가를 대표해서 신년축하모임의 진행을 담당하는 남자이다. 무가에서 설맞이 청소 장식 등을 하고 설날 새벽에 정화수를 긷는 일을 하던 남자를 가리켰다.

228) 이 사람을 하자시羽指라고 하는데 주인한테서 다유太夫라는 호칭을 받는다. 다유는

에 신사에 참배를 하셨는데[229] 금년은 늦어져서 낮 시간에 하시게 되네요. 주인님의 재산도 이제는 기울어져 초롱불[230] 정도가 되는 건 아닐까요?"라고 재수 없는 농담을 지껄여댔다. 그 말에 울컥 기분이 상해 옆에 차고 있던 칼을 뽑으려고 했으나, 이럴 때일수록 잘 해야 한다고 스스로 마음을 진정시킨 뒤 "아니지, 초롱불이 없으면 어두운 밤을 걸을 수 없으니 오히려 소중한 거야"라고 스스로를 달랜 뒤 다리를 피고 가슴을 문지르며 쓴 웃음을 지는 중에 배는 어느덧 히로다廣田[231]의 해안가에 도착했다. 배에서 내려 차분한 마음으로 참배를 했는데, 한적한 소나무 숲 옆 신사의 등불[232] 빛은 어둡기만 했다. 신사에는 돌아가는 사람들만 있었고 참배하는 사람은 이 남자뿐이었다. 황급한 마음에 신전으로 가서 "가구라神樂[233]를 봉납하고 싶다"고 전했지만, 신사 사람들은 빙 둘러앉아 돈꿰미에 새전을 꿰는 일에만 정신이 팔려서 "누구 나갈 사람 없니?" "저 녀석을 보내라"는 등 서로 미루며 좀처럼 자리에서 일어나려고 하지 않았다. 얼마 후 누군가가 나와 겨우 상대해 주기는 했지만 무녀巫女[234] 뒤에서 적당히 북만 두들기고 종[235]을 치는 것마저도 겐나이와는 멀리 떨어진 곳[236]에서 몇 번인가 시늉만 하더니 바로 끝내 버렸다.

아무리 신이 계신 신사라고는 하지만 이건 너무하다 싶어 말사末寺[237]

옛 관위의 호칭이며 또한 고전예능의 집단의 장이나 주된 인물에게 주어진 칭호였다. 하자시는 고래에 작살을 꽂는 임무를 맡는다.

229) 니시노미야 에비스惠比須는 아침에 참배하는 것이 관례였다. 닭 우는 소리를 듣고 남보다 빨리 참배하면 복을 받는다는 속설이 있었다.

230) 가계가 어려운 것을 비유해서 '초롱불정도'라는 말로 그 정도가 심한 것을 표현한다.

231) 니시노미야시 히로다초廣田町에 있는 히로다신사 앞 해변을 가르킨다.

232) 신사・절의 참배로에 있는 상야등常夜燈이다.

233) 신을 위안하기 위해 연주하는 일본 고유의 무악舞樂으로 헤이안시대에 그 형태가 정비되었다. 또한 각 신사나 민간에서 행해지는 신전에서 추는 무악을 가리키기도 한다. 이 가구라를 봉납한 후 일정 금액의 헌금을 하게 된다.

234) 가구라를 추는 무녀로 가구라미코神樂巫女라고 한다.

235) 가구라종神樂鈴이라고 한다. 정식으로는 참배자의 머리 위에서 흔들어 불제祓除한다.

236) 게으름을 피우며 제대로 하지 않고 하는 모습을 표현하고 있다. 종은 참배하는 사람의 머리위에서 흔들어 부정을 털어내 심신을 정화하는 것이다.

도 제대로 둘러보지 않고 다시 배를 탄 뒤 하카마도 벗지 않은 채 벌렁 드러누워 어느 틈엔가 잠이 들어 버렸다. 그러자 얼마 안 있어 에비스님이 머리두건[238]이 풀린 것도 개의치 않고 어깨띠[239]를 걸치고 소매를 걷어 붙인 채 바위 끝에서 한쪽다리를 걸치고 배로 올라 오셨다. 그리고 영험어린 음성으로 "참, 좋은 일을 떠올렸었는데 깜빡 말하는 것을 잊었도다. 이 복 받는 이야기를 내 마음이 내키는 어부에게 말해 주려고 했는데 지금 세상 인간들은 성격이 급해 자기가 하고 싶은 말만 하고 바로 돌아가 버리니 이 좋은 이야기를 들려줄 틈도 없었도다. 뒤 늦게 참배한 자네는 운이 좋은 놈이도다"라면서 귓가에 입을 대고 속삭이기를 "도미가 많이 잡히는 우오지마魚嶋의 봄철[240]이 아니더라도 어느 때나 활어조[241]의 도미를 아무리 먼 지방이라도 싱싱하게 살려서 보내는 방법이 있다. 그것은 힘이 빠진[242] 도미의 배에 침을 놓는 것이다. 꼬리부터 3치 정도 앞부분을 뾰족한 대나무로 찌르면 된다. 그렇게 하면 도미가 갑자기 기운이 나서 헤엄치게 된다. 이것이 바로 참으로 기발한 도미의 소생술이도다"라고 말하는 소리를 들으면서 잠에서 깨어났다. "이건 정말 새로운 기법이다"라고 생각하고 신의 계시대로 해 보았더니 역시 도미를 살린 채 먼 곳까지 운송할 수가 있었다. 이것으로 그는 더 큰 돈을 벌게 되니 행복이 가득한 순풍을 만난 그의 배처럼 가문은 더욱 번창했다.

---

237) 본사本寺에 속한 소신사小神社로 경내에 이와시즈사鰯津社・오카다사岡田社・나쓰기사名次社・스가와고젠須川御前・오키아라에비스澳荒夷의 다섯 말사가 있었다.

238) 일본어로는 에보시烏帽子라고 한다. 헤이안시대 이래 성인식을 치른 구게公家나 무사가 머리에 쓰는 두건이다. 에보시 두건에 가리기누를 입고 바위에 기대서서 생선을 옆구리에 끼고 있는 것이 에비스惠比須의 일반적인 상像이다. 가리기누狩衣는 원래는 사냥복이었으나 헤이안시대에는 귀족들의 평상복이었고 에도시대에는 예복으로 쓰였다.

239) 기모노의 소매나 자락이 거추장스럽지 않도록 걷어 올리기 위한 끈이다.

240) 3,4월이 세토나이카이瀨戸內海 지역의 도미 풍어기이다. 우오지마魚嶋는 세토나이카이에 있는 에히메현愛媛縣 오치군越智郡 우오지마의 섬 부근에 도미가 산란을 위해 모여든다.

241) 살아있는 생선을 넣어두기 위해 또는 수송을 위해 사용하는 수조이다. 도미를 활어조로 수송하는 것은 도쿠가와막부에 납품하기 위해 일찍부터 발달한 방식이다.

242) 도미의 부레가 파열되어 죽기 전에 그것을 파열시켜 살리는 방법이다.

권 2-5_ 뱃사람과 마부들로 바쁜 아부미야鐙屋의 마당

홋코쿠北國[243] 지방의 눈은 눈막대[244]로 재어보면 매년 1장丈 3척尺 정도 아래로 쌓이는 적이 없다.[245] 10월[246] 초부터 눈이 내리기 시작하면 산길을 덮어 사람과 말이 다니는 길은 두절되고 마는 것이다. 다음 해의 열반회涅槃會[247] 무렵까지는 모두들 어쩔 수 없이 집에서 정진精進할 수밖에 없고, 그 동안에는 고등어자반 행상[248]의 목소리조차 들을 수 없다. 채소를 통에 잔뜩 절여놓고 모닥불을 위안삼아 지내면서 이웃집과의 왕래는 거의 없이 반년 동안 집에서 매일 차를 달여 마시며 세월을 보내는 것이다. 그렇지만 여러 가지 식료품을 미리 저장해 두었기에 굶어 죽는 일은 없다. 이렇게 외진 해변이나 산골 마을까지 말 등에 짐을 싣고 오게 되면 물품 값이 너무 비싸져서 사람들은 오히려 곤란할 것이다. 그렇기에 세상에 배처럼 편리한 것은 없다.[249]

이곳 사카다坂田[250] 지역에 아부미야鐙屋[251]라는 큰 도매상이 살고 있

243) 호쿠리쿠北陸 지방의 총칭으로 지금의 도야마富山・이시카와石川・후쿠이福井・니이가타新潟 4현의 총칭이다.

244) 일본어로는 유키자오雪竿라고 한다. 적설량을 재기 위한 막대이다.

245) 1장丈(약 3미터)의 막대에 1척尺(약 30센티미터) 내지 5치寸(약 15센티미터) 정도의 눈금을 새긴 것이다. 적설량은 이듬해의 쌀농사나 이에 따른 세금을 가늠할 수 있는 기준으로 여겨지고 있었기에 일반인들의 관심이 높았다. 특히 홋코쿠의 에치고越後나 데와出羽 등의 지방은 1,2장은 보통이고 많게는 6,7장의 적설량을 보이도 한다.

246) 10월을 간나즈키神無月라고도 한다.

247) 음력 2월 15일 석가가 열반에 든 날을 기려 행하는 법회이다. 눈으로 교통이 두절돼 생선이나 고기를 먹을 수 없기에 불교에서 먹는 음식과 같이 채소류만 먹는다는 뜻에서 정진精進이라는 단어를 사용하고 있다.

248) 노토能登・사도佐渡・엣추越中 등은 고등어가 많이 잡히는 지역으로 소금에 절인 고등어자반을 멀리 산촌 지역까지 행상들이 팔러 다닌다.

249) 1671년 5월, 가와무라 즈이켄河村瑞軒의 일본해서회항로日本海西廻航路・동회항로東廻航路 정비에 따라 사카다坂田를 중심지로 하는 해운업이 번성하게 되었으며 상권이 전국으로 확대되었다.

250) 현재의 야마가타현山形縣 사카타시酒田市. 모가미가와最上川의 하구에 만들어진 도

었다.[252] 옛날에는 소규모 여관업을 했었는데, 장사 수완이 좋아 수년 전부터[253] 점차 가업이 번창해 여러 지방의 손님을 맞게 되면서, 홋코쿠北國 지역 최고의 쌀 도매상이 되니 소자에몬惣左衛門이라는 그의 이름을 모르는 사람이 없었다. 정면 입구가 30칸間[254] 내부 길이가 65칸인 거대한 저택이었는데 집 안에 있는 여러 개의 창고와 부엌 등 내부를 들여다보면 그 모습이 실로 장관이었다. 쌀과 된장의 출납, 장작 구입, 생선 구입, 요리, 칠기식기나 가구를 배치하는 방 관리, 과자 담당, 담배 담당, 거실 담당, 욕실 담당, 심지어는 잡 심부름까지 제각기 담당이 정해져 있고, 사업과 관련해서는 영업, 집안 살림, 금전출납, 수입장 기록 등 분야별로 전문종업원인 데다이들에게 한 사람씩 역할을 맡겨 원활하게 일을 처리해 나갔다. 주인은 연 중 하카마袴[255]를 입은 채 잠시도 허리를 펴지 않았으며, 부인은 간소한 복장을 하고 거실을 벗어나는 일이 없이 아침부터 밤까지 항상 웃는 얼굴을 하고 있었다. 교토지역의 도매상[256]과는 달리 사람들의 비위를 맞추면서 가업을 잘 꾸려 나가고 있는 것이다. 객실은 수를 다 셀 수가 없을 정도로 많아서 손님 한 명에게 한 칸씩 배려해

시로 동해 쪽의 유수의 상업 항구이다.

251) 사카다시 나카초에서 선박 도매업을 하는 아부미야소자에몬鐙屋惣左衛門을 말한다. 소자에몬은 사카다 제일의 호상이었다.

252) 사카다에는 대 도매상과 소 도매상의 구별이 있었으며 대 도매상은 상품의 도매업 이외에도 다른 지방 상인들의 숙박시설・창고・선박 등을 소유하며 해운업에도 종사하는 큰 자산가들이었다.

253) 아부미야 3대 소자에몬 때부터 주민의 장長인 도시요리年寄가 되었고 모가미가와 연안 일곱 개 번藩의 창고업을 겸하면서 쌀 도매상으로 크게 번창했다.

254) 실제로 아부미야가 있던 모토초本町에는 저택이 23채가 있었는데 아부미야의 저택이 시가지의 거의 반 정도의 면적을 차지했을 정도로 규모가 방대했다고 한다.

255) 허리에서 발목까지 덮는 주름잡힌 헐렁한 하의로 당시의 정장의 모습이다. 의복을 갖추고 손님을 정중히 대접한다는 의미이다.

256) 교토지역의 도매상의 안주인은 사치스럽고 주인은 거만한 경향이 있다. 사이가쿠 작품의 독자는 주로 교토지역인 가미가타 지방 사람들이 많았는데 사이카쿠는 이처럼 가미가타와의 비교를 통해 그 실상을 구체화하는 표현을 자주 사용했다. 가미가타 도매상 안주인의 사치스러움에 관해서는 『세켄무네잔요世間胸算用』 권1의 1에 자세히 기술되어 있다.

주었다. 교토 쪽의 하스하온나蓮葉女[257]를 이 고장에서는 샤쿠杓[258]라고 부르는데 이들을 36,7명이나 부리고 있다. 견직으로 된 하의에 상의는 세로줄 무늬의 무명옷을 입고 있었다. 대개는 니시진산西陣産[259] 최신 제품[260]인 뒤쪽 오비後帶[261]를 하고 있다. 이들의 우두머리가 매사를 지시했는데, 특히 손님의 침구 수발에는 한 명씩 전담시키는 것이었다.

"열 명 모이면 열 지방의 손님"[262]이 있다는 데, 이곳에도 나니와즈難波津[263] 사람이 있는가 하면 반슈播州의 아보시網干[264] 사람, 야마시로山城의 후시미伏見[265] 사람, 교토・오쓰大津・센다이仙臺・에도 사람들도 뒤섞여서 세상사는 이야기를 하고 있다. 누구 이야기를 들어 봐도 모두 빈틈이 없고 각자 자기 분야에서 한 몫 하는 사람들이다. 나이 든 데다이는 훗날을 위해[266] 도움이 될 만한 것을 미리 챙겨 두기 마련이고 젊은 데다이는 주색에 쉽게 빠져 들어 대개는 주인에게 도움이 되지 않는다. 또

---

257) 교토 지역의 도매상에서 손님 접대를 위해 도매상이 직접 고용해 데리고 있거나 아니면 부르는 접대부를 말한다. 사이카쿠의 『호색일대녀好色一代女』 권5의 4에 등장한다.

258) 샤쿠는 국자라는 뜻인데 손님의 마음을 잘 퍼 헤아린다는 의미에서 붙여진 이름이다.

259) 니시진오리西陣織의 약자로 교토의 니시진西陣을 본거지로 해 제조・판매에 종사하는 개인 또는 단체가 직접 짜는 고급직물이다.

260) 당대풍의 최신 직물이라는 뜻으로 중국의 직물을 모방해 교토의 니시진에서 짠 금란지金襴地를 말한다. 금란은 금실을 이용해 문양을 표출한 직물의 총칭이다. 예전에는 중국에서 수입을 했지만 16세기 후반부터는 중국의 공인工人이 직접 기술을 전수해 교토의 니시진에서 직접 만들었다.

261) 등 뒤에서 오비를 묶는 것을 말한다. 예절을 중시하는 여인이나 젊은 처자들이 주로 이러한 방법으로 오비를 했다. 이에 비해 마에오비前帶는 주로 유녀들이 했다. 접대부임에도 우시로오비後帶를 하고 있다는 것은 상당히 품격이 있는 여인들이라는 뜻이다.

262) "열 사람 모이면 열 지방의 사람十人寄れば十國の人"이라는 속담이 있다. 사카다에는 전국각지에서 쌀이나 잇꽃紅花 등을 사기 위해 상인이나 데다이들이 모인다는 뜻이다.

263) 나니와강難波川의 주요 포구이다. 고대에는 지금의 오사카성大阪城 부근까지 바다가 맞닿고 있었기 때문에 강나루라 하더라도 세토나이카이瀬戸內海로 나가는 항구와도 같은 기능을 하고 있었다. 넓은 의미의 오사카 지역에 포함된다.

264) 하리마播磨 지방의 별칭이다. 지금의 효고현兵庫縣 히메지시姫路市 아보시구網干區이다.

265) 야마시로山城의 후시미伏見는 지금의 교토 남부에 해당한다.

266) 나이 든 데다이들은 언젠가는 독립하여 자기 일을 가져야 함으로 주인집 일 이외에 개인의 일을 한다는 뜻이다.

한 먼 곳에 장사하러 보낼 경우 강직한 데다이는 별로 바람직하지 않다. 이런 남자는 매사에 소극적이고 남들 하는 것을 그저 뒤따라서만 하기 때문에 큰 벌이는 하지 못한다. 이에 비해 뱃심이 커서 주인에게 손해를 입히기도 하는 사람이 결국은 장사의 부채 또한 쉽게 만회하는 법이다.

이곳 도매상에는 수년 전부터 여러 기질의 상인들이 찾아온다.

어떤 상인은 처음 도착해 말에서 내리자마자 바로 옷농[267]을 풀어제치고 입고 온 여행복을 교토풍 문양이 들어간 화려한 고소데小袖[268]로 갈아입는다. 히키하다皺皮[269]로 만든 가죽칼집을 집어던지고 새 버선과 조리를 신고 두발을 가다듬으며 한껏 모양을 낸 뒤, 이쑤시개를 입에 물고[270] "이 부근의 명소를 보고 오겠다"고 말하면서 담당 데다이의 안내로 놀러 나가는 것이다. 이런 사람을 지금껏 여러 명 보았는데 누구 한명 출세한[271]적이 없다. 주인을 모시고 있던 사람이 얼마 지나지 않아 바로 주인이 되는 사람은 마음 씀씀이가 각별하다. 이곳에 도착하면 바로 젊은 데다이들[272]에게 다가가 "지난 달 중순경에 보내주신 서장書狀과 시세의 차이[273]는 다름 없습니까?" "지방마다 날씨가 다른데요, 나는 이곳 기상 상

267) 쓰즈라葛籠라 하여 댕댕이 덩굴이나 대나무로 짠 여행용 의상 케이스를 말한다.

268) 전통적으로 예복인 오소데大袖나 갑옷 안에 입었던 속옷을 고소데小袖라 했으나 에도시대 때는 고소데라 하면 소매통이 좁은 평상복을 말한다. 스스로 교토에서 왔음을 자랑하기 위해 교조메京染에 교토의 문양이 들어간 고소데를 입었다. 교조메는 교토에서 만들어진 염색 옷감의 총칭이다.

269) 주름이 많은 두꺼비 가죽으로 만든 칼집을 싸는 주머니이다. 여행 중에 칼집이 비나 이슬에 젖는 것을 방지하기 위해 사용했다.

270) 일본어로는 구와에요지喰わへ楊枝라고 표현한다. 현대로 말하자면 칫솔과 같은 역할을 하던 이쑤시개이다. 구와에요지는 에도시대 때 멋쟁이들이 몸단장을 하고 멋을 낼 때의 필수 아이템이었다. 이를 쑤시기 위해 입에 이쑤시개를 물고 있다는 뜻은 아니다.

271) 조닌이 출세를 한다는 것은 데다이 시절을 거쳐 독립된 가게를 갖는 것이다.

272) 젊은 데다이들은 아직 여러 면에서 때 묻지 않아 나이 든 데다이들에 비해 여러 정보를 쉽게 알아낼 수가 있다. 따라서 노련한 데다이들은 이런 어린 데다이들에게 전국 각지의 시세를 묻거나 여러 정보를 얻곤 한다.

273) 쌀값의 시세를 말한다. 사카다는 예로부터 쌀의 집산지로 당시에는 모가미가와最上川 유역에 있던 12개의 번이 이곳에 쌀 저장 창고를 두거나 호상들의 창고를 빌어 대량의 쌀을 유통시켜 쌀 시장을 형성했다. 도매상에서는 거래처로 보내는 서장을 통해

황을 잘은 모르겠지만 저 산 위에 구름이 피는 모양을 보니 2백 일[274]도 못 가서 태풍이 올 것 같지 않은가요?" "금년의 홍화紅花[275]꽃 상태는 어떤지요?" "모시풀[276] 시세는 어느 정도인가요?"라고 꼭 필요한 것만 묻는다. 이렇듯 염장연어[277]처럼 빈틈이 없는 사람은 얼마 안가 교토 쪽에서 나리님 행세를 하며 큰 부자가 되는 법이다. 어쨌든 무슨 일을 하건 그 자세가 중요한 것이다.

이 도매상 아부미야鐙屋도 넓은 무사시노武藏野[278] 지방처럼 장사를 통 크게 하고 인색하지 않아 세상에서 말하는 이른바 도매상 부자[279]처럼 보였지만 실은 그 장사수법이 달랐다. 도매상이라고 하면 어느 지역에서나 부자인 것 같지만 속사정은 대개 어려운 것이 보통이다. 왜냐하면 정해진 구전口錢을 받는 것만으로는 채산이 맞지 않아 도매 외에 또 다른 사업을 하기 때문이다. 그런데 이것이 대개는 실패하고 남들에게

쌀의 시세를 알려준다.

274) 입춘으로부터 200일로 여겨지나 정확한 것은 미상이다. 홋코쿠는 기온이 냉랭해 일찍 개화하고 결실을 맺는 와세早稻라는 조생 품종의 쌀을 재배하고 있었다.

275) 홍화紅花는 베니바나라 하여 잇꽃을 말한다. 베니바나는 음력 6월경에 꽃을 피우며 그 꽃잎을 따 물통에 넣고 발로 밟아 황색소黃色素를 뽑아낸 다음 말려 호시베니바나干紅花로 만든다. 이는 주로 여인이 화장을 할 때 입에 바르는 입술연지로 만들거나 아니면 빨간 염색을 하는 염료로 쓰인다. 모가미 지방에서 나는 베니바나를 최상품으로 치며 주로 교토로 보내진다.

276) 가라무시苧麻라는 모시풀로 '무시'는 고대 한국어의 '모시'에서 온 말이라는 설도 있다. 그 줄기로부터 섬유를 채취해 나라사라시누노奈良晒布의 원료로 쓴다. 이 또한 모가미 지방의 특산물이다. 나라사라시누노는 나라 지방에서 만드는 하얗게 표백한 삼베이다.

277) 가라자케干鮭라 하여 날 연어의 장을 제거하고 소금에 절여 말린 것이다. 홋코쿠나 홋카이도北海道의 특산품으로 특히 눈알이 그대로 붙어 있어야 최상품으로 쳤다. 일본어 관용구 "눈알이 빠지지 않은, 빈틈없는抜け目のない"이라는 말이 여기에서 유래되기도 했다.

278) 말등자인 아부미鐙는 무사시武藏 지방의 특산물로 유명했다. 무사시노武藏野라는 말이 나온 것은 단지 아부미야의 아부미에서 무사시가 연상된 것이며 이후의 '넓게'라는 말은 또한 무사시노에서 연상되는 연어緣語적 기법을 쓰고 있다.

279) 일본어로는 問屋長者라고 한다. "도매상問屋 부자長者를 닮았다"라는 말을 풀이하면 "도매상 억만장자를 닮았다"라는 의미이지만 "겉은 화려해 보여도 내실이 없다"라는 속담처럼 쓰인다. 도매업자들은 장사하는 것만을 보면 화려하고 유복해 보이지만 그 내실을 살펴보면 아주 힘들게 살아가고 있다는 데서 비롯됐다.

손해를 입히게 되는 것이다. 모름지기 도매상은 본업에 전념하고 성실하게 상품 매매에만 힘을 기울인다면 별 문제가 있을 것이 없다. 일반적으로 도매상의 살림살이는 바깥에서 보는 것과는 달리 의외로 매사에 비용이 많이 들게 된다. 그렇다고 그것을 무리하게 줄이고 오로지 감축경영[280]만을 하게 되면 반드시 영업이 부진해져 오래 버티지 못하게 되는 것이다. 1년간의 수지결산은 정월 아침 8시[281]가 되지 않으면 알 수 없고, 평상시에는 정확한 계산이 서지 않는 것이 장사이다. 이렇기에 아부미야는 돈을 벌었을 때는 다음 해 부엌에서 필요한 물품[282]을 전년 12월에 사두고, 그 외에는 1년 중 들어오는 돈을 큰 나가모치長持[283] 상자에 구멍을 내고 그 안에 집어넣어 보관한 뒤 12월 11일을 결산일로 삼았다. 이 사람이야말로 진정한 종합도매상인 가이도이야買問屋[284]이니, 돈을 맡기고도 밤에 안심하고 잠을 잘 수 있는 숙소이다.

280) 검소하면서 성실해 보이는 영업은 오히려 장사를 하는 사람들에게 있어서는 불리할 경우가 있다. 오히려 장사가 잘 안 돼도 허세도 부리고 장사가 잘 된 것처럼 보이게 하는 것도 장사하는 이들의 하나의 경영 방법이기도 하다.

281) 정월 오전 8시 이전에 한 해 동안의 입출금 내역을 뽑아 수지를 맞춰본 뒤 에비스가미에게 감사나 혹은 사업번창의 기원을 담은 제사를 지낸다.

282) 간장・된장・소금・땔감 등 부엌에서 필요한 물건을 말한다.

283) 의복이나 제사 등에 필요한 여러 집기를 넣어 보관하거나 운반할 때 쓰는 장방형의 덮개가 있는 대형 상자를 나가모치長持라 하며 이것에 바퀴가 달린 것을 구루마나가모치車長持라 한다. 구루마나가모치는 비상시에 들고나가기 위한 용도로 쓰이는데 1657년에 일어난 큰 화재 때 길을 막아 피난이나 소화에 방해가 되어 이후 사용이 금지되었다.

284) 직접 상품을 취급하는 우리도이야賣問屋 혹은 모토도이야本問屋와 소비자나 소매상 사이에서 이를 중계하는 업자를 가이도이야買問屋라고 한다. 숙박업을 겸하고 있다.

일본영대장日本永代藏 : 니혼에이타이구라

권 3

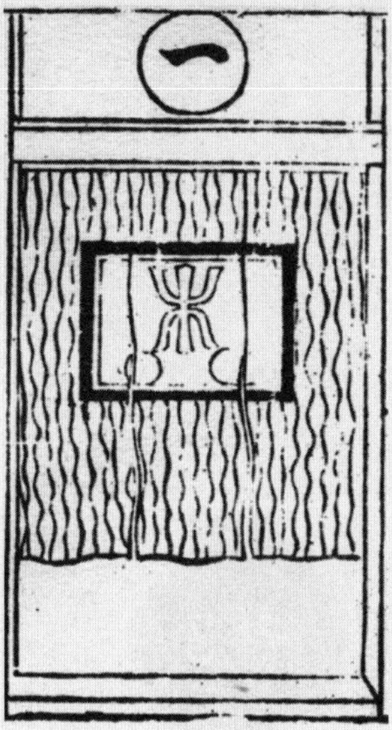

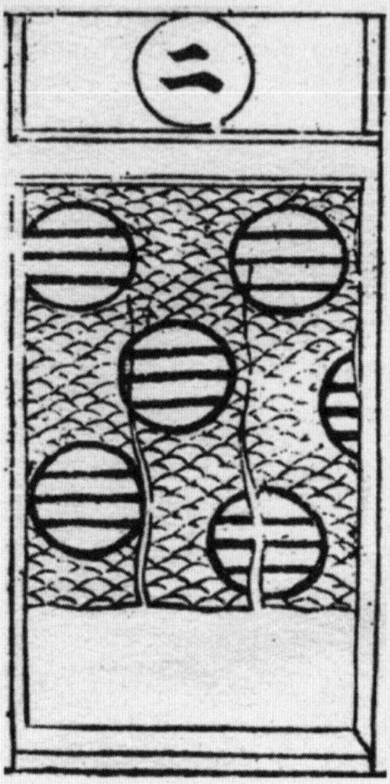

권 3–1

약 달임[1]이 유별난 시약試薬[2]

유명한 에도의 젓가락 깎는 사람[3]

고마쓰小松 번창해서 재목상[4]

권 3–2

고향으로 옮겨간 욕조가마의 대신大臣[5]

유명한 분고豊後의 흉내 내는 부자[6]

바로 벗겨지는 금박 삼三의 글자[7]

권 3–3

관음의 눈도 빼어 가는 세상[8]

유명한 후시미伏見의 신심 없는 사람[9]

전당물품이 넘치는 기쿠야菊屋[10]

권 3–4

고야산高野山 차전총借錢塚의 시주施主[11]

유명한 오사카의 성실한 남자[12]

삼세상三世相에서 나타나는 고양이[13]

권 3–5

종이 옷 부자가 찢어질 때[14]

유명한 스루가駿河의 하나비시花菱 문양[15]

무간無間의 종을 잘 못 치고 말았도다[16]

1) 당시 약을 다리는 방법은 물 한 그릇 반 정도에 생강을 한 점 넣고 약한 불로 한 그릇 정도가 될 때까지 다리고, 재탕의 경우에는 물 두 그릇 반을 넣고 한 그릇 정도가 될 때까지 다리는 것이 기본이었다. 이러한 내용은 늘 약봉지에 "다리는 법은 보통 때와 같다. 생강 한 점煎じよう常の如し生姜一片"이라고 적혀 있기 마련이었다. 그러나 이 작품에서는 "약 다리는 법은 보통 때와는 다르다"라 하여 일반인들과는 상당히 다른 처방을 내리면서 흥미를 유발하고 있다.

2) 환자의 병 상태를 알아내고 올바른 약의 처방을 내리기 위해 환자에게 먹이는 약으로 그 반응에 따라 처방을 내린다. 본문에서는 장자환長者丸을 조닌의 성공과 실패를 가늠하는 시약으로서 빗대어 이야기하고 있다.

3) 주인공이 에도에서 나무조각을 주어 그것을 젓가락으로 만들어 판 것을 계기로 큰 부자가 되었음을 이야기하고자 하는 부제이다.

4) 젓가락을 만드는 소상인이 훗날 큰 재목상으로 출세한다는 것을 작은 고마쓰小松(소나무)가 성장해 대목大木이 된다는 부제를 통해 암시하고 있다.

5) 고대 이래 오랫동안 일본의 수도였던 교토는 에도시대에도 문화의 중심지로서 화려하고 세련된 도시공간으로서의 위용을 자랑하고 있었는데 그러한 교토의 화려함을 시골에서도 즐기며 방탕한 생활을 하는 주인공의 이야기를 다룬다. 다도를 할 때는 교토의 명수名水 기요미즈데라清水寺의 오토와音羽 폭포의 물을 제일로 여겼는데 그러한 값 비싼 물을 목욕하는 데 쓸 정도로 방탕한 생활을 한 주인공을 시오가마塩竈 다이진大臣이라 불리던 역사상의 실존인물인 미나모토노 도오루源融와 같다고 빗대어 말하고 있는 제목이다. 미나모토 도오루는 시오가마의 경치를 그 대로 옮겨 놓은 정원이 딸린 호화저택에서 살면서 방탕한 생활을 했다고 한다.

6) 전설에 등장하는 분고豊後의 마노眞野의 장자를 빗대는 뜻의 부제이다.

7) 주인공 요로즈야 산야万屋三弥가 처마의 기와에 가문家紋인 삼三 자를 금박으로 썼는데 그 금박도 곧 파산하여 다 벗겨져 버렸다는 뜻의 부제이다.

8) 돈벌이를 위해서는 수단과 방법을 가리지 않는다는 일본의 속담 "부처님의 눈도 빼간다仏の目も抜く"라는 말에서 "관음의 눈도 빼어가는 세상"이라는 제목을 달았다. 관음신앙을 구실로 사기를 치는 남자 이야기를 통해 돈벌이를 위해서라면 부처님의 눈도 빼어가는 살벌한 세상을 꼬집고 있다.

9) 주인공인 기쿠야菊屋의 젠조善藏는 근처의 사사寺社에 참배해 본 적도 없는 신앙심이 없는 사람이라는 부제이다.

10) 전당포에 맡기는 물건이 많아 기쿠야菊屋의 사업이 번창한다는 의미의 부제이다.

11) 고야산高野山에 있는 차전총借錢塚을 만든 사람의 이야기이다.

12) 오사카에 사는 근면하고 성실한 사람의 이야기이다. 오사카 이마바시今橋 근처에 사는 유명한 독신의 부자는 돈을 모으는 것 외에는 아무런 취미나 도락도 없이 결국은 쓸쓸하게 죽음을 맞이한다는 내용이다.

13) 『삼세상三世相』은 당唐의 원천강袁天綱의 저서이다. 역법易法에 불교의 인연설因緣說을 더해 사람의 생년월일과 인상 등을 통해 그 사람의 과거·현제·미래의 인과因果·선악善惡·길흉吉凶을 풀이하고 있다. 이 『삼세상』에 의하면 전생이 고양이였던 남자의 이야기이다.

14) 종이 옷인 가미코紙子 장사로 돈을 번 부자가 잘 찢어지는 종이 옷처럼 파산한 이야기이다. 가미코는 두꺼운 와시和紙에 감물을 들여 햇볕에 말려 비벼 부드럽게 하고 밤

이슬에 적셔 냄새를 뺀 종이로 만든 옷이다. 스님이 착용했고, 뒤에 일반인들도 사용하게 되었다. 가볍고 보온성이 뛰어나다. 에도시대에는 값이 싸져서 가난한 사람들이 많이 입었다. 에도시대 초기에는 아베카와 유역에서 만들어진 종이 옷이 스루가駿河의 명산품으로 유명했다.

15) 하나비시花菱(마름꽃) 문양은 주인공인 고후쿠야呉服屋 주스케忠助의 가문家紋을 가르킨다.

16) 무간無間의 종을 치면 현세에서는 부귀영화를 누릴 수 있으나 미래에는 무간지옥無間地獄에 떨어진다는 속신俗信이 있었다. 그래서 어떤 주지가 그 종을 오래된 우물 안에 넣고 이를 묻어 버렸는데 종이 묻혀 있는 지면을 비쭈기 나뭇가지로 찌르면 종을 치는 것과 같은 효과가 있다고 하여 찾아가는 이들이 많았다고 한다. 무간의 종은 시즈오카현静岡縣 가케가와시掛川市 사요小夜에 있는 간논지觀音寺에 현존한다.

본조 에이타이구라本朝永代藏 : 본조영대장 권 3

권 3-1_ 약 달임이 유별난 시약試藥

에도에 사는 어떤 남자가 "404가지 병[1]은 이 세상의 명의가 반드시 치료할 수가 있다. 그런데 인간은 지혜와 재주가 있음에도 불구하고 빈병貧病[2]이라는 병에 고통을 받는 때가 있다. 이것을 낫게 하는 치료법이 있는가?"라고 어떤 유복한 사람에게 물어 보았더니, 그 사람은 "당신은 마흔 살 초로初老[3]가 될 때까지 여태껏 양생법養生法[4]을 소홀히 한 채

1) 불교에서 말하는 인간이 걸릴 수 있는 모든 병의 총 숫자로서, 만병萬病이라고도 말한다.

2) 일본 속담에 "만병보다 가난의 고통四百四病より貧の苦しみ"이라는 말이 있다. 그 어떤 병보다 괴롭고 고치기 힘든 것은 빈병貧病이라는 의미이다.

3) 에도시대 사람들은 40세까지 혈기가 왕성하게 활동을 하고 40이 넘어서부터는 육체가 노쇠하기 시작한다고 생각했다.

용케도 엄벙덤벙 세월을 보내 오셨도다. 조금 진단이 늦긴 했지만 아직 희망은 있소이다. 왜냐하면 당신은 지금 보니 평상시에 질긴 가죽버선에 셋타雪駄를 신고 있는 것 같소이다.[5] 그런 마음 자세가 있는 한 부자가 될 수 있을 것이오. 그럼 장자환長子丸이라는 묘약의 처방을 전수해 드리겠소이다.

–아침 조기 기상起床 5량[6]

–가업 20량

–야간작업 8량

–검약 10량

–건강 7량

모두 합한 이 50량의 약을 잘게 부수어서 틀림이 없나 저울에 잘 잰 뒤 정성껏 섞어서 조석으로 들게 되면 큰 부자가 되지 않을 수가 없을 것이오. 그렇지만 이것을 복용할 때는 정말 주의해야할 금기 음식이 있소이다.

–미식美食·음란·평상시 비단옷 착용

–부인을 가마[7]에 태우는 사치, 딸에게 거문고나 우타가루타哥賀留多[8] 놀이를 배우게 하는 것

4) 양생을 위해 가장 필요한 시기라는 의미로 여기서는 부자가 되기 위한 배려가 가장 필요한 시기라는 의미이다.

5) 동물의 가죽으로 만든 버선은 쉽게 헤지질 않아 경제적이다. 대나무 껍질로 만든 조리草履 위에 가죽을 덧대어 만든 조리를 셋타雪駄라 한다.

6) 돈을 셀 때와는 달리 약제를 세는 단위는 1량兩이 4돈匁이다.

7) 권1의 5의 내용 중에도 묘사되고 있는 바와 같이 부유한 조닌들은 부인이나 딸들을 고급 가마에 태워 외출하게 하는 것이 하나의 자랑거리이며 허세를 부리는 부자들의 상징적 행위였다.

8) 카드놀이의 일종이다. 카드 모양의 작은 종이에 오구라햐쿠닌잇슈小倉百人一首 등의 와카和歌의 전구全句를 적은 것을 요미후다讀み札, 마지막 구만을 적은 것을 도리후다取り札라 하는데, 이 도리후다를 방바닥에 섞어 깔아 놓고 요미후다를 읽기 시작하면 재빨리 그에 해당하는 도리후다를 찾아 잡는 놀이로 그 잡은 도리후다의 수의 많고 적음에 따라 승패가 정해진다. 가루타歌留多는 포르투갈에서 들어온 카드를 이용한 놀이나 도박을 말한다.

–아들에게 북과 장구 같은 잡기[9]를 배우게 하는 것

–게마리蹴鞠[10] · 요큐楊弓[11] · 향회香會[12] · 렌가連歌[13]와 하이카이俳諧[14]의 심취

–객실꾸미기와 다도 심취

–꽃구경 · 뱃놀이 · 대낮 목욕

–밤길 나들이 · 도박 · 바둑 · 주사위놀이

–상인에게 불필요한 이아이居合 검술[15]과 병법

–절 · 신사의 참배와 후생심後生心[16]

–여러 일의 중재와 보증인 도장 찍기[17]

–신전개발 신청[18]과 금광산[19] 일 관여

---

9) 북이나 장구를 치며 노는 우치바야시打囃를 말한다.

10) 사슴 가죽으로 만든 공 등을 차며 노는 것이다. 예전에는 귀족들의 유희였다. 여러 명이 모여 가죽신을 신고 공을 일정한 높이 이상으로 떨어뜨리지 않고 계속 이어 차는 놀이이다.

11) 유희용의 작은 활을 요큐楊弓라 하는데 버드나무로 만들었기 때문에 붙여진 이름이다. 길이 2척 8치(약 85센티미터) 정도로 표적은 13.5미터 정도 떨어진 곳에 둔다. 일종의 활 놀이이다.

12) 향도香道의 모임이다. 양 편으로 나뉘어 서로가 제시한 향목香木의 우열을 평해 승부를 가리는 놀이이다. 권1 주137을 참고할 것.

13) 일본의 독특한 시가詩歌의 양식으로 보통 두 사람 이상이 윗구에 해당하는 5 · 7 · 5와 아랫구에 해당하는 7 · 7을 번갈아 읊어 나가는 형식이다.

14) 익살이나 장난스러움을 의미하는 말로 하이카이 렌가連歌의 약칭이다. 중세말기에 시작되었는데 자유분방한 골계적 내용의 시가로서 근세기에 들어와 중심장르가 되었다.

15) 한쪽 무릎을 꿇고 있는 자세에서 갑자기 일어나며 칼을 뽑아 적을 베어 쓰러뜨리는 검술을 말한다. 에도시대 때는 약이나 치약을 팔러 다니는 상인들이 사람들을 불러 모으기 위해 이를 선보였다.

16) 절이나 신사에 참배를 하거나 후세안락後世安樂을 기원하는 자비심은 모두 현세에 영리를 추구하는 현실적 자세를 약하게 만든다.

17) 에도시대 때도 채무보증이나 신원보증을 서는 바람에 피해를 보는 일이 많았음을 알 수 있다.

18) 새로운 농지의 개간은 허가에 의해 10년간 세금을 면제받을 수 있어 유망한 사업이 되기는 하지만 이를 허가 받기까지 시간이나 돈이 너무 많이 든다.

19) 광산의 공동개발을 말한다. 광산의 개발은 투기적 성향이 강한데다가 공동개발을 할 경우 동업자 간에 금전에 관한 분쟁이 많이 생긴다. 관가에서는 동업자 간의 문제라 하여 개입하지 않았기에 법적으로도 중재를 받기 어려웠다.

—식사 시의 음주[20]와 흡연, 일 없이 교토에 가는 것[21]

—간진즈모勸進相撲[22]나 호가초奉加帳의 후원자가 되는 것[23]

—가업 외에 자질구레한 세공 일을 하면서 시간낭비를 하거나 금도금의 하나시메누키放目貫[24]에 골몰하는 것

—가부키 배우[25]와 사귀거나 유곽에 가는 것

—월 8리[26] 이상의 고리로 돈을 빌리는 것

지금 말한 금기음식은 반묘斑猫[27]나 비상석砒霜石[28]보다 무서운 독극물임을 명심하고 입에 대지 않는 것은 물론이고 마음속으로 생각하는 것조차도 금물이오"라고 남자의 작은 빈상貧相의 귓불[29]에 대고 속삭이는 것이었다.

이 남자는 정말 이건 모두가 금언金言[30]이라고 기뻐하면서 그 부자의

20) "반주飯酒는 가난해지는 지름길食酒は貧乏の花盛り"라는 일본 속담이 있을 정도이다.

21) "아무 일 없이 도시에 가면 쓸데없는 돈을 쓴다心当てなしの京のぼり"라는 속담을 적고 있다.

22) 사사社寺에 돈을 기진하는 것을 명목으로 벌이는 스모에 후원자가 되는 것을 말한다. 돈을 기부한 이들의 상점을 홍보할 수 있지만 간진즈모勸進相撲는 날씨 좋은 날 야외에서 열리는 것이 원칙이어서 비가 내려 시합이 중지되면 돈만 쓰고 홍보에는 실패한다는 의미이다.

23) 사사社寺의 증축이나 개축에 드는 비용을 모금하는 일을 맡는 것을 말한다. 이 일을 맡으면 기부금도 많이 내야하고 시간도 많이 빼앗긴다.

24) 황금으로 만든 고가의 메누키 장식을 과시하기 위해 칼집에 칼집 줄인 쓰카이토를 감지 않고 두는 것을 말한다. 당시에 많이 유행되었던 것이다. 메누키目貫는 칼집에 다는 황금 장신구이고 쓰카이토柄糸는 칼집에 감는 줄이다.

25) 일본어로는 야쿠샤役者라고 하는데, 가부키歌舞伎의 배우를 말한다. 그들과 사귀게 되면 남색男色이나 여색에 빠지기 쉽고, 공연이 있을 때마다 협찬금을 요구받기 십상이다.

26) 은 100돈 당 월 이자 8리厘 이상의 이자를 계산하는 것이 기본이다. 이보다 많은 이자를 내며 돈을 빌리는 일을 말한다.

27) 반묘 또는 길 앞잡이라고 부르는 1~3센티미터 정도의 곤충이다. 산길에 많고 다가가면 도로를 따라서 사람 앞을 날아다닌다. 독이 있는 것은 아메한묘・쓰치한묘 라하고 풀이 많이 자생하는 곳에서 사는데 몸에서 맹독을 뿜는다.

28) 비소를 품은 광물의 일종이다. 검은색 또는 회색으로 맹독이며 은이나 납을 캘 때 같이 나온다.

29) 귓불이 작은 것은 관상학적으로 빈상이다.

30) 금언은 보통 고인이 남긴, 살아가는 교훈이 될 만한 격언을 말한다. 여기에서도 1차

가르침에 따라 매일매일을 방심하지 않고 살아가기로 마음먹었다. "이곳 에도는 일본의 수도이므로 무슨 일이 됐든 장사 거리는 있을 것이다. 무언가 색 다른 일거리를 찾아보자"고 니혼바시日本橋 남쪽 구석에서 아침 일찍부터 하루 종일 서서 그곳을 지켜보았다. 소문대로 이곳은 여러 지방 사람들이 모여 드는 곳으로, 엄청나게 많은 사람들이 오가는 모습은 마치 산이 움직이는 듯해 교토의 기온마쓰리祇園祭[31]나 오사카의 덴마마쓰리天満祭[32]의 인파와 다를 바가 없다. 매일 에도가 이렇게 번창하고 있는 것은 장군의 세상인 기미가요君が代[33]의 정도政道가 넓고 평화롭기 때문인데, 바로 그 넓은 에도의 니혼바시 12칸의 넓고 큰 길[34]은 왕래하는 사람들로 가득 차 있고, 니혼바시 다리 위에서는 말을 탄 무사[35]나 출가 승, 야리모치槍持[36]무사들이 끊임없이 지나가는 모습을 아침부터 밤까지 종일 볼 수 있다. 그런데 이렇게 많은 사람들이 오가는 데도 소중한 물건은 아무도 땅에 흘리지 않고, 눈을 씻고 찾아보아도 땡전 한 푼 주울 수 없다. 이런 것을 보면 돈은 정말 아무렇게나 써서는

적으로는 그러한 의미이며 작가는 금언, 즉 돈이 되는 말이란 뜻으로 일부러 한자를 사용하고 있다.

31) 교토의 야사카신사八坂神社의 제례이다. 예전에는 6월 7일부터 14일, 현재는 7월 17일부터 24일까지 거행한다. 야마보코山鉾 순행 등이 유명하다. 야마보코는 축제가마인 다시山車의 일종으로 가판 위에 산 모양의 조형물을 만들고 그 위에 창鉾이나 칼의 일종인 나기나타薙刀를 세운 것이다. 다시는 제례 시에 신을 태우는 일종의 가마이다.

32) 6월 15에 거행하는 오사카의 덴마마쓰리는 교토의 기온마쓰리와 에도의 간다마쓰리神田祭와 함께 에도시대의 대표적인 서민 마쓰리이다. 마쓰리는 원래는 제사나 제례라는 뜻이나 현대는 축제의 뜻으로도 쓰인다.

33) 기미가요君が代는 원래 '군주의 수명' 내지는 '번성하는 세상'이라는 뜻이나 현재는 일본의 국가를 일컫는 말로 정착되었다. 헤이안시대의 칙찬와카집勅撰和歌集『고킨와카슈古今和歌集』905에 실려 있는 한 노래 가사의 첫머리이다. 여기에서는 도쿠가와德川 장군의 치세治世의 덕을 말한다.

34) 에도의 중심지로 니혼바시日本橋를 중심으로 남북으로 통하는 큰 대로를 따라 발달한 거리이다. 통칭 12칸(약 22미터)이지만 실제로는 11칸(약 20미터)의 폭이다.

35) 에도의 번화함을 나타내는 표현으로 말을 탈 수 있는 무사는 봉록 300석石 이상이다.

36) 주군의 창을 들고 수행을 하는 100석 이상의 하급 무사이다. 에도의 번화함을 묘사하면서 특히 무사와 승려가 많음을 은근히 강조하고 있다.

안 되는 것이다.

어찌 됐던 장사 한번 제대로 해보자고 마음을 먹었지만 빈손으로 시작해 돈을 만질 수 있는 것은 도리데取手[37]의 사범이나 산파産婆 정도밖에 없었다. "아무리 봐도 종자돈[38]을 뿌리지 않고는 고반小判 1보步 금 정도도 생긴 예가 없다. 그래도 정말 빈손으로 돈 벌 수 있는 일이 없을까?"하고 절치부심하면서 살펴보았더니 이런 일이 있었다.

이곳저곳의 저택 공사장[39]에서 건축 일을 마치고 돌아오는 목수와 지붕작업을 하는 장인들이 2,3백 명씩 제각기 한 무리가 되어 남들이 듣건 말건 아랑곳하지 않고 괴상한 목소리로 왁자지껄 떠들면서 지나가고 있었다. 사카빈逆鬢[40] 모양의 두발을 한 자도 있었고, 시커먼 옷깃에 하오리羽織[41]를 걸치고 그 위에 오비를 맨[42] 채 대자[43]를 지팡이로 삼고 있는 자도 있었다. 이들은 대개 팔짱을 끼고 허리가 구부정한 뒷모습들이어서 보기만 해도 바로 장인들임을 알 수 있었다. 그들 뒤에는 목수 아래서 일하는 젊은 견습공들이 대패 밥과 나무 조각들을 등에 메고 따라오고 있었는데 아까운 노송나무 조각이 떨어지는 것도 개의치 않고 지나가는 것이었다. "이런 사람들조차도 물건 아까운 줄 모르고 저렇게 태연하니 역시 천하의 성하城下[44] 도시 에도는 다르구나"라고 감탄하면서,

---

37) 유술柔術의 일종이다.
38) 일본 속담 "뿌리지 않은 데서 씨가 나올 리 없다蒔かぬ種は生えぬ"에서 따온 표현이다.
39) 일본어로는 야카타屋形라고 하는데 귀인이나 호족의 숙소 또는 저택을 말한다. 여기서는 다이묘들의 저택을 말한다. 다이묘는 중세 때는 장군의 부하로서 광대한 영지를 갖고 있던 무사를 가리키는 말이었으나 에도시대 때는 1만 석 이상의 봉록을 받았던 제후를 가리킨다.
40) 좌우 측면의 머리를 빈鬢이라 하고 이 빈에 기름기가 없어져 앞쪽으로 헝클어져 나온 머리 모양이다.
41) 의복 위에 덧입는 기장이 짧은 겉옷이다.
42) 하오리 위에 삼척三尺의 오비를 메는 것은 기술자들의 복장이다.
43) 일본어로는 겐자오間棹라고 한다. 건축현장에서 사용하는 1칸間(1.8미터) 이상의 대자이다.
44) 도쿠가와 장군이 기거하는 에도성의 아래라는 뜻이다.

스루가초駿河町[45] 사거리에서 간다神田 스지카이바시筋違橋[46]에 이르기까지 이 나무 조각들을 하나도 남김없이 주워 모았더니 한 짐이 넘을 정도였다. 그대로 그 나무 조각 더미를 팔았더니 250문을 그 자리에서 벌 수 있었다. 바로 코앞에 이런 좋은 일거리가 있는데 지금까지 몰랐던 것이 너무 분하기만 했다. 그 후로는 매일 해 저물 무렵을 애타게 기다리며 목수들이 일을 끝내고 돌아가는 시간에 맞추어 그 길가에 떨어진 나무 조각을 주워 모았더니 늘 다섯 짐이 넘었다. 비가 오는 날은 주운 나무 조각으로 젓가락을 만들어 스다초須田町[47]나 세토모노초瀬戸物町[48]의 야채상에 도매가격으로 팔아넘기니, 그의 이름 하시야진베箸屋甚兵衛[49]는 가마쿠라鎌倉[50] 하안에서 널리 알려지면서 점차 부자가 되었다. 그 뒤로는 이 나무 조각이 대목大木이 되어[51] 목재상을 경영하게 되었고, 자이모쿠초材木町[52]에 큰 저택을 사들여 데다이만 30여 명을 고용하고 가와무라河村・가시와기柏木・후시미야伏見屋[53] 같은 큰 목재상에 뒤지지 않을 정도로 목산木山[54]을 사 들이게 되었다. 마음이 바다같이 넓은 장사를 해 재산은 순풍에 돛을 단 배처럼[55] 순조롭게 불어났고 돛대의 재목

45) 지금의 주오구中央區 니혼바시日本橋 무로초室町 일대를 말한다.

46) 지금의 지요다구千代田區 간다스다초神田須田町에 있는 반세바시万世橋 서쪽의 간다가와神田川에 놓인 다리이다.

47) 지금의 지요다구千代田區 간다스다초神田須田町로 청과물 시장이 유명하다.

48) 지금의 주오구中央區 니혼바시日本橋 무로초室町와 모토초本町 부근으로 술가게, 과일가게, 애완용 새를 파는 가게 등이 있었다.

49) 막부에 목재를 납품하는 니혼바시 자이모쿠초材木町의 가마쿠라야진베鎌倉屋甚兵衛로 추정되는 실존인물이다.

50) 지금의 지요다구千代田區 우치간다內神田 일대이다.

51) 나무 조각에서 출발해 큰 목재를 취급하기에 이르렀다는 의미로 소상인에서 대상인이 되었다는 비유표현이다.

52) 니혼바시日本橋 동남쪽의 혼자이모쿠초本材木町를 말하는데, 동북쪽의 신자이모쿠초新材木町와 함께 재목상들이 많이 밀집해 있었다.

53) 가와무라 즈이켄河村瑞軒・가시와기 다유에몬柏木太夫衛門・후시미야시로베伏見屋四郎兵衛는 에도를 대표하는 대 목재상이었다.

54) 산 주인과 계약을 해 목재의 채벌권을 확보한 산을 목산木山이라고 불렀다.

55) 시운을 타고 순조롭게 가운이 번창하는 모습을 비유적으로 표현하고 있다. 이 문장

까지도 미리 사 두어서[56] 원하는 대로 이익을 얻으니, 불과 40년간에 10만 량의 재산을 비축할 수 있었다. 이것이야말로 젊었을 때 복용한 장자환長子丸의 효험인 것이다.

이제 70세가 되었으므로 양생법을 조금 어겨보는 사치를 해도 괜찮겠지 하며, 난생 처음으로 상하의 모두 히다쓰무기飛驒紬[57] 견직으로 갈아입었다. 시바우라芝浦[58] 해안에서 잡히는 각종 생선들의 맛을 즐기고, 쓰키지築地의 니시혼간지별원西本願寺別院[59]에 매일 참배하고 돌아오는 길에는 고비키초木挽町의 가부키歌舞伎[60] 극을 관람하고, 저녁에는 바둑 친구들과 어울렸으며, 눈 오는 날은 신차 통을 개봉해서[61] 다회를 열었고, 그해 처음 피기 시작하는 수선화를 꽂꽂이로 감상하는 등 언제 이런 것을 다 배웠는지 모르겠지만 돈만 있다면 못할 일이 없는 법이다.

이 남자는 노후가 되어서도 젊었을 때처럼 일생을 구두쇠로 지내며 후지산만한 흰 돈덩이를 지녀본들 결국 이 지방 무사시노武藏野[62]의 흙 한줌이 되어 하시바羽芝[63] 화장터의 연기로 변하게 될 몸임을 깨닫고,

---

은 '산'에서 '바다', '순풍' 그리고 뒤에 따라 나오는 '돛대'까지를 연어緣語기법으로 기술하고 있다.

56) 돛대를 만드는 목재는 고가였기에 그것을 미리 사 놓은 데에는 상당한 재력과 용기가 필요했다.

57) 지금의 기후현岐阜縣 다카야마시高山市 지방의 특산품인 쓰무기지마紬縞이다. 세로의 줄무늬를 넣은 쓰무기로, 쓰무기는 주사紬絲나 옥사玉絲를 짠 평직平織의 튼튼한 견직물이다.

58) 현재의 미나토구港區 시바우라芝浦는 당시에는 바다였고 그 바닷가에서 잡히는 쏨뱅이나 놀래기 등의 연해어沿海魚 등과 같은 별미 생선을 말한다.

59) 쓰키지築地의 문적門跡으로 지금의 주오구中央區 쓰키지築地 3가3丁目에 있는 니시혼간지西本願寺의 별원別院이다.

60) 고비키초木挽町는 지금의 주오구中央區 긴자銀座 동남부 지역이다. 이곳에는 가부키歌舞伎를 공연하는 야마무라자山村座와 모리타자森田座가 있었다. 일본어로 시바이芝居라고 표현한다.

61) 신차新茶통의 밀봉을 뜯어 다도회를 갖는다는 뜻이다. 음력 10월경에 로비라키爐開き라 해서 난방용 난로를 처음으로 쓰기 시작하는 시기에 열게 된다.

62) 주인공이 살고 있는 에도지역 지금의 간토 지방 일대를 말한다.

63) 지금의 아라카와구荒川區 미나미센주南千住 근처에 화장터가 있었다.

노후의 생활비를 별도로 마련해 놓고 이 세상에서 즐길 수 있는 것은 다 하면서 지냈다. 88세 때는 이 노인의 소문을 듣고 사람들이 찾아와서 미수米壽를 축하하며 마스카키枡掻 잔치를 했고,[64] 자기 아이들의 이름을 지어달라고 부탁하기도 했다. 이렇게 그는 세상 사람들에게 소중한 존재가 되었기에 그의 죽음은 빛나는[65] 장례식이 됐고 사람들은 그가 부처가 되어 좋은 내세를 맞이할 거라고 부러워했다. 이처럼 인간은 젊었을 때는 열심히 돈을 모으고 나이가 들고 나서는 사람들에게 베푸는 것이 중요한 것이다. 아무리 버텨본들 저 세상으로 갖고 갈 수 없는 것이 돈이고, 또 이 세상에서 없어서는 안 되는 것이 돈인지라 참으로 이 세상은 돈의 세상[66]인 것이다.

---

64) 마스카키枡掻는 됫박에 가득 담은 곡물을 평평하게 다듬을 때 쓰는 대나무로 만든 평미레이다. 88세를 미수라고 부르는 것에 연유하여 미수를 맞은 88세의 노인에게 됫박에 가득 담은 쌀을 평미레로 평평하게 하는 의식을 치루고 그 노인의 손이나 대나무 주걱에 먹을 칠해 종이에 날인한 것을 받으면 행운을 얻을 수 있다고 전해진다.

65) 죽어서까지도 그 위덕威德이 미치는 행복한 죽음을 말한다.

66) "없어서는 안 될 것이 돈無くてならぬ物は金"이라는 속담을 이용한 문장이다.

권 3-2_ 고향으로 옮겨간 욕조가마의 대신大臣

소생이 불가능하다고 이 고장의 의사라는 의사들은 모두 두 손을 들어버린 뒤, 마지막 물[67]을 이제는 생사의 갈림길[68]이라고 대합조개 껍질[69]에 담아 입에 넣으려고 했지만 이마저도 목을 넘기지 못하니 모두들 환자의 손과 발을 붙들고 "이 보세요. 아버님, 다른 곳은 들르지 마시고 바로 서방극락으로 가시는 것 잊어서는 아니 되십니다"라고 말씀을 올리자, 부친은 눈을 반쯤 뜨고는 "이 몸은 금년으로 63세, 정명定命[70]으로 봐서 부족할 것이 없다. 이미 부세浮世의 장부帳簿[71]에서 이름을 싹 지우고 염마閻魔의 장부[72]로 이름을 바꾸어 올리기로 작정했으니 이제 아무런 미련이 남아 있을 게 없도다. 너희들은 세상살이의 씨앗을 잊어서는 아니 된다"는 말만 남기고 조용히 왕생을 하셨기에 일동 모두 울음을 멈추고 장례를 진행했다. "그런데 죽고 나면 다 소용없는 일이다. 하얀 수의壽衣[73] 한 장과 돈 6문,[74] 그렇지만 이 돈으로 49일[75]간이나 되

---

67) 임종이 임박했을 때 마지막으로 먹이는 물을 말한다.

68) 불교에서 말하는 '생사의 바다', '인생유전人生流轉', 즉 인간생사의 고통의 깊이가 바다와도 같다는 비유이다. '물', '바다', '대합조개'는 연어緣語의 기법에 의한 표현이다.

69) 중병에 걸린 환자에게는 대합조개의 껍질로 물이나 탕약을 먹인다.

70) 불교에서 말하는 전세의 업보에 의해 정해진 현세의 수명이다.

71) 부세浮世는 원래 불교의 우세憂世라는 말과 한어漢語의 부세浮世라는 뜻을 함께 갖고 있다. 이는 처음에는 덧없는 무상의 세상, 살아가기에 힘든 세상이라는 뜻으로 쓰이던 것이 세월이 흐름에 따라 이 세상, 현세라는 뜻으로 정착했다. 특히 근세의 에도시대에는 종종 향락의 세계를 가리키는 말로 쓰이기도 했다. 일본의 문학작품이나 예술작품, 혹은 단어에 '浮世'가 붙는 말이 많은데 이 경우에는 현세적 · 당세적 · 호색의 뜻으로 해석할 수 있다. 유언에서마저 '장부에서 이름을 싹 지운다', '이름을 바꾸어 올린다'라는 등의 상업상의 용어를 쓰고 있는 점이 조금 우스꽝스러운 느낌이 들게 하지만 죽음을 눈앞에 두고도 장사만을 생각하는 아버지상을 부각시키기 위한 사이카쿠의 의도적인 표현이다.

72) 염라대왕이 있는 염라청閻羅廳에는 인간의 정명定命을 기록한 '녹양수부錄陽壽簿'가 있고 죽으면 명토冥土의 염적閻籍으로 옮겨진다고 하는 속신에 바탕을 둔 표현이다.

73) 일본어로는 가타비라帷子라고 한다. 교가타비라経帷子라 하여 불교식으로 장례를 치를 때 사자死者에게 입히는 수의로 하얀 삼베 등으로 만든다.

는 여비로 쓰기에는 턱 없이 부족할 것이니 지옥의 말[76]을 타실 수도 없을 것이다"라며 모두들 결국은 누구나 가야할 저 세상으로의 길[77]을 헤아려 보는 것이었다.

그 뒤 아들은 선친의 가독家督[78]을 상속하고 전과 다름없이 분고豊後 지방의 후나이府內[79]에 살면서 요로즈야 산야萬屋三弥[80]라는 이름으로 세상에 알려졌다. 산야는 세상의 오래된 법도를 잘 지켜, 3년간의 상중에는 처마 끝이 파손된 것도 그대로 두고[81] 슬픔 속에 잠겨 기일 행사를 치루며 선친의 명복을 위해 자비선근慈悲善根[82]을 행하고 홀로 남겨진 모친에게 효를 다했기에, 매사에 바라는 대로 행복하게 지낼 수 있었다. "아버님이 유언으로 세상살이의 씨앗을 소중히 하라고 말씀하셨는데 유채는 기름을 짜는 풀이므로 이 씨앗을 말하는 것이리라"[83]고 깊

---

74) 사자死者를 입관할 때 함께 넣는 6문의 전錢이다. 일반적으로 삼도천三途川을 건너기 위한 돈이라고 알려져 있는데 금속의 힘으로 악령이 따라붙는 것을 막기 위해서 넣었던 것이 기원이라고 한다.

75) 사자가 명토冥土에 도달하기까지 걸린다는 일수이다. 그 동안 사자는 중유中有에서 떠돈다고 한다.

76) 지옥에 있다는 인면마신人面馬身의 말이다. 6문의 노잣돈으로는 그 말도 탈 수가 없다는 익살스런 표현이다.

77) 『이세모노가타리伊勢物語』 125단의 "결국에는 가야하는 길이라고는 예전부터 알고 있었지만~終に行く道とはかねて聞きしかど~"이라는 대목에서 나온 말로 에도시대 때는 일반화된 표현이다.

78) 자산과 가업의 권리 일체를 말한다.

79) 분고豊後는 현재의 오이타현大分縣이다. 후나이府內는 '후府의 안'이라는 뜻으로 후의 구역 또는 관할 내라는 뜻이다.

80) 실존했던 오이타의 호상이다. 1647년 밀무역密貿易·교사驕奢 죄로 가족과 함께 처형되었고, 몰수된 재산은 은 4천 관 정도라고 한다.

81) 유교에서는 부모가 죽으면 3년간 부모의 묘소 옆에서 기거하며 정기적으로 제를 올린다. 또한 『논어論語』 「학이편學而篇」에는 "3년 동안 부친이 행한 길에 고침이 없음을 효라 한다"라는 가르침이 있어 처마 끝의 파손도 그대로 두었다는 산야의 행동은 이러한 유교의 가르침의 구체화였다고 볼 수 있다.

82) 사자를 공양하기 위해 승이나 빈민 등에게 시주를 하고 사원 등에 기진을 하는 것을 말한다.

83) 지금의 유채油菜가 아니라 가부라蕪菁라는 겨자과의 일 년초나 아오나青菜라는 푸성귀 등의 종자에서 추출한 것을 채종유菜種油라 했다. 망부亡父의 "세상살이의 씨앗

이 생각하고, 기회가 되면 이것을 다 사들이든지 아니면 재배해서 큰 돈을 벌어야겠다고 매일 매일 궁리를 거듭했다.

어느 때인가 마을에서 멀리 떨어진 들판을 지나갔다. 그곳은 옛날부터 황량한 억새풀 밭이었다. 이런 곳을 늑대 잠자리로 내버려 두기에는 국토의 낭비[84]라고 생각해 아무도 모르게 유채 씨를 시험 삼아 뿌려 보았다. 그러자 제 철에 꽃이 피더니 열매를 맺었다. 자연스럽게 내버려 두기만 해도 이 정도로 수확이 되는 것을 보고 그는 신전新田[85]으로 허가를 신청했다. 10년간은 연공年貢도 면제되었기에 계획을 잘 세워 개간에 나섰다. 이곳저곳에 인가人家를 지어 사람들을 모으고 몇 군데 집락을 만든 뒤 쟁기와 괭이를 주어 경작을 시켰더니 매년 이익을 얻어 남들 모르게 많은 돈이 쌓여 갔다. 그리고 교토로 운송할 선박을 마련하여 많은 데다이를 동원해 다량의 물품을 팔게 하였더니 점차 재산이 불어나 사이코쿠西國[86] 지방에서는 따라올 사람이 없는 거부가 되어 아무런 부족함이 없는 신분이 되었다.

그 뒤 모친과 함께 교토의 봄 구경을 하러 갔다. 어느 지방이나 꽃향기는 다름이 없겠지만 꽃을 바라보는 사람의 풍정風情에는 여러 차이가 있는 법이다. 이곳은 실로 매력적인[87] 여자[88]들이 사는 도시이다. 산이

을 소중히 하라"는 유언 중에 '씨앗'이라는 비유적인 말을 주인공은 진짜 '씨앗'인 줄로 오해해 결국 그것으로 성공을 거둔다는 설정이 이야기의 재미를 더하고 있다.

84) 새로운 농지를 개간하는 것은 허가를 통해 조건에 따라 세금을 면제받을 수 있었다. 에도시대 때는 10년간 세금을 면제받은 경우도 많았다.

85) 새로이 개간한 논밭이다. 특히 에도시대 때의 것을 가리키며 그 이전의 것은 곤덴墾田이라고 한다.

86) 간사이關西 이서以西의 여러 지방을 지칭하는데 특히 규슈九州 지방을 일컬어 말한다. 가마쿠라鎌倉시대 이후에 스즈카鈴鹿 후와不破 아라치愛發의 세 곳의 군사적 요충지三關를 중심으로 동쪽 지방을 간토關東, 서쪽 지방을 간사이關西라고 했다.

87) "흥미롭고 화려한 교토구나おもしろの花の都や"라는 요쿄쿠謠曲 「호카조放下僧」의 한 구절을 의식한 표현이다. 사이카쿠의 문장에는 요쿄쿠의 명대사를 의식적으로 패러디하는 경우가 많다.

88) 일본 속담에 "교토는 여자 에도는 남자京女に東男"라는 말이 있듯이 예로부터 교토에는 미인이 많기로 유명하다. 여자는 정숙하고 아름다운 교토 여자가 좋고 남자는 씩

나 강에도 지는 일이 없는 꽃과 같은 여자들이 여기저기서 걸어 다니는 모습을 보고 "슬프도다, 나는 무슨 인과로 시골에서 태어난 것일까?"라고 고향의 장사 일도 잊어버린 채 매일 유흥에만 마음을 빼앗기고 있었다. 그렇지만 언제까지나 그곳에 머무를 수 없었기에 고향에 돌아갈 때 아름다운 첩 12명을 같이 데리고 왔다. 그리고 저택을 교토 풍[89]으로 호화롭게 신축하면서 처마 기와[90]에는 금박으로 삼三의 글자를 새긴 문양을 가문家紋[91]으로 새겨 두었고, 사방에 3층 높이의 보물창고를[92] 만들었다. 넓은 응접실[93]과 오조인大書院,[94] 60칸의 복도, 동서를 가로지르는 쓰키야마築山[95]정원, 남쪽으로는 스하마州浜[96]를 설치하고, 중국의 서호西湖[97]의 풍치가 나게 암석巖石을 배치했으며, 옥으로 된 정원석을 깔고, 당목唐木으로 만든 가교架橋,[98] 작은 정자亭子[99]에는 셋슈雪舟[100]의

씩하고 남자다운 에도의 남자가 좋다고 하였다.

89) 가게 안에 손님을 접대하는 자시키座敷, 가옥 안쪽으로 작은 정원인 우치니와內庭를 만드는 것을 특징으로 하며, 집 안 네 귀퉁이에 창고인 도조土藏를 방화벽처럼 배치한다.

90) 처마 끝을 둥근 기와로 장식을 하는데 이 기와에 금박으로 삼三 자 가문家紋을 새겨 넣었다.

91) 한 가문家門의 표지로 삼는 문장紋章이다.

92) 저택 네 귀퉁이에 3층짜리 창고를 지었다는 뜻이다. 아무리 부호라고 하더라도 조닌이 사는 저택에 3층의 창고를 짓는 것은 금지되고 있었는데 방화벽의 대용이라는 명목으로 이를 허가 받을 수 있었다. 이를 접객용 응접실로 썼다.

93) 일본어로는 히로마廣間라고 한다. 넓은 접객용 응접실이다.

94) 쇼인書院은 서재라는 뜻으로, 사원 내에서 서책을 보고나 강의를 하는 곳을 가리킨다. 무로마치시대 이후에는 구게公家나 무가武家의 저택에서 응접실 겸 서재로 사용하는 공간을 쇼인이라 불렀다. 오조인大書院은 쇼인의 규모가 큰 것을 말한다.

95) 일본 정원의 한 형태로 정원 안에 산을 가져온다는 의미에서 토사나 돌로 산과 같은 모양을 만든 것이다.

96) 바닷가의 모래사장을 본떠 만든 평평한 대臺이다. 여기에다 바위나 나무를 심고 꽃이나 새 등의 여러 경물景物을 장식한다. 주로 향연饗宴의 장식으로 사용되었고 정월이나 혼례 시의 시마다이島臺로도 쓰인다. 시마다이는 스하마에 소나무・대나무・매화나 학 또는 거북의 형태를 장식해 놓은 것이다.

97) 중국 절강성浙江省 항주시杭州市 서쪽에 있는 호수이다. 호수 연안을 구릉지가 둘러싸고 있으며 호수 안에는 작은 섬과 제방 등 경치가 뛰어나 서호십경西湖十景으로도 유명하다.

98) 당목唐木으로 만든 다리架橋이다. 당목은 주로 자단紫檀・흑단黑檀・백단白檀 등 중

용 그림이 새겨진 은골銀骨 유리등[101]을 밝혀놓고, 석영石瓔이 들어간 고급 문지방장식,[102] 자개가 들어간 서까래인 다루키바나椽鼻,[103] 풀솜[104]이 들어간 다다미에 비로드 띠를 돌리는 등, 그 화려한 모습은 이루 다 형용하기 어려울 정도였다. 눈이 내리는 아침에는 설경을, 여름에는 시원한 저녁바람을 즐기면서 특히 현종玄宗황제의 화군花軍[105]을 모방해 부채놀이[106]를 좋아했다. 많은 미녀들을 좌우로 서게 한 뒤 자신은 한가운데에 앉아 땀이 날 정도로 더운 것도 아니었지만 양측에서 금박의 부채로 부치게 했다. 부채바람이 센 쪽을 이겼다고 그 부채를 치켜 올린 뒤 진 쪽의 부채는 빼앗아 연못에 띄워 흘려보내며[107] 즐기는 호화

국에서 들어온 열대산 목재를 말한다.

99) 일본어로는 진亭이라고 한다. 정원 등에 휴게 또는 조망 등을 위해 만드는 간소하면서도 풍아風雅한 건물로 우리의 정자에 가깝다. '진'이라는 것은 '亭'의 당음唐音이다.

100) 셋슈雪舟(1420~1506)는 무로마치 후기의 화승畵僧이다. 1467년 명나라로 건너가 본고장인 중국의 자연과 수묵화 기법을 배우고 1469년에 귀국했다. 송宋・원元・명明의 북화北畵 계통의 수묵화 양식을 개성화해 산수화・인물화 이외에 장식적인 화조화花鳥畵를 많이 그렸다. 용그림 중에서도 '마키류卷龍'라고 하는 그림인데 용이 소용돌이를 치며 승천하는 모습을 그린 것이다.

101) 은으로 골격을 만들고 안에는 유리로 만든 기름접시를 넣어 불을 밝히는 등롱燈籠이다. 처마 끝에 매단다.

102) 일본어로는 구기카쿠시釘隱라고 한다. 문미門楣 위 또는 문지방 아래를 가로지른 장식용 나무를 나게시長押라고 하며 이 나게시 등에 박은 못의 머리를 감추기 위해 덮어씌우는 장식용 금속물이다. 석영石瓔을 집어넣어 만든 고급품을 사용하고 있다는 의미이다.

103) 다루키垂木는 서까래라는 뜻이고 다루키바나椽鼻는 그 서까래 끝부분을 말한다. 서까래 끝을 아오가이靑貝 즉 자개를 세공해 장식했다는 의미이다. 아오가이는 '배무라기'라 하여 갯바위 등에 붙어 있는 접시모양의 조개로 겉은 청흑색 안은 아름다운 하늘색을 띠고 있어 나전螺鈿의 재료로 쓰인다.

104) 누에를 뽑아 만든 솜으로 하얗고 광택이 나며 부드럽고 가볍다. 주로 방한용 의류 등에 쓰이는 고급 솜이다. 비로도로 겉을 마무리한 다타미는 최고급에 속한다. 다타미의 재료로는 골풀을 쓰는 것이 보통이다.

105) 당의 현종玄宗황제가 궁녀들을 양 편으로 나누어 꽃가지를 갖고 서로 때리며 싸우게 하면서 양귀비와 함께 이를 즐겼다는 중국의 고사이다.

106) 중국의 화군을 흉내 내어 꽃 대신 부채를 갖고 노는 유희이다.

107) 여러 종류의 아름다운 부채를 강물에 띄우며 노는 유희이다. 무로마치 시대에 귀인이 교토의 오이가와大井川에서 유람하면서 금부채・은부채를 강물에 띄워 놀았던 것이 시초라고 전해지고 있다.

로운 놀이었다. 옛날 이 지방에 있었다는 마노眞野의 장자[108]의 사치도 이 사람에게는 도저히 미치지 못할 것이다. 이 집에서 벌어지는 일을 바깥사람들은 모른다고 해도 이래서야 천벌을 면할 수는 없을 것이다.

일가 친족들은 이 모습을 보면서 크게 한탄했지만 그는 전혀 개의치 않았다. 고참 데다이가 원장原帳[109]을 확실히 관리하면서 전화錢貨와 은화 창고 열쇠는 주인에게 맡겼지만, 가로 세로 3칸, 5칸의 금화 창고만은 주인 마음대로 하지 못하게 했기에 이 집안이 기울 것이라고는 상상조차 못했는데, 이 데다이는 58세 초겨울 서리가 내린 아침 감기가 도져 허망하게도 갑자기 죽고 말았다. 그러자 주인은 전부 열쇠를 손에 쥐고 마음 내키는 대로 더욱 사치에 빠져 들었다. 이 지방 분고의 물맛이 무겁다[110]면서 "누가 뭐래도 교토의 물맛이 최고"라고 기요미즈清水 오토와乙羽[111]의 폭포에서 흐르는 물을 여러 개의 물통에 채워 매일 차례대로 먼 항로를 통해 저택으로 날라 오게 한 뒤 유야湯屋[112]와 후로야風呂屋[113] 욕실에서 매일 그 물을 사용했다. 옛날에 지가千賀[114]의 포구 풍경을 그대로 교토 로쿠조六條[115]의 저택 내로 옮겨 만들었던 시오가

---

108) 분고의 마노眞野 지방에 있었다는 전설상의 부호이다.

109) 일본어로는 모토초元帳라고 하며 소칸조모도초總勘定元帳라고도 한다. 복식부기複式簿記로 모든 입출금의 내역을 기록한 장부인데 이를 바탕으로 대차대조표와 손익계산서를 작성한다.

110) 다도에서 차를 끓이는 물은 경수硬水는 피하는 것이 보통이다. 야마시로山城 지방의 물을 최고로 쳤으며 긴키近畿 지방의 물이 그 다음이며, 그 밖의 지방의 물은 찻물로는 적합지 않았다고 한다.

111) 기요미즈清水 오토와乙羽의 물은 다도에서 최고로 치는 물로서 교토의 명수名水이다. 기요미즈데라의 오토와폭포音羽瀧의 물을 말한다.

112) 유오케湯桶라는 입욕용 나무통을 놓은 사우나를 즐기기 위한 욕실이다.

113) 아래쪽에 장작불을 지피는 화구火口가 있는 욕실이다.

114) 시오가마노우라塩釜の浦를 말하고 지금의 미야기현宮城縣 시오가마시塩竈市에서 미야기군宮城郡 시치가하마초七ヶ浜町에 걸친 쇼도완松濤湾 남부의 바닷가이다.

115) 교토의 로쿠조가와라六條河原이다. 로쿠조도오리六條通り의 동단東端 가모가와鴨川의 강가에 미나모토노 도오루源融의 저택이 있었다. 미나모토노 도오루는 사가천황嵯峨天皇의 황자皇子로 로쿠조가와라에 크고 화려한 저택을 짓고 살아 세상에서 가와라좌대신河原左大臣이라 불렸다.

마塩釜의 대신大臣 미나모토노 도루源融[116]라는 귀족이 있었는데, 이 대신을 흉내 내 교토의 물을 분고로 갖고 와 목욕통에 넣고 사용했기에 세간에서는 이 사람을 '목욕가마의 대신'이라고 부를 정도였다. 이렇게 사치를 해서는 얼마 안가 조석의 연기도 끊어질 것이라고 소문이 퍼졌는데 아니나 다를까 어느 해 연말에 총 결산을 해 보니 5천 관의 비용을 지불하고 은 1돈 3분의 적자가 나 원금에 구멍[117]이 나버렸다. 그 뒤로도 점차 결손이 커져 "천 장 높이의 둑도 개미구멍으로 무너진다"[118]는 격언대로 불운도 겹쳐 목숨마저 잃고 뒤에 남겨진 것은 모두 타인의 보물이 되고 말았다.

116) 시오가마鹽釜란 원래는 바닷물을 끌어들여 소금을 만드는 솥을 말하나 여기에서는 미나모토노 도오루를 가리킨다. 대신 즉 일본어로 다이진大臣은 다조칸太政官의 상관으로 다조다이진太政大臣・사다이진左大臣・우다이진右大臣・나이다이진內大臣을 가리키는 말이다. 다죠칸은 율령제에서 팔성의 제사諸司 및 제국諸國을 총관總管하고 국무를 총괄하는 최고기관이다.

117) 여기에서의 구멍은 뒤에 따라 나오는 개미구멍을 유도하기 위한 연어緣語이다.

118) "千丈之堤 以螻蟻之穴潰"『한비자韓非子』에서 인용한 표현이다.

권 3-3_ 관음의 눈도 빼어 가는 세상

노래 염불念佛[119]의 히구라시日暮し[120]라고 불렸던 사람이 있었는데, 그 사연은 다음과 같은 것이었다.

옛날 후시미성伏見城[121]에 이에야스공家康公이 계셨을 때[122] 이곳은 여러 다이묘들의 오나리몬御成門[123]이 처마를 나란히 한 채 빛나고 있었다. 금은주옥金銀珠玉이 여기저기에 박혀 있고, 어느 명장名匠의 작품인지[124] 산호를 갈아 세공한 홍매의 가지에 봄기운이 창연하고 오색의 부운浮雲이 은은한 가운데 용은 마치 살아 꿈틀거리는 것 같고 호랑이는 그대로 튀어 나올 듯한 모습에, 본 적도 없는 당토唐土[125]의 『이십사효二十四孝』[126]까

---

119) 일본어로는 우타넨부쓰歌念佛라고 한다. 에도시대 초기에 승려의 복장을 한 걸인으로 처음에는 염불에 가락을 붙여 징을 반주로 노래를 부르고 다니면서 구걸을 했으나 이후에는 조루리淨瑠璃나 셋쿄부시說経節를 읊으며 다녔다. 셋쿄부시는 중세 말부터 근세시대에 행해진 가타리모노語り物의 하나로 불교의 경전을 전파하는 한 방법으로 가락을 붙여 악기의 반주에 맞춰 이야기하는 것이다.

120) 히구라시日暮し라고 하는 우타염불의 일파이다. 그날 벌어 그날 먹고 사는 히구라시라는 말이 만들어진 유래에 대해 설명하고 있는 부분이다.

121) 교토시 후시미구伏見區 히가시후시미야마東伏見山에 도요토미 히데요시豊臣秀吉가 1594년에 세운 성이다.

122) 1600년 세키가하라關が原 전투 이후 후시미가 도쿠가와 이에야스德川家康의 거성居城이 되어 번영했던 약 10년간을 말한다.

123) 천황가의 귀족, 섭정정치를 하는 셋칸攝關, 장군 등의 행차를 '오나리御成'라 했으며 여기에서는 이에야스의 행차를 말한다. 이러한 행차를 맞이하기 위해 만든 문이 오나리몬御成門이다. 노송나무 껍질로 만든 지붕에 박공膊栱이라는 곡선 모양의 장식을 입혔다. 당파풍唐破風의 건물로 무로마치 시대부터 에도시대에 걸쳐 다이묘들이 권세를 자랑하기 위해 경쟁해 만들었다. 현관, 문이나 신전神殿 등의 지붕이나 처마에 많이 만든다. 파풍破風은 일본 건축에서 지붕의 박공집에 붙어 있는 합장合掌 모양의 장식판이다.

124) 요쿄쿠謠曲 『야만바山姥』의 한 구절 "어떤 명장인지 청암靑巖의 모습을 조각했다"에서 따온 표현이다.

125) 옛날의 중국을 가리키던 말이다.

126) 원元의 곽거경郭居敬이 선록選錄한 『전상이십사효시선全相二十四孝詩選』으로 24명의 효자들의 시를 수록하고 있다. 오토기조시お伽草子나 가나조시仮名草子 등의 에도시대의 산문에도 자주 인용되었다.

지도 에치젠공越前公의 문門[127]에 생생하게 조각되어 있어 그 아름다움은 이루 말로 형언할 수 없을 정도였다. 에치젠공越前公은 이 저택에 55만 석[128]의 3년간 연공을 쏟아 부었다고 한다. 어느 날 교토에서 노래 염불을 하고 있던 사람이 7월의 우라본盂蘭盆[129] 무렵에 권진勸進[130]을 하러 이곳을 들렀는데 때마침 아침햇살에 빛나는 오나리몬의 광경을 넋을 잃고 바라보고 있었다. 이십사효의 조각물 중, 대순大舜[131]이 농사일을 하고 있는 곳에 같이 있는 얼룩소는 도저히 조각이라고는 믿어지지 않을 정도로 실감나게 새겨져 있었기에 요도淀[132]나 도바鳥羽[133] 쪽으로 돌아가는 짐차의 소들도 이 조각 소를 보고 멈춰 서 같이 어울렸으면 하는 표정을 지을 정도였다. 또한 노래자老萊子[134]의 춤사위는 다리의 움직임이 너무도 실감이 나 마치 음곡音曲[135]이 들려오는 듯 했고, 손에 쥔 팔랑개비[136]에는 바람이 일어 주변의 초목들도 나부끼고 있는 것 같았다. 곽거郭巨[137]

---

127) 에치젠越前 주나곤中納言 유키 히데야스結城秀康의 저택의 오나리몬御成門을 말한다.

128) 세상에서 흔히 에치젠 55만 석石은 에치젠코越前公 영지의 총 쌀 수확량을 말한다.

129) 조령祖靈을 사후의 고통으로부터 구제하기 위한 불사佛事이다. 음력 7월 13일~15일을 중심으로 행해지며 각종의 공물供物을 조상의 영靈・신불新佛・무연불無緣佛에게 바치며 명복을 빈다. 일반적으로는 이 날 성묘를 하고 승려가 집집마다 염불을 하러 돌아다닌다.

130) 절이나 불상의 건립 또는 보수를 위하여 금품을 거두는 것이다.

131) 이십사효二十四孝의 주인공 중의 하나이다.

132) 지금의 교토시 후시미구의 한 구역이다. 예전에는 수운水運의 요지로써 번창했다. 운송용의 우마차의 구루마야도車宿가 있었다. 에도시대 때는 나가이永井・마쓰다이라松平・이나바稻葉 씨의 조카마치城下町. 구루마야도는 이용객을 기다려 우마차나 인력거 등을 준비하고 있는 곳이고 조카마치는 봉건제 영주의 거성을 중심으로 해 그 근방에 발달한 시가지이다.

133) 교토시 남부의 한 구역이다. 가미토바上鳥羽와 시모토바下鳥羽로 나뉘며 각각 미나미구南區와 후시미구에 속해 있다. 구루마야도가 발달해 있어 교토 내외의 운송의 요지이다.

134) 이십사효 중의 하나이다. 70세가 되어서도 부모님이 나이든 것을 느끼지 못하게 하기 위해 어린아이의 옷을 입고 어린아이의 춤을 흉내 내며 응석을 부렸다는 일화로 유명하다.

135) 일반적으로는 일본의 전통음악을 가르키며 샤미센三味線의 선율을 가리켜 말하는 경우가 많다.

136) 노래자가 어린아이의 흉내를 내며 춤을 추었을 때 썼던 소도구이다.

가 파낸 큰 황금 솥을 보니 저것으로 밥을 짓다니 차 끓이기도 아깝겠구나. 정말 저런 솥 하나 있었으면 좋겠다, 저것을 조각내어 금화를 만들면 일생 떵떵거리며 살 수 있을 텐데 라며 조각물에 심취해 있자니 가을날이늘 그러하듯 어느새 날이 저물고 말았다.[138] 깜짝 놀라 서둘러 "원이차공덕願以此功德"[139]이라고 말한 뒤 빈 보따리를 짊어지고 교토로 돌아갔다. 이런 모습을 보고 사람들은 그를 히구라시보日暮坊[140]라고 부르게 되었다는 사연인데, 그의 노래염불 제자들은 지금까지도 그 명맥을 잘 이어가고 있는 것이다.

그런데 옛날 후시미의 그 번화한 모습은 지금은 사라져버리고 다이묘 저택 자리[141]는 고구마 밭으로 변했고 봄을 맞아 꽃을 피우고 있는 한적한 복숭아나무[142] 밭을 보니 도저히 사람 살 데가 아니어서 낮인데도 박쥐와 반딧불이 날아다닐 것만 같았다. 그 중에서도 교카이도京海道[143]는 그런대로 옛 자취가 남아 있어 몇 집이 가게를 내고 있지만 안쪽 길은 다 쓰러져 가고 사람 그림자조차 보이지 않는다. 1초町에 3개소個所 정도[144]로 드문드문 떨어져 초라하게 살고 있는 집들은 여름밤에도 모기장

137) 이십사효 중의 하나이다. 집이 가난하여 어머니가 밥을 일부러 적게 드셨기에 부모를 제대로 공경할 수 없었음을 마음 아파해 자식을 땅에 파묻으려고 땅을 파던 중에 땅에서 황금 솥이 나왔고 거기에는 "하늘이 효자 곽거에게 내리노라"라고 쓰여 있었다고 한다.

138) 요쿄쿠謠曲 『마쓰카제松風』의 "이렇듯 염불을 외우고 있자니 참으로 가을날이 그러하듯 어느새 날이 저물고 말았다"라는 대사에서 인용한 구절이다.

139) 독경讀經 맨 마지막에 읊조리는 원문願文의 초구初句로서 "이 공덕으로써 원하옵니다"라는 뜻이다. 이 말이 전화轉化되어 "이걸로 끝", "여기서 끝"이라는 의미로 쓰이게 되었다.

140) 그날 벌어 그날 먹고 사는 사람을 뜻한다.

141) 17세기 초 전후에 다이묘들의 저택이 다른 곳으로 옮겨가면서 후시미는 쇠퇴해 가기 시작했다.

142) 복숭아는 후시미의 특산물이었다.

143) 오사카의 교바시京橋에서 시작해 요도와 후시미를 거쳐 교토에 들어와 야마토대로大和大路가 되는 가도街道를 말한다.

144) "1초町에 3개 소 정도"라는 속담을 표현한 것으로 아주 드문드문 있는 모습을 말한다. 町는 거리의 단위로 60칸 정도이다.

이 없었고 이불도 없이 겨울밤을 보내고 있다. 옷농이나 바람도 모기장이 없었고 이불도 없이 겨울밤을 보내고 있다. 옷농이나 바람총[145]의 세공 일을 하는 집은 그래도 나은 편이다. 대개는 판자지붕[146]을 잇는 대나무 떠나 부채살, 뜸젓가락,[147] 새끼줄 등을 만들어 먹고 살고 있는데 이런 영세한 벌이로 일생을 버티기는 어려운 것이다. 이 세상을 살아가는 데는 이렇게 딱한 일도 많은 법이다.

이 후시미 시가지를 벗어난 곳에 기쿠야 젠조菊屋 善藏라는 전당업자가 있었다. 집에는 창고도 없이 바퀴달린 나가모치長持[148] 상자가 한 개 있을 뿐인데, 이것을 보관함과 창고로 사용했다. 전당 일의 요령을 잘 알고 있었던 덕분에 2백 돈目도 안 되는 자금을 순차적으로 회전시켜 이익을 내 가족 여덟 명을 부양하면서 그럭저럭 생계를 꾸려나고 있었다. 이 전당포에 오는 사람들을 보면 참으로 딱한 사람들이 너무도 많다. 오래된 우산 하나에 은 6분分을 빌리고는 쏟아지는 비를 흠뻑 맞으며 돌아가는 사람이 있는가 하면 아침밥을 지어먹고 채 씻지도 않은 밥솥을 들고 와 전錢 100문文을 빌려 가는 사람도 있다. 8월인데 아직도 얇은 가타비라帷子[149]를 입고 있는 부인이 나타나 때 묻은 고시마키腰卷[150]를 맡기고 은 3분分을 빌린 뒤 온 몸이 다 비쳐 보이는 데도 개의치 않고 돌아가기도 한다. 또한 80세 정도의 허리 굽은 노파가 지금까지 용케도 목숨이 붙어 있지만 금년 안에는 일이 날 것 같은 모습으로 나타나, 하루라도 더 살아 보겠다며 양 손이 떨어져나간 불상 하나와 생선 주발을 맡기고 48문

145) 일본어로는 후키야吹矢라고 한다. 대나무나 나무의 속을 파서 만든 가는 대롱에 종이 날개를 단 작은 화살을 넣고 숨을 갑자기 내뱉어 날려 보내 작은 새나 과녁 등을 맞힌다.

146) 일본어로는 이타부키板葺이라고 한다. 널판으로 지붕을 이는 것 또는 그러한 지붕을 말한다.

147) 일본어로는 야이토바시灸箸라고 한다. 뜸을 뜰 때 마른 쑥 잎 조각을 집는 젓가락이다.

148) 권2 주283을 참조할 것.

149) 안감을 대지 않은 여름용 홑옷으로 생견生絹이나 마포麻布로 만든다.

150) 二幅으로 표기하기도 했다. 여성이 일본 전통 의복 밑에 허리에서 다리 부분까지 걸쳐 입는 포백布帛으로 속옷의 일종이다.

文[151]을 빌려가는 것을 보면 참으로 덧없는 부세인 것이다. 또한 12,3세의 여자애와 예닐곱 살 정도가 된 중머리[152]의 남자애가 긴 사다리를 둘이서 간신히 짊어지고 와 전 30문을 빌리고 난 뒤 옆 가게[153]에서 팔고 있는 현미 5홉과 장작더미를 사들고 돌아갔다. 정말로 쪼들리고 각박한 살림살이들이다. 옆에서 보고만 있어도 너무도 안스러워 눈물이 쏟아질 정도지만 이 전당포 일은 여느 사람처럼 마음이 약해서는 할 수 없는 장사이니 이처럼 고약한 일은 따로 없을 것이다. 이런 작은 전당포에서도 보증인[154]과 인판印判[155]에 관한 조사는 다른 곳과 마찬가지로 규정[156]대로 꼼꼼히 한다. 천 관을 빌려도 도장 하나면 끝나는데 이처럼 작은 금액을 빌려주는데도 까다롭게 구는 것이다.

이자라는 것은 쌓이게 되면 상당한 금액이 된다. 이 기쿠야菊屋는 4,5년 사이에 은 2관 넘게 벌었지만 여전히 욕심을 부려 사람들에게 도움을 베풀 줄 몰랐다. 한 번도 인근의 고센화상高泉和尙의 절[157]에 참배하지 않았고, 심지어는 마을 마쓰리祭 때도 고코노미야신사五香宮神社[158]를 참배한 적이 없을 정도로 신사나 절에 대한 신심에는 전혀 관심이 없는 남자였다. 그런데 무슨 연유에선지 멀리 떨어진 하쓰세初瀨의 관음[159]을

---

151) 48문은 아미타불阿彌陀佛 사십팔원四十八願으로부터의 연상 표현이다. 부처－48문－덧없는 세상으로 이어지는 연어 기법에 의한 표현이다.

152) 에도시대 때의 남자아이들은 7,8살이 되기 전까지는 머리를 기르지 않는 것이 보통이었다. 이러한 짧은 머리를 중머리坊主頭(보즈아타마)라 하였다.

153) 일본어로는 가타미세片店라고 한다. 본업 이외에 같은 가게의 한 편에서 다른 장사를 하는 가게로 여기에서는 전당포에 붙어 있는 쌀가게를 말한다.

154) 전당포에 물건을 맡기고 돈을 빌릴 때는 물건을 찾아가야만 하는 기간과 이를 못 지킬 경우 물건을 처분해도 좋다는 승낙을 받기 위해 도난품이 아니라는 증명이 필요하며 아즈케데가타預け手形라는 영수증에 해당하는 서류에 물건을 맡기는 사람과 이를 보증하는 사람이 함께 연서연판連書連判을 해 전당포 주인에게 건넨다.

155) 인장을 가리킨다.

156) 전당품확인서를 건내는 것을 말한다.

157) 지금의 후시미구 후카쿠사오가메다니深草大龜谷 후루고코초古御香町에 있는 덴타이산 붓코쿠지天台山佛國寺로 1687년 고센 화상高泉和尙이 창건하였다.

158) 후시미구 고코구몬젠초五香宮門前町에 있다. 제신은 진구황후神功皇后로 후시미의 우부스나가미産土神이고 제례는 음력 9월 9일에 행한다.

믿기 시작해 자주 발걸음을 하였기에 사람의 마음이라는 것이 저토록 바뀔 수도 있구나 하면서 세간에 크게 화제가 되었다. 이 하쓰세 절의 7일 동안의 가이초開帳[160] 비용은 오래전부터 한킨判金[161] 1매로 정해져 있었는데 기쿠야는 불과 2관[162]의 재산이면서 세 번이나 가이초를 했기에 혼간보本願坊[163]의 주지스님을 비롯해 절 승려들이 그 이름을 전해 듣고 "두 번 다시없을 후생後生의 기원祈願이도다, 지금까지 한 사람도 3번이나 가이초를 한 전례가 없었으니"라고 말했다.

그런데 어떤 때였다. 기쿠야는 가만히 불전 앞 장막인 도초戸帳[164]를 들여다보는 척 하더니, 장대로 1단[165]씩 묶어 10단을 늘어 붙여 놓은 도초가 오랜 동안 거칠게 다루어져 거의 반 정도는 볼 성 사납게 찢어져 있었기에 그것을 가르키며 "내가 여러 번 가이초를 하면서 도초 장막이 이렇게 찢어졌으니 기진해서 새롭게 갈아드리겠습니다"라고 말했다. 교토에서 금란金襴[166]을 주문해 새 것으로 바꾸어 주었더니 승려들

---

159) 지금의 나라현 사쿠라이시櫻井市 하세初瀨에 있는 하세데라長谷寺의 본존십이면관음本尊十二面觀音으로 높이 7.9미터의 목상이다.

160) 사원에서 특정한 날에 즈시廚子의 문을 열고 그 안의 비불秘佛을 일반인들에게 배례시키는 것으로 대부분 봄에 열린다. 즈시는 경전이나 불상을 보관하기 위해 만든 두 개의 문짝이 달린 궤이다.

161) 액면은 10량兩이지만 실제로 유통되는 가격은 7량 2분 전후이다.

162) 금 1량에 60돈의 계산으로 33량 남짓의 재산을 갖고 있는 기쿠야가 가이초開帳를 세 번하면 22량 2분으로 자기 재산의 3분의 2 정도의 돈이 든다.

163) 평생 불교에 귀의해 공양·기진寄進 등을 하는 시주施主가 기거하는 숙방宿坊이다. 숙방은 사원을 참배하는 사람이 숙박하는 사방寺坊 또는 사원에서 승려가 생활하는 곳이다.

164) 즈시의 장막帳(도바리)이다. 주인공은 세 번째 가이초 때 처음으로 유심히 도바리를 보고 그것이 훼손되어 있음을 안 것처럼 행동을 하지만, 이 도바리가 아주 귀중한 것임을 처음부터 알고 있었다.

165) 단反은 거리나 토지면적을 셀 때나 옷감의 치수를 잴 때의 단위로 다양하게 쓰이나 여기에서는 옷감의 단위이다. 1단은 보통 천으로는 경척鯨尺으로 2장丈 6척尺 또는 2장 8척 정도이다. 경척은 '구지라자쿠'라 하여 자의 일종이다. 민간에서는 천을 잴 때 사용하였고 1척은 37.9센티미터이며, 원래 고래의 수염으로 만들었기 때문에 붙여진 이름이다.

166) 원래는 중국 수입품이 대부분이었지만 후에 교토의 니시진西陣에서 만들기도 했다.

은 너무도 기뻐하는 것이었다. 그 뒤 기쿠야는 "이 낡은 도초를 제게 주시면 교토의 33개소[167] 의 관음님에게 걸어 드리겠습니다"고 말하니 절에서는 "어렵지 않은 부탁입니다"라면서 넘겨주기에 기쿠야는 그것을 몽땅 받아서 돌아왔다.

그런데 당직唐織[168]으로 짠 이 도초는 두 말할 것도 없이 옛날부터 전해져 오는[169] 것이었는데, 적갈색 바탕의 금란金襴,[170] 옅은 황색 바탕의 금란,[171] 감색 바탕의 금란[172] 등 여러 가지 진귀한 모양이 들어 있었다. 이것은 모두 귀중한 소재였기에 엽차 용기 주머니나 표구용 천으로 팔았더니 상당한 금액의 돈이 되었고 더욱 집이 번창해 5백 관의 재산이라고 세상에 소문이 나게 되었는데 그것은 맞는 말이었다. 애초부터 그의 기진寄進은 관음을 믿어서가 아니라 돈 버는 수단이었던 것이니 정말 교활하고 빈틈없는 남자였던 것이다. 이렇게 한번은 자기 뜻대로 성공했지만 도리에 어긋난 수법으로 부자가 되었기에 그 뒤에는 예전보다 더 비참하게 망해서 결국은 교바시京橋[173]로 나와 오사카로 내

금실로 짠 문양을 낸 직물의 총칭으로 아주 화려하고 찬란했다.

167) 西國三十三所의 관음예소觀音禮所를 의식해 교토를 중심으로 한 내외의 유명한 관음삼십삼소觀音三十三所를 예소로 선정한 것이다. 1665년 고사이後西천황의 칙령에 의해 정해졌다.

168) 일본어로는 가라오리唐織라고 한다. 중국에서 들어온 직물 혹은 그것을 닮은 직물의 총칭이다. 시대를 거슬러 올라가 나라시대・헤이안시대 때 '가라'라 하면 보통 한반도의 삼국, 특히 백제를 가리키는 말이었으나 중세 이후 중국을 가리키는 말로 정착했다. 유서 있는 사찰의 도바리는 가라오리의 금란을 사용한 것이 많았다.

169) 무로마치 시대 이전부터 전해져 내려온 것이다.

170) 일본어로는 고즈루小釣라고 한다. 황적색 바탕柿地에 작은 만초蔓草 모양을 짜 넣은 금란이다.

171) 일본어로는 하나우사기花兎라고 한다. 엷은 남색藍色 바탕에 토끼와 꽃 모양을 짜 넣은 금란이다.

172) 일본어로는 운보雲鳳라고 한다. 감색 바탕에 구름과 봉황鳳凰의 모양을 짜 넣은 금란이다.

173) 일본 각지에 교바시京橋라는 지명이 많은 데 그 대표적인 것은 도쿄 주오구中央區에 있다. 다리를 가리키는 의미에서 그 다리가 있는 근처를 교바시라고 했고 에도시대 때 도카이도東海道를 통해 교토로 갈 때 니혼바시日本橋를 기점으로 처음으로 건너는 다리가 바로 이 다리이다. 오사카에도 주오구中央區가 있고 이 주오구와 도시마구豊島區

려가는 배를 상대로 하청 받아 온[174] 소주나 모로하쿠諸白[175] 청주를 파는 장사를 하면서 겨우 목숨을 연명하는 신세가 되었다. 단 맛이든, 쓴 맛이든 간에 지금 세상 사람들은 술에 취한 것처럼 속아 넘어 가지 않는 세상이도다.

를 잇는 다리도 교바시라고 하며 또한 그 일대를 가리키기도 한다. 여기에서는 교토의 후시미에 있던 교바시를 말하며 오사카의 교바시로 가는 선박의 발착점이기도 했다.

174) 제조원이나 도매업자로부터 받은 물건을 파는 것이다.

175) 정미한 쌀과 누룩을 사용해 만든 청주로 에도시대 때는 고급 청주의 총칭으로 사용되었다.

권 3-4_ 고야산高野山 차전총借錢塚의 시주施主

"세상사에는 때라는 것이 있다. 꽃이 피고 지는 데도 때가 있고 인간의 생사에도 때가 있는 법이다. 그럼으로 사람이 죽었다고 해서 그렇게 슬퍼할 일은 아니다. 그렇기는 하지만 수명을 늘리고자 한다면 양생養生이 중요하다. 독이 있는 생선인 줄 알면서 복어국을 먹는 사람이 있는데, 이것과 풍미가 별 차이가 없는 조어藻魚[176]라는 생선은 아무런 걱정을 하지 않고 먹어도 된다. 마누라라는 것은 인연을 맺게 된 때부터 노파가 될 때까지 집 안 연못의 물고기처럼 마음대로 다룰 수 있는 것인데, 다른 여자에게 손을 뻗쳐 무분별하게 정력을 소모하는 사람들이 많다. 이 신수腎水[177]를 소모하면 회복이 불가능해 일생 손해가 되니 사람들이 조심해야 하는 것은 바로 호색好色인 것이다. 장수는 그 사람의 마음자세에 달려 있다"고 어느 근엄한 노인이 젊은 사람들에게 의견을 들려주는 것이었다.

"옛날에 나니와難波의 이마바시今橋[178] 거리에 구두쇠로 소문난 부자가 있었다. 그는 일생 독신생활을 하면서 검약[179]을 내건 식양생食養生을 철저히 지키면서 살았지만 결국 이 남자도 한참 나이[180]에 아무런 도락道樂[181] 도 즐기지 못하고 이 세상을 하직하고 말았다. 뒤에 남겨진 돈은 절에 맡겨졌고 48야 염불[182]을 해 주었다고는 하지만 죽고 나서는

176) 일본어로는 모우오藻魚라고 한다. 이 중 겨울에 크게 자란 것을 아코赤魚라고 하는데 맛이 담백하여 복어의 대용으로 쓰였다.

177) 정액을 뜻한다.

178) 나니와難波는 오사카의 옛 이름이다. 오사카시 주오쿠中央區의 지명 이마바시今橋의 서쪽 길거리를 말한다.

179) 장수하기 위해서가 아니라 절약을 위해서 미식·과식을 삼갔다는 뜻이다.

180) 일본어로는 오토코자카리男盛り라고 하며 남자로서 가장 한창때인 3,40대의 나이를 가리킨다.

181) 환락가나 유흥가에서 여자와 노는 일을 가리킨다.

182) 정토종에서는 사십팔야四十八夜의 염불공양을 행했다. 아미타불은 법장보살 때 중생제도를 위해 사십팔개의 서원誓願을 발원했다.

다 소용없는 일이다. 그렇지만 오랜 동안 집 창고에 숨어서 세상구경을 할 수 없었던 돈이 사람들 손으로 넘어가, 구켄초九軒町[183] 유곽의 매달 2일[184]의 결산일에도 도움이 되고 도톤보리道頓堀[185]의 자모토座元[186]에 지불하는 대금이 되기도 한다. 그래서 보寶[187]라고 찍혀있는 글자가 닳아서 보이지 않는 것처럼 이 돈도 지금은 세간에서 닳고 닳아서 모두 없어져버렸다"[188]고 하면서 사람들은 크게 웃었다는 것이다.

"이 구두쇠 남자는 계진癸辰[189] 출생으로 57세에 죽었는데 죽은 시기가 계진의 해, 진의 날, 진辰[190]의 시각이었다"고 하니 이런 기이한 일은 다시 없을 것이다. 게다가 기이할 정도로 박식한 사람이 공교롭게도 그 자리에 있었는데, 삼세상명감三世相命鑑[191]을 펼쳐보고 말하기를 "이 남자의 전생은 가마쿠라鎌倉[192]의 장군 요리토모공賴朝公으로부터 사이교법사西行法師[193]에게 하사된 황금 고양이었다. 그런데 이것이 희한하

---

183) 오사카의 유곽이 있었던 신마치新町의 아게야마치揚屋町를 말한다.

184) 매월 2일은 아게야가 기녀들의 월급과 상점의 외상거래 등의 결산을 하는 날이다.

185) 오사카시 주오구中央區의 지명이다. 도톤보리道頓堀의 남쪽 닛폰바시日本橋에서 에비스바시戎橋에 걸쳐서 가부키歌舞伎와 닌교조루리人形淨瑠璃의 극장이 있었다.

186) 에도에서는 흥행권의 소유자를 뜻했고 가미가타에서는 그 명의를 빌려 흥행을 하는 흥행책임자를 가리킨다.

187) 조긴丁銀 마메이타긴豆板銀 표면에는 주조자 大黑屋常是의 이름과 연관지어서 大黑天像과 '常是'란 글자와 '보寶'란 글자가 새겨져 있다.

188) 은화의 '보'의 글씨가 닳았다는 것과 세상살이에 닳았다는 것을 연결지어서 표현했다. 단 여기서는 세간에 유통하게 되었다는 뜻으로 쓰였다.

189) 간지干支에 계진癸辰년은 없다. 또한 같은 간지에 죽었다고 하면 61세가 되어야 한다. 이러한 착오는 있을 수 없는 실수이기에 이 표현에 담긴 작가의 의도가 명확치 않다. 『삼세상三世相』과 같은 책을 보면 용띠의 수명은 75세이며 그 장수를 위해서는 식양생食養生이 필요하나 절약을 위한 식사와 도락도 즐기지 않고 일만했기 때문에 제 수명을 살지 못했다는 것이다.

190) 오전 8시경의 시각이다.

191) 중국의 원천강袁天綱의 『삼세상』을 주석한 일본판 간행본 『명감삼세상천문초命鑑三世相天門鈔』(1667)를 가리키는 것으로 보여진다. 『삼세상』은 생년월일의 간지에 따라 그 사람의 과거 · 현재 · 미래에 이르기까지 그 운명과 길흉이 적혀 있는 책자이다.

192) 가나가와현神奈川縣 남동부에 위치하고 있고, 가마쿠라鎌倉막부가 있었던 곳이다.

193) 헤이안 후기의 가인이며 승려이다. 북면北面의 무사로 출사出仕했었으나 23세에 출가했다. 이후 여러 지방을 다니며 와카를 읊었다. 역사서 『아즈마카가미吾妻鏡』에는

게도 사이교법사를 만난 불연佛緣에 의해 인간계로 생을 받은 것이다. 그 몸은 황금이지만 자신은 이것을 쓸 수 없고 그 금은 다른 사람의 아이[194] 것이 되고 말았다. 그도 그럴 것이 그 금 고양이는 사이교법사가 손으로 한 번 쓰다듬고 나서 마을 어린이에게 넘겨주었다는 것이다. 아! 그 고양이를 내가 받았으면 좋았을 텐데"라고 본 적도 없는 옛날이야기인데도 금이라는 말을 듣자마자 바로 달려드는 그 욕심이 뭉쳐져서[195] 지금 세상의 인간이 된 것이다.

부자는 지혜와 재주 외에 행운이 따라 주지 않으면 안 되는 법이다. 아주 똑똑한데도 가난한 생활을 하는 사람이 있는 가하면 어리석으면서도 부귀를 누리는 사람이 있다. 이 빈부 두 가지는 삼면三面[196]의 대흑님大黑殿이라고 한들 뜻대로 되지 않는다. 구라마鞍馬[197]의 비사문천毘沙門天의 가르침을 지키고 그 사자使者인 지네[198]와 같이 몸을 움직여 일해야 하는데, 그래도 재산을 만들지 못하는 것은 어쩔 수 없는 일이다. 이러한 사람들은 하늘도 불쌍히 여기고 사람들도 동정을 하는 것이다. 그런데 자신의 일은 소홀히 하면서, 주택을 근사하게 짓고, 조석으로 주연과 미식을 즐기며, 값 비싼 의류나 허리칼[199]을 장만하고, 분에 넘치는 교제만

1186년에 쓰루가오카하치만구에서 사이교 법사가 요리토모를 만나 가도歌道와 무예의 이야기를 나누며 백은색의 고양이를 하사받았다는 기사가 나온다. 북면의 무사는 왕위를 물러난 상황上皇의 거처인 고쇼御所의 북면에 대기하며 경비를 맡았다.

194) 앞에 나온 부호의 유산이 다른 사람 손에 넘어간 것을 사이교의 이야기 내용에 빗대어 다른 사람 아이라고 표현하고 있다.

195) "인간은 욕심덩어리人間は欲のかたまり"라는 속담이 있다.

196) 왼쪽에 변재천辯才天(七福神 중의 하나. 말재주, 음악, 재복, 지혜를 주관하는 여신)과 오른쪽에 비사문천毘沙門天의 얼굴을 한 대흑천大黑天이다. 비사문천은 사천왕四天王 중의 하나로 북방을 지키는 수호신이다. 일본에서는 복덕福德을 내리는 수호신의 역할을 한다. 칠복신에 관한 자세한 설명은 권4−1을 참조할 것.

197) 교토시京都市 사쿄구左京區 구라마혼마치鞍馬本町에 있는 구라마데라鞍馬寺의 본존인 비사문천毘沙門天의 속칭이다. 교토・오사카를 중심으로 하는 가미가타에서는 복의 신으로서 유명하다.

198) 한자로는 百足이라고 표기한다.

199) 일본어로는 요도腰刀라고 한다. 에도시대에는 가타나가리刀狩라는 법률로 서민들의 무장이 금지되어 있었다. 다만 조닌들에게는 와키자시脇差라고 하는 큰 칼에 곁들여

이 아니라 기생놀음과 남색에 탐닉하는 사람이 있다. 이래서는 끝을 묶지 않은 실타래[200]가 풀려 나가듯이 아무리 바늘[201]을 창고에 싸놓을 정도로 막대한 재산이 있어도 점점 줄어들 수밖에 없다. 결국에는 타인의 것을 자기 재산인 것처럼 위장하고 돈을 빌리게 되는데, 물론 애당초 이 돈을 갚을 마음은 없는 것이다. 이것은 처음부터 계획적인 도산이었던 바, 손을 뻗쳐 남의 물건을 훔치는 낮 강도보다도 질이 나쁘다. 장래의 파산을 계획하고 5~7년 전부터 동생을 분가[202]시켜 놓은 뒤, 파산하더라도 그 재산만은 숨겨 놓는 방식이다. 만일 교토 사람이라면 명의를 바꾼 다음 후시미에 저택을 사 두고, 오사카 사람이라면 시골 친척에게 전답을 사두게 한다. 이렇게 자신이 지낼 곳을 미리 준비해 둔 뒤, 재산이 될 수 없는 빈 껍질만 남은 저택을 채권자에게 넘겨주고 옛 거래 장부를 베개로 삼아 뻔뻔하게 나자빠져 있는 행태는 참으로 어이가 없는 일이다. 주위의 마치슈町衆들이 중재[203]에 나서 연부年賦로 변제할 수 있도록 해 주었지만 오히려 귀찮아하면서 중재를 거절한 다음, 표면적으로는 부뚜막의 잿더미까지 모두 넘겨 버리고 집을 나와서 3월의 셋쿠節句[204]에

허리에 차는 작은 칼腰刀(大小가 있다)중 작은 칼의 착용은 허락되었다. 가타나가리는 무사 외의 사람들의 칼이나 창을 몰수하는 것으로 도요토미 히데요시豊臣秀吉가 1588년에 시행하여 병농兵農분리를 이루며 근세 봉건체제의 기초를 다졌다.

200) 속담 표현으로 낭비가 심한 모습을 비유하고 있다.

201) 속담 표현으로 좀처럼 쓰지 않는 바늘이 창고에 쌓여있을 것 같은 부자라 해도 도저히 감당하기 어려운 낭비를 비유한 말이다.

202) 별가를 만들어 재산을 나누어 둔다는 뜻이다. 일반적으로 서자 형제가 갈라진 집을 분가分家라 하고 데다이가 독립해 나누어진 집을 별가別家라고 하였다. 동생을 별가로 해서 재산을 나누었다는 것은 혈연관계를 표면적으로만 끊은 것처럼 보이려고 한 것으로도 보인다.

203) 조닌들의 중재에는 마치슈町衆가 나섰다. 마치슈는 거주하는 지역의 도시요리年寄와 고닌구미五人組를 가리킨다. 도시요리는 에도시대 町・村의 행정을 맡은 우두머리이고 고닌구미는 다섯집을 한 단위로 해서 연대책임을 지게 한 조직을 말한다.

204) 셋쿠節句란 명절로서 1월 7일의 인일人日 3월 3일의 상사上巳, 5월 5일의 단오端午, 7월 7일의 칠석七夕, 9월 9일의 중양重陽의 다섯 날을 가리킨다. 여기서는 그중 삼월 삼일의 모모노셋쿠桃の節句를 말한다. 복숭아꽃이 필 무렵이다. 도산이 연말에 있었던 일이라고 하면 다음 셋쿠는 3월의 모모노셋쿠가 된다. 셋쿠 전에 결산을 하는 것이 관례

는 복숭아주[205]를 마시면서 여유롭게 인생을 즐기곤 하는 것이다.

언젠가 11관의 부채 때문에 파산한 사람이 있었는데 남아 있는 재산은 2관 5백 돈뿐이었기에 채권자 86명이 빚 청산을 위해 매일 모여들었다. 공동모임[206]이기에 모임비용을 절약을 하려는 사람은 누구 하나 없었다. 우동・메밀・술안주 그 밖의 여러 가지 과자를 먹고 싶은 대로 주문해 금전지불장[207]에 기입하고 반년 이상 시간을 허비한 다음 받을 수 있는 돈은 모두 잡비로 써버려 계산해 보니 결국 일인 당 4분 5리 씩 자기부담을 하게 되었다. 게다가 비용으로 쓴 밀린 빚을 갚으며 동네 사람들에게 머리를 숙여 인사를 하며 돌아다니는 모습은 가관이었다.

옛날에 오쓰大津[208]에서 천 관의 빚을 진 사람이 있어서 세간에서는 유례가 없는 일이라고 화제가 되었었는데 근년에는 교토[209]나 오사카에서 3천 관이나 2천 5백 관의 채무를 지고 파산하는 사람도 있다. 이런 일은 먼 지방의 작은 조카마치城下町[210]에서는 찾아볼 수 없다. 일본 최대의 항구[211]이기에 이처럼 큰 자금을 빌려주는 사람도 있는 것이다. 또한 빌리는 쪽도 이 정도로 빌릴 수가 있기에 상인다운 상인이라고 할 수 있는 것이다. 아무리 큰 소리를 친다고 해도 백 관이라는 거금을 빌리는 것은 좀처럼 쉽지 않은 일이라고 한다.

이나 파산을 했기 때문에 결산을 신경 쓸 일 없이 한가롭게 지낸다는 것을 표현하였다.

205) 복숭아꽃으로 담근 술로 3월 3일에 마시면 병에 걸리지 않는다고 한다.

206) 채권자가 모여 채무자의 가산家産을 입찰, 매각하여 채권액에 따라서 분할해서 받기 위한 모임이다. 이 모임에 드는 비용은 채권자끼리 평등하게 분담하기 때문에 절약할 필요가 없었다는 것을 의미한다.

207) 채권자들 집회의 지출장부이다.

208) 시가현滋賀縣 남서부의 도시이다. 권6-4에도 오쓰의 쌀 도매상인 나라야奈良屋가 도산한 글이 나온다.

209) 교토의 다이코쿠야 도쿠에몬大黒屋德右衛門은 1,200관, 고마키 소에몬小牧宗右衛門은 45,000관의 채무를 지고 파산했다고 한다.

210) 봉건제 영주의 거성居城을 중심으로 해 그 근방에 발달한 시가지이다.

211) 오사카를 가리킨다. 에도시대에는 각 번들이 영내의 쌀과 특산물을 저장 판매하기 위한 저택을 오사카에 두었다. 수로를 이용하여 운반되어 왔기 때문에 오사카는 '물의 도시水の都'라 불리며 일본 전국의 물류가 집중하는 경제와 상업의 중심지가 되었다.

大福新長者教
巻三

옛날에 오사카의 에노코지마江之子島[212]라는 곳에 이즈야伊豆屋라는 자산가가 있었는데 점점 장사가 되지 않아 결국 파산했다. 어쩔 수 없이 정직하게 머리를 숙이고 사과한 다음 전 재산을 채권자들에게 넘겼더니 부채의 6할 반[213] 정도가 되었다. 남은 3할 반은 "언제가[214] 형편이 피면 반드시 갚겠습니다"라는 증서를 쓰고 깨끗하게 정리한 뒤 집을 나와 고향인 이즈伊豆[215]의 오시마大島[216]로 돌아갔다. 친척 신세를 지면서 반드시 재기해 보겠다고 굳게 결심한 뒤, 밤낮으로 일에 매달려 상당히 많은 돈을 모으게 되었고, 다시 오사카로 돌아와 파산했을 때의 부채를 일일이 찾아다니면서 갚았다. 파산한 뒤 이미 17년이나 지났기 때문에 채권자들 중에는 먼 곳으로 가버려 행방을 알 수 없는 사람들도 있었다. 이러한 사람의 돈은 다이진구太神宮[217]에 새전으로 바쳤고 또 6,7명은 이미 고인이 된 뒤 자손이 끊긴 사람들도 있었는데 이들에게 갚을 돈으로 고야산高野山[218]에 석탑을 건립하고 차전총借錢塚[219]이라고 이름을 붙여 고인들의 명복을 빌었다. 이렇게 갸륵한 사람은 지금까지 그 유례가 없었다고 한다.

212) 오사카시大阪市 니시구西區 에노코지마江之子島를 말한다. 지금은 육지로 이어져 있으나 당시는 기즈가와木津川와 햣켄호리카와百間堀川 사이의 작은 섬이었다. 장작나무 도매상과 종이 도매상 등이 있었다.

213) 파산시의 재산평가액이 채무액의 6할 반이었음을 말한다. 보통은 약 4할 정도였으며 이 주인공의 경우는 대단히 양심적인 파산이라고 말할 수 있다.

214) 파산후의 증명서와 같은 형식을 취하고 있다. 스스로 나서서 서약증서를 쓰는 것도 역시 양심적인 행동이라 볼 수 있다.

215) 현재의 시즈오카靜岡현 대부분과 도쿄도 관할의 이즈시치토伊豆七島를 말한다.

216) 이즈시치토에서 가장 큰 섬이다.

217) 이세신궁伊勢神宮에 바치는 새전이다. 다이진구太神宮는 아마테라스 오미카미를 제신으로 모시는 이세의 고타이진구皇大神宮을 가리킨다. 또한 이 내궁內宮인 고타이진구와 외궁外宮인 도요우케다이진구豊受大神宮을 동시에 지칭하기도 한다.

218) 고야산高野山은 와카야마현和歌山縣 북동부의 산지이다. 진언종의 총본산인 곤고부지金剛峰寺가 있다. 에도시대에는 종파에 상관없이 고야산에 납골하거나 비석을 세우는 일이 많았다.

219) '빌린 돈의 무덤'이라는 해학적인 표현이다.

권 3-5_ 종이 옷 부자가 찢어질 때

사업이 기울어 도산하게 된 고후쿠야 주스케呉服屋忠助[220]라는 사람이 있었다. 상가商家가 많은 스루가駿河 혼초本町[221]에서 마름꽃[222] 문양을 노렌에 크게 새기고 히시야菱屋[223]라는 가호家號를 내건 호상豪商이었다. 본거지인 스루가 지방은 물론이고 많은 데다이를 고용해 도코쿠東國[224] 지방과 홋코쿠北國 지방까지도 지점을 늘려갔고 점차 고용인의 수도 늘어났다. 이 집의 번창하는 모습을 비유하자면 큰 가마솥[225]에 밥 짓는 연기는 후지산의 화산연기 같이 끊임없이 솟아오르고, 물통에는 비와호琵琶湖[226]처럼 물이 가득 채워져 있고, 여러 종류의 붉은 색 그릇들은 다쓰다龍田[227]의 단풍잎을 뿌려 놓은 것 같이 화려했으며, 쓰고 버린 수북한 흰 나무젓가락[228]들은 무사시노武藏野 벌판에 끝없이 솟구쳐 있는 서리기둥과 같았다. 그런데 이 집의 아침녘[229]의 그토록 번창했던 살림이

220) 고후쿠야이므로 포목점을 하는 주스케忠助를 말한다.

221) 시즈오카시靜岡市 고후쿠초呉服町의 옛 지명이다.

222) 일본어로는 하나비시花菱라고 한다.

223) 권 3의 목록 삽화의 노렌에 하나비시의 가문과 히시야菱屋라는 상호가 쓰여 있다. 하나비시花菱는 가문의 하나로 마름모꼴을 꽃잎모양으로 도안화한 것이다.

224) 긴키近畿(교토・나라・효고・오사카・미에・와카야마・시가) 지방에서 보아 동쪽에 있는 지방이다. 옛날에는 호쿠리쿠北陸(니가타・도야마・이시카와・후쿠이)를 제외한 긴키 동쪽을 가리켰으나 이후 가나가와현神奈川縣 남서부에 위치하는 하코네箱根나 아시가라足柄 동쪽을 가리키게 되었다.

225) 일반가정에서는 많은 손님이 올 때만 사용하는 큰 가마솥이 이 집에서는 늘 밥 짓는 데에 사용되고 있음을 말한다. 후지산의 연기에 비유해 이 집의 번창하고 있는 모습을 표현했다.

226) 시가현滋賀縣에 있는 호수이다.

227) 나라현奈良縣 이코마군生駒郡 이루카초斑鳩町 다쓰타龍田. '立田'라고도 표기하며 단풍의 명소이다.

228) 한 번 쓰고 버리기 위해 나무젓가락을 사용하였다.

229) "서리기둥霜柱－아침녘朝－저녁에 사라져夕に消えて"로 자연스럽게 표현이 이어진다. 한때는 번영했으나 점차 쇠퇴해진다는 것을 표현하고 있다.

저녁이 되자 비참하게 스러져 버리는 것도 세상사의 일환으로, 쇠퇴할 때가 다가온 것이라고 말할 수도 있겠지만, 그보다는 결국 주인의 정신 자세가 좋지 않았기 때문인 것이다. 이 집도 부모 대 초기에는 적은 재산이었지만 스루가 지방의 명산품인 아베가와安部川[230] 종이 옷[231]에 지리멘縮緬[232] 주름을 입히는 기술과 여러 가지 작은 문양을 엮어 넣는 방법을 고안해 이 지역 특산품으로 유명해져 여러 지방으로 판로를 확대해 갔다. 더구나 이 집만의 전매품이었기 때문에 30여 년 동안 천 관의 재산가가 되어 모르는 사람이 없었다. 이 영리한 부친에 비하면 아들 주스케는 사람 됨됨이가 시원치 않아 가독을 상속받은 뒤 30여 년 동안 결산 한 번 하지 않고 장부[233]도 제대로 기록하지 않는 등 엉망진창으로 사업을 했다. 주판[234]도 내 팽겨 쳐 두니 계산도 맞지 않았고, 봄버들이 바람에 흔들거리듯 가계[235]가 흔들려 양달의 얼음이 녹아버리듯 도로 아미타불, 차를 마시려고 해도 불 지필 거리도 없는 지경이 되었으니 이렇게까지 망하는 것은 세간에서도 보기 드문 예이다. 돈 버는 것은 어렵고 줄어드는 것은 순식간인 법인데 주스케는 재산을 모두 탕진하고 나서야 비로소 그 도리를 깨달았지만 이미 때는 늦은 것이다.

어쩔 수 없이 센겐신사淺間神社[236] 근처의 마을 한 구석에서 임시 셋

---

230) 시즈오카시靜岡市를 남류하는 강이다.
231) 일본어로는 가미코紙子라고 한다. 권3 목차 주14를 참조할 것.
232) 지리멘縮緬은 날실로 해 꼰 생사를 씨실로 하여 평직을 짜서 뜨거운 물에 담가 오글오글하게 만든 비단을 말한다. 본문에서는 가미코를 지리멘처럼 만든 것을 가리킨다. 『사이카쿠조쿠쓰레즈레西鶴俗つれづれ』 4의 1에서는 어떤 무사가 아베카와에서 가난 속에서도 부모한테 효도를 다하는 부부의 모습에 감동해서 이 가미코로 지리멘을 만드는 방법을 전수해주었고 그 부부는 점차 큰 부자가 되었다는 얘기가 나온다.
233) 상점에서는 보통 다이후쿠초大福帳라고 하는 매매계산 장부를 기입한다.
234) "주판의 알도 빠진다十露盤の玉も抜ける"는 것은 결말도 짓지 못할 정도의 엉망인 경리를 가리키는 표현이다. 주판의 알을 이슬의 구슬玉에 비유했다. 珠와 玉은 동음이의어.
235) 봄의 버드나무春の柳와 바람에 흔들거리다風に亂れる는 연어緣語 표현이다.
236) 시즈오카시靜岡市 미야가사키초宮ヶ崎町에 있는 신사이다. 제신은 고노하나사쿠야히메木花開耶姫이다.

방살이를 하게 되었는데 참으로 서럽고 힘들었다. 사람들 인심[237]이라는 것도 집이 잘 나갈 때의 이야기이고, 이렇게 망해 버리니 친척・친지들도 찾아오지 않게 되었고 그들이 모르는 척 한다고 이제 와서 원망할 수도 없는 노릇이다. 이렇게까지 주인집을 망쳐버린 데다이들마저도 제각기 상호[238]를 바꾸어 가게를 따로 차려 나간 뒤로는 소식을 끊고[239] 주스케를 외면했기에 본盆 무렵의 고등어자반[240]이나 정월의 가가미모치鏡餅[241]는 구경도 못하는 가난한 세월을 보냈다. 세상일이 바쁘게 돌아가는 선달에도 주스케는 할 일이 없었다. 한가한 중에 비슷한 처지의 이웃사람들이 모여 한 해도 얼마 안 있으면 저물어가기에 서로의 나이를 묻게 되었다. 모두들 주스케를 바라보며 "그 쪽은 젊게 보이지만 어딘가 얼굴에 늙은 구석이 있네요. 성인이 된 자식들이 있다고 하니 대충 맞출 수는 있을 것 같네요. 48 아니면 49 아닌가요?"라고 말하자 주스케는 기분 상한 얼굴을 하면서 "아니요, 여러분들이 잘못 보셨습니다. 나는 올해 39세입니다"라고 말했다. 모두들 납득하지 않고 "아무리 그렇다고 해도 39,40이라는 것은 믿을 수 없오. 말은 있는 그대로 해야 하는 법이오"라고 그를 몰아세우자 "나이는 47이지만 사실은 39입니다"라고 말했다. 그 연유를 물은 즉 "정월에 조니雜煮[242] 떡국을 먹은 적이 없고 정월 옷[243]이나 소나무 장식[244]은 생각도 못하고, 길방吉方[245]이 동쪽인 건지 남쪽[246]에 매화가 피어 있는지 알지도 못하고,

---

237) 속담 "사람의 정도 이 세상에 있을 때人の情も世にある時"를 빗댄 표현이다. 사람이 호의를 보이는 것도 번창하고 있을 때 뿐이라는 것을 나타낸다.

238) 상호를 바꾸어 주인집과의 관계를 완전히 끊어버리는 것을 말한다. 주인집이 몰락하자 주인집에서 받은 상호를 반납했다는 것을 가리킨다.

239) 데다이는 독립한 후에도 본盆과 정월에는 인사가는 것이 관례였다.

240) 등을 가른 자반고등어 두 개를 꼬치에 꽂은 것으로 본盆 때의 선물로 사용된다.

241) 12월 말에 가가미모치鏡餅를 주인집에 드리는 것이 데다이를 지냈던 사람의 예의였다.

242) 신년 축하요리 중의 하나로 나물・무・토란 등과 닭고기나 생선묵등을 넣고 된장이나 간장으로 간을 맞춰 끓인 일본식 떡국이다.

243) 신년용의 기모노를 만들고 정월의 길일에 그것을 처음으로 입는 관습이 있었다.

244) 정초에 현관문 등에 치는 새끼줄로 만든 장식으로 가도마쓰門松라고 한다.

달력[247]도 없기에 제대로 나이를 먹지 못한 해가 8년이나 계속되어 47세지만 사실은 39세인 것이오"라고 말하니 모두들 크게 웃으면서 그날도 하루가 저물었다. "그렇지만 도오토우미遠江[248]의 닛사카新坂[249]까지 갈 여비만 있다면 바로 부자가 될 방법이 있는데"라고 자신 있게 말하자, 작은 집에서 어렵게 사는 사람들인데 고맙게도 전錢 1관 2백 문을 모아 돈 꾸러미에 꿰어 넘겨주었다. 주스케는 기뻐하며 그 자리에서 바로 여행에 나섰다. "틀림없이 좋은 친척이 있을 테니 그들에게 도움을 청하던 지 아니면 이전의 외상 대금이 남아 있는 사람을 찾아가 통사정을 하고 돈을 받아내던 지 할 것이다. 어느 쪽이든 정월 준비는 그것으로 할 수 있겠지"라고 말하며 모두들 그가 돌아오기를 기다렸다.

그런데 주스케의 생각은 그들과는 전혀 달랐다. 물살이 자주 바뀌는 오이가와大井川[250]의 급류를 건너 사요佐夜[251]의 나카야마中山에 자리 잡고 계신 미네노관음峰の観音[252]을 참배하고, 후세야 어떻게 되던 간에 현

245) 일본어로는 에호恵方라고 한다. 그 해의 간지干支에 따라 길吉로 정해진 세덕신歳徳神이 있는 방향이다.

246) 요쿄쿠謡曲 『나니와難波』. "誰か言ひし、春の色は東より來るといへども、南枝花始めて開く"에서 나온 동쪽과 남쪽을 같이 등장시키는 표현으로 여기서는 "매화를 보지도 못하고"라는 뜻이다.

247) 산속에는 달력이 없어서 매화가 피는 것을 보고 봄이 오는 것을 안다는 "우메고요미梅暦"에서 나온 표현이다.

248) 지금의 시즈오카현静岡県 서부의 옛 이름이다.

249) 시즈오카현 가케가와시掛川市 닛사카日坂를 말한다. 도카이도東海道 53역참 중의 하나이다.

250) 오이가와大井川는 시즈오카현 중부를 남류하는 강이다. 스루가駿河와 도우토우미遠江의 경계에 있었고 도카이도東海道의 요지로 가교架橋와 도선渡船이 금지되었었기 때문에 사람이나 말, 가마 등을 타고 강을 건넜다. 『도카이도명소기東海道名所記』에 "급류로 유명한 아스카가와는 아니지만 비가 오면 소와 여울이 변하는 일이 자주 있었다明日香川にはあらねど、大雨ふれば淵瀬かはる事度々にてさだまらず"라는 기술이 있다. 건너기 어려운 난소로서 "하코네 팔리는 말로도 건너지만 건너려 해도 건널 수 없는 오이가와箱根八里は馬でも越すが、越すに越されぬ大井川"라는 말도 있었다.

251) 시즈오카현 가케가와시 닛사카에서 시마다시島田市 기쿠가와菊川까지의 언덕길로 도카이도 중에서 통행하기 어려운 위험한 난소難所였다.

252) 사요노 나카야마中山 고개의 북쪽에 위치하는 무겐노야마無間山에 있는 조동종曹洞

세의 행복만을 빌며 파묻었다고 하는 무간無間의 종[253]이 있는 곳을 찾아내 혼심을 다해 “저를 일생에 한 번만 부자로 만들어 주십시오. 자식 대에서는 거지가 되도 상관없으니 그저 지금의 저를 구해 주십시오”라면서 그 일념이 나락奈落[254]의 밑바닥까지도 쩡쩡 울릴 정도로 종을 쳐 댔다. 만일 이 종을 치고 나서 부자가 된다면 지금 세상 사람들은 내세에서 뱀이 되어도 개의치 않을 것이다.[255] 하물며 거머리[256] 지옥에 떨어지는 정도라면 더 더욱 대수롭지 않을 것이다. 어리석은 주스케는 고작 이런 짓을 하러 아까운 여비를 써가며 여기까지 왔으니 그 여비만 손해를 본 셈이다. 스루가에 돌아와 있었던 일을 말하니 이웃 사람들은 “그런 어리석은 마음을 갖고 있으니 지금 그 꼴이 된 것이오”라고 손가락질을 하며 비웃어 대는 것이었다.

이 지역 후추府中에는 뽕나무[257] 목공과 죽세공의 명인들이 많았다. 주스케는 이것을 배워 머릿기름 용기[258]나 꽃바구니를 만들어 13세가 된 딸에게 후추 거리에 나가 팔게 해 그날그날 생계를 연명해 갔다. 이 딸은 이 지방에서 소문난 효녀였다. 게다가 용모가 수려해 보면 볼수록 미인이었다. 어떤 때 에도의 한 부자[259]가 이세신궁을 참배하고 돌아가

宗 관음사이다.

253) 무간無間의 종을 치면 내세에서는 지옥에 떨어지나 현세에서는 부귀하게 된다고 한다. 16세기 전후 무렵에 주지스님이 이 전설을 싫어하여 오래된 우물에 묻었으나 그 묻은 곳에 비쭈기 나뭇가지로 찌르면 종을 친 것과 같은 효과가 있다고 하여 찾아오는 사람이 끊이지 않았다.

254) 지옥의 다른 표현이다.

255) 현세긍정적인 에도시대 조닌다운 발상에서 오는 주인공의 행위에 대한 비평이다. 주인공의 심정, 행위에 독자를 공명, 감응시키지 않고 멀리서 객관적으로 보며 웃음을 자아내게 하는 묘사는 사이카쿠의 기본적인 수법 중의 하나이다.

256) 무간지옥無間地獄(팔대지옥의 하나)에 부속된 지옥의 이름과 연관시켜 거머리의 지옥이라 불리는 동굴이 있다. 거머리 지옥은 무간지옥에 부속하는 16지옥 중 하나로, 벌레가 가득해 죄인의 몸에 들어가 골수를 먹는다고 한다.

257) 후추府中(현재의 시즈오카시)의 명물 중에 뽕나무로 만든 공예품이 있었다. 바구니 세공품은 1630년대쯤에 만들어지기 시작하였고 후추의 명물이 되었다고 한다.

258) 일본어로는 빈스이이레鬢水入라고 한다.

259) 일본어로는 복인福人이라고 표현하고 있다. 복인은 복신福神을 가리키는 말이나 여

는 길에 이 딸에 반해 주스케 내외를 찾아가 허락을 받고 외아들의 부인으로 삼았다. 그 덕에 주스케 부부 일가는 모두 에도로 이사를 가 딸자식의 보살핌을 받는 행복한 처지가 되어 일생을 여유롭게 보낼 수 있게 되었다. "용모는 과보果報의 하나"[260]라고들 하는 데, 사람들은 이 이야기를 전해 듣고는 여자애들을 아주 소중하게 키워 왔지만 아베가와安倍川[261]의 유녀라면 몰라도 이 부근에서는 여태껏 예쁜 여자애들을 본 적이 없다. 어쨌든 완벽한 미인이라는 것이 어디 있겠는가. 그러고 보면 당나라의 방거사龐居士[262]의 딸인 영조녀靈照女는 틀림없이 추녀였을 것이다. 미인이라면 주변 남자들이 언제까지나 대나무 소쿠리를 팔게 놔두었을 리는 만무하기 때문이다.

기서는 부유한 사람이라는 뜻으로 사용되었다. 당시 읽혀졌던 하이카이집 『하이카이 여가선俳諧女歌仙』에 실려 있는 "바구니 공예를 만드는 집에 태어났으나 용모가 뛰어나 신분이 높은 사람의 마음에 들어 에도에 갔다籠細工せし家に生まれしが、美女なるゆへにうへ人にま見えて東武に行"라는 이야기를 패러디한 것으로 보여진다.

260) 속담에 "미모는 행복의 조건의 하나美目は果報の基い、美目は果報の下地"라는 것이 있다. 美目은 見目으로 표기하는 것이 일반적이다.

261) 아베가와安部川의 동쪽 강가에 있었던 유곽이다. 당시의 유녀는 미녀의 전형으로 여겨졌다.

262) 중국 당대의 사람으로 마조대사馬祖大師한테 가서 참선하며 가재家財를 버리고 거지가 되어 수행을 했다. 딸 영조녀靈照女도 선禪에 귀의해 대나무 소쿠리를 팔아 아버지를 돌보았다고 한다.

일본영대장日本永代藏 : 니혼에이타이구라

권 4

권 4-1

신께 바친 공물 담은 네모쟁반[1]

유명한 교토의 기쿄桔梗[2] 염색

짚 인형의 꿈 이야기

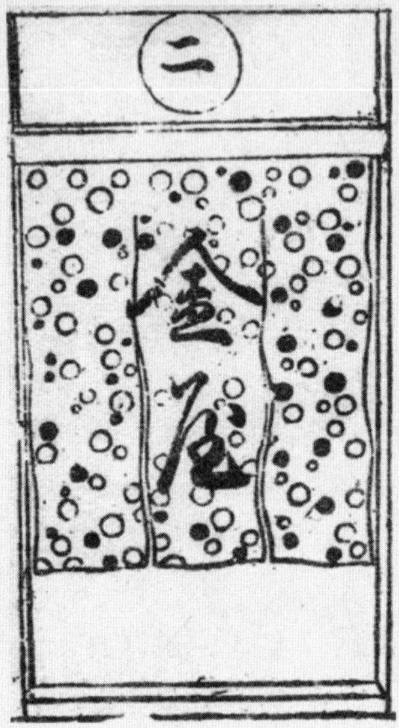

권 4-2

마음을 접어 넣는 고필병풍古筆屛風

유명한 지쿠젠筑前의 선주船主

바람을 이겨내고 거미줄[3]이 걸리다

권 4-3

행복의 씨앗을 뿌리는 새전

유명한 에도의 천 장 훈도分銅[4]

타고난 사람의 운명

권 4–4

차茶[5]의 십덕十德도 한 번에 모두

유명한 에치젠越前의 이치다치市立

몸은 차茶 가마에서 타버리니

권 4–5

이세伊勢 왕새우[6]의 고가매입

유명한 사카이堺의 히노구치야樋の口屋[7]

노能는 사지키桟敷석[8]에서 보는 것이 최고

1) 빈핍신에게 공물을 바친 보람이 있어 부자가 되었다는 내용을 함축하고 있다.

2) 교토의 부자동네에 있었던 염색집을 말한다. 주인은 실존인물 기쿄야진사부로桔梗屋甚三郎이다.

3) 바람이 부는 가운데 거미줄을 완성하기 위해 애쓰는 거미가 결국은 집을 짓듯이 주인공도 실패를 딛고 성공했다는 의미를 담고 있다.

4) 오반大判 금 천 장으로 분동分銅형의 금화를 만들었는데 이는 주로 군용軍用으로 사용되었다. 주인공의 이름은 바로 이 분동分銅에서 따 온 것이다.

5) 차를 마시면 열 가지 효능이 있다고 알려졌다. 주인공 리스케利助가 엽차상인으로서 한때 성공하지만 부정한 방법으로 돈을 벌었기에 몰락한다는 내용을 담고 있다.

6) 일본어로는 이세에비伊勢海老라고 한다. 정월용품으로 쓰이는 고급 이세새우를 비싼 가격에 사는 내용을 담고 있다.

7) 본문에는 '樋の口過'로 표기되어 있는데 작가의 오기誤記로 보여진다.

8) 연극이나 씨름 등을 구경할 때 바닥에 나무판을 높게 깔고 관람하기 쉽게 만들어 놓은 특별석이다. 특히 에도시대에는 연극 등의 공연장에서 좌우에 여러 좌석을 설치하는 것이 보통이었다.

본조 에이타이구라本朝永代藏 : 본조영대장 권 4

권 4-1_ 신께 바친 공물 담은 네모쟁반

"보전寶前[1]에 삼가 봉납합니다"라고 적힌 큰 액자가 라쿠요洛陽 지방[2]의 세이스이지清水寺 벽에 걸려 있다.[3] 이것은 포목점[4] 아무개 씨가 은 100관의 재산을 기원한바 그것이 성취되었기에 여기에 그 이름을 적어 걸어둔 것이라고 한다. 용케도 1대에 이런 엄청난 재물을 모았다고 무

1) 신전이나 불당의 전면을 의미하고 여기서는 불당을 말한다.

2) 헤이안쿄平安京의 동쪽 지역이다.

3) 교토시京都市 히가시야마구東山區에 있는 기요미즈데라清水寺의 불전에 걸려있는 큰 액자에는 '봉괘어보전奉掛御宝前', '제원성취諸願成就'와 같은 문구가 적혀 있다. 절의 이름은 음독을 하는 게 보통이기 때문에 당시는 '세이스이지'라고 읽었으나, 최근에는 '기요미즈데라'라고 훈독을 하고 있다.

4) 구게公家, 쇼군將軍, 다이묘大名 등이 드나들던 포목점으로 금과 은의 유통도 이루어졌다.

로마치室町[5])의 포목상들 사이에서 이 집의 성공이 큰 화제가 되고 있다. 모두가 욕심으로 가득 찬 세상이므로 사람들은 이 이야기를 듣고는 와카에비스若惠比須[6]) · 대흑천大黑天[7]) · 비사문천毘沙門天[8]) · 변재천辯財天[9])에게 참배해 금령金鈴[10])줄을 쥐어 잡고 장사밑천을 얻게 해달라고 기원하지만, 지금이 어떤 세상인가, 그런 기원이 이루어질 리 만무하다.

이 고장에 작은 염색집인 기쿄야桔梗屋[11])를 꾸려가는 부부가 살고 있었다. 천직을 소중히 여기고 오로지 정직하게 노력하면서 잠시도 쉬지 않고 일을 했지만 벌이가 시원치 않아 매해 연말이 되면 떡 장만이 늦어지기 일쑤였고 생선꽂이에 방어[12])도 매달아 놓지 못하고 정월을 맞는 것이 그저 서글프기만 했다. 남들이 하는 것처럼 보물선 그림을 베개 밑에 깔고 자보기도 하고, 세쓰분節分[13])날이 되면 "복은 집 안으로"라고 외치면서 콩도 여러 번 뿌려 보았지만 다 헛수고였다. 그러던 중 너무나 가난해서 분별력마저 이상해진 건지 "세간에서는 돈을 벌려고 모두 복신福神을 모시지만 나는 사람들이 싫어하는 빈핍신貧乏神을 모셔야겠다[14])고 하면서 괴상한 모양의 짚 인형에 남루한 홑옷을 입히고 머리에

5) 당시 규모가 큰 포목점이 많던 교토의 무로마치室町 일대이다.

6) 와카에비스若惠比須는 정초에 많이 팔리는 에비스惠比須의 인쇄물을 말하는데, 여기서는 에비스신えびす神을 의미한다. 칠복신七福神 중의 하나이다. 칠복신은 대흑천大黑天, 에비스, 비사문천毘沙門天, 변재천辯財天, 복록수福祿壽, 수노인壽老人, 포대布袋이다.

7) 칠복신 중의 하나로 두건을 쓰고 좌측 어깨에 커다란 주머니를 메고 오른손에는 작은 망치를 들고 쌀가마니를 밟고 있다.

8) 칠복신 중의 하나로 한손에는 보물탑을 받들고 다른 한손에는 창을 들고 있다.

9) 칠복신 중의 하나로 비파를 들고 있거나 무기를 들고 있다.

10) 신사나 법당에서 참배자가 잡고 흔들어 울리게 할 수 있도록 줄과 함께 매달아 놓은 둥글고 큰 방울이다.

11) 교토 조자마치長者町에서 염색집을 하는 기쿄야 진사부로桔梗屋甚三郎를 말한다. 도라지 색 염색을 전문으로 하였으나, 주홍색 염색법을 발명하여 많은 돈을 벌었다. 조자마치는 현재 교토시 가미쿄구上京區 나카노초仲之町이다.

12) 교토 · 오사카 지역에서 정월용으로 쓰이는 식품이다.

13) 입춘 전날(2월 3,4일경. 이날 저녁에 볶은 콩을 뿌려 잡귀를 쫓는 풍습이 있음)을 말한다. 본래는 입춘 · 입하 · 입추 · 입동의 전날이다.

14) 가마쿠라시대鎌倉時代(1192~1333) 초기의 불교설화집 『발심집發心集』에 성년이 된

종이 두건을, 손에는 찢겨진 부채를 쥐게 한 다음, 그 초라한 인형을 마쓰카자리松飾[15] 가운데 매달아 놓고 정월 초하루부터 나나쿠사七種[16] 날까지 정성껏 모셨다.

그러자 이 빈핍신은 너무나도 기쁜 나머지 나나쿠사 날 밤 부부의 베개 맡에 어슬렁어슬렁 나타나서 말하기를 "나는 오랜 세월 동안 가난한 집을 돌아다니는 것이 일이었도다. 여러 가지 슬픈 일이 많은 집에서 그것도 빌려온 돈 꾸러미 안에 몸을 숨기고 앉아 있자니, 장난이 심한 아이들을 야단칠 때도 툭하면 '이 빈핍신 같은 놈아!'라고 나를 빗대어 욕들을 하는 것이다. 그게 싫어서 부자 집에 가 있노라면 늘 은화를 저울에 달고 있는 소리가 귀에 거슬려 짜증이 벌컥 나니 가모나마스鴨鱠[17]나 스기야키杉燒[18] 같은 고급 요리가 가슴에 얹혀 고생하기 십상이다. 나는 원래 집의 안부인에 붙어 다니는 신이기에 안쪽 침실에 들어가 두꺼운 요나 이불덩이・판야[19]털이 들어간 베개 속에 파묻혀 있노라면 몸이 근질근질해지고, 흰 천의 잠옷에 배어있는 침향 냄새가 너무 지독해서 코가 막혀버릴 정도이다. 꽃구경이나 연극 구경을 하러 갈 때도

젊은이가 미쓰이데라三井寺의 가난한 승려에게 달라붙어 떨어지지 않는다는 이야기가 전해지고, 『사석집沙石集』에도 빈핍신貧乏神을 쫓는 이야기가 나온다. 12월 그믐날에 주문을 외우며 문밖으로 내쫓고 문을 닫는다는 풍습은 중국에서 유래한 것으로 알려져 있다. 하지만 기쿄야 진사부로의 시대에는 아직 그런 식의 행사는 없었기 때문에, 기쿄야가 빈핍신을 기원한다는 것은 궁핍한 생활 끝에 생각해 낸 일종의 빈핍신을 쫓아내는 방법이라고 할 수 있다.

15) 마쓰카자리松飾는 다른 말로 가도마쓰門松라고도 한다. 정초에 대문에 장식하는 소나무, 또는 그 장식을 말한다. 교토에서는 정월 14일까지 장식하고 15일 아침에 소각한다.

16) 정월 7일날을 말하는데 쌀・보리・피・팥 등 일곱 가지 곡물을 섞어서 쑨 죽을 먹는다. 七草라고도 표기한다.

17) 오리고기를 가늘게 썰어 끓는 식초에 데치고 나서, 바짝 졸인 술로 식힌 후에 구운 소금으로 양념하여 먹는 음식이다.

18) 다시마・멸치 등으로 우려낸 미소味噌가 들어있는 삼목杉木상자에 도미나 오리고기 등을 넣고 푹 삶은 음식이다. 삼목의 향기를 음미할 수 있다.

19) 영어로는 panya라고 한다. 판야과의 열대산 상록교목으로 종자의 백색털은 이불이나 베개 솜 대용으로 사용된다.

비로드 창窓이 있는 가마[20] 안에서 흔들리게 되면 현기증이 나 지겹기 짝이 없고, 밤에는 밤대로 촛불 빛이 금색 미닫이문[21]에 반사되니 눈이 부셔서 견딜 수가 없다. 부자 집에서 이렇게 지내는 것보다 내게는 역시 가난한 집에서 10년 세월이 가도 갈아본 적이 없는 사방등四方燈의 희미한 불빛이 아주 좋도다. 한밤중에 등불 기름이 떨어지면 부인의 머릿기름을 부어서 불을 밝히는 가난한 집의 모습을 지켜보는 것을 낙으로 삼으며 매년을 지내왔도다. 그러니 어떤 놈 하나 나를 모시는 일이 없이 홀대하고 그러면 더욱 오기가 뻗쳐 그런 집을 더욱 가난하게 만들어 주었는데, 이번 봄에 그대가 신경을 써서 이 빈핍신을 모셔주고 그 덕에 이렇게 제대로 밥상에서 음식을 먹게 되었으니 이는 처음 있는 일이도다. 이 은혜를 잊을 수는 없도다. 내가 이 집에 대대로 전해져 온 빈전貧錢[22]을 어느 부자의 사치스러운 자식에게 넘겨버리고 순식간에 자네를 부자로 만들어 주겠노라. 자, 세상 살아가는 방법은 여러 가지인데, 버들은 녹색, 꽃은 주홍색이도다"[23]라고 두세 번, 서너 번 반복하는가 했더니 깨어보니 신비로운 영몽靈夢[24]이었다. 잠에서 깨어나 감사하는 마음으로 꿈 속 이야기만을 생각했다. "내가 하는 염색 세공 일에서 주홍색이라고 하는 계시는 바로 주홍색 염색을 말하는 것이리라. 그런

20) 미닫이 부분이나 그 아랫부분을 벨벳으로 꾸민 가마는 여성이 이용하던 최고급 교통수단이었다.

21) 햇빛 따위를 막기 위하여 안팎에 두꺼운 종이를 겹으로 바른 장지이다. 맹장지라고도 한다.

22) 빈전貧錢에 관해서는 여러 가지 해석이 있지만, 빈핍貧乏을 불러오는 돈錢이라는 의미로 작자가 만들어낸 어휘라는 의견이 지배적이다. '貧錢'의 용례가 작가의 또 다른 대표작 『세켄무네잔요世間胸算用』에도 나오기 때문이다. 하지만 복을 부르는 돈이라는 의미인 복전福錢과 대비시켜 가난함을 의미하는 빈천貧賤을 비꼬아서 표현하였거나 '貧賤'의 오기일 가능성이 있다는 의견도 있다.

23) "중생이 있으면 마녀도 있다. 버드나무는 녹색, 꽃은 주홍색 가지각색衆生あれば山姥もあり、柳は綠花は紅の色々"의 묘사가 나오는 요쿄쿠謠曲 「야만바山姥」를 의식한 표현이다. 사물은 모두 제각각 가는 길이 다르다는 의미이다. 선어禪語에 잘 이용되는 문구를 말미에 넣음으로써 신의 계시인 것처럼 표현했다.

24) 신불이 영험을 나타내어 보인 신기한 꿈을 말한다.

데 이건 고베니야小紅屋[25]라는 사람이 대량생산을 해 세간의 수요를 충족하고 있다. 더구나 요즘에는 사탕 염색이라는 새 염색법도 나왔다. 역시 교토에는 많은 재주꾼들이 몰려 있어서 대충 해서는 돈을 벌 수 없다"고 깨닫고 밤낮없이 궁리를 하던 중, 다목나무[26] 껍질로 밑 염색을 하고 그 위를 식초로 다시 쪄 내게 되면 원래의 주홍색이 조금도 변하지 않는다는 사실을 알아내었다. 이 방식으로 대량 염색한 다음, 혼자서 짊어지고 걸어서 에도에 도착했다. 혼초本町[27]의 포목상에 이것을 팔았고 교토로 다시 돌아갈 때는 오쿠奧[28] 지역에서 사용할 수 있는 풀솜을 사들여 에도를 오가면서 빈 틈 없는 이른 바 톱질장사[29]를 해 10년도 되기 전에 천 관의 재산을 만들어냈다.

이 사람은 많은 데다이들을 두고 만사를 잘 처리했고, 모든 것을 즐기면서 젊었을 때의 고생을 만회했다. 이것이야말로 인간의 바람직한 삶의 모습이다. 설사 만 관을 갖고 있다고 한들 노후가 되어서도 그 몸을 혹사하고 돈에만 얽매여서 세상을 살아가는 사람은 일생이 꿈처럼 덧없는 것임을 모르는 사람이다. 이래서는 아무리 돈을 벌어도 인생에 별 도움이 되지 못하는 것이다.

그런데 가업에 관해 말하자면 무사 중에서도 다이묘는 각자 영지를 갖고 있으니 특별히 더 바랄 필요가 없다. 그렇지만 신분이 낮은 무사들이 부모로부터 물려받은 봉록만으로 편안한 일생을 보내려고 한다면 그것은 무사된 자로서의 본분이 아니다. 자신의 힘으로 봉공에 힘써 관직이나 봉록을 받는 위치에 있어야만 출세했다고 말할 수 있는 것이다.

---

25) 당시 교토에서 고베니야 이즈미小紅屋和泉라고 하는 자가 주홍색 염색집을 하고 있었다.

26) 일본어로는 스오蘇芳라고 한다.

27) 현재의 도쿄 주오구中央區 니혼바시日本橋를 말한다.

28) 오쿠奧 또는 오슈奧州라고 한다. 후쿠시마福島・미야기宮城・이와테岩手・아오모리青森 4현縣과 아키타秋田현 일부의 옛 이름이다.

29) 일본어로는 노코기리쇼바이鋸商賣라고 한다. 왕복으로 오고가면서 벌이가 되는 장사를 말한다.

조닌町人도 마찬가지일 것이다. 부모가 벌어놓은 돈을 유언장을 통해 가독家督[30]을 상속받은 뒤, 집안 대대로 신용을 통해 쌓아 온 사업을 현상 유지만 하거나 월세나 돈의 이자만 챙기는데 그치고,[31] 나이 이십 전후부터 쓸데없는 대나무 지팡이에 은거노인의 두건을 뒤집어쓴 채 하인에게 긴 자루의 우산을 받쳐 들게 하고 외출을 하는 등 이 세상을 아깝게 허송세월하면서 세간의 눈을 개의치 않고 분수에 맞지 않는 생활을 하는 자는 아무리 자신의 돈이라고는 하지만 천명을 모르는 것이다. 사람은 13세까지는 분별없는 아이이니 그렇다손 치더라도 그 뒤 24,5세까지 부모의 가르침을 받은 뒤 자신의 힘으로 돈을 벌어 45세가 되면 일생 곤궁하지 않을 정도의 경제적 기반을 다진 뒤, 여생을 즐겨야 하는 것이다. 그런데 무슨 바람이 불었는지 스스로 젊은 은거隱居[32]인이라고 자처하면서 남자가 한참 일할 나이에 제 역할은 하지 않고 많은 종업원들을 해고하거나 다른 주인 밑에서 일하게 하니, 이 주인에게 장래를 의지했던 종업원들은 난감한 처지에 빠지는 것이다. 조닌의 출세라는 것은 봉공인奉公人[33]들을 훌륭한 조닌으로 키워내 그 집의 옥호屋號인 노렌暖簾[34]을 나누어 분가 시키는 것을 말하며, 그것이야말로 주인다운 자가 해야 할 책무인 것이다. 세 명의 살림살이 정도로는 세상을 살아간다는 '미스기身過', 즉 생계라고 말하지 않는다. 다섯 명 이상의 살림을 꾸려가야 비로소 "세상을 살아 간다"고 말하는 법이다. 또한 고용인이 한명도 없는 사람은 '세대주'라고 말할 수 없다. '주인님'이라고 불러주는 사람도 없이, 조석의 식사에 쟁반도 바치지 않은 채 부인이 밥

30) 그 집안의 대를 이을 사람, 또는 대를 이을 맏아들의 신분을 가리킨다.

31) 대대로 이어져 내려온 사업이기에 주변으로부터 신용을 얻고 있다. 이러한 경우, 대개는 부모가 하던 방식을 그대로 따르기만 해도 되기 때문에 특별한 노력을 할 필요가 없다.

32) 나이가 젊은 때에 가업을 물려주고 은거하는 일.

33) 상가의 고용인을 의미한다.

34) 상점 출입구에 옥호를 써 넣어 드리운 천을 말한다.

그릇만 들고 와 담아주는 밥을 먹는 것은 아무리 배가 부르기는 마찬가지라고 해도 딱한 노릇이다. 이처럼 같은 세상이라 해도 살아가는 데는 큰 차이가 나는 것이다. 그러니 잠시도 방심해서는 안 된다. 돈이라는 것은 세상 사람들 사이에서 돌고 도는 것이므로 열심히 벌면 모으지 못할 일이 없다. 이 기쿄야 부부는 두 사람이 돈을 벌기 시작해 지금은 75명을 부리는 주인이 되었고, 원하는 대로 크게 지어올린 저택에는 7개의 안 창고와 9개의 내실, 정원에는 만목천초萬木千草[35]와 더불어 돈이 열리는 명목名木[36]이 널려 있었고, 더구나 살고 있는 곳도 부자들만 사는 조자마치長者町[37]였다.

35) 요쿄쿠謠曲 『간탄邯鄲』의 "춘하추동, 만목천초도, 하루에 꽃 피었네春夏秋冬、万木千草も、一日に花咲けり"에서 유래된 표현이다.
36) 일년 내내 받는 금리나 집값 등 끊이지 않는 재원財源을 비유하여 표현한 것이다.
37) 현재의 교토시 가미쿄구 나카노초이다. 1,000관 이상의 돈을 지닌 부자를 뜻하는 장자長者가 사는 마을이라는 뜻이다.

권 4-2_ 마음을 접어 넣는 고필병풍古筆屛風

순풍이 불어오는 가운데 하늘을 살피는 선원은 항로의 날씨 변화를 잘 터득하고 있기에 사이고쿠西國[38] 지방에서 한 자 여덟 치 정도의 폭풍을 부르는 구름[39]도 사흘 전부터 예측을 할 수 있으니 지금은 정말 항해가 안전한 시대가 되었다.[40] 이 세상에 배가 있기에 하루 만에 백 리 길을 가고 열흘 만에 천리 먼 바다에 도달해 만사를 편하게 해결할 수 있는 것이다. 그렇기에 대상인大商人[41]의 마음은 바다를 건너는 배에 비유되는 것인바, 자기 집 앞의 작은 도랑을 한 걸음에 뛰어넘어 보물섬[42]으로 건너가 보지 않으면 요술방망이로 찍어내는 돈을 잴 천칭저울 소리를 들을 수 없는 것이다. 일생 좁은 천칭 접시 안에서만 맴돌기만 하고 넓은 세상을 모르는 사람은 그저 딱할 노릇이다.[43] 일본은 그렇다손 치고, 중국인 상대의 투자[44]는 앞일에 확실한 보장이 없다는 점에서 배짱이 두둑하지 않으면 못할 일이겠지만 중국인은 소탈하고 구

38) 지금의 규슈 지역 일대를 말한다.

39) 삿갓구름笠雲을 말한다. 삿갓의 길이가 한자 여덟 치인데서 나온 명칭이다. 이 구름이 바닷가에서 가까운 산꼭대기에 생기면, 이르면 4시간, 늦어도 28시간 내에는 강풍이 불거나 비가 내린다고 한다.

40) 에도시대에는 주로 바닷길을 이용하여 상품운송을 하였다. 항해의 안전성을 높여 해운산업이 발달한 것은 에도전기의 상인이자 토목기사인 가와무라 즈이켄河村瑞賢에 의하여 1671년 가와구치川口·에도 간 항로, 이듬해에 사카타酒田·시모노세키下關·오사카·에도 간 항로가 개발된 후부터라고 할 수 있다.

41) 1672년 나가사키에서 장사를 하는 상인을 대·중·소의 3등급으로 나누었다(『長崎根元記』, 六七). 이 중에서 소지 금액이 18관~33관 사이인 상인을 대상인大商人이라고 하였다.

42) 여기서는 나가사키를 지칭하고 있다.

43) 작자의 하이쿠俳句적인 문체를 확인할 수 있는 부분이다. 보물섬–금은보화를 생산하는 요술방망이–천칭저울–천칭접시라고 연어緣語를 사용하였다.

44) 당시 일본 상인들은 중국 상인에게 무역자금을 빌려주고 다음 해에 원금과 이자를 돌려받는 계약을 맺었다. 높은 이자를 받을 수 있지만, 위험성이 높은 투기적인 성격을 지닌 투자라고 할 수 있다.

두로 한번 약속하면 어기지 않는다. 견직물로 감싼 속 내용을 속인다거나 약재료에 불량품을 섞는 일이 없고 나무면 나무, 은이면 은, 모든 일을 명확히 처리하고, 몇 년 거래해도 달라지는 법이 없다. 그에 비해 탐욕스럽고 약아빠진 것은 일본의 상인이다. 조금씩 바늘길이나 직물 폭을 줄이고 우산에 기름을 입히지 않는 등 무엇이든 싸구려 물건을 납품하는 데만 골몰하고 한번 팔고나면 그 뒤에는 어떻게 되던 알 바가 아니다. 자기만 젖지 않는다면 부모가 맨발로 장대비 속을 걸어간다고 해도 개의치 않듯이 돈 되는 일 외에는 전혀 관심도 없다.

언젠가 쓰시마對馬 섬을 거쳐 조선으로 수출하는 담배 중에 작은 상자에 담은 상품이 아주 잘 팔린 적이 있었다. 오사카에서 기술자들이 담배 살을 만들어 넣었는데, 당분간은 들통이 나지 않을 거라고 보고 짐 바닥에 깔리는 담배상자에는 엉터리 물건으로 채웠고 더구나 양을 부풀리려고 담배에 물을 적셔 보냈다.[45] 그러자 운송 중에 딱딱하게 굳어져버려 상품으로 쓸 수 없게 되었다. 조선인들은 속임수에 분노했지만 이듬해에는 전해의 열배가 넘는 주문을 해왔다. 욕심에 눈이 먼 상인들은 누가 먼저라고도 할 것 없이 앞 다투어 물건을 납품했는데, 조선인들은 엄청난 양의 물건들을 항구에 쌓아 놓고 "작년 담배는 물에 젖어서 팔아먹을 수가 없었다. 올해 이 물건들은 뜨거운 물이나 소금에 절여 보면 어떻겠소"라면서 모두 반품시켰기에 그대로 썩어서 항구의 흙으로 변하고 말았다.

이런 일들을 보게 되면 사람을 속이는 것은 그리 오래 가는 것이 아님을 알 수 있다. 정직하면 신께서도 머릿속에 깃들고 청렴결백하면 부처께서도 마음을 비추어 주시는 것이다.[46]

---

45) 쓰시마와 나가사키현 이즈하라초嚴原町는 당시 조선・일본 간 무역의 중심지였다. 실제로 수출용 담배의 중량을 늘리기 위하여 물을 뿌리는 등의 부정거래가 있었다고 한다.

46) "正直なれば神明も頭にやどり、貞廉なれば仏陀も心を照す"(『사석집沙石集』, 九之一)의 표현을 그대로 인용하고 있다.

그런데 지쿠젠筑前[47] 지방의 하카타博多[48]에서 모든 운은 하늘에 맡기고 나가사키 무역長崎貿易[49] 일을 하고 있는 가나야金屋[50]라는 사람이 있었는데, 한해에 세 번씩이나 폭풍을 만나는 등 해상의 불운이 겹쳐 매년 자본을 크게 까먹게 되니 결국 남은 것은 집과 창고 정도였다. 처마 끝에 부는 솔바람도 처량하기만 했고 하인도 내보낸 뒤 부부가 하루하루를 근근이 살아가는 서글픈 처지가 되었다.[51] 갑자기 어디에 기댈 데도 없었고, 파도소리만 들어도 바다가 무서워져 손자 대까지 배는 절대로 태우지 않겠다고 스미요시다이묘진住吉大明神[52]에게 마음속으로 기원했다. 그러던 어느 날 저녁 무렵, 툇마루 끝에 앉아 더위를 식히면서 주변 경관을 바라보고 있자니 구름이 산봉우리처럼 솟아오르면서 용이라도 승천할 듯한 날씨였다. "이 하늘 날씨처럼 알 수 없는 것이 사람 사는 모습이다. 우리 집도 이렇게 살림이 어려워지니 어느새 정원에는 낙엽이 수북하게 쌓여있고, 마치 들판에 와 있듯이 수많은 여름벌레들이 울어대는 소리를 들으니 처량하기 짝이 없구나"라면서 울적한 마음에 잠겨 있노라니, 담장 건너편에 있는 울창한 큰 대나무와 삼나무 가지 사이에 거미가 줄을 늘어뜨리고 있는 것이 눈에 들어왔다. 삼나무 가지에 간신히 이어질 순간 거센 바람에 줄이 끊겨 아래로 떨어졌다. 그대로 죽어버렸나 했더니 어느새 나타나 다시 줄을 뽑아내 가지 끝으로 가기 시작했고 또 다시 거미줄은 끊기고 말았다. 거미는 세 번째 까지 계속 실패했지만 네 번째의 시도에 결국 훌륭한 거미집이 완성되었고 마침 날아

47) 지금의 후쿠오카현福岡縣 북서부이다.

48) 후쿠오카시 동부지역으로 하카타만博多湾에 위치한 항구도시이자 상업도시이다. 조선과의 왕래를 통해 교통의 요충지로서 발전했다.

49) 중국이나 네덜런드를 상대로 하는 무역상을 말한다.

50) 실존 인물일 가능성이 높지만 아직 정확히 누구인지는 밝혀지지 않고 있다.

51) "솔바람 정도는 남아 있겠지松風ばかりや殘るらん"는 요쿄쿠謠曲 『마쓰카제松風』에 입각한 표현이다.

52) 항해의 안전을 지키는 신이다. 현재 후쿠오카시 하카타구 스미요시신사에 모셔져 있다.

든 모기가 거미줄에 걸려 좋은 먹잇감이 되었다. 이렇게 실패를 반복하면서도 끈질기게 집을 완성시키는 거미를 보면서 "저런 벌레마저도 끈기 있게 자기 집을 만들며 살아가고 있는데 인간인 내가 만사를 성급하게 포기해서는 안 되지" 하면서, 이때부터 느낀 바가 있어 집을 판 뒤, 시기를 잘 따져서 얼마간의 상품을 사 두었다. 이전과는 달리 고용인도 두지 않고 단신으로 나가사키에 내려가서 보물시장[53]이라고 부르는 그곳 시장에 끼어들었다. 당직물唐織物[54]·약재료·상어가죽鮫皮[55] 그 밖의 여러 도구 등 좋은 상품들을 지금 사 두면 시세가 올라 틀림없이 돈을 벌 수가 있는데 이 사람은 자금 여유가 없어서 바라만 볼 수밖에 없고, 교토나 사카이堺[56] 상인들만 좋은 장사를 하고 있는 것이었다. 지혜나 재주는 전혀 그들에게 뒤지지 않지만 가죽 돈주머니를 톡톡 다 털어봐도 돈은 50량 밖에 되지 않으니 이곳 상인들의 상대가 될 수 없었다.

제대로 돈벌이가 되지 않자 홧김에 자포자기의 심정으로 마루야마丸山[57]의 유곽으로 발길을 옮기게 되었다. 옛날 장사가 잘 되었을 때 허세를 부리며 놀았던 것처럼 "다유太夫[58] 오라고 해, 오늘 밤으로 일생이 끝나도 좋으니 한번 실컷 놀아보자"며, 이전에 그곳에서 알았던 사람들을 통해 가초花鳥[59]라는 유녀를 불러내었다. 만나자마자 서로 눈이 맞아 밤이 깊어 갈수록 더욱 뜨거운 기분이 되었는데, 그러던 중 문득 머리맡 병풍을 보니 양면이 모두 금박인데다 고필古筆[60] 조각들로 가득 채워져

53) 당시 나가사키에서는 수입품을 입찰로 구매하는 것이 일반적이었다. 대·중·소상인에 따라서 할당량이 다르게 배정되어 있었으며, 이러한 시장을 보물시장이라고 칭하였다.
54) 중국에서 건너온 직물을 가리킨다.
55) 칼자루·칼집 등에 장식으로 사용하는 상어 가죽이다.
56) 오사카부府에 속한 시市이다.
57) 나가사키의 유곽촌이다.
58) 에도시대의 공인된 기녀 중 최상위의 기녀이다.
59) 마루야마의 대표적 유녀들 중에 같은 이름이 많이 등장한다.
60) 무로마치시대 이전 사람이 쓴 일본식 서체의 필적을 말한다.

있었는데 모두가 값나가는 작품들이었다. 특히 그 중에 섞여 있던 데이카定家[61]의 오구라색지小倉色紙[62]는 그 유명한 명물기名物記[63]에 들어 있는 것이었고 그 외에도 다른 색지가 여섯 장이나 더 포함되어 있었는데, 보면 볼수록 오래된 틀림없는 진품이었다. "도대체 누가 이런 물건을 기녀에게 준 것일까" 생각하며 이 물건에 욕심이 생겨 유녀와 즐기려는 마음은 뒷전이 되어 버렸다. 그렇지만 생각한 바 있어 더욱 뜨거운 밤을 보내고 나니 유녀는 진심으로 마음마저도 열게 되어 스스로 검은 머리카락을 아낌없이 잘라 주면서 사랑을 맹세했고,[64] 그 병풍이 탐난다고 하니 이유도 물어보지 않고 넘겨주는 것이었다. 가나야는 물건을 받자마자 작별인사도 제대로 하지 않고[65] 바로 교토로 올라가 잘 아는 사람 소개로 이 진품을 다이묘 댁에 바치고 거금을 받을 수 있었고, 이것이 계기가 되어 옛날과 같은 대상인이 되어 하인들을 많이 부리는 신분이 되었다.

그 뒤에 나가사키로 가서 유녀 가초花鳥를 유곽에서 빼내 주었고, 그녀를 좋아하는 남자가 부젠豊前[66]의 어촌에 있다는 말을 듣고 돈과 여러 살림도구까지 부족함이 없이 장만하여 그곳으로 시집을 보내니 그녀는 너무나도 기쁜 나머지 "이 은혜는 일생 잊지 못할 것입니다"라고 말하는 것이었다. "처음에는 유녀를 속였다고는 하지만 이렇게까지 신경을 쓰는 것을 보니 나쁘다고만은 할 수 없다. 고필을 보는 눈이 있고 사업에도 빈틈이 없는 사람"이라고 세간 사람들은 모두 이 사람을 칭찬하는 것이었다.

---

61) 가마쿠라 전기의 대표적인 가인이자 이론가인 후지와라노 데이카藤原定家를 말한다.

62) 데이카가 오구라야마小倉山에서 써서 장지에 발랐다고 전해지는 햐쿠닌잇슈百人一首의 색지이다. 햐쿠닌잇슈는 백 명에 이르는 가인의 와카를 한 수씩 골라 모은 것이다.

63) 유서 깊은 다도 도구류의 명칭과 소지자 등을 기록한 목록이다.

64) 에도시대의 유녀가 손님에 대해 진심을 표하고자 하는 경우에, 그리고 사랑하는 남녀가 변심하지 않겠다는 약속의 의미로 머리카락을 잘랐다.

65) 삽화를 보면 주인공 가나야는 이별을 아쉬워하면서 눈물을 닦고 있다. 본문 내용과 일치하지 않는 그림이라고 할 수 있다.

66) 후쿠오카현에서 오이타현大分縣에 걸친 지역을 말한다.

권 4-3_ 행복의 씨앗을 뿌리는 새전

"사람은 정직이 근본이다"라는 것이 신神의 나라 일본 특히 이세伊勢[67] 지방의 전통이다. 이세의 신궁에는 120개의 말사末寺[68]가 있는데, 그 신체神體는 민망하게도 종이 표구[69]의 족자로 되어 있어 초라한 느낌마저 들지만, 가식이 전혀 없는 신의 마음은 그곳 거울에 잘 비추어져 있기에 이 땅 일본에 사는 사람들은 아무런 의심 없이 너무도 감사히 모시고 참배하는 것이다. 그런데 언제부터인지 얕은 속셈으로 신궁참배의 새전에 비둘기 눈이라고 부르는 괴상한 납 동전[70]을 100개 묶음이라면서 실제로는 60개만 꿰어 팔고 있으니,[71] 참으로 야박한 인심이라고 여유로운 복의 신께서도 이것을 보고 비웃으실 일이다.

이곳의 번창함은 새삼 말할 필요도 없을 것이다. 다이다이카구라大大神樂[72]의 봉납금은 보물 산과 같고, 소원성취를 비는 기도료祈禱料 12관이 끊임없이 쌓여만 간다. 참배기념으로 사가는 생황피리나 조가비 국자, 미역 같은 물품을 팔아 생계를 꾸리는 사람들이 바닷가의 모래 숫자만큼이나 널려 있다. 그 밖에 말단 신관神官인 오시御師[73]는 여러 지방의 단가檀家[74]를 방문할 때 나누어줄 축의문을 한 장에 1문씩 받고 거들어

67) 미에현三重縣의 옛 이름이다.

68) 외궁外宮 80말사末社, 내궁內宮 40말사, 합계 120말사로 알려져 있다. 말사는 중심이 되는 신사에 부속되는 작은 신사를 말한다.

69) 여러 말사는 곳곳에 산재해 있었기 때문에, 내・외궁 경내에 각 말사의 신호神號를 표기한 종이 표구를 신체神體로 한 배례소를 마련하여 신궁참배의 편의를 도모하였다.

70) 당시는 통화를 새전용으로 사용하는 것이 금지되어 있었다. 따라서 이세신궁에서는 비둘기 눈 모양의 구멍이 뚫린 납 동전을 만들어 신사 참배객들에 의해 사용되었다.

71) 비둘기 눈 동전 60개가 새전 100문의 가치로 대용되었다.

72) 이세신궁을 참배하는 사람들을 위하여 봉납한 무악舞樂 중에서 가장 큰 규모였다. 무악은 신에게 제사지낼 때 연주하는 춤과 음악으로 가구라神樂로 표기한다.

73) 신사에서 참배인의 숙박이나 안내를 담당하는 사람으로 말단 신관이다.

74) 일정한 절에 속하면서 그 절에 장례식 등 불사佛事 일체를 맡기고 시주에 의하여 그 절의 재정을 돕는 집, 또는 그런 신도를 말한다.

주는 사람 없이 혼자서 쓰고 있는데, 이렇게 1년 내내 축의문만 써서 처자를 먹여 살리고 있는 신관들이 몇 백 명이나 되는 지 알 수 없을 정도다. 이처럼 이곳에는 많은 사람들이 이 일 저 일을 하면서 먹고 살아가고 있는 것이다. 또한 이 고장 사람들은 사람의 마음을 잘 헤아려 능숙하게 장사하는 것이 특징이다. 아이노야마相の山[75]에 있는 거지들마저도 능청스럽게 참배객들의 비위를 맞추니 굶지도 않거니와 추위에 떠는 일도 없고, 몸에는 비단옷을 걸치고 거지 한 사람의 샤미센三味線 연주에 맞추어 "가난해도 마음은 하나"라는 아이노야마 한 곡조를 읊어대고 있다. 언제 들어도 그 가락은 변함이 없고 내궁內宮[76]과 외궁外宮[77] 사이 1리 길을 오가는 참배객들에게도 아주 듣기 좋은 구경거리가 되고 있다.

세상에 돈처럼 재미있는 것은 없다. 수많은 이세코伊勢講[78] 참배객들이 있지만 이 거지들이 만족할 정도로 많은 돈을 준 사람들은 여태껏 아무도 없다. 따져 보면 몇 푼도 안 되는 돈으로 누군가 그들을 기쁘게 해줄 법도 한데 말이다. "교토의 유곽 시마바라의 정월 유흥에 엄청난 화대비용이 들어간다고들 하는데 이런 걸 보면 교토사람들은 아주 구두쇠"라고 신궁 기진寄進용 흰 돌[79]을 파는 영감이 말하는 것이었다.

어느 날 에도의 상인이 신궁을 참배했다. 타고 온 말에는 특별한 장식이 없었고 소박한 보라색 계통의 가마방석을 사용하고 있었다. 하인 두세 명이 동행하고 있었는데, 신관이 주선해 준 안내인을 따라 요다山田[80]를 나서면서 새 주화 간에이통보寬永通宝[81] 200관을 준비해 말 등에

75) 내궁과 외궁 사이에 있는 언덕길을 말한다.

76) 이세신궁의 아마테라스오미카미天照大神를 모신 신궁이다.

77) 이세신궁 가운데 하나인 도요우케다이진구豊受大神宮의 딴이름이다. 오곡의 신인 도요우케오미카미豊受大神를 모신다.

78) 신사참배를 함께 하기 위하여 만드는 단체를 고講라고 하고, 이세신궁의 참궁을 위한 단체는 이세코伊勢講라고 한다.

79) 일본어로는 시라이시白石이라고 하는데, 신궁 안 부지 바닥에 까는 흰 돌을 말한다. 참배객들이 기진용으로 구입한다.

80) 외궁의 소재지이다.

신고 내궁에 이르는 아이노야마相の山의 50조町[82]나 되는 거리에 뿌려대니 길바닥은 돈으로 덮여 흙이 보이지 않을 정도였다. 산과 들이 모두 전괘송錢掛松[83] 나무로 변한 듯 했고 거지들이 달려들어 이 돈을 주워가니, 마쓰바라춤松原踊[84]을 추는 소매에 돈이 넘쳐나고 새전을 담아놓는 된장소쿠리가 넘쳐나 한 동안은 고우타小唄[85]나 악기 소리도 자취를 감췄다. "이 사람은 도대체 뭐 하는 사람인가?" 그 이름을 알아보니 에도 사카이초堺町[86] 근처에 사는 훈도야分銅屋[87] 아무개 씨라고 하는 데 별로 알려지지 않은 부자였다. 세상에는 돈도 없는 주제에 있는 척하면서 장사를 하는 이른바 가라다이묘空大名[88] 같은 상인들이 많다. 그런데 이 분도야는 겉으로는 별로 내색을 하지 않지만 사실은 엄청난 재산가로 어둠 속에 도깨비를 모아놓은 듯이 으시시할 정도로 내실이 있었다. 해를 넘길수록 사업이 잘 되어 21세부터 55세까지 34년간 자신의 손으로 돈을 벌어 금 7천 량을 외아들에게 넘겨주었다. 원래 이 사람은 미야코덴나이都傳內[89]의 극장 근처에 폭 9척 정도의 좁은 가게를 빌려 환전상을 시작했었는데, 주로 구경꾼들이 입장표를 사기 위한 잔돈을 바꾸어주는 일이었다. 은화 2,3돈의 환전에 천칭저울로 재면서 5리厘[90]나 1분 정도씩 속여서 이익을 취했다. 얼마 되지 않는 금액이지만 그것이 쌓여

81) 에도시대의 대표적인 화폐로 표면에 '寬永通宝'의 네 자가 새겨져 있다.
82) 길이의 단위로 1조는 약 109미터이다.
83) 일본어로는 '제니카케마쓰'라고 한다. 당시 쓰시津市의 도요히사노豊久野에 있던 소나무로 참배 길 옆에 늘어서 있었으며, 참배객들은 돈을 이 나무의 가지에 걸어두고 참배를 하였다.
84) 이세 지방의 대표적인 춤의 일종으로 여기서는 이 춤을 추는 아이를 의미한다.
85) 샤미센에 맞추어서 부르는 짧은 곡이다.
86) 주오구中央區 니혼바시日本橋 닌교초人形町 부근으로 당시에는 극장 등이 많이 있었다.
87) 저울 등을 파는 사람이라는 의미인데, 작품 성격상 실존인물일 가능성이 많으나 정확히 누구인지 밝혀지지 않았다.
88) 겉으로 보기에는 훌륭해도 실제로는 경제력이 형편없는 사람을 지칭한다.
89) 에도 사카이초에 있던 가부키 극장이다.
90) 무게의 단위로 1돈의 100분의 1이다.

상당한 이익을 남겼고 그 뒤 점차 사업이 번창하여 성공한 환전상이 되었다. 이 사람이야말로 세상에서 말하는 구스노키楠[91] 부자였으니 녹나무처럼 그 뿌리가 흔들리는 일이 없다.

그 이웃에 아주 머리가 잘 돌아가는 남자가 있었는데, 까마귀를 백로로 속이는 등 협잡에 가까운 볼거리를 보여주는 흥행무대 일을 하고 있었다. 어떤 해에는 염마조閻魔鳥[92]인가 뭔가 하는 엉터리 새를 만들어 진귀한 것처럼 꾸며 하루에 50관씩 벌었고 또 어떤 해에는 기묘한 모습을 한 사람을 데려와 베라보便亂坊[93]라고 부르면서 무대판을 벌리니 매일 돈이 산처럼 쌓였다. 그래서 바로 집 창고라도 제대로 장만하나 했더니 창고는커녕 지금도 여전히 깊은 산이나 바다구석을 찾아다니면서 "혹시 연 노란색 원숭이는 없을까, 손발이 달린 도미가 있으면 좋을텐데"라며 물거품처럼 허망한 장사를 생각하고 있으니 벌어놓은 재산도 쉽게 사라지는 것이다.

대개 소년배우 등의 수입은 한때 반짝할 뿐 열매를 맺지 못하는 수꽃과 같은 것이다. 다마가와센노조玉川千之丞[94]가 여장女裝의 온나가타女形[95] 배우로서 가와치가요이河內通い[96]라는 교겐이치반狂言一番 가부키[97] 공연에 하루에 고반 1량을 출연료로 정하고 일 년에 360량씩이나 받았지만 이세 지방에 돌아와 죽었을 때는 예전의 무대의상조차도 남아있지 않았다고 한다. 전성기에 한때 영화榮華를 과시했지만 뒤에는 아무 것도 남지

---

91) 부의 근본이 녹나무처럼 든든한 부자를 말하는 비유표현이다.

92) 간분寛文(1661~1673년) 초기, 사카이초의 극장에서 마쓰다 하리마노조松田播磨掾가 보여준 무대 장치로 지옥에서 죽은 자를 꾸짖는 역할을 하였다.

93) 당시 흥행하던 극에 등장하였던 남성이다. 온 몸이 새까맣고 머리가 뾰족하며 눈은 새빨갛고 둥글며 턱은 원숭이와 같은 모습이었다.

94) 교토에서 활약하였던 온나가타女形이다.

95) 가부키에서 여자 역을 맡는 여장의 남자배우를 가리킨다.

96) 다마가와센노조가 연기한 교겐이다. 『이세모노가타리伊勢物語』 23단을 각색한 것이라고 한다.

97) 반番은 가부키 등을 세는 조수사이다. 교겐 이치반은 가부키 한 연목演目을 말한다.

않았다. 결국 돈을 모아 상인이 되려고 하는 자세를 그는 갖지 못했던 것이다. 그렇기에 사람들은 각자의 본업을 살펴서 잘 대처하는 것이 중요하다.

"에도는 지난 메이레키明暦[98]의 닭띠 해에 큰 화재를 만나 각 상점의 도구마저도 연기로 변해버릴 정도로 폐허가 되었지만 그 뒤 얼마 안 가 그전처럼 복구했다. 술집은 삼나무 잎을 둥글게 엮은 간판을 전처럼 내걸었고, 혼초本町의 포목점들은 제각기 비단으로 그득 찼고, 덴마초傳馬町[99]의 견직물가게와 면직물가게도 전과 다름없이 가게를 꾸몄으며, 사쿠마佐久間 저택 앞 길[100]에는 여러 도매상이 늘어섰다. 후나초舟町[101]의 어시장, 고메가시米河岸[102]의 쌀 매매, 아마다나尼棚[103]의 도료 도매상들이 들어서 도오리초通り町[104]가 번창하는 것은 태평시대이기에 가능한 것이다. 지금은 바람도 없고 구름도 조용히 떠다니는 가운데 데레후레초照降町[105]에는 왜나막신[106]과 셋타雪踏[107]를 만드는 장인들의 모습이 보이고, 시로가네초白銀町[108]에는 은세공을 하는 연장소리가 들려오는 등 예전의 그 사람들이 변함없이 가업을 계속하고 있다. 일용직 일을 하는 사람도 여전히 그 모습이고, 야마부시山伏[109]도 여전히 그 얼굴, 종기와

---

98) 에도시대 전기 1655~1658년간의 연호이다.

99) 지금의 주오쿠 니혼바시 오덴마초大伝馬町를 말한다.

100) 오덴마초의 이름 높은 군주 사쿠마 가게유佐久間勘解由 저택의 앞길이라는 뜻이다. 가게유는 지방관 등의 교대 시에 후임자가 전임자에게 교부하는 문서를 심사하던 직책이다.

101) 지금의 주오쿠 니혼바시 무로마치 1번지, 혼초 1번지에 있었던 어시장이다.

102) 양륙한 쌀과 곡식의 저장고가 늘어서 있던 강기슭으로 지금의 혼초 1번지이다.

103) 지금의 무로마치 1번지이다.

104) 지금의 주오쿠 니혼바시 도오리초通り町를 말한다.

105) 주오쿠 니혼바시 고아미초小網町 부근이다.

106) 일본어로는 게타라고 한다.

107) 죽순의 껍질로 엮은 조리草履의 바닥 밑에 가죽을 댄 신발로 나중에는 굽에 납작한 쇳조각을 박는 것이 유행하였다.

108) 주오쿠 니혼바시에 있는 마을로서 세공·조물 등을 하는 장인들이 많이 살고 있었다.

109) 산야에 기거하며 수행하는 스님, 또는 산야에서 노숙하는 사람을 말한다.

상처에 듣는 고약을 파는 이도 여전히 큰 목소리로 장사를 하고 있다. 모두들 변함없이 자기 가업을 하고 있는 것이다. 가난한 사람은 여전히 가난하고 부자는 역시 그대로 부자이다. 이처럼 신기한 일이 또 없을 것이다"라고 그 훈도야가 이곳저곳을 돌아보면서 말하는 것이었다.

또 그는 "넓은 이 동네에 딱 한 명만이, 그 큰 화재가 났었을 때 돈이라도 주웠던 건지 가업인 염주장사를 그만두고 나카바시中橋[110]에 도검류를 파는 가게를 내어 한때는 잘 되는 듯 했으나 얼마 안가 그 칼들도 야채 칼처럼 녹이 슬어[111] 다시 원래의 염주장사로 되돌아갔고 이제는 가업을 소중한 여생의 일로 삼아 목숨을 연명하고 있다. 사람은 자기가 해 왔던 일에 전념해야만 하는 것이다"라고 덧붙이는 것이었다.

---

110) 지금의 주오쿠 교바시京橋 1번지이다.

111) 속담 "옛날은 도검, 지금은 야채칼昔の劍今の菜刀"을 인용한 묘사이다. 옛날에는 훌륭했던 물건도 지금은 아무 쓸모가 없다는 뜻이다.

권 4-4_ 차茶의 십덕十德도 한번에 모두

에치젠越前[112] 지방의 쓰루가敦賀[113]항구는 매일같이 배가 드나들고 있는데 하루에 한킨判金[114] 한 장 정도의 평균 입항세가 들어온다고 한다. 이것은 요도淀[115] 강을 오가는 선박들의 통과세와 차이가 없다. 이곳은 각종 도매상들이 번창하고 있는 곳이다. 특히 가을에는 시장의 임시 건물들이 들어서서[116] 마치 눈앞에 교토의 시가지를 보는 것 같고, 남자들 틈에 섞여 있는 여자들의 자태도 아주 세련되고 옷차림도 홋코쿠北國의 도시에 잘 어울린다. 유랑극단들도 이곳으로 한판 벌리러 오고, 소매치기도 몰려들지만 요즘 사람들은 모두 약아빠져서 도장주머니는 애초에 차고 나오지 않고 지갑은 안주머니에 깊숙하게 넣어두니 소매치기들도 손을 써 볼 도리가 없다. 이렇게 혼잡한 도시에서도 돈 한 푼 거저 얻을 수가 없고, 도둑 패거리들도 살아나가기 어려운 세상이 된 것이다. 어쨌든 매사에 정직을 내세우고 한 순간의 고객이라도 주인처럼 대하면서 장사를 잘 해나가는 상인은 세상살이에 어려움을 겪지 않는 법이다.

이 고장 한 구석에 고바시노 리스케小橋の利助[117]라는 사람이 있었는데, 처자도 없이 혼자서 그날그날 생활을 꾸려가는 영리한 남자였다. 찻물과 다기를 메고 다니면서 전차煎茶[118]를 정갈하게 끓여냈는데, 몸에는 엑스자 모양의 옷끈[119]을 걸치고 무릎 아래를 각반으로 졸라맨 하카마

---

112) 지금의 후쿠이현福井縣 동부 지방이다.

113) 후쿠이현 쓰루가시敦賀市. 가미가타와 홋코쿠北國의 중계항구로서 번영하였다. 쌀·목재·해산물·차·솜·농기구 등의 입출항이었다.

114) 오한킨大判金 1매를 말한다.

115) 교토시 후시미구伏見區에 있는 지명이다. 일찍부터 수상운반의 요지로서 번창하였다.

116) 음력 8월 3,4일에 게히신사氣比神社의 제례祭禮가 열리고 그 전후 10일 동안 시장이 열린다. 이를 쓰루가마쓰리敦賀祭라고 한다.

117) '잔꾀를 부리는 사람'이라는 의미의 이름이다.

118) 엽차를 더운 물에 우린 음료이다.

袴[120]를 젊게 차려입고 에보시烏帽子[121]두건을 우스꽝스럽게 뒤집어 쓴 채, 남들보다 일찍 시장에 나와 '에비스惠比壽의 아침 차'라고 외치면서 팔러 다니니,[122] 이 차 한잔 마시면 운이 트일 거라고 목이 마르지 않은 사람들까지도 에비스님에게 새전이라도 바치는 기분으로 차를 팔아주고 대개는 12문씩 건네주었다.[123] 이렇게 매일 장사가 잘 되니 얼마 안 가 상당한 밑천을 만들어 엽차 가게를 크게 열었고, 그 뒤 여러 명의 점원들을 부리는 큰 도매상이 되었다. 혼자 힘으로 부자가 되었기에 세간의 칭송이 대단했고 내로라는 집들로부터 사윗감으로 삼고 싶다는 요청이 있었지만 "1만 량을 모으기 전까지는 부인을 들일 수 없다. 40까지 버텨도 늦지 않다"면서, 결혼에 들어갈 비용을 생각하니 아깝기만 해 돈이 쌓이는 것만을 낙으로 삼고 외로운 세월을 보내는 것이었다.

그러던 중, 도리에 맞지 않는 욕심이 생겨, 엣추越中와 에치고越後[124] 지방에 점원을 보내 어차피 버리게 되는 차 끓인 찌꺼기를 사 모았다. 교토의 염색집에서 필요하다고 둘러대고 갖고 와 사람들 몰래 음료용 차에 이것을 섞어서 팔았다. 한때는 큰 이문을 남겨 집이 번창했지만, 하늘이 벌을 내리신 것인지 이 남자는 갑자기 미친 사람으로 변해 자신의 악행을 온 지방 사람들에게 떠벌리고 돌아다니면서 "차 찌꺼기, 차

---

119) 일본어로 다쓰키襷라고 한다. 일을 할 때 옷소매를 걷어 올려 매는 끈으로, 양어깨에서 양 겨드랑이에 걸쳐 엑스자 모양으로 어긋나게 맨다.

120) 일본옷의 겉에 착용하는 옷으로, 허리에서 발목까지 늘어뜨려 입으며 주름이 잡혀 있고, 바지 모양과 치마 모양의 것이 있다.

121) 옛날 일본에서 성인례成人禮를 치른 궁정 귀족公家이나 무사가 머리에 쓰던 건巾의 하나이다. 지금은 신사의 신관神官인 간누시神主가 쓴다.

122) 아침 일찍부터 에비스 신에게 기도를 드리는 조닌을 상대로 주인공이 그와 같은 분장을 하고 장사를 하였다는 의미이다. 에비스는 칠복신 중의 하나로서, 오른손에 낚싯대를, 왼손에는 도미를 안고 있다. 바다 · 어업 · 상가商家의 수호신이다.

123) 에비스 신에게 바치는 새전이 보통 12문이었기 때문에, 차를 마시는 대금도 12문씩이나 지불하였다.

124) 엣추越中는 지금의 도야마현富山縣, 에치고越後는 니가타현新潟縣이다. 당시 쓰루가에서 차를 구입하였다.

찌꺼기"라고 외쳐대니 "결국 저렇게 부자가 된 것은 야비한 장사 속 때문이었구나"라면서 아무도 상대해 주지 않게 되었다. 의사를 불렀지만 아무도 와 주지 않았고, 점차 몸이 더 나빠져 물도 못 넘길 정도가 되어 결국 마지막 순간이 다가오게 되니 "나도 이 세상에 여한이 없게 차 한 모금을 마시고 싶구나"라며 눈물을 흘렸다. 차를 눈앞에 준비했지만 인과因果[125]의 탓인지 목구멍이 막혀 찻물을 넘길 수 없었고 호흡도 끊어지려고 할 즈음, 안 창고의 돈을 전부 갖고 오게 한 다음 발쪽에서부터 머리맡까지 늘어놓고 "내가 죽으면 이 금·은화는 누구 것이 될까, 너무나 억울하고 슬프다" 면서 돈더미에 달려드니 눈물은 새빨간 피로 범벅이 되었고 얼굴 모습은 마치 뿔 없는 파란 도깨비 같았다. 유령 같은 모습으로 온 집 안을 헤매다가 기절을 하고 이를 진정시키면 다시 깨어나 돈이 어디 있는 지를 묻기를 34,5번 가깝게 되풀이했다. 결국은 고용인들도 정나미가 떨어지고 무섭기도 해서 환자가 있는 방에 얼씬도 하지 않았고, 간신히 부엌에 여러 명이 모여 몽둥이[126]를 손에 쥐고 유사시를 대비하고 있었다. 2,3일 동안이나 아무 소리가 나지 않자 모두 함께 가 들여다보니 이 남자는 눈을 뜬 채로 금은화에 달라붙어 죽어 있었다. 모두들 혼비백산이 되어 그 자리에서 시체를 가마에 싣고 화장터로 갔다. 마침 화창한 봄날이었는데 갑자기 검은 구름이 다가오나 싶더니 가마 바퀴 같은 큰 빗줄기가 쏟아져[127] 땅이 강으로 변했고 바람은 고목 나뭇가지들을 부러뜨릴 정도로 거센 가운데 벼락이 떨어져, 리스케의 시체를 화장도 하기 전에 빼앗아 가버린 건지 빈 가마만이 남아 있었다.[128] 목전에서 이 화택火宅[129]의 고통을 지켜본 사람들은 도망치

125) 악행을 저지른 사실 때문인지 차가 목구멍을 넘어가지 않음을 의미한다.
126) 중앙 부분을 가늘게 깎은 호신용 방망이를 말한다.
127) 호우豪雨를 의미하는 것으로, 굵은 빗방울을 가마 바퀴에 비유하였다.
128) 나쁜 일을 저질렀거나 불효를 저지른 사람이 벼락을 맞고 죽는다는 것은 당시의 권선징악적 속설이었다. 『혼초니주후코本朝二十不孝』 권4-3에 이 내용이 나온다.
129) 현세의 고뇌가 많아 안주할 수 없는 모습을 나타낸 불교 용어로 여기서는 리스케의

듯 빠져나와서 모두들 각별한 불심을 느끼게 되었다.

그 뒤 리스케의 가업을 잇게 하기 위해 먼 친척들을 불러 유산을 넘겨주려했지만 자초지종을 전해 듣고, 몸을 벌벌 떨면서 젓가락 하나 받으려고 하는 사람이 없었다. 고용인들에게 "모두들 나누어 갖도록 하라"고 했지만 "우리도 전혀 필요 없습니다"라면서 이 집에서 해 주었던 옷가지마저 놓고 나오니 욕심으로 가득 찬 사람들이었지만 상황이 이쯤 되니 어쩔 수 없었던 것이다. 별 수가 없으니 이것저것 모두 팔아서 남김없이 보리사菩提寺[130]에 봉납하기로 했다. 절 주지는 뜻밖의 떼돈을 받아 이것을 불사佛事에 쓰지 않고 교토로 올라가 야로아소비野郎遊び 같은 남색놀이에 탐닉하고 히가시야마東山의 찻집들을 기쁘게 해 주었다고 한다.[131] 그런데 리스케는 죽은 후에도 이곳저곳 도매상을 찾아다니며 남아 있던 외상 빚을 받아냈다고 하니 참으로 괴기한 일이 아닐 수 없었다. 도매상들도 그가 죽은 것으로 알고 있었는데 생전의 모습으로 나타나니 공포에 질려 조금도 저울눈금을 속이지 않고 정확히 무게를 재서 밀린 대금을 갚았다. 이것이 소문이 나자 세간에서는 리스케가 살고 있던 집을 도깨비집이라고 부르게 되었고 이 집을 거저 주어도 받으려고 하는 사람이 없었으니 점점 무너져 내려 폐가가 되었다.

이런 일들을 보면서 새삼 느끼는 것은, 이익을 보기 위해 처음부터 갚을 마음이 없이 저당 잡혀 돈을 빌린다거나, 여러 가지 엉터리 물건을 속여 팔거나, 사기꾼들과 미리 짜고 지참금이 있는 부인을 받아들인다거나, 여러 절에 봉납하는 시도긴祠堂銀[132]을 빌려 모은 다음 의도적으로 파산해서 갚지 않는다거나, 도박 패거리들에게 끼어든다거나, 인삼을 강매하거나,[133] 미인계를 써서 돈을 뜯어내거나, 몰래 개사냥을

시체가 벼락으로 불타 사라져 버린 것을 의미한다.

130) 조상 대대의 위패를 모시는 절이다.

131) 교토의 히가시야마東山에는 유흥 찻집茶屋(자야)이 많이 늘어서 있었다.

132) 선조를 공양하기 위하여 사원에 봉납한 돈으로 사원은 이 돈을 빌려주어 이자를 챙겼다.

해 이익을 취하거나,[134] 양육비를 받고 데려온 젖먹이를 굶어죽이거나, 익사한 사람의 머리카락을 뽑아 파는 짓을 하는 것은, 아무리 먹고살기 위해서라지만 우연히 이 세상에 생명을 받고나온 인간으로서 앞으로 살아갈 보람이 없는 행동이다. 무슨 일이든 막상 몸을 깊이 담게 되면 나쁜 일이라도 그것을 분별하지 못하게 된다. 그렇게 되어서는 안 되는 것이기에 인간이라면 세간의 보통 삶을 살아가야 하는 것이다. 생각해 보면 꿈처럼 덧없기만 한 50년 전후의 짧은 일생, 어떤 장사를 하더라도 나쁜 짓하지 않고 살아가지 못할 이유가 없을 터이다.

---

133) 가짜 인삼을 판매하는 것을 말한다.

134) 개 가죽을 벗겨 파는 일을 말한다. 『일본영대장』 간행시에는 이미 동물 살상 금지령이 내려져 있었다. 이는 1685년에 제5대 쇼군將軍 도쿠가와 쓰나요시德川綱吉가 내렸는데, 특히 개를 소중히 다루도록 하였다.

권 4-5_ 이세伊勢 왕새우의 고가매입

살아 있기만 한다면 어떻게 하든 먹고살 수 있게 마련이니. 매사를 너무 소심하게 살아서는 손해이다. 매년 세간의 경기가 나빠져서 누구나 어렵게 살고 있다고 하지만, 그러면서도 각자 분수에 맞게 정월준비를 하면서, 떡 장만을 못 하는 집도 없고, 청어알 정도는 다들 사고 있다. 생선걸개에 단고丹後[135]의 방어나 꿩 등을 매달아 놓고, 부뚜막 옆에는 장작더미를, 토방에는 쌀가마를 채워서 3월경까지의 살림 채비를 하는 것이다. 지불은 12월 20일을 한도로 처리하고[136] 그 뒤에는 독촉이 심한 쪽만 해결해 줄 정도로 매사를 능숙하게 처리하는 상인들은 역시 그들의 살림 형편도 좋은 법이다. 그런가 하면 장부상의 수지계산은 남아돌지만 외상으로 판 대금을 긁어모아 다시 외상 대금을 갚는 일처럼 골치 아픈 일은 없다. 고용인에게 마련해주는 셋타雪踏[137] 신발이나 버선도 돈에 몰려 섣달 그믐날 한밤중이 지나서야 구입할 수밖에 없는 것은 이 세상 도리[138]를 외면할 수 없기 때문이다. 연간 계약의 남녀 하인들에게 주는 옷가지들도 가게에서 이미 만들어 놓은 줄무늬 포목에 솜이 들어간 저렴한 것을 사서 흰 안감을 대어[139] 나누어 주는 주인은 연말사정이 어려웠음을 정월이 되고 나서야 실감하게 되는 것이다.

원래 근검절약은 정월 때부터 실행해야 하는 법이다. 아직도 멀쩡한 도구를 새로 장만하고, 집수리나 개축, 다다미의 겉자리 바꾸기, 부뚜막

---

135) 옛 지명으로 지금의 교토 북부이다.

136) 당시 1년간의 대금 지불일은 일반적으로 12월 31일이었지만, 부잣집은 12월 20일에 처리했다.

137) 죽순의 껍질로 엮은 조리草履의 바닥 밑에 가죽을 댄 신발이다.

138) 당시 에도시대 사람들은 아무리 어렵고 힘든 상황이더라도 고용인에게 선물을 마련해 주는 것이 주인된 도리라고 생각하였다.

139) 보통 남성은 엷은 남색, 여성은 다홍색 안감을 대었다.

의 덧칠 등 집안을 더 깔끔하게 보이려고 하면, 한두 가지일 때는 모르지만 그것이 쌓이게 되면 1년 중의 가계에 큰 손실을 입히게 된다. 현명한 사람은 대부분의 일과는 봄과 여름의 낮 시간이 길 때 처리하는 데, 정말 그것이 좋은 방법이다. 어떤 해에 이세 왕새우[140]와 등자나무[141]가 품절이 되어 에도 세토모노초瀨戸物町・스다초須田町・고지마치麴町[142]에서는 여러 다이묘들의 신년 축하용품이라면서 왕새우 한 마리에 고반 5량, 등자나무 하나를 3량씩의 비싼 가격에 팔고 있었다. 그 해에는 교토에서도 물건이 딸려 오사카 등에서 이세 왕새우 2돈 5분, 등자나무 7,8분씩 받고 있었지만 신년 축하용이기에 모두들 어쩔 수 없이 장만해 봉래蓬萊[143]를 장식했던 것이다. 오사카는 에도 다음으로 상인들에게 대담한 구석이 있어서 앞으로의 일에 별로 연연하지 않는 곳이다.[144]

셋쓰攝津[145]와 이즈미和泉[146]에 접해 있는 사카이堺의 오쇼지大小路 부근[147]에 히노구치야樋口屋[148]라는 사람이 살고 있었는데, 매사에 빈틈이 없고 일생 허튼 낭비를 한 적이 없었다. 그렇기에 "봉래를 장식하는 것

---

140) 일본어로는 이세에비伊勢海老라고 한다. 몸통의 길이가 30센티미터가 넘는 왕새우이다. 맛이 아주 좋아, 정월이나 경사가 있는 날에 요리로 사용된다.

141) 높이가 3미터 가량으로 가시가 있으며, 잎은 두껍고 달걀 모양을 하고 있다. 과실은 주로 음식의 조미료로 쓰이고, 약제・향수의 원료로도 쓰인다.

142) 당시 여기에는 생선가게와 야채가게가 있었다.

143) 삼보三方 위에 쌀을 채우고, 얇게 베어 말린 전복의 살, 밤, 모자반, 새우, 다시마, 등자, 귤 등으로 꾸민 신년을 축하하는 장식물이다. 산보는 신불・귀인에게 물건을 올리거나 의식 때 물건을 얹기 위한 것으로, 네모난 나무 쟁반에 앞과 좌우에 구멍이 나 있다.

144) "오사카는 사람 마음이 에도에 이어서 관대한 곳大阪は人の氣江戸につづいて寬闊なる所"이라는 표현이 사이카쿠의 다른 작품인 『세켄무네잔요世間胸算用』 권1-3에도 등장한다.

145) 지금의 오사카 서북부와 효고현兵庫縣 동남부이다.

146) 지금의 오사카 남서부이다.

147) 사카이堺의 오쇼지大小路는 현재 오사카의 사카이시 중앙부 동서를 가르는 큰 길을 말한다.

148) 사카이 지방을 대표하는 상인이다. 에도시대 이전부터 사카이에서 히노구치야라고 하는 상인이 있었다는 기록은 남아 있으나 자세한 것은 알려져 있지 않다. 또한 작품에는 히노구치야가 사카이에서 식초를 팔던 상인이라고 나오지만 자세한 내용은 미상이다.

은 신대神代 이래의 풍습[149]이기는 하지만 비싼 것을 사들여 장식해 봐도 아무런 도움이 될 수 없다. 아마테라스오미카미天照大神[150]께서도 나무라시지는 않을 거야"라면서 이세 왕새우 대신 보리새우, 등자나무 대신 향귤나무를 장식하니,[151] 색깔도 같고 정월 기분을 내는 데 다를 바가 없었기에 "이 남자 생각이 기발하다"면서 이 고장 사카이 사람들은 이세 왕새우와 등자나무를 아무도 사지 않고 정월을 보냈다. 사카이는 사람들의 몸가짐이 차분하고, 주판을 꿈속에서도 만지고 있고, 살림살이는 검소하지만 항상 깔끔하게 보이도록 신경을 쓰며, 만사에 도리를 잘 지키면서도 상당히 풍류가 있는 곳이다. 그렇지만 이곳에서 살다보면 신경을 쓸 일이 많아서 그런지 빨리 늙어버릴 것만 같고 외지 사람이 와서 살기는 쉽지 않은 곳이다. 정월 첫날부터 섣달 그믐날까지의 1년 경비의 내역을 한 번에 정해 놓고 그 외에는 한 푼의 낭비 없이 어떤 물건이라도 정해진 대로 장만하는 견실한 살림살이를 하고 있다. 남자는 명주 천으로 만든 하오리 한 벌을 34,5년 동안이나 세탁 한 번하는 일이 없고 평평한 가슴살 모양의 부채를 몇 해 여름이 가도록 사용한다. 여자들은 시집올 때 갖고 온 의복들을 그대로 딸에서 손자 대까지 물려주면서 주름 하나 접히지 않도록 잘 간수하는 것이다. 불과 3리[152] 떨어진 오사카는 이곳과는 기질이 아주 달라서 오늘만 잘 지내면 내일은 어떻게 되도 좋다며 순간의 사치를 즐기는 향락적인 분위기가 강한 곳인데, 이는 오사카 상인들의 돈벌이 위세가 크기 때문이다.[153] 여자들

---

149) 봉래의 장식은 이자나기伊邪那岐·이자나미伊邪那美 두 신이 나라를 낳는 오노코로섬을 모방하여 만든 것이라는 설이 있다.

150) 일본 신화의 중심 신으로 태양의 여신이다.

151) 『세켄무네잔요世間胸算用』 권1－3에도 같은 이야기가 나온다. 이세 왕새우는 크기 때문에 축하용 요리에 어울리지만, 보리새우는 그 모양에 있어 훨씬 못 미친다. 또한 향귤나무九年母와 등자나무는 색깔도 모양도 비슷하지만, 향귤나무는 등자나무가 지닌 축하의 의미를 가지고 있지 않다.

152) 오사카에서 사카이까지의 거리인데, 두 지역의 대조적인 생활 풍속을 간접적으로 표현하고 있다.

은 더욱 배포들이 커서 본盆[154]이나 정월, 환절기인 고로모가에衣替[155] 때는 물론이고, 그 외에도 수시로 의복을 장만해 기분 내키는 대로 험하게 입고 다니니 옷이 바로 낡아빠지고 그것도 얼마 안 가 헝겊조각으로 변해 바느질 통에 처박혀 버려지게 된다. 사카이는 근검절약으로 버티고 오사카는 화끈하게 세상을 즐기고 있는데, 지역에 따라 이렇게 사람들의 기풍이 다른 것을 보면 정말 재미있기만 하다. 어쨌든 여유가 있는 사람은 어디에 가서도 편하게 살 수 있다. 아무리 똑똑한 척 해도 장사가 시원치 않은 사람의 말은 아무도 듣지 않는다. 어리석게 보여도 돈이 많은 사람이 하는 일은 우선 통하는 법이니 똑똑한 것 같은 데 생활이 어려운 사람들은 정말 보기에 딱하기만 한 것이다. "젊었을 때 성심껏 일에 열중하고 노후에 즐거움을 빨리 깨우치는 것이 좋다"[156]는 것은 거짓말을 모르시는 대흑大黑[157] 님의 계시이다. 그렇기는 하지만 지금처럼 돈 벌기가 어려운 때는 없는 것 같다. 돈은 옛날에 비해 점점 많아지고 있을 터인데 누가 어디에 감추어 놓고 보여주지 않는 것인지 정말 알 수 없는 노릇이다. 그러니 사람들이 아끼는 돈을 쓸 데 없는 일에 조금이라도 낭비해서는 안 된다. 돈을 벌려면 한참 걸리지만 줄어드는 것은 순식간인 것이다.

어느 때인가, 야심한 시각에 한 사람이 식초를 사려고 히노구치야의 가게 문을 두드렸다. 중간 문[158]을 두고 안쪽으로 문 두드리는 소리가 희미하게 들려왔다. 남자 하인이 잠에서 깨어나 "얼마나 살꺼요?"라고 물으니 "정말 미안한데요 1문 정도만 안 될까요?"라고 답했다. 하인은

---

153) 한 번에 큰돈을 벌어들이기를 좋아하는 오사카 상인들의 기질을 나타내고 있다.

154) 음력 7월 보름의 백중맞이. '오본'이라고도 한다.

155) 계절의 변화에 따라서 옷을 갈아입는 것을 말한다. 4월 1일부터 겹옷으로, 5월 5일부터 홑옷으로, 9월 1일부터 겹옷으로, 9월 9일부터 솜옷으로 갈아입는 일종의 연중행사였다.

156) 상인이 이상적으로 생각하는 삶이다. 권4-1에 자세히 나와 있다.

157) 칠복신 중의 하나로 대흑천大黑天의 줄임말이다. 칠복신에 대한 설명은 권4-1에 자세히 나와 있다.

158) 집 앞쪽에 있는 가게와 안쪽에 있는 방 사이에 있는 문이다.

잠이 든 척 하면서 그 뒤는 대꾸도 하지 않으니 그 손님은 어쩔 수 없이 돌아가 버렸다. 날이 새고 나자 주인은 그 하인을 불러내어 별 설명도 없이 “문 앞쪽 땅을 세 자 정도 파도록 하라”고 말했다. 분부에 따라 하인 히사사부로久三郎는 웃통을 벗어부친 뒤 괭이를 들고 땀을 뻘뻘 흘리면서 온 힘을 다해 딱딱한 지면을 힘들게 파들어 갔다. 3척 정도의 깊이가 되자 “돈이 나올 텐데 아직 보이지 않느냐”고 물었다. “작은 돌덩어리와 조개껍질 외에는 아무것도 안 보이는 데요”라고 하니 “그거 보아라. 그렇게 힘들게 파 보아도 땡전 한 푼 나오지 않는 것임을 명심하거라. 앞으로는 한 푼 장사도 소중히 해야 한다. 옛날 렌가連歌159) 가인이었던 소기법사宗祇法師160)가 이곳에 오신 적이 있었다. 마침 렌가가 한참 유행하던 시절이었는데 렌가 짓기를 즐겨했던 가난한 약재상이 있었다. 사람들을 초대해 2층 객실에서 렌가 모임을 가졌는데, 이 주인이 시구詩句를 붙일 순서가 되었을 때161) 마침 후추를 사러 온 사람이 있었다. 그 자리에 모인 사람들에게 양해를 구한 뒤 자리를 나와서 후추를 1량 정도 저울에 올려놓고 대금 3문을 받은 뒤 다시 자리로 돌아와 차분히 생각한 다음 한 구를 읊었다. 그러자 ‘참으로 풍아로운 마음씨’라고 소기법사가 뜻밖에 크게 칭찬하셨다고 한다. 사람은 모두 이 주인처럼 가업을 성실하게 해 가는 것이 중요하다. 나도 처음에는 얼마 안 되는 재산이었지만 내 대에 이처럼 재산가가 된 것은 가업을 잘 꾸렸기 때문이다. 이 말을 잘 귀 담아 듣고 따라 하게 되면 나쁜 일은 없을 것이다. 예를 들면 셋집살이를 하는 사람이라면 매일 그 집세의 하루 분을 따로 챙겨 두어야 한다. 빌린 자금도 마찬가지이다. 1개월 정도의 짧

159) 일본의 시가詩歌의 한 양식이다. 두 사람 이상이 5・7・5의 장구長句와 7・7의 단구短句를 번갈아 읊어 나가는 형식이다.

160) 소기법사宗祇法師가 사카이에서 머문 것은 사실이지만, 사람이름과 장소만을 바꾼 비슷한 이야기가 많기 때문에 이 작품에 나오는 이야기는 단지 그의 이름만을 가져다가 끼워 맞춘 것이라는 의견이 일반적이다.

161) 렌가 모임에서는 사람들이 돌아가며 시구를 붙이면서 시가를 즐기곤 하였다.

은 기간이라도 필요 없는 이자를 물지 않도록 돈을 잘 굴려 가면 언젠가는 뜻한 바 사업이 이루어지게 되는 것이다. 빌린 돈을 갚을 때 중요한 것은 벌이가 있을 때 우선 그 반을 따로 챙겨두어야 하며, 1관의 빚이 있을 경우 100돈씩 갚아서 10년 내에 다 갚을 수 있도록 하는 것이다.[162] 벌은 돈을 꼼꼼히 따져보지 않고 다른 돈과 함께 섞어 결산 수지를 하게 되면 점점 재산이 줄어들게 되는 법이다. 자기 돈을 썼다고 하더라도 장부에 기록을 해 두어야 하는 이유는 물품을 자기가 직접 구입할 경우에도 가끔 잘못 되는 일이 생기기 때문이다. 매상이 없었던 날은 아무리 적은 금액이라도 금전 지출을 해서는 안 된다. 어떤 물품이라도 외상으로 사지 않는 것이 좋다. 우선은 겉으로 표시가 잘 안 나지만 어느 틈엔가 외상 빚이 쌓여 갚을 때 청구서를 보고 깜짝 놀라게 된다. 집을 저당 잡혀야 할 정도로 어려워질 경우는 체면 볼 것 없이 팔아버리는 것이 좋다. 저당 잡힌 집을 다시 찾아오는 예가 없고, 결국 이자에 몰려 그냥 뺏기게 되는 것이다. 아직 그렇게까지 되지 않았다면 집을 처분하고 그곳을 떠나 뒷처리를 잘하면, 찬장 하나라도 건질 수 있게 되어 그날 그날을 살아갈 수는 있게 되는 것이다"라고 훈계했다.

원래 사카이라는 곳은 졸부들이 적은 곳이다.[163] 대개 2,3대째씩 내려오고 있고, 예전에 사 두었던 상품을 쉽게 팔지 않고 시세가 오르기를 기다리는 것은 자본에 여유가 있기 때문이다. 주묵朱墨을 전매하는 슈자朱座 가게도 사업이 잘 되고 있고,[164] 철포 집은 어용상인으로 주로 관官에 납품을 하고 있고[165] 약재상들은 나가사키와 확실한 거래를 하

162) 1관의 빚을 100돈씩 갚으면 10년이면 다 갚을 수 있다는 뜻으로 1관은 1,000돈이다.

163) 오래된 상업도시인 사카이에 대해서 명쾌하게 묘사하고 있다. 이러한 사카이에 대한 묘사는 권6－3에도 나온다.

164) 슈자朱座는 막부의 감독 하에 주朱와 주묵朱墨을 제조・전매한 곳을 말한다. 슈자 집의 사업이 잘 되고 있다는 말은 슈자의 우두머리 격인 사카이의 오타 스케시로小田助四郎와 대리격인 에도의 요도야 진타유淀屋甚太夫 사이에 벌어진 재판에서 오다 조시로가 이긴 사실에 기인한 것이다.

165) 사카이에서 철포를 제조하였던 시바 쓰지에몬芝辻右衛門의 자손이 막부에 철포를

면서[166] 자금을 다른 곳에서 좀처럼 빌리지 않는다. 세상 사람들의 이목은 신경 쓰면서도 때로는 다른 사람들은 할 수 없는 일들을 하곤 한다. 예를 들면 난슈지南宗寺의 본당에서 부엌에 이르기까지 모든 것을 혼자서 건립한 대단한 사람도 있다.[167] 마음은 어떠하던 간에 풍속은 교토풍이다. 이전에 교토 기타노北野의 시치혼마쓰七本松[168]에서 간제다유觀世太夫가 일생 일대의 간진노勸進能를 흥행했을 때,[169] 오한킨大判金[170] 1매나 하는 비싼 관람석을 교토와 오사카 다음으로 사카이 사람들이 많이 사들였다고 한다. 이 사람들이 얼마나 풍류를 좋아하는 지는 이것으로도 알 수 있을 것이다. 인근의 오쓰·후시미 지역 사람들도 비슷할 것 같지만 이 관람석을 한 자리도 사지 않았다. 한 푼을 아끼는 상인들이 한킨判金[171] 1매나 하는 관람석을 앞 다투어 사들이고 빈자리 없이 구경하는 것은 말은 쉽지만 간단한 일은 아닐 것이니 이것이 다 천추만세千秋萬歲의 태평성대에 사는 덕일 것이다.[172]

대는 어용상인이었다.

166) 당시 사카이의 약재상은 나가사키의 도매상으로부터 약을 구입하였다.

167) 난슈지南宗寺는 사카이시 미나미하타고초南旅籠町에 있는 사찰이다. 황폐했던 사찰을 사카이의 상인 나카무라 진자에몬中村甚左衛門이 비용을 대어 재건하였다고 알려져 있다.

168) 교토의 기타노신사北野神社 부근이다.

169) 1672년 9월 11일부터 4일간 기타노 시치혼마쓰에서 간제다유觀世太夫가 간진노勸進能를 흥행하였다고 한다.

170) 무로마치室町 말기부터 에도 말기까지 통용된 타원형의 큰 금화이다.

171) 특히 오한킨을 지칭한다.

172) 천하태평의 시대를 의미하는 것이며, 천추만세千秋萬歲는 축복의 의미를 담고 있다. 당시 간진노에서 자주 상연되었던 『오키나翁』의 한 구절이다. "천추만세의 기쁨이 춤이 되어千秋萬歲の歡びの舞なれば" 요쿄쿠謠曲 『오키나翁』에 입각한 표현이다.

일본영대장日本永代藏 : 니혼에이타이구라

권 5

권 5–1

도무지 벌이가 되지 않는 시계세공

유명한 나가사키의 재간꾼

불을 삼키는 새[1])도 몰락을 알고

권 5–2

살아가는 것은 요도淀의 잉어 행상처럼

야마자키山崎[2])의 요술방망이

물방아는 행복을 기다리는가

권 5–3

콩 한 알이 빛나는 석등石燈

유명한 야마토大和의 솜틀집[3])

빚만 남긴 희한한 유언장[4])

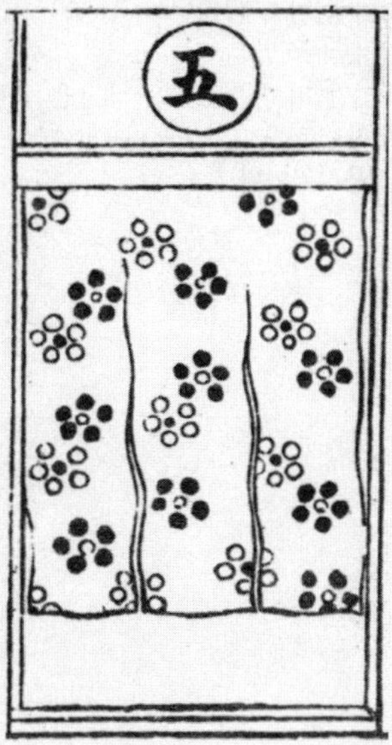

권 5-4

아침에는 소금 바구니 저녁에는 기름 통

유명한 히타치常陸의 고가네金[5] 부자

제각기 하고 싶은 일을 하게 되다

권 5-5

3돈 5분 새벽녘의 돈

유명한 사쿠슈作州[6]의 질투심 많은 며느리

조고藏合는 9개의 창고 소유주

1) 火食鳥라고 한다. 17세기 후반에 일본에 수입되었고 동인도의 세람섬 특산의 새로 알려져 있다.
2) 모든 작품의 부제에서 '유명한'으로 시작해서 주인공을 소개하고 있는데 이 작품에서만 유일하게 그 형식이 사용되고 있지 않다.
3) 주인공의 직업을 말하고 있다.
4) 주인공이 남긴 유언장에는 빚만 적혀 있었다는 내용을 표현하고 있다.
5) 현재의 지바현千葉縣 마쓰도시松戶市 고가네초小金町에 살고 있었던 부자를 말한다.
6) 현재의 오카야마현岡山縣 북부지역이다.

본조 에이타이구라本朝永代藏 : 본조영대장 권 5

권 5-1_ 도무지 벌이가 되지 않는 시계세공

중국인은 마음이 느긋해서 가업에 안달하지 않는다. 거문고 · 장기 · 시 · 술[1]을 즐기면서 살아가고, 가을에는 달을 보러 물가로 나가고 봄에는 해당화[2] 피는 산을 바라본다. 삼월 셋쿠節句 전날[3]인 줄도 모르고 지내는 것은 세상살이에 태평한 중국인들의 풍속인데, 일본에서 이 같은 흉내를 냈다가는 바보취급 당하기 십상이다.

어떤 사람이 1년 내내 머리를 짜내어 종일 머리맡에서 짤깍짤깍 대

1) 가야금 · 장기 · 시, 그리고 술은 중국인의 풍아로운 유흥을 나타낸다.
2) 중국에서 찬미하는 꽃으로, 담홍색을 띠고 있으며 4,5월경에 핀다.
3) 셋쿠節句에는 다섯 명절이 있는데, 인일人日(1월 7일), 상사上巳(3월 3일), 단오端午(5월 5일), 칠석七夕(7월 7일), 중양重陽(9월 9일)이 바로 그것이다. 그 중 상사上巳의 전날은 일본에서 '모노마에物前'라고 칭하며 수지결산을 하는 날로 매우 바쁘다.

는 시계 세공에 매달렸지만 뜻이 이루어지지 않아 다시 그 아들이 이 가업을 물려받아 그럭저럭 물건을 만들게 되었고, 이어서 손자의 손으로 넘어가 결국 3대째에 이 시계가 완성되니 지금은 전 세계의 귀중품이 되었다.[4] 그렇지만 이렇게 오랜 시간이 걸려서는 가업으로서 수지타산이 맞을 리가 없다.

그러면 이번에는 남경南京에서 도래한 금미당金米糖[5]이라는 과자의 예를 보기로 하자. 그 제조법을 여러 가지로 궁리해봤지만 좀처럼 알 수가 없었다. 일본에서 만들 수 없었기에 160돈 1근에 은 5돈의 비싼 가격이었는데 그것이 최근에는 상당히 싸졌다. 그 이유는 이 과자가 나가사키에서 여자들의 수작업으로 만들어지게 되었고 지금은 교토에서도 이것을 모방해서 팔고 있기 때문이다. 처음에는 교토의 과자집도 이것을 만들려고 여러 가지로 고심했었는데 깨 한 알을 재료로 해서 이런 것이 만들어질지는 아무도 몰랐던 것이다.[6]

이것을 처음 착안한 사람은 나가사키의 가난한 상인이었다. 2년도 넘게 제조법에 골몰하면서 중국인들에게도 물어보았지만 아는 사람이 없었기에 어려움의 연속이었다. 성실한 중국인[7]들이지만 이런 일은 아무에게나 가르쳐 주지 않는 것이다. 후추 씨 하나만 해도 열탕을 가해 넘겨주니 일본에서는 그 나무의 모습을 본 사람조차 없고 그것을 아무리 심어본들 싹이 틀리가 만무했다.[8] 어떤 때 고야산高野山[9]의 무슨 원院인

4) 이와 비슷한 이야기가 가토리 나히코楫取魚彦의 『상지편喪志編』에는 네덜란드인의 일화로서 기록되어 있다.

5) 일본어로는 곤페이토라고 한다. 포르투갈어 confeito에서 온 말로 일본에서는 한자로 '金米糖'이라고 표기한다. 둥글고 겉면에 작은 돌기가 있는 별사탕이다.

6) 당시는 깨와 계수나무 껍질인 육계肉桂를 재료로 하였지만, 지금은 양귀비의 씨를 이용한다.

7) 중국인이 성실하다는 것은 권4-2에도 나온다.

8) 원산지는 인도나 인도네시아로, 당시 일본에는 네덜란드 상선에 의하여 수입되었다. 실제로 열을 가해 넘겨주었기 때문에 심어도 싹이 트지 않았다고 한다.

9) 고야산高野山은 와카야마현和歌山縣 북동부에 위치한 산으로 사원寺院이 있다.

가 하는 곳에서 한 번에 세 섬[10] 정도의 후추 씨를 뿌렸더니 그 중에서 단지 두 개만이 뿌리를 내렸다. 그것이 점점 퍼져나가 지금은 세간에서 흔히 볼 수 있게 되었다. "이 금미당金米糖에도 기본재료가 없을 리 없다. 깨를 기본으로 사탕을 가한 다음 점차 둥글게 만들어 간 것이니 우선 깨 제법에 비밀이 있을 것이다"라고 생각하고, 먼저 깨를 사탕과 함께 조린 다음 그것을 몇 일간 건조시켜 냄비에 넣고 볶아 보았더니 열이 통하면서 깨로부터 사탕이 녹아나와 저절로 금미당이 만들어졌다. 깨 한 되를 재료로 금미당 200근이 된 것이다. 한 근에 은 4분 들여 만든 것을 5돈[11]에 팔았으므로 몇 년도 안 가 200관이나 벌게 되었다. 그 뒤 이것을 모방해 여러 집에서 여자들 손으로 과자가 만들어지게 되자, 이 남자는 과자 집을 그만 두고 이번에는 방물가게[12]를 열고 더욱 상재를 발휘해서 장사에 힘을 쏟으니 1대에 천 관 재산의 부자가 되었다.

일본에 부귀를 가져다주는 보물 항구라고 할 수 있는 나가사키[13]에 가을무렵 무역선[14]들이 입항했을 때의 경기는 참으로 대단해서 생사·견직물·생약재·상어껍질·침향·각종 도구 등, 여러 물품들의 입찰이 이루어진다.[15] 매년 수입하는 물품은 상당 규모에 이르지만 이것들이 남아 나는 경우는 없다.[16] 예를 들면 번개 훈도시褌[17]나 도깨비뿔 세

---

10) 곡식이나 액체의 용량을 나타내는 단위로 10말(약 180리터)이다. 일본에서는 '石'으로 표기한다.

11) 당시 금미당의 시가로 제조금액보다 12.5배 비싼 가격이다.

12) 장식품·문구류·생활용품 등을 팔던 가게이다. 대개는 수입품을 대상으로 하던 가게였다.

13) 권4-2에 보면 나가사키를 보물섬이라 칭하고 있다.

14) 당시 중국의 무역선은 계절풍의 영향으로 연 3회 봄·여름·가을에 내항하였다. 또한 네덜란드 무역선은 연 1회 가을에 내항하였기 때문에, 두 나라 무역선이 함께 들어오는 가을이면 항구는 매우 북적거렸다.

15) 당시 나가사키에서는 수입품을 입찰로 구매하는 것이 일반적이었다. 권4-2 참조.

16) 대·중·소상인에 따라서 할당량이 다르게 배정되어 있었는데, 대부분의 상인들이 자신에게 할당된 양만큼의 물품을 모두 구입하였다는 뜻이다.

17) 남성의 음부를 가리기 위한 폭이 좁고 긴 천이다. 일본의 씨름경기인 스모 시합에 차고 나오는 복장이다.

공[18] 등 각종 물품들을 사들이고 있는데 이것을 보면 세계가 넓음[19]을 새삼 실감하게 되는 것이다. 여러 지방에서 이곳으로 몰려든 상인들 중에서도 교토·오사카·에도·사카이[20]의 똑똑한 사람들은 통이 큰 장사를 한다. 구름 잡는 것처럼 확실치 않은 이국선에 투자하지만 그래도 손해를 보는 일이 없다. 제각기 장사의 요령을 터득하고 있어서 상품을 분간하는데도 실수가 없다. 돈을 잘 버는 데다이手代[21]는 수지결산을 잘 따지면서도 한편으로는 돈 쓰는 것도 능숙한데, 정직하고 절약만 아는 데다이는 대개 버는 것이 시원치 않다. 아무튼 좋은 점만 다 갖추기는 어려운 일이다. 나가사키에 마루야마丸山[22]라는 유곽이 없었다면 교토의 금은은 무사히 집에 잘 도착했을 것이다. 나가사키를 오가는 사업은 해상의 풍파도 걱정이지만 그 외에 언제 불어올지 모르는 연풍戀風[23]이 더 무서운 것이다.

비가 내려 쓸쓸하기만 한 저녁 무렵에 데다이들이 여러 명 모여 각자의 주인들이 부자가 된 사정을 말하기 시작했다. 들어보니 무언가 원재료[24] 없이 부자가 된 사람은 아무도 없었다. 먼저 에도의 데다이가 말하기를 "우리 주인은 덴마초傳馬町[25]에 사는 재산이 얼마 안 되는 사람이었는데 어떤 다이묘가 액땜으로 버린 돈 430량을 주워[26] 밑천으로

18) 세상엔 없는 진귀한 물품들이라는 묘사로 번개와 도깨비는 연어緣語이다.
19) 작가 사이카쿠가 즐겨 사용하는 말로 전국을 대상으로 한 오사카 상인의 발상이다.
20) 이 네 곳의 상인과 나가사키의 상인이 외국과의 무역을 좌지우지하고 있었다.
21) 당시 나가사키에는 주인과 함께 있는 데다이도 있었지만, 주인 대신에 파견된 데다이도 있었다.
22) 나가사키의 유곽촌으로 권4-2에도 등장한다.
23) 마루야마의 유곽촌에서 금은을 소비하는 것을 의미하고 해상과 바람(연풍)은 연어連語이다.
24) 여기서는 '원인·이유'라는 의미이다. 앞서 나온 '금미당'의 원 재료와 대응하기 위하여 이렇게 표현한 것이다.
25) 지금의 주오쿠 니혼바시 오덴마초大伝馬町 일대이다.
26) 남녀 모두 액년이 되면 세쓰분節分날 밤에 자신의 나이에 한 살을 더한 만큼의 콩을 돈에 싸서 길에 버려 거지가 주워가게끔 하는 풍습이 있었다. 여기서는 42살의 한 다이묘가 한 살을 10량으로 계산하여 총 430량을 길에 버린 것을 에도의 주인이 주웠다

삼아 점점 재산을 불려 큰 부자가 되었습니다"라는 것이었다. 이번에는 교토의 데다이가 말하기를 "우리 주인은 원래 소상인이었는데 세상살이에 빈틈이 없었고 남들이 하지 않는 일을 해야 한다면서 장례용 의상 임대업을 시작했습니다. 백지로 만든 에보시烏帽子,[27] 흰 고소데小袖, 문양 없는 하카마袴에 가마까지 준비해 놓고 긴급한 상황에 잘 맞추어 내니, 그 임대료가 쌓여 얼마 안가 히가시야마東山[28]에 훌륭한 은거 주택을 마련했습니다. 세간에서는 3천 관의 재산가라고 하는데 아마 틀림없을 것입니다"라는 것이었다. 한편 오사카의 데다이는 "우리 주인은 좀 독특한 분으로, 원래 정해진 부인이 없었다. 생활비가 더 들까봐[29] 부인을 두지 않았나 했더니 그렇지가 않았다. 일생을 과부로 지내고자 하는 사람을 물색하면서 그럭저럭 몇 년을 보내셨다. 그러던 중 너무 못생긴 여자였는데도 개의치 않고 오래 된 나가모치長持[30] 상자 한 개만을 염두에 두고 어떤 과부와 결혼을 했는데 예상대로 비상금 30관이 그 안에 들어 있었다. 그것을 자본으로 삼아 작은 종이 가게에서 생약가게로 어렵지 않게 업종을 바꾸었고,[31] 지금은 2천 관을 움직일 수 있는 부자가 되어 제철 만난 듯 의기양양하게 지내고 있는데, 상인으로 이렇게 출세를 하니 누구도 뭐라고 하는 사람이 없다"고 말하는 것이었다. 누구 말을 들어봐도 보통 노력으로는 큰 부자가 되기 어려운 것이다. 모두 제각기 무언가 특별히 다른 점이 있었기 때문이다.

고 보여진다.

27) 장례용 에보시를 말하는 것으로, 백지白紙를 삼각三角으로 잘라서 만든 것이다.

28) 현재의 교토 오카자키岡崎・구리타구치栗田口 부근의 별장지대를 말한다.

29) 결혼을 하면 생활비가 더 많이 든다는 표현을 해학적으로 한 부분이다.

30) 권3−3에 나오는 구루마나가모치車長持를 말한다. 이중으로 되어 있고 밑 부분에 비상금을 넣어 두었다. 당시 남성들은 다른 것 없이 나가모치만 가지고 있는 여성이라도 부인으로 맞아들이면서 물질적인 욕심이 없는 사람으로 비추어지곤 하였다. 하지만, 남성 입장에서는 그 속에 있는 비상금을 노린 경우가 많았다고 한다.

31) 생약가게는 수입상품을 취급하기 때문에 자본이 많이 든다. 오사카에 있는 이마바시스지今橋筋에는 생약가게와 함께 종이 가게가 많이 있고 둘 다 포장을 하는 업종이라 가게 이전이나 개조를 할 필요가 없었다.

이 나가사키에서는 박래품을 살 경우, 특별히 시세가 싸고 몇 년 지나도 파손되지 않는 것을 사두면 대개는 돈을 벌게 된다. 그런데 어떤 사람이 2자가 넘는 료노코龍の子[32]라는 도마뱀을 20량에 사두었는데 어느새 10년이 지나 덩치가 너무 커졌기에 앞으로 팔 수 있을 지 걱정이라고 한다. 또 어떤 사람은 화식조火食鳥[33] 알 한 개를 오반大判[34] 한 장에 사서 부화시켰다고 하는데 앞으로 숯불을 먹어 삼킬 것임에 틀림없다. 그러니 아무리 진귀한 것이라고 해도 이런 것까지 사두는 것은 정말 낭비인 것이다.

---

32) 남태평양에 서식하는 도마뱀의 일종. 당시 나가사키에는 감상용으로 이 도마뱀을 사서 키우는 사람이 있었다고 한다.

33) 1663년에 처음으로 수입된 새. 타고 남은 재를 먹는다고 하여 이러한 이름이 붙었다. 당시 나가사키의 네덜란드인 숙소에서 키우던 이 새를 감상용으로 구입하고자 희망하는 사람들이 있었다고 한다.

34) 무로마치 말기부터 에도 말기까지 통용된 타원형의 큰 금화와 은화이다.

권 5-2_ 살아가는 것은 요도淀 잉어 행상처럼

상인은 급류에 설치된 물방아처럼[35] 하루 종일 쉬는 일 없이 가업에 전념해야만 한다. 급류가 하루 낮밤에 75리나[36] 흘러가는 것처럼 이 세상 또한 세월이 빨리 흐르는 것임을 수학자[37]들도 잘 계산하고 있다. 섣달 그믐날이 암흑[38]인 것은 가을 달밤 무렵부터 뻔히 알고 있음에도 그 때가 되고나서 새삼스럽게 놀라곤 한다. 그날이 닥치기 전부터 상인은 늘 신경을 쓰면서 일을 하고 장인匠人은 각자의 세공 일을 서두르지만 대개는 예정보다 빚 갚을 날짜가 지켜지지 않는 법이다. 또한 받아야 할 외상대금도 예를 들어 10관이라면 그 3분의 1인 3관 정도밖에 수금이 안 된다고 보고 스스로의 지출을 줄여야만 세간에 꼬리를 드러내 보이지 않고 여우 이상으로 둔갑해서[39] 이 세상을 잘 헤쳐 나갈 수 있는 것이며, 이것이야말로 사람의 재간이라고 할 수 있다.

장사를 잘 하는 어떤 사람이 다음과 같이 말하는 것이었다.

외상대금은 받기 쉬운 곳부터 우선 챙겨두어야 한다. 언제든지 받을 수 있는 집이라고 남겨 두게 되는데, 의외로 돈을 받기가 어렵거나 주인이 집을 자주 비워서 여러 번 발걸음을 하게 된다. 빚쟁이는 자비심이나 동정심을 느껴서는 안 된다. 해질 녘[40]의 종소리를 들어도 차분하게 돈주머니에만 온 신경을 쏟고 말투는 품위를 지키면서도[41] 얼굴 표

---

35) 밤낮으로 쉬지 않고 일하는 것을 쉬지 않고 도는 물방아로 비유하고 있다.

36) "하루 낮 밤에 75리를 흐르는 것이 급류의 속도瀬々の流れも晝夜七十五里"라고 권6-4에도 같은 언설이 나오고 있는데 무엇에 근거한 것인지는 확실치 않다.

37) 본문에는 산자算者라는 표현을 사용하고 있다.

38) 달이 없는 캄캄한 밤을 지칭함과 동시에, 상인들의 마음을 어둡게 만드는 결산일이라는 뜻도 포함하고 있다.

39) '꼬리를 보이지 않는다'는 재정 상태를 겉으로 드러내어 보이지 않는다는 뜻이다. '꼬리를 보이지 않는다–여우–둔갑하다'는 연어緣語이다.

40) 빚쟁이는 주로 어두운 때에 활동을 시작한다.

정은 무섭게 짓고, 부엌 입구 중간 정도에 걸터앉아서, 담배를 피거나 차를 마시지 말고, 그 집 여주인이 상냥하게 말을 붙여 와도 못 들은 척하고, 걸개에 매달린 방어나 꿩을 쳐다보면서 "금년 정월준비 근사한데요, 곳간에 쌀이 3석이나 쌓여 있군요. 더구나 이 지방 쌀[42]이네요. 예년보다 빨리 떡을 장만하고 솥뚜껑까지 새 것이군요. 따님의 정월 나들이옷은 보라색 도비가노코飛鹿子[43] 염색에 홍견 안감을 붙였네요. 이거 정말 정월기분이 나는군요. 그런데 우리는 정월은 고사하고 본盆에 추는 춤처럼 가슴만 뛸 뿐, 마쓰바라松原 길목을 넘어[44] 이쪽으로 와 봐도 문 앞을 장식하는 풀고사리[45] 한 다발, 청어 알 한 덩어리도 여태껏 사지 못했습니다. 아들 녀석이 작년에 입었던 무명 겹옷에 솜이라도 좀 넣어주었으면 하지만 그것마저도 여의치 않습니다. 이 댁 모습을 보니 정말 부자라는 게 이런 거구나 싶습니다. 이렇게 여유 있게 정월을 준비하는 모습은 에도에서도 들은 바 없고 교토에서도 없을 것입니다"라고 이 집의 좋은 것만 치켜 올리면서 빚 독촉을 하면 다른 곳보다 먼저 밀린 돈을 갚아주게 되는 것이다. 오늘은 유달리 날씨도 쌀쌀하니 술이라도 한 잔 드시라고 권해도 돈을 받아내기 전에는 술에 입을 대거나 뜨거운 물에 말아 주는 밥을 먹어서는 절대 안 된다[46]는 것이었다.

이번에는 빚더미 속에 빠져 여러 번 어렵게 새해를 넘겼던 사람이 다음과 같이 말했다.

흔히들 외상거래를 하고 있지만 서로 손득을 잘 따진 다음에 할 일이다. 외상이라면 햅쌀 1석이 60돈의 시세[47]일 때도 65돈의 가격으로, 그

---

41) 상대방으로 하여금 괜한 트집을 잡히지 않기 위하여 경계하는 모습을 나타내고 있다.
42) 오사카의 상인들은 오사카 근방에 소작지를 가지고 있어 대개 그곳에서 생산된 쌀을 구매했다.
43) 같은 모양의 점이 드문드문 있는 염색이다.
44) 마쓰바라松原의 길목을 넘는 것은 이세춤伊勢踊り의 노래에 나오는 문구이다.
45) 일본어로는 시다歯朶라고 한다.
46) 돈을 받기 전에 빚을 진 사람이 내주는 술을 마시거나 밥을 먹게 되면, 돈을 받고자 하는 마음이 약해져서 결국 받아내기 어려워진다는 의미이다.

것도 하등미下等米를 넘겨주곤 한다. 기름도 한 되에 은 2돈 일 때 2돈 3분으로 올려서 판다. 이 밖에 된장·술·장작 무엇이든 이런 식이므로, 거래를 하면 결국 1년 내내 외상을 준 상인을 위해 일하는 것이 되고 가계가 어려워지는 것은 당연한 일이다. 돈을 갚는 방식은 적은 것부터 처리하고 많은 쪽은 그대로 놓아두는 것이 좋다. 설사 수중에 돈이 남아 있다고 해도 섣달 그믐날 밤이 지나서 넘겨주는 것이 좋다. 그렇게 되면 "나머지는 소나무 장식을 치우기 전[48]까지는 갚아보도록 하겠습니다"라는 말에 빚쟁이는 질려서, 돈의 시세나 무게를 확인도 하지 않고 떨어진 돈을 줍는 기분으로 몇 푼되지 않는 대금을 손에 쥐고 문밖으로 나가면서 "정말 정 떨어지는 집이다. 이 집과 두 번 다시 거래 하나 봐라"라고 마음속으로 굳게 다짐을 하지만 한 해가 시작되면 언제 그랬냐는 듯이 잊어버리고 종전처럼 거래를 하게 된다. 누군들 이런 짓을 하고 싶을 리 없겠지만 돈 사정이 여의치 않으면 의외로 못된 마음을 갖게 되는 법이다.

야마시로山城 지방의 요도淀[49]라는 곳에 부모 대부터 기름집을 해오는 야마자키야山崎屋[50]라는 남자가 있었다. 그런데 가업인 기름을 짜는 망치소리를 싫어하고 장사에 도움이 안 되는 깨끗한 것만 좋아했다. 이 집의 복신福神은 먼지 속에 묻혀 살고 계셨는데[51] 이 남자가 청소하는 대나무 빗자루 소리가 무서웠는지 나가버리시자, 점차 가업이 기울어

---

47) 당시 쌀의 평년 시세는 1석에 60돈이었다. 풍년일 때는 40돈, 흉년의 경우는 80돈인 적도 있었다.

48) 가미가타에서는 1월 14일에 소나무 장식을 철거하고, 15일에 소각한다.

49) 야마시로山城의 요도淀는 지금의 교토시 후시미구伏見區 요도초淀町를 말한다.

50) 야마자키山崎는 기름으로 유명한 지역이었기 때문에 야마자키야山崎屋라고 하는 이름을 붙인 것으로 보여지나, 이 인물이 실제로 존재하였는지는 밝혀지지 않았다.

51) 복신은 이 집을 위해 먼지 가득한 작업장에 있었다는 의미이다. 보살이 중생을 제도하기 위하여 모습을 바꾸어 현세에 나타난다는 화광동진和光同塵을 빗대고 있다. 요쿄쿠 『가스가류진春日龍神』에도 "먼지 속에 묻혀 있는 신의 마음塵に交はる神心"이라는 말이 나온다.

매년 돈의 잔고가 줄어들었고, 점차 망치와 절구소리가 들리지 않게 되고 어느 새 불을 밝힐 등유도 떨어져 버렸다. 안 되겠다 싶어 근처에 있는 다카라데라寶寺[52]에 갑자기 참배해 옛날처럼 다시 부자가 되게 해달라고 빌었지만 효험이 없었고, 맨몸 하나뿐인 무일푼 신세가 되어 아무리 궁리를 해보아도 살아갈 방도가 없었다. 요도의 고바시小橋[53] 아래에 물고기가 많이 있었지만 그물이 없으니 그저 물속을 들여다 볼뿐 어쩔 도리가 없고,[54] 그렇다고 아미타불을 끌어올린 미다지로弥陀次郎[55]를 좇아 출가할 마음도 나지 않으니 "어쨌든 몸을 바쳐 일을 하면 '늦은 소도 요도, 빠른 소도 요도'[56]라는 말처럼 언젠가는 목적지에 도착해 요도의 물방아처럼 잘 돌아가게 되면서 다시 집이 번창하겠지"라며 장사꺼리를 바꾸어 잉어[57]와 붕어의 행상을 시작했다. 교토를 오가면서 '요도의 생선, 지방 명물이요'라고 크게 소리치며 행상을 시작하니 점점 사람들에게 얼굴이 알려지게 되었다. 요도의 샤카지로釋迦次郎[58]라는 별명이 붙게 되었고 민물 생선이 필요한 집에서는 이 남자를 기다려 살 정도가 되었다. 그 뒤로는 요도의 집을 나올 때는 빈손으로 나와 단바丹波[59]나 오미近江[60]에서 교토로 갈 잉어와 붕어를 중간에서 사들여 판매를 하니 하루

52) 지금의 교토부 오토구니군乙訓郡 오야마자키초大山崎町에 있는 호샤쿠지宝積寺를 말한다.

53) 우지가와宇治川에 있는 다리로 요도의 대교大橋와 대비되고 있다.

54) 준비하지 않으면 성공할 수 없다는 속담 "그물 없이는 연못을 들여다보지 마라網なうて淵をのぞくな"를 인용하고 있다.

55) 우지의 어부였던 아쿠지로惡次郎는 고묘지光明寺의 석가의 인도를 받아 그 동안의 살생을 후회하고 마음을 고쳐먹는다. 그날 밤 아쿠지로는 영몽靈夢을 꾸고 요도가와淀川에서 아미타불阿彌陀佛을 그물로 끌어올린 후에 출가를 하게 된다. 그 때부터 사람들은 그를 미다지로彌陀次郎라고 부르게 되었다.

56) 속도의 차이는 있어도 언젠가는 목적지에 다다른다는 의미의 속담이다.

57) 요도의 명물이다.

58) 역시 지로次郎라는 이름을 지닌 어부였기 때문에 미다지로와 비슷한 별명을 지은 것이다. 또는 머리 형태가 석가釋迦 머리였을 지도 모른다는 의견도 있다.

59) 옛 지명으로 지금의 교토 대부분의 지역과 효고현 일부 지역이다.

60) 옛 지명으로 지금의 시가현滋賀縣이다.

에 엄청난 매상을 올렸다. 이 남자의 생선은 특별히 풍미가 좋다고 소문이 자자해져서 다 같은 잉어와 붕어였는데도 다른 사람 것은 사지 않았다. 그렇기에 상인은 오랜 동안 지켜온 신용이 소중한 것이다.[61] 그 뒤에는 생선회를 떠서 포장해 팔기 시작했는데, 머리를 써서 은 5분, 3분 정도의 주문에도 기꺼이 판매했다. 교토는 식사비용을 절약하는 풍토이기에 이 사람이 담아 파는 작은 포장의 회는 접대용으로 크게 인기를 끌었다. 이렇게 점차 장사가 잘 되니 얼마 안 가 부자가 되었고 금화와 은화를 늘어놓고[62] 환전상을 열어 많은 점원들을 고용하게 되었다. 이 집의 사업이 크게 성공하니 그가 이전에 잉어 행상을 했던 일을 말하는 사람도 없었고, 차림새도 교토사람이 다 되어 신자이케新在家[63] 사람들의 의상을 따라 입게 되었다. 아부라야油屋의 견직[64]으로 만든 모로오리諸織[65]에 흑갈색의 겐포조메憲法染[66] 문양을 만들어 넣고, 소매에는 엷은 솜을 세 겹으로 말아놓고 옷자락을 높이지 않고 다소 늘어뜨리니 같은 하오리라도 아주 고급스럽게 보여 누가 보아도 내로라하는 대상인의 모습이었다. 설사 구게公家의 사생아나 다이묘의 혈통이라고 해도 집에 전해지는 도검을 팔아먹고 운은 하늘만 안다면서 갑옷을 전당포에 맡겨서야[67] 유사시에 전혀 도움이 안 되는 사람이다. 아무리 지혜와 재치가 중요하다고 해도 세상살이에 도움이 되지 않는다면 의미가 없는 것이다.

---

61) 이 부분의 해석과 관련해 같은 업종에서 일을 계속하여 신용을 얻는 것이 중요하다는 의견과, 단골손님의 신용이 중요하다는 의견이 있다.

62) 개업을 하기 위해서는 환전하는 동료들의 동의를 얻을 필요가 있어, 그들에게 사례금을 주고 대접을 하는 것이 당시의 모습이었다. 이 때문에 많은 금화・은화를 필요로 하였다.

63) 신자이케新在家는 지금의 교토 고쇼교엔나이御所御苑內로서, 어용상인・렌가 가인・유학자・의사와 같은 문화인이 거주하였고, 그들은 상류층 상인의 교양문화를 대표하였다.

64) 교토 무로마치의 포목점 아부라야 타헤油屋太兵衛가 판매한 견직물로 추정된다.

65) 가로 세로 모두 모로요리諸撚り 생명주실로 짠 고급 견직물이다. 모로요리는 한쪽으로 꼬임을 준 실 두 가닥을 반대 방향으로 꼬아 합치는 것을 말한다.

66) 요시오카 겐포吉岡憲法 집안에서 창안된 염색법이라서 겐포조메憲法染라고 불린다.

67) 속담 "운은 하늘에 있다運は天にあり"를 인용하여 가보家寶와도 같은 갑옷이 전당포에 있다는 것을 해학적으로 표현하고 있다.

한해 세상살이가 막바지에 다가선 연말처럼 무서운 때는 없다. 방심하고 있다가 12월 중순이 되서 정신을 차려 봐도 이미 때는 늦었다. 연말에 별 큰 일이 없는 신사나 절에서도 참배용 부적이나 신년선물로 쓸 부채[68]를 준비하느라고 분주한 데, 바쁜 상공인들이 1년이 13개월이나 되는 것처럼 태평스럽게 지내게 되면 바로 가난이 꽃피는 것을 보게 될 것이다.[69] 남들처럼 연말을 잘 보내야 신춘도 기분 좋게 지낼 수 있는 것이다. 의사에게 줄 약 대금을 뻔히 알고 있으면서 갚지 못한다거나 어린 하인에게 연황색으로 물들인 싸구려 면 속옷을 입힐 정도로 어려운 살림살이로는 아무리 자기 집에서 신춘을 보낸다고 해도 마음이 편할 리가 없을 것이다. 교토 시가지에서도 여러 연말풍경을 볼 수가 있다. 신춘에 읊을 와카의 시구를 미리 생각해 두는 사람들이 있는 것을 보면 역시 왕성王城[70]의 풍속이 남아 있는 곳이지만, 이렇게 여유로운 사람보다는 고단한 생활을 하는 사람이 더 많은 것이 이곳 현실이다.

고이야鯉屋[71]의 종업원이 독립해서 불과 5관의 밑천으로 조그만 쌀가게를 냈는데, 콩을 가루로 빻듯이 이곳저곳에 조금씩 팔아 연말에 그 대금을 받으러 다녔는데, 빈민들이 많은 동네의 살림살이를 보니 저절로 서글픈 마음이 드는 것이었다. 벌써 12월도 28일, 더구나 소 그믐날[72]이어서 연말 준비는 내일 중에 끝내야 하는 바쁜 와중에 베틀로 면 한 필을 짜고 있는 집이 있다. 이것을 짜서 팔아야 정월 용품을 마련할 수 있는 듯 했다. 또 어떤 집을 가보니 넝마장수를 불러들여 경대의 철물, 구리그물로 된 쥐덫, 부젓가락 한 개, 받침대가 부러진 철륜鐵輪 한 개를 함께 내 주었지만 넝마장수는 130문이라고 한마디 한 뒤 그대로 가버리

---

68) 연말연시에 축의로 단가檀家에 머무는 사람이나 신도에게 보내는 부적이나 부채를 말한다.
69) 더욱 가난해지게 될 것이라는 비유표현이다.
70) 천황이 거주하는 성이 있는 교토를 말한다.
71) 잉어 장사를 하는 집을 말한다.
72) 음력에서는 소월小月 29일이 그믐날이다.

고 말았다. 부부는 사람이 듣는 줄도 모르고 "빚진 돈은 애초부터 갚을 생각이 없다. 돈 500문이 하늘로부터 떨어지지는 않을까. 그러면 도시오토코年男[73]가 되어 콩을 뿌려대면서 여유 있게 한해를 보낼 수 있을텐데"라고 말하니 서글프게도 한참 예쁜 나이의 어린 딸이 "앞으로 몇 밤을 자면 정월이 되나요?"라고 묻는 것이었다. "쌀이 있을 때가 정월이야"라고 험악하게 답하는 얼굴이 무서워서 이곳에서도 밀린 돈을 받지 못하고 문 입구에서 돌아서고 말았다. 또 어떤 집을 가보니 트집쟁이 같은 여자가 얄팍한 입술[74]을 씰룩거리면서 "댁이 쌀값 독촉하러 여러 번 사람을 보냈죠? 이 세상 살면서 빚이라는 거 누구나 있기 마련인데 끔찍한 말투로 '지금 주지 않으면 목을 잡아 뽑겠다'고 하니 우리 남편은 그 말을 듣자 사시나무 떨 듯 몸을 떨기 시작해 지금도 자리에서 일어나지 못하고 있습니다. 4돈 5분의 빚으로 사람 목이 뽑힌다는 게 말이 됩니까?"라고 큰 소리로 울어대니 더 다투기도 귀찮아져 "잘 요양을 하십시오. 목숨을 부지하게 되시면 내년 초에 다시 의논하겠습니다"라고 말하고 돌아섰다. 또 어떤 집을 가보니 주인이 연한 황색 바탕에 하늘색으로 물들인, 그것도 소매 밑쪽에 바대를 기워댄 무명 솜옷 앞에 제사술을 바치며[75] 즐거워하고 있었다. "이것은 정말 귀한 옷이다. 17,8년이나 전당포 창고에 들어가 있었는데 이번에 다시 돌아와서 정월을 맞게 되니 경사스러운 일이다"라고 말하고 있을 때, 다가가서 "밀린 계산을 부탁드린다"고 말하니 18돈 2분의 청구서에 대해 '1돈 6분 1개'[76]라고 적힌 종이를 꺼내 주었다. 더구나 품질이 나쁜 은화를 "이것은 댁에 드

73) 본래는 신년의 축의를 담당하는 남자를 가리키거나 세쓰분節分에 액막이로 콩을 뿌리는 남자를 가리킨다. 여기서는 나이를 먹은 남자를 지칭한 것으로 보여진다.

74) 가난하고 허풍이 심하며 말이 많은 사람의 외모를 표현하고 있는 묘사이다.

75) 제사 술은 신불 앞에 바치는 것이 일반적이나 여기서는 낡은 무명 솜옷에 바친다는 해학적 내용을 보여주고 있다.

76) 당시에는 은화를 싼 종이에 은화의 개수와 중량을 적었다. 하지만 작은 은화 한 개를 싸고 개수와 중량을 적은 것은 상대를 골탕 먹이려는 의도로서 익살러운 표현이다.

릴 요량으로 챙겨 놓은 것입니다. 싫으시면 놓고 가시지요"라면서 자기 집 고양이의 벼룩을 잡고 있을 뿐 상대도 해 주지 않기에 어쩔 수 없이 그것이라도 받아들고 돌아갈 수밖에 없었다. 그리고 나서 또 어떤 집을 찾아 가보니 주인은 집을 비우고 있었다. 평범한 인상의 주인 여자가 두 발을 유별나게 땋아 묶고 외출용 허리띠를 매고 있었는데, 『우스유키모노가타리薄雪物語』[77]와 『이세모노가타리伊勢物語』[78] 같은 소설책을 펼쳐 놓고 여러 빚쟁이들 사이에 앉아 "이번 신춘에는 어떤 연극이 유행할까요?"라며 아주 태평스럽기 짝이 없는 모습이었다. "주인은 어디 가셨습니까?"라고 물으니 "나이 먹은 마누라가 마음에 안 든다면서 나를 두고 나가버리셨습니다"라며 의미심장한 웃음을 짓는 것이었다. "그렇다면 이혼을 해버리시지요.[79] 다음에 만날 사람[80]은 누굴까? 그 사람인가?"라고 수작을 걸어보기는 했지만 결국 외상값은 마음속에서 지워버린 셈 치고 돌아갔다.

인간처럼 똑똑한 척하면서도 어리석은 존재는 없다. 빚이 있는 집에서도 미뤄보려고 여러 가지로 머리를 쓰고 있으니 방심해서는 안 된다. 예를 들면 여러 물품을 외상거래하고 있을 때 그 상대와 마음을 터놓는 사이가 되지 않도록 신경을 쓰는 것이 상인의 비결이다. 보증금을 받고 물품을 판다고 해도 그 전의 미수금이 너무 많아져서 가망이 없다고 판단되면 결단을 내리는 것이 현명하다. 그것에 미련을 두고 거래를 계속하면 나중에 더 큰 손실을 입게 되는 데 결국 앞을 내다보지 못하는 욕심 때문인 것이다. 이 쌀집도 현금판매로 가마니 없이 저울로 재서 판

77) 1596년부터 1615년 사이에 완성된 가나조시假名草子 작품이다. 2권으로 되어 있으며 서간체로 쓰여진 연애소설이다. 가나조시는 에도시대 초기, 가나假名로 읽기 쉽게 쓴 통속적인 소설류의 총칭이다.

78) 헤이안시대의 소설이다. 약 125편의 설화로 이루어져 있으며, 한 남성의 일대기一代記적인 형태를 지닌 소설이다. 남녀의 호색好色을 중심으로 화려한 생활을 그리고 있다.

79) 근세시대에는 아내에게는 이혼청구권이 없었지만 남편이 나가버린 경우에는 청구할 수 있었다.

80) 새로운 남편이 될 사람을 말한다.

매를 했었던 4,5년간은 내내 돈벌이가 좋았다. 그런데 어느 때부터인가 니시진西陣[81]의 견직물 도매점에 가마니 쌀을 팔기 시작해, 처음에는 현금판매의 약속이었지만 점점 외상대금이 밀려 장부상 계산은 맞았지만 자금회전에 곤란을 겪게 되었고 결국은 절구소리도 끊기고 쇠줄이 둘린 됫박만 남게 되었다. 아무튼 외상거래는 신중하게 하지 않으면 안 되는 것이다.

81) 지금의 교토 가미교구上京區 호리카와堀川 서쪽과 이치조도리一條通 북쪽 지방 일대로 근세시대부터 방직업으로 유명하였다. 견직물점에서는 직공織工들의 급식용으로 다량의 쌀을 구입하였다.

권 5-3_ 콩 한 알이 빛나는 석등

아침 햇빛 아래서 곡괭이[82]를 들고 밭을 갈고 아내는 모시를 짜는 베틀에 달라붙어 지내는, 가와바타川端[83]의 규스케九助라는 소작농이 있었다. 소 한 마리 없이 마굿간 같은 별채 오두막[84]에서 살면서 매년 1석 2말의 연공미를 바치며 50여 세까지 늘 한결같은 모습으로 해를 넘겨왔다. 세쓰분節分 날 밤에는 작은 창에 남들처럼 정어리 머리와 호랑가시나무를 매어달고[85] 본 적도 없는 도깨비를 무서워하며 이 날을 축하하는 콩을 뿌렸다.[86] 날이 밝자 이것을 주워 모아 그 중 한 알을 들에 심고 "어쩌면 볶은 콩에서도 싹이 틔어서 꽃이 필지도 모를 일이지"라면서 기다리고 있었는데 세상일이라는 것은 정말 알 수 없는 법이다. 그 해 싹이 나오더니 여름에 파란 줄기가 무성하게 뻗어나가 가을에 저절로 열매를 맺어 양 손바닥에 넘칠 정도가 되었다. 그것을 도랑에 모두 뿌렸고 매년 때를 맞춰 거두어들이니 점차 수확이 늘어나 10년이 지나자 88석[87]이나 되었다. 이것을 팔아 큰 석등을 제작해 하세初瀨[88] 가도에 세워놓고 사람들을 위해 어둠 속을 밝혀 주었다. 지금도 콩 석등이라고 불리면서 그 빛을 전해주고 있다. 사소한 것이라도 이처럼 쌓이고 쌓이면 큰 소원도 성취되는 법이다.

---

82) 일본어로는 쓰치와리土割라고 한다.

83) 나라현奈良縣 덴리시天理市 사호노쇼초佐保庄町에 있는 지명이다.

84) 본채에서 직각으로 뻗어 나오도록 지어진 집이다. 주로 농가의 차남과 삼남이 거주하였으며, 마굿간으로 사용되기도 하였다. 농촌 계층이 분화되어 있었음을 나타내고 있다.

85) 세쓰분 날에 정어리의 지독한 냄새로, 그리고 호랑가시나무의 가시로 눈을 찔러서 도깨비를 쫓아내고자 하는 주술이다.

86) 일본에는 세쓰분 날 밤에 "복은 안으로 도깨비는 밖으로福は內鬼は外"라고 외치며 볶은 콩을 뿌리는 풍습이 있다.

87) 일본에서는 88을 경사스러운 숫자로 여긴다. 당시 기준으로 콩 88석은 쌀 3석(약 420킬로그램)에 버금가는 가치가 있었다.

88) 나라・사호노쇼・야나기모토柳本・미와三輪를 지나 하세初瀨에 이르는 가도이다.

이 규스케는 이러한 마음가짐을 지녔기에 점차 가세가 번창해져서 논밭을 사들여[89] 얼마 안 가 부농이 되었다. 계절마다 농작물에 비료를 주고 잡초를 뽑고 물갈이를 잘 해 주니 저절로 벼가 잘 익어 이삭은 주렁주렁 머리를 숙였다. 또한 목화밭에도 나비들이 훨훨 날아들어 훌륭하게 꽃을 피우니 다른 사람들보다 더 많은 수확을 올렸다.[90] 이것은 자연의 힘만으로 된 것이 아니라 역시 밤낮없이 농사일에 신경 쓰면서 가래와 괭이 끝이 다 닳아버릴 정도로 부지런히 일을 했기 때문이다. 규스케는 모든 일에 열심히 궁리를 해 세간에서 편리하게 쓸 수 있는 물건을 발명했다. 쇠스랑 여러 개를 묶어서 고마자라에細攫라는 농기구를 만들었는데 흙덩이를 부수는데 이것처럼 편한 것은 없었다. 이 외에도 풍구,[91] 센고쿠도시千石通[92] 같은 체도 만들었다. 또 벼나 보리를 훑는데 품이 많이 들었기에 뾰족하게 깎은 대나무를 엮어 고케다오시後家倒[93]라는 탈곡기를 만들어냈다. 전에는 두 사람이 벼이삭을 훑었지만 이것을 사용하니 힘도 들이지 않고 혼자서 빠르게 훑을 수 있게 되었다. 또한 여자들의 솜 트는 작업이 번거롭기도 하고 특히 무명활[94]로 솜을 틀면 하루에 겨우 한 근 정도 밖에 틀 수 없기 때문에 궁리 끝에 중국인들의 작업 내용을 참고로 해 당궁唐弓[95]이라는 것을 처음으로 만들어냈다. 사람들 모르게 나무망치로 틀어냈더니 하루에 3관씩 만들 수가 있었는데 그 모습이 마치 눈 덮인 산과도 같았다. 그 뒤 조면繰綿[96]을 산처럼 사들여 많은 사

89) 1643년 도쿠가와막부는 전답영대매매금령田畑永代賣買禁令을 내렸으나, 일각에서는 여러 가지 형태로 매매양도가 이루어지고 있었다.

90) 가와치河內 지방에서 유행하던 경작법이다. 반은 논으로 사용하여 벼를 기르고, 나머지 반은 밭으로 사용하는 방법이다.

91) 곡물의 알맹이와 겨를 풍차의 원리로 분류하는 농기구이다.

92) 찧은 쌀을 채질하여 쌀과 겨를 선별하는 농기구이다.

93) 탈곡기의 속칭이다. 과부나 노인들이 주로 하던 일거리를 빼앗아 갔다는 의미에서 이러한 이름이 붙었다.

94) 목화에서 짜 낸 솜을 아주 섬세하게 트는 도구이다.

95) 1640~1650년대에 나가사키로 들어온 중국 상인이 전한 무명활이다. 5척 정도 길이의 나무로 된 활에 고래의 힘줄을 달고 망치로 두드려서 솜을 틀었다.

람들을 부려가며 솜을 큰 덩어리로 포장해 에도로 보내니 4,5년 사이에 큰 부자가 되었고, 야마토大和 지방에 솜상인으로 널리 알려져 히라노무라平野村[97]의 솜 도매상과 오사카 교바시京橋[98]의 돈다야富田屋・제니야錢屋[99]・덴노지야天王寺屋[100] 등의 도매상에 매일 수백 관 정도를 팔았다. 셋쓰攝津・가와치河內 지방의 목화를 사들여서 가을과 겨울 사이에 솜을 틀어 파는 작업을 해 매년 많은 이익을 남겨 30여 년 지나 천 관 재산의 유언장을 남겼다. 자신의 대에는 즐기지도 못했지만 자손을 위해 좋은 일을 하고 88세로 이 세상을 떴던 것이다.

참으로 영예롭고 행복한 최후를 맞았는데 마침 10월 15일 십야염불十夜念佛[101]이 끝나는 날이었기 때문에 극락정토의 왕생을 기원하며 장송을 마쳤다. 그 뒤 백일제날 행사가 끝나자[102] 유언대로 아리와라데라有原寺[103]의 스님을 입회시키고 오후 식사를 대접한 후 유언장 상자를 개봉해 보니 "현금 1,700관 외아들 규노스케九之助에게 물려주고 또한 가옥과 제 도구들은 일일이 기재할 것 없이 모두 물려준다"고 적혀 있었다. 그리고 친척들에게 남기는 여러 유품을 적은 문서를 읽어보니 "미와三輪[104] 마을의 이모님에게 손으로 짠 산가지 모양[105]이 들어간 무명천 한 장, 명주 목도리, 뽕나무로 만든 당목지팡이 한 개를 보내라. 요시

96) 씨만 빼내고 아직 타지 않은 솜을 말한다.

97) 오사카시 히라노구平野區 히라노시초平野市町지역을 말한다. 셋쓰攝津・야마토・가와치・이즈미和泉 지방의 솜 집하지이다.

98) 오사카 주오구中央區 교바시京橋 1번지로 솜을 판매하는 시장이 있었다.

99) 돈다야富田屋와 제니야錢屋는 교바시에 실존한 솜 도매상이다.

100) 덴노지에도 솜 도매상이 있었다.

101) 정토종에서 음력 10월 6일부터 15일까지 열흘 동안 염불을 한다.

102) 당시는 49・100일 등의 기일이 지난 후에, 도시요리年寄・고닌구미五人組・친척 등의 입회하에 유언장을 개봉하였다. 도시요리는 에도시대, 마을의 행정을 맡은 우두머리이고 고닌구미는 에도시대, 다섯 집을 한 단위로 연대 책임을 지게 한 인보조직隣保組織이다.

103) 덴리시 이소노카미초石上町에 있었던 절로, 『이세모노가타리伊勢物語』의 주인공 아리와라노 나리히라在原業平의 구적舊跡으로 알려져 있다.

104) 나라현 사쿠라이시櫻井市 미와三輪 지역을 말한다.

105) 세 줄씩 가로 세로로 한 모양이다.

노吉野의 시모이치下市[106)]에 사는 아우에게는 삼성三星[107)] 문양이 들어간 무명옷과 삼베 가타기누肩衣[108)]를 보내도록 하라. 오카데라岡寺[109)] 쪽에 사는 누이동생에게는 엷은 남색의 무명옷에 검은 반소매가 있는 옷 한 벌과 생모시로 만든 홑옷을 한 벌 붙여서 보내도록 하라. 조카딸에게는 병중에 사용했던 세로줄무늬의 이불과 귤색의 가죽버선 한 켤레, 그런데 이 버선은 다시 작게 기워서 신는 것이 좋을 것이다. 참대[110)] 담뱃대, 히노日野 지방의 견직[111)]으로 만든 두건, 이 두 물품은 의사 나카바야시 도하쿠中林道伯 옹에게 보내는 유품이다. 감빛으로 물들인 여름 하오리는 쥐가 갉아먹은 소매부분을 보이지 않게 잘 기워서 절을 같이 다녔던 진자에몬仁左衛門 씨에게 주었으면 한다." 그리고 오랜 동안 일을 해 주었던 두 하인 중 한 사람에게는 그 동안 사용했던 주판 한 개, 또 한 사람에게는 저울 한 개를 물려준다고 적혀 있었다. 유언장을 보기 전에는 큰 기대를 하면서 빨리 상자가 열리기를 고대했었는데 돈에 관해서는 한 푼도 적혀 있지 않았기에 모두들 질려 버리고 말았다. "부자 친척이었지만 역시 돈을 기대하기는 어려운 법"이라고 지금까지 흘리고 있던 눈물을 닦고 이 집에 정을 떼고 각자 집으로 돌아갔다. 그렇지만 1,700관이라는 큰 재산은 이 사람이 일생 절약하면서 모은 것이므로 친척들이 바란다고 그렇게 많이 줄 리가 없는 것이다.

이 규스케가 일생 견직물을 입어본 적이 없었음은 이번 유산을 조사해 보니 알 수 있었다. 42세[112)]의 액년厄年에 견직 훈도시를 한 벌 처음으로 샀는데 때 하나 타지 않은 채 그대로 남아 있었다. 이 영감 소지품

---

106) 나라현 요시노군吉野郡 시모이치초下市町 시모이치下市 지역을 말한다.
107) 산山 모양으로 세 개 늘어놓은 별을 흐트러뜨린 문양이다.
108) 옛날에 서민이 입었던 상의이다.
109) 나라현 다카이치군高市郡 아스카무라오카明日香村岡지역으로 오카데라岡寺의 소재지이다.
110) 담뱃대 · 화기花器 등에 사용하는 왕대布袋竹의 별칭이다.
111) 지금의 시가현滋賀縣 가모군蒲生郡 히노초日野町 지방에서 나는 견직물이다.
112) 남자가 액년을 맞는 해를 말한다.

은 이것 외에는 아무 것도 없었다. 등나무 덩굴로 장식한 칼자루에 쇠못이 박힌 호두장식의 단도 한개, 옆으로 주름이 들어간 가죽 돈주머니에 달린 사슴뿔허리걸개,[113] 무늬가 없는 나가토長門산 인롱印籠[114] 외에는 몸을 치장하는 도구는 아무 것도 없었다.

아들 규노스케는 선친의 인색함을 딱하게 느껴, 바로 유언장을 거역하여 친척과 하인들에게 돈을 나누어 주었다. 아버지와는 정말 다른 마음씨라고 모두 기뻐하면서 이 집을 다시 드나들며 전과 같이 장사를 계속했다. 그러던 중 규노스케는 도노미네多武峰 기슭에 있는 니오도二王堂[115]라는 곳에 교토와 오사카의 소년 배우들인 도비코飛子가 있다는 말을 듣고 사람들의 꼬임에 넘어가 그곳을 드나들게 되었다. 이곳을 다니면서 남색과 여색에 빠져들어 나라奈良의 유곽 기쓰지木辻[116]를 드나들기 시작했고 그것도 얼마 후에는 성이 차지 않게 되어, 교토 시마바라島原의 최고 기생인 다유太夫 와코쿠和國와 모로코시唐土[117]를 무수리 기녀[118]까지 불러들여 주색에 빠져들었다. 아들의 유흥이 그치지 않는 것을 본 모친은 크게 탄식하며 도이치十市[119] 마을에서 용모가 뛰어난 규수를 며느리로 맞아들였지만 유곽의 미인들만 보아 왔기에 좀처럼 유곽놀음을 그치지 않았

113) 일본어로는 네쓰케根附라고 한다. 돈주머니・담배쌈지 등을 허리에 찰 때, 허리띠에 부착된 끈의 끝에 매달아 허리띠에서 미끄러지지 않도록 하는 상아・뿔 등으로 만든 작은 세공품이다.

114) 나가토長門지역 지금의 야마구치현山口縣에서 만든 제품을 말한다. 일반적으로 평평한 장방형의 3중 또는 5중의 작은 상자. 옛날에는 도장이나 인주 등을 넣어 다녔지만 에도시대에는 약 종류를 넣어 다녔다.

115) 지금의 나라현 사쿠라이시 구라하시倉橋의 니오도二王堂를 말한다. 도노미네多武峰의 북쪽 지방이다. 『호색일대남好色一代男』 권2－1에 보면 여행을 하며 돌아다니는 소년배우인 도비코飛子가 머무르던 숙소가 있던 장소라고 나온다. 도비코는 남색男色을 팔기도 하였다.

116) 나라의 유곽은 기쓰지木辻와 나루카와鳴川의 두 곳에서 비롯되었다.

117) 와코쿠和國와 모로코시唐土 둘 다 교토 시마바라의 다유로서, 일본和國・중국唐土의 이름을 붙여 모든 다유를 총칭하는 의미를 지닌다.

118) 일본어로는 히키부네引舟라고 한다. 다유 옆에서 좌흥을 돋우는 유녀이다.

119) 지금의 나라현 가시와라시橿原市 도이치초十市町이다.

다. 모친은 이를 비관해서 병이 들어 결국 죽고 말았다. 그 뒤로는 아들을 말리는 사람이 없었으니 만사를 제쳐놓고 몇 년 동안이나 방탕한 생활에 빠져들었고, 결국 하인들마저도 주인을 우습게보고 일을 소홀히 했다. 부부 사이에는 어느 틈엔가 아들 세 명이 태어났기에 후사 걱정은 없었지만 규노스케는 점점 더 술과 호색에 몸을 망쳤고 8,9년 사이에 건강이 악화되어 34세의 나이에 급사해 버리고 말았다. 새삼스럽게 놀래본들 아무 소용이 없었고 장송을 모두 끝마쳤다.

규노스케도 마지막을 각오하고 미리 유언장을 써 두었는데 하인들이 모여 "아드님들이 아직 어린 나이니 뒷일이 걱정이다. 돈은 누군가에게 맡겨둔 뒤 성년이 되었을 때 넘겨 드리자"[120]고 진심 어린 의논을 했다. 역시 옛 은혜를 잊지 않는 사람들이라고 주위 사람들도 감동을 했는데, 유언장을 들여다보고는 모두들 두 손 들고 나가 자빠질 수밖에 없었다. 그도 그럴 것이 현금 1,700관은 이미 탕진해 버렸고 유언장은 빚의 명세서였기 때문이었다. 그 유언장에는 "교토의 이즈쓰야 요시사브로井筒屋吉三郎 씨에게 고반 250량의 빚이 있다. 유곽에서 급전이 필요해 이 사람 돈을 빌려 망신을 모면한 것이기에 꼭 갚아야 할 빚이다. 이것은 장남 규타로九太郎가 성인이 된 후 열심히 벌어서 갚아주었으면 한다. 오사카의 도톤보리道頓堀[121]에서 놀았을 때 갚지 못했던 것을 조목별로 적어 놓았으니 이것은 규지로九次郎가 갚아야 한다. 이 외에 여러 곳에서 외상으로 산 대금이 30관 정도 있다. 얼마 안 되는 금액이므로 이것은 규사브로九三郎가 조금씩 갚으면 될 것이다. 가옥과 여러 도구들은 이곳 사람들의 부채를 갚아야 하므로 대신 넘겨주고 경매에 붙이게 했으면 좋겠다. 사후의 공양은 마누라에게 맡겨라. 유언은 이상과 같다"라고 적혀 있었다.

120) 당시 일본에서는 주인이 어릴 경우에 하인이 후견인으로서 장사 · 가계 등을 보살펴 주는 일이 흔했다.
121) 현재도 오사카의 대표적인 유흥지역이다.

권 5-4_ 아침에는 소금 바구니 저녁에는 기름 통

"자, 이 집에 실례하겠습니다.[122] 가시마다이묘진鹿島大明神[123] 님의 신탁神託 중, '사람의 살림살이는 흔들리지만 설마 뽑히기야 하겠나요, 가나메이시要石 장사의 신이 계셔주기만 한다면'[124]이라는 말씀이 와카에서도 읊어지고 있는데, 이것은 장사의 신이 지켜주신다면 사람의 살림살이는 흔들리는 일이 없을 것이라는 뜻으로, 결국 생업의 길에서 열심히 돈을 벌고 있으면 쫓아올 가난은 없다는 것이다"라고 가시마鹿島 지방의 걸인[125]들이 말하고 돌아다니는데 이것을 순순히 귀담아 듣고 한 푼의 돈이라도 헛되이 써서는 안 된다. 옛날에 아오토자에몬青砥左衛門[126]이 횃불을 밝히고 가마쿠라가와鎌倉川에 떨어뜨린 돈을 찾았던 것도 세간에서 소중하게 여기는 돈을 썩게 놔둘 수 없다는 깊은 배려가 있었기 때문이었다. 그렇지만 그때는 사이묘지最明寺[127]의 치세治世였기에 소나무・벚나무・매화나무를 베어서 장작장사를 해도 떼돈을 벌 수 있는 세상이었다.[128] 지금은 돈이 돈을 버는 세상이므로 제대로 정신을 차리지 않으면

---

122) 걸인이 각 집을 방문해서 주인을 부를 때 쓰는 상투적인 문구이다. 옛날, 해마다 봄에 가시마다이묘진鹿島大明神의 신탁이라 하여 그 해의 농사의 길흉을 알리며 전국을 돌아다니곤 하였는데, 그 때에 읊었던 정해진 문구이다.

123) 지금의 이바라키현茨城縣 가시마군鹿島郡 가시마초鹿島町에 있는 가시마신궁鹿島神宮이다. 천재지변이나 역병 따위를 예고하여 사람들에게 주의를 주는 신이다.

124) 가시마에 가나메이시要石라고 하는 돌이 있어, 움직이면 흔들거리지만 그 뿌리는 깊어 뽑을 수는 없다고 한다. 그 돌을 둘러싸고 전해지는 "움직이지만 설마 뽑히겠나요 가나메이시 가시마의 신이 계셔주기만 한다면ゆるぐともよもやぬけじの要石かしまの神のあらん限りは"이라는 노래에서 따 온 표현이다.

125) 일본어로는 고토부레言觸라고 표현되고 있다. 가시마다이묘진의 탁선을 사칭해 그 해의 길흉을 점치고 다니는 신관 복장의 걸인을 말한다.

126) 강에 빠뜨린 10문을 찾기 위하여 50문을 주고 횃불을 산 것으로 유명하다. 『태평기太平記』 권35에 나온다.

127) 호조 도키요리北條時賴의 호로 사이묘지도노最明寺殿 또는 사이묘지뉴도最明寺入道라고 불리었다. 가마쿠라막부에서 쇼군을 보좌하던 최고직은 대대로 호조씨北條氏가 세습하였다.

세상을 살아갈 수 없다.

히다치常陸 지방에서 자수성가해 10만 량의 황금을 소유하게 된 히구라시日暮[129]라는 부자가 동네 이름도 황금벌판을 뜻하는 고가네가하라鏐原[130]라는 곳에 살고 있었다. 지붕이 높은 호화로운 집에서 사람과 말을 많이 부리고 논밭은 100정보町步가 넘을 정도로 가운이 번창해 무엇 하나 부족함이 없이 살고 있었다. 가난한 사람들을 불쌍히 여기고 자비심이 깊었기에 이 지방의 보배로 떠받쳐졌고, 사람들의 존경심이 초목을 흔들 정도로 그 덕에 감복했다. 이 사람도 처음에는 조그만 초가집에 살았는데, 저녁 무렵의 굴뚝 연기는 가느다랗게 피어오르고 아침나절의 뒤주는 텅 비어 있었으며, 의복도 1년 내내 같은 것을 입고 오로지 정직하게만 일하면서 부부가 어려운 생활을 보냈다. 아침에는 식초와 간장을 팔고 점심에는 소금 바구니를 메고 걸어 다녔고 저녁에는 기름통, 밤에는 말굽을 만들어 마부에게 파는 등 젊었을 때부터 잠시도 일을 게을리 하지 않았다. 이렇게 해서 매년 벌이가 좋아지니 50여 세까지 돈 37관을 모았다. 이 남자는 장사에 손을 댄 뒤로 1전도 손해를 본 적이 없이 매년 돈을 모았지만 원래 적은 자본으로 시작했기 때문에 금전 100량이 되는 것은 쉬운 일이 아니었다. 어렵게 100량이 넘고 나니 점차 돈이 불어나 결국 아즈마東 지방의 부자로 불리게 되었고 더구나 아들도 4명이나 있어서 무엇 하나 부족한 것이 없는 신분이었다.

이 고장은 에도에서 가까운 곳이기에 오랜 동안 낭인생활로 오갈 데가 없는 사람들[131] 여러 명이 히구라시가 의지할만한 인물임을 전해 듣

---

128) 요쿄쿠 『화분에 심은 나무鉢の木』에서 유래했다. 화분에 심은 나무를 장작으로 삼아 도키요리를 대접하였다고 하는 사노겐자에몬佐野源左衛門의 이야기를 익살스럽게 표현한 부분이다.

129) 고가네마치에서 막부와 번藩과의 공무상 연락을 맡은 미토水戶 집안의 사람이다.

130) 지바현千葉縣 마쓰도시松戶市 고가네마치小金町 주변의 들판이다. 원래는 시모우사노쿠니下總國에 속한 지역이지만, 히다치常陸로 잘못 표기한 것으로 보여진다.

131) 근세 초기에는 낭인浪人에 대한 단속이 심하여, 그들에게 숙박을 제공하려면 당국의 허가를 필요로 하였다.

고 연고 있는 사람의 소개장을 들고 찾아와 그의 집에서 기식을 허락해 줄 것을 간절히 청하는 것이었다. 자비로운 이 남자는 초가집을 마련해 주고 식사까지 챙겨 주었기에 나중에는 7,8명 정도로 숫자가 늘어나 숙소가 꽤 시끄러울 정도가 되었지만 낭인이 다시 복귀하기 어려운 시절이었기에[132] 모두들 어쩔 도리 없이 이 마을에서 세월을 보내고 있었다. 그 중 모리시마 곤로쿠森島權六라는 남자는 교양과 학식도 있었고 경우가 밝은 사람이라서 신세에 조금이라도 보답하고자 네 명의 아들들에게 사서四書를 가르치고 있는 것은 보기에도 흐뭇한 광경이었다.[133] 그런가 하면 기즈카 신자에몬木塚新左衛門이라는 자는 가운데 아들을 꼬드겨 산야三野[134]의 유곽을 같이 드나들면서 많은 돈을 쓰게 했다. 미야구치 한나이宮口半內라는 남자는 단도 세공에 재주가 있었기에 댕강목[135]으로 귀이개나 쥐 모양의 목공예품 등을 밤낮없이 정성을 다해 제작해 에도의 큰 상점가 동네[136]로 보내 5,6년 사이에 돈을 모을 수가 있었으니, 이런 신세에 처한 사람 중에서는 일이 제대로 풀린 사람이다. 또한 오우라 진파치大浦甚八라는 사람은 고우타小歌[137]와 고마이小舞[138]에 빠져 곡에 저절로 박자를 맞추게 되더니 결국 웬만한 노래나 춤은 통달하는 수준이 되었다. 이와네 반자에몬岩根番左衛門이라는 남자는 덩치가 아주 크고 긴 수염에 눈빛이 무서워서 무가에서 근무[139]해도 봉록

132) 낭인이 다시 취업을 하는 것이 어려운 시절이라는 의미이다. 봉건제의 강화와 다이묘의 재정적 궁핍화 등으로 인하여 낭인의 취업은 점점 어려워졌다.

133) 당시 낭인이 데라코야寺子屋 등지에서 가르치는 일은 흔히 있었다. 데라코야는 에도시대의 서당이다.

134) 지금의 다이토구台東區 지역이다. 1617년 에도 각지에 흩어져 있던 유곽을 니혼바시日本橋 후쿠야초葺屋町로 집결시켜 요시와라吉原라고 칭하였다. 1657년 큰 화재로 인해 요시와라의 유곽이 소실되어 이곳으로 옮겼으며 신요시와라新吉原라고 부르게 되었다.

135) 재질이 단단하여 나무못의 재료로 쓰며 줄기 속이 비어 있다.

136) 현재의 도리초通り町를 말한다.

137) 근세 초기의 유행가요이다.

138) 고우타에 춤을 가미한 것이다.

139) 막부 · 다이묘의 명의로 군령을 전달하거나 외교를 담당하는 등의 근무를 말한다. 풍

300석 정도는 받을 수 있게 보였다. 그런데 용모와는 달리 여린 마음씨의 소유자로 불도를 깊이 믿으면서 온 몸을 물어뜯는 벼룩을 죽이지 못하고 발밑에 있는 지렁이를 밟지 않았으니, 속마음은 아주 정직했고 그저 외모만 험악했을 뿐이었다.[140] 또 한 사람 아카보리 우자에몬赤堀宇左衛門이라는 남자는 낭인이었지만 철포를 갖고 있으면서, 사냥이 금지되었는데도 새를 밀렵하거나 야산의 늑대를 죽이고, 자기 칼집을 건드렸다고 시비를 걸거나 매사를 완력으로 해결하는 등 일 년 내내 제 멋대로 지냈다. 주인은 이 낭인들이 제각기 구구각각인 것도 다 세상사려니 하고 관대하게 대해 주었는데, 당시 내려진 낭인거주 제한법[141]으로 이곳에서 모두 추방되고 말았다.

그 뒤로도 이들이 세상 살아가는 모습을 곰곰이 지켜보고 있노라면 재미있기만 하다. 책을 좋아하는 곤로쿠는 간다神田 스지카이바시筋違橋에서 태평기太平記[142]의 가두 낭독을 하면서 살아가고 있다. 호색가인 신자에몬은 우거지상의 신키치[143]라는 이름으로 불리면서 다마치田町[144]에 찻집을 차려놓고 입에 발린 능숙한 말솜씨로 다이코모치太鼓持[145] 짓을 하면서 먹고 살고 있다. 세공 일을 잘했던 한나이는 시바芝의 신메이神明[146] 신사 앞 큰 길 가에서 종이 깔개를 펼쳐놓고 방물장사를 하고 있

채가 좋고 언변이 뛰어나며 예절을 잘 갖춘 사람이 이러한 일을 맡아서 하였다.

140) 속담 "정직한 사람은 하늘이 돕는다正直の頭に神宿る"를 비꼬고 있는 표현이다.

141) 출신이 불분명한 낭인을 조사하여 거주지를 제한하는 법령이다. 막부는 1615년 이후 직업도 없는 낭인이 증가하는 것을 막기 위하여 그들의 신분을 조사하고 거주지를 제한하는 등 엄격한 대책을 세우고 실행하였다.

142) 일본어명으로는 『다이헤이키』이다. 전쟁담인 군기모노가타리軍記物語로서 모두 40권으로 되어 있다. 작가는 고지마법사小島法師라는 설이 유력하고, 14세기 중후반에 성립된 것으로 추정된다. 일본 중세기 남북조시대 50여 년간의 전쟁의 모습을 화려한 문체로 그려내고 있다.

143) 일본어로는 주멘신키치이다. 찌푸린 얼굴이나 우거지상을 주멘澁面이라고 한다. 무사 출신은 찡그린 표정을 하고 있었기 때문에 이러한 이름을 붙인 것으로 보여진다.

144) 아사쿠사의 다마치田町. 요시와라를 드나드는 손님들에게 삿갓 따위를 빌려주던 찻집茶屋이 있었다.

145) 술자리에서 손님의 비위를 맞추고 주흥을 돋우는 것을 업으로 삼는 남자이다.

다. 이제는 상인되었는데도 낭인시절의 삿갓을 쓰고 있는 것이 우스꽝스럽기만 하다. 온쿄쿠音曲[147]를 좋아했던 진파치는 마타쿠로又九郎[148]의 극단에 들어가 간신히 입에 풀칠을 할 정도의 돈을 받고 아침부터 밤까지 '지당하십니다'라는 대사만 지껄이는 단역으로 혹사당하고 있다. 무사의 기품을 버리지 않았던 우자에몬은 소망대로 말을 타고 부하에게 십자 창을 들게 하면서 이전과 같이 봉록 500석을 받는 신분이 되었다. 또한 후생後生을 기원했던 반자에몬은 언제부터인지 검게 물들인 옷을 입고 그 큰 덩치를 하고 시바의 오오보토케大佛[149] 근처에 기거하면서 스스로 자책하며 염불을 열심히 외치고 있는데, 아무리 봐도 딱하기만 하다. 예전에는 모두 봉록을 받았던 무사들이었는데 죽는 것조차 뜻 같지 않은 목숨이기에 이처럼 몰락을 해도 여전히 연명하고 있는 것이다.

"이 사람들을 보게 되면 역시 각자의 가업을 소홀히 하고 여러 잡기에 깊이 빠져 들어서는 안 되는 것임을 알 수 있다. 이 낭인들도 결국은 평상시에 좋아했던 그 잡기로 먹고 살아가는 처지가 된 것이다. 다른 사람들보다 잘 한다는 소리를 들었던 잡기는 반드시 자신에게 해가 되는 법이다. 구게公家는 와카和歌의 도道,[150] 무사는 궁마의 도에 전념하고 조닌은 계산을 정확하게 하고 천칭저울의 눈금을 틀리지 않으면서 꼼꼼히 거래 장부를 기록해야 하는 것이다"라고 황금이 있는 고가네 마을의 부자는 많은 어린이들에게 들려주는 것이었다.

---

146) 지금의 미나토구港區 시바미야모토초芝宮本町의 시바다이신궁芝大神宮을 말한다. 9월 16일에 제례를 행하는데 이때 시장이 열린다.

147) 샤미센에 맞추어 부르는 노래이다.

148) 에도 사카이초의 가부키 흥행주로 도케가타道化方・쇼사고토所作事의 명수이다. 도케가타는 가부키에서 익살꾼 역할을 하는 사람이고 쇼사고토는 가부키에서 샤미센 음악에 맞춰 추는 춤이다.

149) 시바다카나와芝高輪 센가쿠지泉岳寺 남쪽에 있었던 여래사如來寺의 속칭이다.

150) 다른 표현으로 '시키시마의 도敷島の道'라고 한다. 시키시마는 일본을 가리킨다.

권 5-5_ 3돈 5분 새벽녘의 돈

만년력万年暦[151])이 잘 맞을 경우에는 신기하기도 하지만 맞지 않는 경우도 많으니 우습기만 하다. 요즘의 혼사를 보면 궁합이나 용모보다는 지참금을 붙여서 보내는 금성金性[152])의 규수를 선호하는 것이 세속 풍습이 되었다. 그래서 지금 중매쟁이들은 먼저 지참금이 얼마나 되는지를 알아본 다음에야 "그 규수는 몸이 정상인가"라고 묻는 것이다. 풍습이 이전과 이렇게도 달라진 것은 사람들 욕심 때문인 것이다.

늪이 되고 여울이 되어 흐르는 강, 사랑의 연유를 안다고 하는 와케가와和氣川[153])의 상류 쪽에 구메노사라야마久米の更山[154])라는 곳이 있는데, 그곳에서 새 살림을 시작해 세월이 가면서 점차 부자가 된 남자가 살고 있었다. 세간에 그 이름은 별로 알려지지 않았지만 미마사카美作 지방에서 내로라하는 갑부인 조고藏合[155])에 버금가는 부자로서 이름은 요로즈야萬屋라고 했다. 자수성가해 모은 은화가 산처럼 쌓여 밤이 되면 그 돈에서 내품는 정기가 함성처럼 사방으로 퍼져나가지만[156]) 가난한 사람들에게는 들리지 않는다. 더구나 이 사람은 전혀 낭비를 하지 않았으며 가

151) 여러 해 동안 사용할 수 있는 책력으로 십간十干과 십이지十二支에 의하여 길흉・궁합・방위 등을 해설해 놓았다. 대잡서大雜書라고도 한다.

152) 만년력에서 사용되는 용어로서 지참금이 많은 여인을 가리키는 말이다.

153) 오카야마현岡山縣에 있는 와케가와和氣川 지역이다.

154) 지금의 오카야마현 동북부에 해당하는 미마사카美作 지방의 구메군久米郡 사라야마무라佐良山村에 있는 사라야마佐良山를 가리킨다. 『고킨와카슈古今和歌集』의 "미마사카여, 구메의 사라야마 절대로 나의 이름 알려지지 않는다. 영원히美作や久米のさら山さらさらに我名は立てじ万代までに"에 등장한다.

155) 미마사카쓰야마美作津山의 오도시요리大年寄를 맡고 있던 부자 조고 마고자에몬藏合孫左衛門 집안을 가리킨다. 오도시요리는 에도시대에 쇼군이나 다이묘 집안에서 직접 주군이나 그 부인을 섬기던 여자 중 가장 높은 지위이다.

156) 돈에 기운이 있어 덧없이 퇴장退藏되어 있으면 신음을 한다고 한다. 권2-4에도 이와 같은 표현이 등장한다.

옥도 평범했고, 정월 초하루에도 데릴사위로 들어왔을 때 입었던 모시 하카마袴 한 벌로 40년 내내 신년을 축하해 왔다. 세간에서 유행하는 색깔이나 무늬 따위는 신경 쓰지 않고 연두색의 칠성七星과 검은 떡 문양이 들어간 겉옷을 걸치고 기모노着物는 엷은 남색 옷만 입었고 화려한 빨강이나 연보랏빛 옷은 거들떠도 보지 않은 채 몇 해 봄을 지내 왔다.

갑부 조고의 집에는 창고가 아홉 개나 있어서 이것 또한 이 지방의 자랑거리이기도 했다. 이에 비해 잘 알려지지 않은 소박한 부자인 요로즈야에게는 요시타로吉太郎라는 외아들이 있었는데, 아들이 13세 때 코 푸는 종이로 스기하라가미杉原紙[157]를 쓰고 있는 것을 보고 의절을 한 뒤, 반슈播州의 아보시網干[158]에 있는 백모에게 보내면서 "나바야那波屋[159]라는 부자를 본 받아라"고 소리치며 아들을 쫓아냈다. 그 뒤 누이동생의 아들을 불러 들여 25,6세까지 데다이로 일하게 했는데 이 조카는 다 낡아빠진 짚신을 주워 모아 오이 묘상의 거름으로 쓰라고 친가로 보낼 정도로 검소했고, 이를 본 요로즈야는 아주 흡족해 하면서 양자로 삼아 집을 넘겨주고 잘 어울리는 며느리를 찾게 되었다. 그런데 이 부자는 특이하게도 "질투심이 많은 여자를 며느리로 삼고 싶다"는 것이었다. 역시 넓은 세상이라 그런 여자를 찾아낼 수 있었고 부부의 연을 맺게 해 준 뒤, 노부부는 은거할 집을 마련하고 재산을 모두 양아들에게 넘겼다. 그런데 대를 이은 양아들은 많은 재산만 믿고 조금씩 낭비를 하기 시작해 첩을 찾거나 다비코旅子[160]와 남색놀이에 빠지기 시작했다. 그러자 부인은 시아버지가 원했던 대로 질투를 하기 시작해 큰 소리로

157) 유곽 등지에서 코를 풀 때 쓰는 고급 종이를 말한다. 고급 종이를 사용할 뿐 아니라 아들이 유곽을 드나들고 있다는 의미이다.

158) 지금의 효고현兵庫縣 히메지시姬路市 아보시구網干區이다. 히메지의 외항으로서 번창하였다.

159) 아보시의 북국 해상운송 중개업자였던 나다야灘屋라고 하는 부호를 『장자교長者教』의 세 장자 중 한 명인 나바야로 빗댄 것으로 보여진다. 장자교는 부호가 될 수 있는 비결을 경문의 형식으로 쓴 것이다.

160) 여행을 돌아다니면서 남색을 파는 소년배우로 토비코飛子라고도 한다.

울부짖고 난리를 쳐대니 양아들은 세간 사람들의 시선을 의식해 스스로 호색놀음을 그만두고 그저 집에서 술이나 퍼마시면서 지냈다. 주인이 집을 비우지 않으니 어쩔 수 없이 하인들도 등불 아래서 심심풀이를 겸해 장부를 펼치게 되었고, 어린 하인은 주판 연습을 하는 등 모두들 집안에 도움이 되는 일을 하게 되었다.[161] 처음에는 웃으면서 지켜봤던 부인의 질투 효과를 지금은 새삼 절감하게 되었던 것이다.

모름지기 부모가 자식에게 너무 관대하면 집을 망치는 원인이 된다. 부친이 상당히 엄하게 키워도 대개는 모친이 자식과 한 통속이 되어 샛길로 빠져 분수에 맞지 않게 큰 낭비를 하게 된다. 부모가 자식에게 엄격하면 그 자식에게 약이 되고 관대하면 독이 되는 법이다. 요로즈야의 은거 부부가 죽고 난 뒤, 며느리는 이세신궁을 참배하고 돌아오는 길에 교토와 오사카를 구경했는데, 도회의 세련된 풍속을 보고나서 그것을 따라 하기 시작하면서 마음씨도 도회풍으로 바뀌더니 이제 질투 같은 것은 촌스러워서 못할 짓이라고 마음을 바꾸어 먹게 되었다. 그러자 주인은 이때를 기다렸다는 듯이 다시 유흥에 빠져들기 시작해, 갑자기 꾀병을 부리면서 여기서는 제대로 양생을 할 수 없다면서 교토로 올라갔다. 그리고 남색・여색의 두 호색의 길에 빠져들어 매일 물 쓰듯 돈을 뿌려댔기에 어느 틈엔가 집안 살림에 구멍이 나기 시작했다. 바늘을 창고에 쌓는다는 속담처럼 돈이 아무리 있어도 낭비를 당해 낼 수 없었고, 오랜 동안 이 집에 살아왔던 금은의 미움을 받아 안 창고의 복신도 나가버리시게 되자,[162] 겨우 유흥의 꿈에서 깨어나니 그도 깜짝 놀랄 수 밖에 없었다. 그래서 업종을 바꾸어 환전상을 차리고 가게규모를 크게 해[163] 사람들이 맡긴 자금을 여기저기로 회전해가면서 장사를 했는데

161) 사이카쿠의 다른 소설 『세켄무네잔요世間胸算用』 권2−3에 이와 비슷한 서술이 등장한다.

162) 창고에 쌓아두었던 돈이 모두 없어져버린 것을 뜻한다. 가미가타의 은화인 조긴丁銀・마메이타긴豆板銀에는 칠복신 중 하나인 대흑천大黑天이 새겨져 있어서 이렇게 표현하였다.

잘만 되면 예전의 살림살이로 돌아갈 수 있을 것 같은 기분으로 연말을 맞게 되었다. 그렇지만 사람의 속사정은 연극 장식 무대와 같다는 속담처럼 겉치레가 많은 법이다. 이 집에서도 섣달그믐 빚쟁이의 초롱불이 무서웠다. "수지결산도 오늘 하루 밤만 넘기면 내일부터는 자유로운 몸이 된다"[164]고 한 푼도 남기지 않고 지불대장에 적고 계산을 마치고 나니 이미 새벽 네 시의 종이 울렸다. 이미 땡전 한 푼도 남아 있지 않았다. 와카에비스若惠比須[165]를 파는 사람을 불러들이기는 했지만 살 돈이 없어서 "삿갓을 쓰지 않은 에비스가 있으면 사겠다"[166]면서 돌려보냈다. 그리고 얼마 뒤 문을 두드리는 소리가 나더니 효고야兵庫屋라는 사람이 가죽 돈 가방을 들고 나타났다. 그리고 "여기에 고반小判 1,100량이 있는데 내년까지 맡기고 싶다"면서 꺼내더니 "지난번에 받았던 이자 중에서 3돈 5분의 마메이타豆板[167] 은화의 질이 나쁘니 바꾸어 주었으면 좋겠다"면서 교환을 요구하는 것이었다. 그런데 이미 돈이 바닥이 나 바꾸어 줄 은화가 없으니 이 집 살림의 내막은 들통이 나고 말았다.

---

163) 환전상은 세상의 신용을 얻어야 하기 때문에 실제로는 자금이 적어도 겉으로는 화려하게 꾸며 돈 많은 자산가로 보이게끔 하였다.

164) 섣달 그믐날이 지나고 나면 이듬해 3월까지는 빚쟁이가 오지 않기 때문이다.

165) 복신인 에비스를 종이에 그려 파는 정월 물품이다.

166) 돈이 없기 때문에 판매상을 돌려보내기 위하여 단 구실이다. 에비스상은 반드시 에보시를 쓰고 있어야 한다.

167) 마메이타긴豆板銀을 말한다. 이 시대의 주요 통화였다.

일본영대장日本永代藏：니혼에이타이구라 권 6

권 6–1

돈이 되는 나무는 문 앞의 호랑가시 나무[1]

유명한 에치젠越前의 도시코시야年越屋[2]

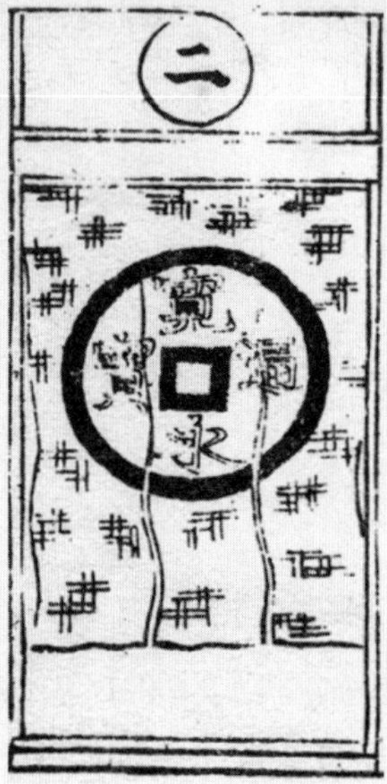

권 6–2

잘 고른 사위의 뛰어난 장사 수법

한 푼을 아끼는 유명한 부슈武州[3]의 제니야錢屋

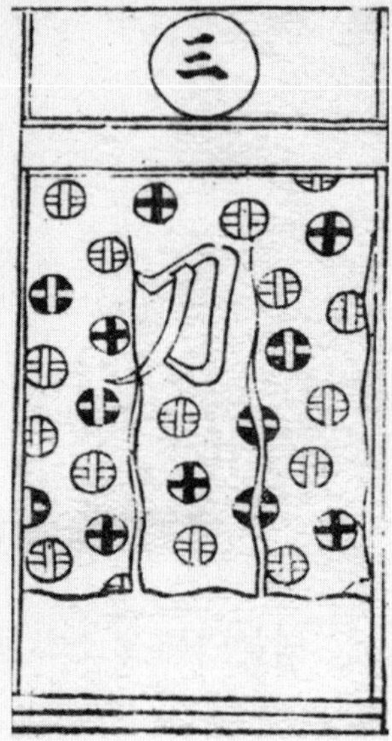

권 6–3

사재기는 세상이 태평할 때

유명한 센슈泉州의 고가타나야小刀屋[4]의 약대금

권 6–4

재산을 불리게 했던 요도가와淀川[5]의 옻나무

유명한 야마시로山城의 요소与三右[6]의 물방아

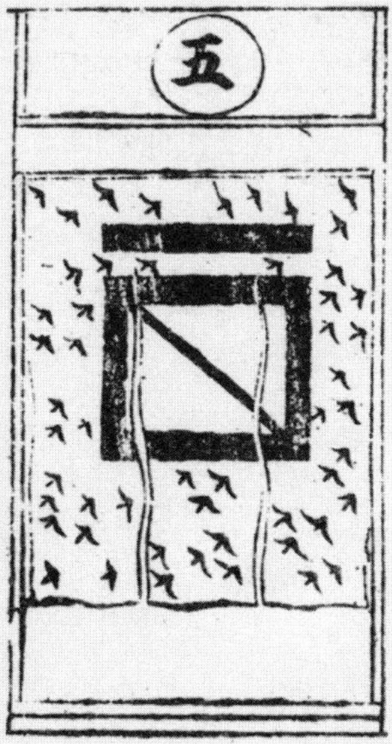

권 6–5

지혜를 달아보는 88세의 평미레

유명한 교토의 3대 부부[7]를 축하하다

1) 주인공의 집 앞에 있었던 거목으로 이 남자의 실용주의 정신을 표현한 제목이다.
2) 주인공의 이름이다.
3) 에도지역을 말한다.
4) 주인공의 이름이다.
5) 요도가와 강가에서 주운 옻나무 가지들을 모아 장사밑천을 마련하는 내용을 표현한 제목이다.
6) 주인공의 이름 요소에몬與三右衛門을 줄인 명칭이다.
7) 부·자·손의 3대에 걸친 부부들이 동시에 건재하며 사업에 성공하는 이야기를 담고 있는 제목이다.

본조 에이타이구라本朝永代藏 : 본조영대장 권 6

권 6-1_ 돈이 되는 나무는 문 앞의 호랑가시나무

중국 주周나라 문왕文王의 정원은 사방 70리였다고 한다.[1] 그가 넓은 정원의 천초만목을 바라다보는 것이나 한 칸 사방의 좁은 땅에 호랑가시나무 한그루를 심고 바라보는 것이나 즐기는 마음에는 다를 바가 없다.

에치젠越前 지방 쓰루가敦賀의 큰 항구에 도시코시야年越屋의 아무개라는 부자가 있었다. 그곳에 오랫동안 살면서 된장과 간장을 만들었는데 처음에는 장사가 영세했지만 점차 가세가 번창해 갔다. 세상살이에 빈틈이 없었던 그가 부자가 된 계기는 이러한 것이었다. 다른 가게들은 산쪽 마을에서 필요한 된장을 작은 나무통이나 볏섬 등에 넣어서 팔았는

1) 주나라 문왕이 금수禽獸를 사육하였다던 정원이다. "文王之囿, 方七十里" (『孟子』 「梁惠王章句下」)에서 인용한 표현이다.

데 그 비용도 무시할 수 없는 것이었다. 그래서 이 집 주인은 비용을 줄이려고 새롭게 궁리를 했다. 사람들이 7월 본盆에 사용했던 제단祭壇[2)]을 철거하면서 제에 올렸던 복숭아나 감 등을 강물에 떠내려버리는 것을 보고, 강가에 가서 제에 썼던 시든 연꽃잎을 주워 모아 그것으로 1년 동안 된장을 포장해서 소매로 팔았다. 이 기발한 방식을 다른 사람들도 따라하게 되니 지금은 어느 지방이나 된장을 연꽃잎에 싸서 팔게 된 것이다. 얼마 뒤 큰 저택을 구입해 꽃과 열매가 좋은 정원수를 심었고, 담 울타리에는 구기자나무나 오갈피나무를 무성하게 키웠다. 싸리는 뿌리 채 뽑아버리고 미나리아재비 대신에 광저기[3)]를 심어 같은 덩굴풀이라도 생활에 도움이 되는 것을 키웠고, 해파리를 절인 통이 못쓰게 되자 수료水蓼[4)] 이삭을 심어두는 등 무엇을 하더라도 모두 살림에 도움이 되는 일만 하는 것이었다. 옛날에 집 앞에 심었던 호랑가시나무가 어느새 큰 나무로 변해[5)] 이 집임을 알 수 있게 되니 이제는 이 집 주인을 모르는 사람은 없게 되었다. 세쓰분節分 날 밤 도깨비 눈을 찌를 때 쓴다는 메쓰키目突[6)]를 구입하지 않고 이 나무 가지로 대신 사용했다. 메쓰키 값은 하나에 1문 밖에 안 되지만 이것을 평생 매년 사게 되면 큰 비용이 된다고 생각한 것이다. 이처럼 만사를 절약해서 1만 3천 량의 재산이 될 때까지 처마가 낮은 판자지붕 집에서 지냈다. 그러던 중 장남에게 좋은 신붓감이 생겨 약혼을 하게 되었는데, 중매인은 이 집 주인 몰래 부인과 의논하여 교토로부터 당시 유행하는 의상과 견직물을 구입하고, 세상 사람들 보라는 듯 납폐納幣용 술통[7)]을 6척의 건장한 장정 25명에게 들려 보

---

2) 음력 7월 13일에 우란분盂蘭盆의 성령단聖靈棚을 만들고 복숭아・감・오이・가지・밥 등을 연꽃잎에 싸서 올려 선조를 모신 후, 7월 16일에 모두 강에 흘려보낸다.

3) 일본어로는 사사게大角豆의 일종으로 텍스트에는 주하치사사게十八大角豆로 나와 있다. 식용의 열매가 18개 열린다고 해서 붙여진 이름이다.

4) 일본어로는 다데蓼라고 한다. (버들)여뀌 또는 수료라고 하며 신미료辛味料로 사용된다.

5) 호랑가시나무가 큰 나무가 되는 일은 흔치 않다고 한다. 따라서 여기에서는 호랑가시나무와 인연이 있는 도시코시야年越屋가 서서히 번성하게 되었다는 것을 의미한다.

6) '도깨비의 눈을 찌르는 도구'를 의미한다.

냈다. 그리고 주인에게는 평범한 선물용 술[8] 한통과 염장 도미 두 마리, 은화 한 개를 보냈다고 둘러댔는데, 주인은 그것도 너무 과하다는 표정을 지으면서 "은화 한 개보다는 부피가 더 나가는 전錢 3관이 더 좋았을 텐데"라고 말했다. 이 정도로 세상물정을 모르는 남자였지만 오로지 정직 하나만으로 60여 세가 될 때까지 건강하게 지내고 있었다.

이 검소한 집에서 그처럼 사치스러운 예물을 보내고 난 뒤, 아들은 다음으로는 가게 전면을 2층으로 개축하기를 원했지만 아버지는 좀처럼 들어주지 않았다. 그래서 부친과 절친한 동네사람이나 다음 세상에서도 우정을 이어가자고 약속한 절 친구와 주지스님까지 동원해 부친을 설득하니 겨우 허락이 떨어져 공사에 착수하게 되었다. 그 동네에서는 제일 처마가 높은[9] 건물이 계획대로 완성되니 이전과는 비교할 수 없을 정도였고, 매일 갈고 닦아서 눈부시게 빛났다. 그런데 가게가 너무 고급스러워지니 땔나무를 파는 산마을 사람들이나 농민들이 드나들지 않게 되자 갑자기 장사도 부진해져서 팔리지 않는 많은 양의 된장과 간장을 둘 곳도 버릴 곳도 없게 되었다. 어쩔 수 없이 많은 판매원을 고용해 팔러 다니게 하면서 옛날과 다름없는 풍미를 유지했지만 소문이 나쁘게 퍼져 전혀 팔리지 않았다. 그래서 이번에는 장사를 바꾸어보았지만 경험이 없었기에 매년 많은 돈이 줄어만 갔다. 미리 물건을 사두면 물건 값이 내려갔고, 광산에 손을 대어 실패를 하는 등 얼마 안가 집 한 채만 남고 말았다. 이 집이 고작 35관에 남의 손에 넘어가는 것을 보고 부친은 탄식했지만 아들이 말하기를 "형편이 좋을 때 집을 새로 지어놓았기에 이번에 팔 때도 더 받고 팔 수 있는 것"이라고 어처구니 없는 자찬을 늘어놓는 것이었다. 부친이 40년 걸려 벌어 놓은 재산을 아들은

7) 약혼을 축하하는 의미로 보내는 술통이다.

8) 일본어로는 쓰노다루角樽라고 한다. 장방형의 모양을 한 술통으로 손잡이 부분이 뿔처럼 튀어 나와 있다.

9) 처마가 높다는 것은 부자를 의미한다.

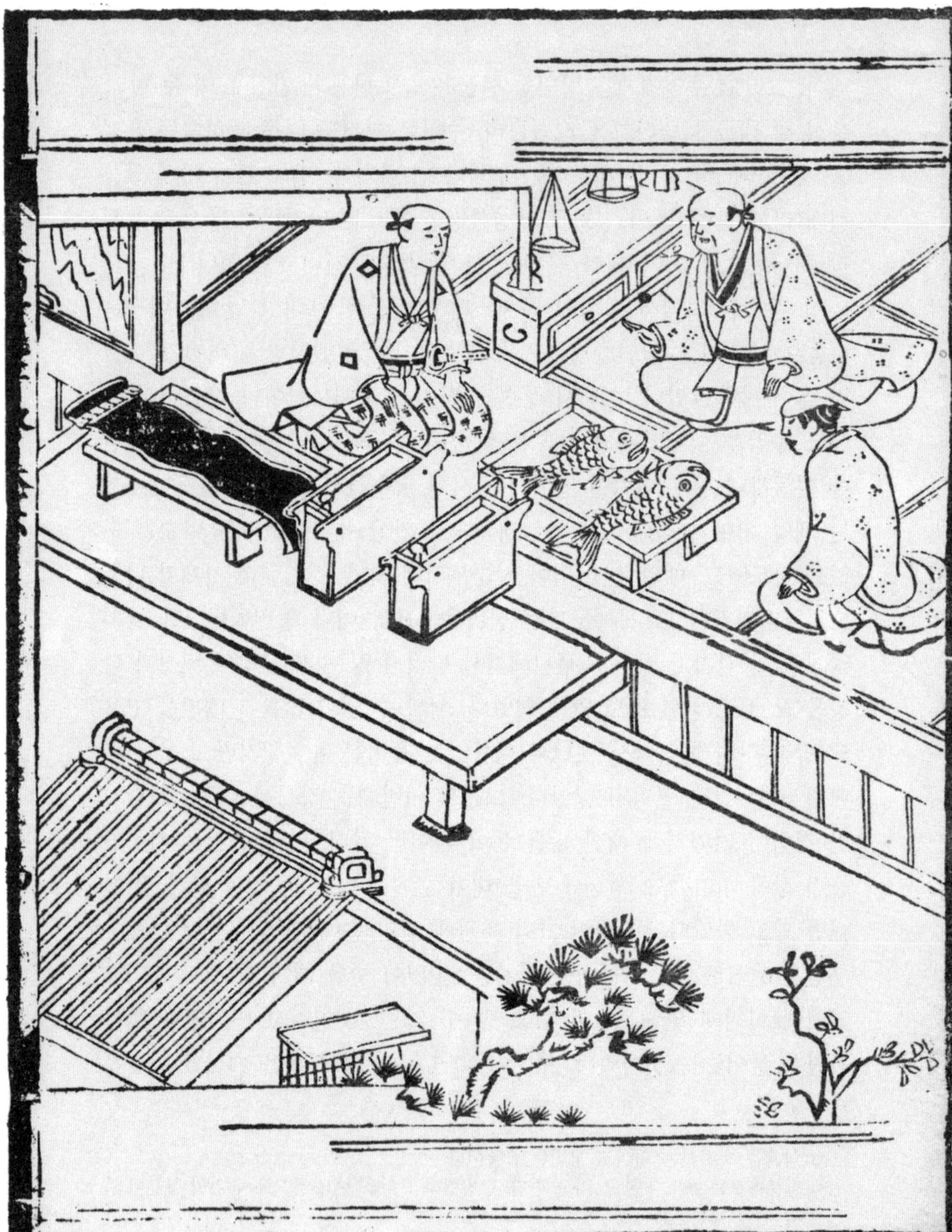

6년 만에 날려 버린 것이다.

돈은 벌기는 어렵고 없어지기는 쉬운 법이다. 그러므로 밤낮으로 주판계산에 유념하지 않으면 안 된다. “가계건물의 꾸밈새에 관해서 말하자면, 상어가죽이나 서적 · 향구香具 · 견직물 같은 사치품을 팔 때는 호화롭게 장식한 넓은 매장이 좋다. 전당포나 식료품 같은 장사는 작은 터에서 다소 지저분하고 편한 분위기의 가게가 좋은 것이다. 오랜 동안 장사를 계속해서 단골손님이 많은 가게는 집을 개축하지 않는 것이 좋다”고 어떤 나이든 부자가 말한 적이 있다. 이 집 아들은 쓰루가에서 맞아들인 부인과 이혼을 한 뒤 해안가에 작은 가게를 냈는데 역시 집안일을 돌볼 여자가 없어서 불편했기에 그 마을 여자를 맞아들였다. 길일吉日을 택해 예물을 보냈는데 예물 물건은 평범한 술 한통, 도미 두 마리, 그리고 전 1관이었다. 전성기에 부친을 속여 보냈던 호화로운 예물을 지금 일처럼 떠올리는 것이었다. 누구나 잘 명심해 두지 않으면 안 되는 세상살이의 모습이다.

권 6-2_ 잘 고른 사위의 뛰어난 장사 수법

일본의 상인들은 장사 속으로 "전혀 남는 것이 없다"고 뻔히 속이 들여다보이는 거짓말을 하고 손님들은 또 그 말에 넘어가 별 필요 없는 물건도 사게 되는데 그것이 요즈음의 세상살이이다. 간다묘진神田明神[10] 근처에 좋은 가문 출신의 낭인이 은둔생활을 하고 있었다. 나이도 어느덧 50에 가까워지니 다시 무사생활을 할 마음도 없었고, 하인을 한 명 두고 혼자서 지낼만한 재산도 있었기에 그저 세상 돌아가는 대로 하루하루를 보냈다. 그렇지만 일도 없이 지내자니 다른 사람들 눈치가 보여 소일거리로 도자기 가게를 차렸다. 가격을 물어보는 손님에게 100문의 물건은 100문이라고 정가 그대로 말했고, 깎아달라고 해도 결코 깎아주는 법이 없었다. 장사를 시작하면서 가게에 늘어놓은 것은 양념절구 9개, 생선주발 13개, 접시 45개, 천목天目찻잔[11] 20개, 술병 7개, 기름 따르는 통 2개였는데 3년여 개월 동안 하나도 팔리지 않았다. 이것을 보면 장사는 아무나 하는 것이 아니다.

상인들이 1년 동안 장사하면서 해댄 거짓 서문誓文을 10월 20일의 에비스제夷祭에서 깨끗이 없애버리는 풍습이 있다.[12] 이 날은 상인들이 모두 일을 쉬고 자신의 처지에 맞게 여러 가지 생선과 닭고기 등을 마련해 일가친척들이 모여 주연을 베푼다. 주인이 나서서 기분 좋게 분위기를 맞추어주니 하인들도 기분이 들떠 고우타小歌를 부르거나 조루리淨瑠

---

10) 도쿄 지요다구千代田區 소토간다外神田의 간다묘진神田明神의 문 앞이다. 간다묘진은 간다신사神田神社를 의미한다.

11) 다도에서 사용하는 말차抹茶를 마시는 막자사발 비슷한 찻잔으로, 본디 중국의 천목산天木山에서 만들어졌다고 한다.

12) 일본어로는 에비스코夷講라고 한다. 1년간 손님에게 거짓 서문誓文을 꾸며댄 사실에 대해 신에게 제사를 지내어 그 죄 · 부정 따위를 없애는 것을 말한다. 10월 20일에 친족을 불러 제사를 지내곤 하였다.

璃 대사를 읊어대고, 외출해서 놀기도 하니 에도 안의 절과 신사, 연극 무대와 여러 유흥업소가 사람으로 넘쳐나는 것이다. 교토와 다른 점은 에도에서는 은화가 아니라 1보 금을 꽃 날리듯 뿌려댄다는 것이다.[13] 은화와는 달리 저울이 필요 없으므로 이것처럼 좋은 것이 없다.[14] 에도인들은 모두 배포가 크고, 여러 가지 물건을 구입할 때도 다이묘大名 못지않게 돈 쓰는 품이 호쾌하다. 에비스제 날에는 어느 집이나 앞 다투어 생선을 사 들이는데, 마침 이 무렵은 바다 날씨가 거친 때라서 어황이 좋지 않기에 보통 때보다 생선이 빨리 동이 난다. 특히 도미 같은 경우, 한 마리 대금이 1량 2분씩이나 나가게 된다. 더구나 머리에서 꼬리까지의 길이가 1척 2,3치 정도의 중자 도미이다. 이런 생선을 조닌의 처지에 집 요리로 사용할 수 있다는 것은 수도인 에도의 상인이기에 가능한 것이다. 교토라면 호상들이 즐비한 무로마치室町[15]라고 해도 도미 한 마리를 2돈 4,5분에 사들이고, 그것도 다섯 조각으로 나눈 뒤 저울대에 달아 눈금을 확인한 뒤에 값을 치루는 것이 보통이니, 에도 사람들과 비교해 보면 교토의 구두쇠 기질은 웃음이 나올 정도이다.

도리초通り町 나카바시中橋[16] 근처에서 젊은 데다이를 여러 명 데리고 환전상을 낸 사람이 있었다. 보통 때는 절약을 우선으로 하는 사람이었지만 그날은 1량 2분의 도미를 사들여 에비스제의 축하선물로 한 조각씩 나누어 주었다. 모두들 별 생각 없이 축일의 식사를 마쳤다. 여러 젊은 하인들 중에 이세伊勢 요다山田[17] 출신으로, 최근에 10년 계약으로 고

13) 교토는 상업의 중심지였기 때문에 은화를 주로 사용하였고, 에도는 정치 중심지였기 때문에 금화를 주로 사용하였다. 여기서는 그러한 사실보다 에도 사람은 손이 커서 유흥업소에서도 하찮은 은화보다 금화를 잘 썼다는 것을 나타내고 있다.

14) 당시 은화는 하나하나 저울로 무게를 달아 가치를 매기곤 하였는데, 금화는 그 모양에 따라 가치가 정해져 있었기 때문에 그런 번거로운 과정을 거칠 필요가 없었다.

15) 교토 중에서도 부자 마을에 속한다.

16) 지금의 주오구中央區 주오도리中央通 교바시京橋 1번지에서 야에스八重洲 4번지에 이르는 큰 길을 말한다.

17) 지금의 이세시伊勢市이다.

용한 14세가 되는 어린 하인이 있었다.[18] 자기 앞에 놓여 진 밥상을 두 세 번 공손히 받든 다음 밥을 먹기 전에 주판을 놓으면서 계산을 한 뒤 "에도에 와서 봉공을 바치게 되니 이렇게 사치스러운 음식을 먹을 수도 있는 것이다"라고 혼자서 중얼거리면서 즐겁게 식사를 하는 것이었다. 그 모습을 본 주인이 그 연유를 물어본 즉 어린 하인이 말하기를 "그건 이렇습니다. 오늘 도미 구운 것은 가격이 1량 2분이고 11쪽으로 잘랐으니 한 쪽 가격이 7돈 9분 8리가 됩니다.[19] 고반 1량은 은 58돈 5분의 시세입니다. 따져 보니 마치 은화를 씹고 있는 것과 같습니다. 염장 도미나 말린 도미라도 원래는 날것이었으니 그것으로 축하를 해도 축하기분이 달라질 리 없을 것이고 더구나 오늘 이것을 먹게 될 제 뱃속도 다를 바 없기 때문입니다"라고 답했다. 그 말을 들은 주인은 손뼉을 치며 감탄하면서 "그런 줄은 몰랐는데 똑똑한 녀석이다. 한창 세상이치를 분별할 나이의 데다이 조차도 아무런 생각이 없이 그저 젓가락은 오른손으로 쥐고 식사만 하면 된다고 알고 있을 뿐[20] 주인의 은혜를 알아주지 못한다. 아직 나이도 어린 데 세상물정의 이치를 잘 알고 있다는 것은 네가 하늘의 뜻을 잘 따른다는 것이다"고 말하는 것이었다. 그 뒤 친척들을 불러 모아 이 이야기를 한 뒤, 그 어린 하인을 양자 감으로 삼아 우리 집을 넘겨주자고 부부가 뜻을 같이 하고, 이세에 있는 하인의 부모와 상의를 하기 위해 사람을 보내려고 했다. 그때 어린 하인이 나서서 "일을 한 지 아직 얼마 되지도 않았는데 그렇게 마음을 써 주시니 그저 황송할 뿐입니다. 그렇지만 제 고향으로 사람을 보내지는 말아 주십시오. 이야기가 잘 되지 않았을 경우에는 든 여비만큼 손해입니다. 특히 재산에 관해서는 '세상살이는 무대 위의 그림 장치'[21]라는 말이 있듯이 겉은 멀쩡

18) 당시 고용계약의 한도는 10년이었다. 보통 뎃치丁稚 10년을 마치고, 데다이手代 10년을 일했다. 여기서 어린 하인이란 뎃치를 말한다.

19) 이렇게 구체적인 수치를 보여주는 것이 사이카쿠의 작품을 더욱 흥미롭게 만드는 요인이다.

20) 비싼 도미라는 생각은 안하고 그저 먹을 생각만 하고 있다는 뜻이다.

하지만 속사정을 알 수 없는 집이 많은 법입니다. 이 댁도 돈 거래가 많다고는 하지만 큰 빚이 있을 지도 모릅니다. 그 점을 충분히 살펴보기 전에는 양자가 되겠다는 약속을 할 수 없습니다"라고 말하자, 이 말에 더욱 감탄을 하면서 "네가 불안해 하는 것은 당연하다. 그렇지만 우리 집은 단 한 푼이라도 남의 것을 빌린 적이 없다"고 말한 뒤 매년 기록한 장부를 꺼내어 현금잔고가 2,800량이라고 적힌 것을 보여 준 뒤, "아직 이 외에도 금 100량이 더 있는데, 그것은 아내가 후일 절을 참배할 비용으로 5년 전에 따로 챙겨 놓은 돈이다"라고 말하면서 돈 꾸러미의 포장을 봉한 곳에 적힌 연호와 월, 일을 보여주었다.

어린 하인은 이것을 보고 "참으로 장사를 못하십니다. 이렇게 돈을 쌓아 두게 되면 1량도 불어나지 않습니다. 이렇게 쓸 모 있는 돈을 궤짝에 넣어둔 채 오랜 동안 세상구경을 시키지 않다니 상인이 할 짓이 아닙니다. 이렇게 지내시니 정말 큰 부자는 되시지 못하는 것입니다. 머리가 벗겨지실 정도로 오랜 세월을 에도에 사시면서 겨우 3천 량의 재산을 모으시고 나서 흐뭇해 하시는데 저를 양자로 삼으신다면 4,5년 안에 에도에서 세 번째 안에 드는 환전상이 되겠습니다. 그저 오래 살아만 주십시오. 우선 두 내외분께서는 오늘부터 매일, 설법을 하는 절에 참배하신 뒤에 수납을 맡은 중에게 가셔서 새전을 있는 만큼 다 바꾸어 오십시오.[22] 그렇게 하면 장사와 불법 모두에 도움이 될 것입니다. 대개 절에 참배할 때 동행하는 하인은 하릴없이 그저 따라다니기만 하는 것이니 산초山椒[23]를 사서 봉투에 넣어 들리게 한 뒤 설법이 시작되기 전

---

21) 속담 "사람의 살림사정은 무대 위의 그림장치"을 인용하고 있는 부분이다. 연극무대 위의 그림장치는 보기에는 실물처럼 보이지만 실제로는 그렇게 보일 뿐이고 실물이 아닌 경우가 대부분이다.

22) 새전을 금은과 바꾸어 오라는 뜻이다. 새전을 교환하는 사례금으로 절에는 약간의 돈을 더 주고, 환전상은 이렇게 마련한 잔돈을 손님에게 교환해 주면서 수수료를 챙겨 돈을 벌곤 하였다.

23) 본문에는 우키요산쇼浮世山椒로 나와 있다. 산초가 들어간 과자인 것으로 추정되지만 정확한 것은 미상이다.

에 졸음방지 용품으로 이것을 팔게 하십시오. 그리고 동행인이 없는 사람들의 삿갓이나 지팡이·짚신 등을 설법이 끝나는 시간까지 지켜주고 대신 1문을 받게 하십시오"라고 말했다. 이렇게 어린 하인이 양자가 되니 하인들도 매일 열심히 돈벌이를 하면서 주인을 수행했다. 이 양자는 매사에 신경을 쓰면서 그 뒤로도 기발한 발상으로 사업을 했는데, 예를 들면 선착장의 뱃사공에게 편리한 목욕탕이 딸린 배를 만든다거나, 다시마를 잘게 썰어 소량판매를 하거나, 들기름을 바른 유토기油土器[24)]나 주름 종이로 만든 담배주머니를 만들어 파는 등, 다른 사람들이 생각지 못했던 장사를 해서 큰돈을 벌었다. 그리고 15년도 지나지 않아 3만 량의 부자가 되어 레이간지마靈岩島[25)]에 은거용 주택을 만들어 양부모에게 효를 다했다. 아무리 대도시 에도라고 하지만 남들 하는 것을 따라만 해서는 장자가 될 수 없는 것이다.

산몬지야三文字屋[26)]라는 사람이 오래 전에 휴대용 비옷을 처음 만들어 내 성공한 뒤 마구馬具를 사들여 장사를 크게 해 점차 집이 번창했다. 그 후 국산 견직물과 당직물을 거래하고, 모직물은 비나사緋羅紗[27)]를 100칸 길이로 쌓아 두었으며, 호랑이 가죽은 천매나 있었고, 교토에도 없는 황나사黃羅紗나 자나사紫羅紗 같은 물품도 거래를 해, 없는 것이 없는 큰 부자로 소문이 나 나카바시中橋의 아홉 개 창고라고 하면 모르는 사람이 없었다. 이러한 사람은 자수성가해 부자가 된 특별한 사람이고, 대개는 부모의 유산이 없이는 큰 부자가 될 수 없는 것이다.

교토의 무로마치에 잘 알려진 부자의 아들이 있었는데 아무런 일도

---

24) 안쪽에 역청瀝靑을 바른 기름 그릇이다. 역청은 천연으로 나는 탄화수소 화합물의 광물로 이것을 바르면 기름을 흡수하지 않아서 경제적이다.

25) 지금의 주오구中央區 신가와新川 지역을 말한다.

26) 마구馬具 제조로 성공한 에도 도오리마치 나카바시의 산몬지야 쓰네사다三文字屋常貞를 말한다.

27) 일본어로는 쇼조히猩猩緋로 표현되어 있다. 성성이의 선혈로 염색했다고 하는 속설로 인해 '성성비猩猩緋'로 불린다. 비나사는 남미산 무화과나무에 있는 나무좀벌레를 으깨 그 액즙으로 염색한 붉은 빛의 모직물이다.

하지 않고 환전상 젠고로善五郎[28] 등에게 거액의 돈을 맡겨놓고 생활을 하고 있었다. 그 이자로 매일 235돈씩 들어오는 셈이었는데 어떻게 돈을 써버렸는지 15년 사이에 재산을 모두 날려버리고 일자리를 얻으러 에도로 내려왔다. 이 남자의 재주라고 하면, 요쿄쿠謠曲는 350번[29]을 다 외우고 있고, 바둑은 명인名人에게 두 점 두고 대국하는 실력,[30] 마리蹴鞠[31]시합을 할 때는 면허증과 다름없는 보라색 하카마袴를 입었고, 요큐楊弓[32] 시합에서는 200개 중 150개 이상 명중시켜 금 간판에 들어가는 실력, 고우타小歌는 혼테本手[33]의 명인, 조루리淨瑠璃는 야마모토 가쿠다유山本角太夫[34]와 견줄 정도, 다도는 리큐利休[35]의 유파, 몬사쿠文作 짓기[36]는 가구라神樂나 간사이願西[37] 같은 내로라하는 다이코모치太鼓持들도 맨발로 도망갈 정도, 나무베개를 다루는 곡예는 이니시에 덴나이古都伝內[38]가 손뼉을 치며 감탄을 할 정도, 렌가連歌와 하이카이俳諧도 당시 유행한 단린파談林派[39]의 작풍, 향도香道[40]는 교토에서도 따라올 사람이 없을 정도였다. 사

---

28) 교토 무로마치에서 '다이묘가시大名貸し의 도매상'으로 불리었던 환전상 오구로야 젠고로大黑屋善五郎를 지칭한다. 다이묘가시란 상인이 저장미藏米를 담보로 다이묘에게 고금리 대출을 하는 것을 말한다. 젠고로는 당시 교토 내 상인들의 돈을 끌어 모아 이 같은 대출 업무를 하였다고 한다.

29) 당시의 요쿄쿠의 대부분을 외우고 있다는 의미이다.

30) 바둑 5단 정도의 실력에 해당한다.

31) 당시 공차기 놀이를 게마리蹴鞠 또는 마리鞠라고 하였는데, 실력에 따라 입는 옷의 색깔이 달랐다. 상인 신분으로서는 보라색까지 허용이 되었다.

32) 에도시대에 민간에서 유행한 놀이용의 앉은 채로 쏘는 작은 활이다. 200개 중에서 150개 이상을 적중하면 금 글씨로 적힌 간판을 들어주었다.

33) 히라노 구로에몬平野九郎右衛門의 히라쿠부시平九節 창가唱歌를 말한다.

34) 교토 조루리의 상급 예능인으로 스미다유부시角太夫節의 창시자이다.

35) 에도시대의 다인茶人으로 유명하였던 센노리큐千利休를 가리킨다. 다도의 유파 중 하나인 다도천가류茶道千家流의 완성자이다.

36) 즉흥적으로 익살스러운 문구를 만드는 놀이이다.

37) 교토의 대표적인 다이코모치의 이름이다. 주객들의 유흥을 돋구어 먹고사는 다이코모치들이 이 몬사쿠 짓기를 잘 했다.

38) 에도 사카이초에서 인기를 끌었던 곡예사 겸 배우 이니시에 덴나이古都伝內이다.

39) 마쓰오 바쇼松尾芭蕉 이전에 유행하였던 단린파談林派 작풍으로 익살스러운 멋을 띠고 있었다.

람들 앞에서 해야 할 격식 있는 인사말도 손 쉽게 해 치웠고 소장訴狀[41]도 자필로 쓰는 등, 무엇이든 못하는 것이 없었지만 정작 중요한 먹고살아 가는 법은 몰랐던 것이다. 이렇게 정처 없이 에도로 내려와 일할 곳을 찾아보았지만 "은화의 상태를 볼 줄 아는가, 주판을 잘 하는가"라는 질문에 할 말이 없으니 서럽기만 했다. 여러 잡기들도 이럴 때는 전혀 도움이 되지 않는 것이다. 어쩔 수 없이 교토로 다시 올라와 "역시 살던 곳이 좋다"며 전부터 가깝게 지냈던 친구를 의지해 요쿄쿠와 북치기[42] 강습을 하면서 겨우 한 몸을 부지하며 지냈다. 평상시에는 제대로 된 옷도 없이 어렵게 지냈는데, 정월의 마쓰바야시松囃[43] 행사 때에는 전당포에서 맡긴 옷을 찾아 입고 명절이 끝나면 다시 전당포에 맡기는 것이었다. "언제까지 이렇게 일생을 보낼 수 있을까, 사람의 몸에 병이라는 것이 찾아올지도 모르는데"라며 이 남자 역시 노후의 일을 걱정하는 것이었다. "대개 사람은 60년 정도 살아 있을 수 있지만 제대로 사람답게 사는 것은 6일도 어려운 법이다. 이 남자처럼 되지 않으려면 각자의 가업을 소홀히 해서는 안 되는 것이다"라고 어떤 장자가 말을 하는 것이었다.

---

40) 향을 피워 그 냄새를 즐기는 도락을 말한다.

41) 일정의 서식을 알지 못하면 자필로 쓰기는 어렵다.

42) 일본어로는 쓰즈미鼓라고 한다. 북과 같은 타악기 총칭이다.

43) 1월 3일부터 15일까지 단골로 드나드는 집을 방문하여 노래를 부르고 춤을 추는 행사이다.

권 6-3_ 사재기는 세상이 태평할 때

센슈泉州 사카이堺 지방에 고가타나야小刀屋[44]라는 나가사키 무역長崎貿易 상인이 있었다. 그는 매년 정월에 유언장을 쓰고[45] 40세가 되면 언제 죽어도 좋다는 각오로 정직하게 세상을 살아가 저절로 부자가 된 사람이었다.

그가 사는 사카이 항구는 부자들이 숨어사는 동네라고 할 정도로 큰 부자들이 이루 셀 수 없이 많이 살고 있고, 도대체 돈이 얼마나 많은 지도 알 수 없다. 특히 명물인 여러 도구道具[46]·당물唐物·당직唐織 등을 선조 때부터 5대에 걸쳐 사재기를 해서 안 창고에 보관하고 있는 사람도 있다. 또 간에이寛永[47] 연간부터 매년 돈을 저축하기만 할 뿐 지금까지 한 번도 지출해 본 적이 없는 사람도 있다. 또 부인이 14세에 시집올 때 가지고 왔던 지참금 50관 상자들을 개봉도 하지 않고 쌓아두었다가 딸이 시집 갈 때 그대로 들려 보냈던 사람도 있다. 다른 지방 사람들보다도 계산이 정확하면서도 안살림에 여유가 있는 것이 이 지역 풍습이다. 이런 내로라하는 부자들과 견줄 바는 아니지만 이 고장의 상인 고가타나야는 유서를 쓰기 시작했을 때 3관 500돈이었던 재산이 25년 사이에 자신의 능력 하나로 돈을 벌어 매년 유언장에 적는 재산이 늘어나, 임종 무렵에는 850관의 현금을 외아들에게 물려주었다.

이 사람이 세상 평판도 좋아지게 되고 또 부자가 된 데에는 다음과 같은 계기가 있었다. 그 무렵에 중국 배들이 나가사키에 대거 입항하는 바람에 생사나 면의 시세가 떨어진 적이 있었다. 최상품의 히린즈緋綸子[48]

---

44) 고가타나야小刀屋에 관한 설은 여러 가지가 있는데, 아직까지 확실하게 밝혀진 것은 없다.

45) 당시에는 매년 정월에 유언장을 쓰는 풍습이 있었다.

46) 유서 깊은 다구茶具를 말한다.

47) 1624년부터 1644년까지의 연호이다.

견직물 한 덩어리가 18돈 5분으로 거래되었을 정도였다.[49] 앞으로는 이렇게 싼 가격으로는 살 수 없을 것이라고 판단해 가까운 친구들에게 사정을 설명하고 한사람에게 은 5관씩 모두 열 명으로부터 50관을 빌려 이 견직물을 사 두었다. 그리고 그 다음 해에 되팔아 35관이나 벌어들였다. 그런데 이렇게 좋은 장사를 했을 때 외아들이 병에 걸려 아주 절망적인 상태가 되었다. 전 재산을 다 바쳐서라도 병을 낫게 해주려고 온 힘을 기울였지만 전혀 효험이 없었다. 애를 태우면서 탄식하고 있던 중 어떤 사람이 "떠돌이 의사[50]이기는 하지만 치료를 잘 하는 사람이 있다"고 소개해 주었다. 이 의사 덕에 위험했던 환자는 어느 정도 회복했지만 그 뒤가 뜻 같지 않았다. 그래서 가족이 모여 의논한 끝에 명의라는 의사를 불러 치료해 보았지만 오히려 급속히 상태가 나빠져 더 이상 손을 쓸 수 없을 정도가 되었다. 그러자 부부는 전에 치료를 받았던 떠돌이 의사 생각이 나서 혹시 모르니 하는 마음에, 한 번 거절했던 그 의사를 염치없기는 하지만 다시 불렀다. 이미 죽은 사람이라고 치고 다시 전에 복용했던 그 약을 먹게 했더니 반 년 정도 지나자 환자는 믿기 어려울 정도로 건강해지니 이 의사의 소문이 널리 퍼졌다.

부모로서 너무나 기쁜 나머지 의사를 소개해 준 사람의 집에 가서 "오늘은 길일이므로 은혜를 갚는 뜻으로 약값을 드리고 싶다. 이 집에서 대신 전해 주시기 바랍니다"라고 말했다. 의사를 소개했던 부부는 "우리들보고 전해달라고 하는 것을 보니 상당한 사례를 할 것 같다. 적어도 은화 5개 정도는 되겠지"라고 남편이 말하자 부인이 "아무리 그렇더라

48) 진홍색을 띤 고급 견직물이다.
49) 실의 시세가 폭락한 사례는 크게 두 번 있었다. 막부의 명령으로 나가사키항을 방문한 외국선박에 쌓인 화물을 인수하였는데, 그 이듬해인 1603년에 다시 다량의 실이 유입되면서 시세가 폭락한 것이 첫 번째 사례이다. 그리고 1653년에 막부가 다량의 실을 사들여 1655,6년 사이에 상인·포목점 등지에 구입가로 불하한 것이 두 번째 사례이다. 이 두 사례 중 하나를 가리키는 것으로 보인다.
50) 당시 의사들은 자가용 가마와 같은 교통수단으로 이동을 했는데, 이들보다 격이 떨어지는 의사는 도보로 이동하며 왕진을 했다.

도 그건 좀 과하네요. 은화 3개 정도가 아닐까요?"라며 막상 돈을 받아 보니 우선 은화 100개와 풀솜眞綿 20묶음, 한 말 들이 술통 2개와 상자에 말린 도미가 들어 있어, 뜻밖에도 엄청난 금액의 약값이었다. 의사는 여러 번 사양했으나 소개한 사람들도 같이 거들어서 결국 은화 100개를 빌려주는 형식으로 해서 이 의사에게 근사한 집을 사 주었다. 그러고 나니 이 의사도 일이 점점 많아져 얼마 안가 떠돌이가 아닌 가마를 타는 신분이 되었다. 말로 하자면 얼마 안 되는 금액일지 모르지만 40관이 안 되는 재산에서 은화 100개를 약대로 지불한 것은 사카이가 생긴 이래 상인들에게는 전례가 없었던 일이다.[51] 이러한 품성을 지녔기에 많은 돈을 벌어 가업이 더 번창할 수 있었던 것이다.

51) 40관의 재산 중 은화 100개는 약 10분의 1에 해당되는 금액이다.

권 6-4_ 재산을 불리게 했던 요도가와淀川의 옻나무

이 세상의 돈벌이는 급류에 설치된 물방아처럼 잠시도 방심해서는 안 된다.[52] 강물은 하루 밤에 75리를 흐른다고 하고[53] 그 물도 결국은 어딘가에 도착하는 것처럼 인간의 일생 또한 긴 듯해도 짧은 것이어서 얼마 안 가 얼굴에 늙음의 물결[54]이 찾아오는 것이다. 그렇게 강 물결이 출렁이는 요도淀 지방[55]에 요소에몬与三右衛門[56]이라는 사람이 있었다. 처음에는 초라하게 장사를 시작했지만 점차 행운이 찾아와 부유해졌다. 그 사연은 다음과 같은 것이었다. 어느 때인가 비가 오래 계속되던 장마철에 요도가와淀川의 긴 제방[57]에 물이 넘칠 정도로 차오르자 긴급히 북을 쳐서 마을사람들이 모여들었고, 모두들 물 빼는 작업에 달려들었다. 고바시小橋 쪽은 보통 때도 연못을 이루고 있었는데 그날은 엄청나게 물이 넘쳐 아와阿波의 나루토鳴門[58]를 눈앞에서 보고 있는 것처럼 소용돌이가 역류하고 있었다. 그 소용돌이 가운데서 작은 산더미만한 검은 물체가 쑥하고 솟아올라 강물에 떠내려갔다. 그것을 본 사람들은 손가락질하며 아마 도바鳥羽[59]의 수레를 끌던 소 일거라고 말을 했는데, 요소에몬은 소 치고는 덩치가 너무 큰 것 같아 뒤를 쫓아가 보았다. 마침 나기사渚[60]

---

52) 글의 첫머리의 묘사가 권5-2와 같다.

53) 권5-2에서도 강물은 하루 밤에 75리를 흐르는 것으로 계산된다고 하였다.

54) 나이가 들면서 얼굴에 주름이 가는 것을 뜻한다.

55) 지금의 교토시 후시미구伏見區 요도마치淀町지역이다.

56) 도요토미 히데요시・도쿠가와 이에야스 시대에 요도에 살던 조닌이었던 초대 가와무라 요소에몬河村與三右衛門을 지칭한다. 요도가와를 오가는 선박을 관리하는 임무를 수행하고 있었으나, 대를 이을 자식이 너무 어려서 일을 그만두게 되었고 그 후에는 점차 세력이 약해졌다.

57) 요도에서 후시미에 이르는 우지가와宇治川를 따라 지어진 약 4킬로미터의 제방이다.

58) 지금의 도쿠시마현德島縣 나루토해협鳴門海峽 일대를 말한다. 만조와 간조 때에 엄청난 소용돌이가 발생하는 것으로 유명하다.

59) 지금의 교토시 미나미구南區 가미토바上鳥羽・후시미구 시모토바下鳥羽에 해당하는 곳으로 소 수레에 의한 화물운송의 중심지였다.

강가의 소나무에 걸려 멈추었기에 다가가보니[61] 48개나 되는 여러 강 지류의 계곡에서 매년 떠 내려와 뭉쳐진 옻나무가지였다. 이것은 하늘이 내려 주신 것이라고 기뻐하면서 그것을 잘게 부수어서 짐배에 싣고 와 몰래 팔았더니 이 옻 뭉치가 천 관 이상이나 되어 마을에서 부자가 되었다. 이것은 자기가 머리를 써서 부자가 된 것이 아니라 운 좋게 하늘이 도와서 된 것이다. 그 뒤로는 쉽게 돈이 돈을 벌어 그 이름이 세상에 알려지게 된 것이다.

부모로부터 재산을 물려받거나, 도박으로 돈을 벌거나, 가짜 물건을 팔아먹거나, 돈이 많은 과부를 골라 데릴사위로 들어가거나, 고야산高野山의 사당건립 기금의 돈을 빌린 뒤[62] 이것을 굴려 이익을 취하거나, 사람들 모르게 천민들이 사는 에타무라[63] 마을까지 가서 머리를 숙여가며 장사를 해 돈을 버는 사람이 많이 있는데 별로 좋은 일이 아니다. 제대로 일을 해서 부자가 되는 것이 진정한 부자인 것이다. 사람이 인색하다고 해서 비웃을 일은 아니다. 그것은 각자의 생각에 달린 것이다. 손을 뻗쳐 남의 물건을 빼앗지 않더라도 도둑 심보를 지닌 무도한 사람들이 세상에 많이 섞여 살고 있다. 예를 들면 빚이 쌓여 점차 융통을 하기가 어려워지고 여러 가지로 애를 써 보지만 어쩔 수 없이 파산을 하는 경우에도 재산을 조금도 속이지 않고 상세하게 알린 뒤 파산을 하는

60) 일본어로 나기사渚는 강·바다의 물결이 밀려오는 물가 또는 둔치를 말한다. 따라서 단순히 물가를 의미하는 것으로 해석할 수도 있지만, 요도가와의 하류에 있던 나기사무라渚村를 가리킨다고 하는 의견도 있다.

61) 요쿄쿠『하고로모羽衣』, "이와 같은 소나무에 아름다운 옷이 걸려있네, 다가가보니 これなる松に美しき衣かかれり、寄りて見れば"에서 인용한 묘사이다.

62) 고야산高野山의 사당건립 기금을 저금리로 빌려 높은 이자를 붙여 대부업을 하는 것을 말한다. 당시 사원 등에서 빌려주는 돈은 막부의 보호를 받고 있었기 때문에 높은 이자를 받았다.

63) 당시 정치적인 이유로 인해 호적부에서 제외된 기피 계층이 있었는데, 가죽이나 심지 등을 만들어 파는 일을 하였으며, 그들이 사는 곳을 에타무라라고 하였다. 그러한 기피 계층에도 부유한 자가 있었는데 그들의 비위를 맞추어 돈을 빌리고 그것을 발판으로 성공한 조닌의 이야기가 당시의 문헌에 등장한다.

것이라면 채권자들은 손해를 입게 되도 그 사람을 미워하지는 않는 법이다. 그런데 요새 상인들은 분수에 맞지 않게 사치를 하고 그것도 남의 돈을 빌려 생활을 하면서 섣달그믐이 다가와 돈에 몰리면 머리를 굴려 파산을 할 계획을 세우는 것이다. 우선, 세상눈을 의식해 이웃집을 사들여 집을 넓히거나 마을 사람들을 뱃놀이에 초대하기도 하고, 처가 친척들을 초대해 거문고 타는 여자의 연주를 들려주기도 하고, 첫 수확한 송이나 고쇼御所[64] 지방의 감을 가격에 아랑곳 하지 않고 그 자리에서 싹쓸이해 버린다. 다도는 알지도 못하는 주제에 찻잎단지 뚜껑을 열기 전에[65] 다실로 통하는 노지露地도 꾸미고 하인 규시치久七[66]를 시켜 여러 날에 걸쳐 땅을 다지는 작업을 하고[67] 다실 안쪽에는 번쩍이는 금병풍을 들여놓아 사람들의 부러움을 사기도 하고, 얼마 안 있으면 팔려고 내 놓을 집을 천 년도 더 살 것처럼 우물 안쪽의 돌을 새 것으로 바꾸기도 한다. 이런 식으로 눈속임을 해 남의 돈을 빌릴 수 있을 만큼 빌려 모으고, 한편으로는 몰래 돈을 빼돌려 일생 살아가기 위한 전답을 사 두고, 게다가 아이들 양육비까지도 별도로 챙겨 두는 것이다. 그리고 파산 시에 재산 처분가격이 빚 총액의 3할 5푼 정도되게 한 뒤 재산을 채권자에게 넘겨 처분하도록 한다.[68] 채권자들도 그 청산 작업에 골머리를 앓다가 결국은 지쳐버려 그대로 처리해 버리게 되는 것이다. 파산자는 그 자리에서는 슬픈 표정을 지으며 면 옷을 걸치고 걸어 나오지만, 어느 틈엔가 그 괴로웠던 추위도 잊고 추운 바람에도 끄떡없을 정도로 고소데를 여러 겹 걸쳐 입고 "비가 오면 땅이 굳어진다"는 듯이 긴 우

64) 나라현 고쇼시御所市를 원산지로 하는 감이다. 당시 가장 맛있는 감으로 알려져 있었다.

65) 음력 10월경, 새로운 찻잎단지의 뚜껑을 열고 다도회를 개최하곤 하였다.

66) 남자 하인의 통칭이다.

67) 노지의 비석 사이 등에 물로 반죽한 흙을 깔고 나무망치로 두드려 단단히 다지는 일이다.

68) 파산 시에 채권자에게 제공하는 재산 총액을 빚의 3할 5푼 정도로 하여 실제 재산을 감추는 일. 당시는 재산이 빚의 4할이 되면 파산하는 것으로 간주하였다.

산을 받쳐 들게 하고 거드름을 피우며 대나무 지팡이를 짚고 보라색 두건을 쓴 채[69] "지금이 금화를 팔 때가 아닌가?"라고 시세를 사람들에게 묻는 것이다. 역시 이 사람은 파산했으면서도 몰래 재산을 은닉한 것이다. 참으로 무서운 세상이다. 허투루 남에게 돈을 빌려 줄 수도 없고 중매인을 통해 딸을 시집보내기도 어렵다. 아무리 조심을 해 봐도 세상이 이렇게 돌아가니 손해 볼 수밖에 없는 것이다.

예전에 오쓰大津에서 은 천 관의 빚을 진 사람이 이 지역에서 유례가 없는 일이라고 화제가 된 적이 있었는데 근년의 교토・오사카에서는 3천 5백 관, 4천 관의 빚으로 파산을 해도 그렇게 큰 액수가 아니다. 시대마다 달라져 지금은 경제 규모가 점점 커지고 있는 것이다. 이전과는 달리 세간에 유통되는 현금이 많아져 버는 것도 커졌지만 손해도 크게 보는 것이다. 그렇기에 장사가 재미있는 것은 바로 지금 이 세상이고, 동시에 세상살이에 크게 조심하지 않으면 안 되는 것이기도 하다. 어떤 장자가 "갖고 싶은 것을 사지 말고 아까운 것을 팔아라"라는 명언을 들려 준 적이 있다. 이런 마음자세로 돈을 벌고 사치를 하지 않으면 돈은 벌 수 밖에 없는 것이다. 장사하는 자는 결심을 굳게 다지고 마음을 크게 먹는 것이 중요한 것이다.

요도 사람인 요소에몬도 교토의 화려한 생활을 동경해, 요도가와淀川의 물을 끌어들여 연못을 만들고 교토에서 목수들을 여러 명 오게 해 온종일 쉬지 않고 돌아가는 물방아를 만들었다. 마치 손님을 기다리는 듯 빙글빙글 돌고 있었고,[70] 부엌에서 준비하는 밥상과 접시 소리는 멀리 후시미伏見에도 들릴 정도이고, 도미 굽는 냄새는 하시모토橋本[71]와 구즈하楠葉[72]지역까지 퍼져나갔고, 좋은 차를 마시기 위해 우지宇治[73]에

69) 이러한 모습은 편안하게 은거 생활을 하는 사람들의 용모였다.

70) 근세 초기에 유행하던 노래 "요도가와의 물레방아 누구를 기다리나 빙글빙글 돌면서淀の川瀬の水車誰をまつやらくるくると"에서 인용한 표현이다.

71) 요도로부터 3~4킬로미터 하류에 해당하는 교토부 야와타시八幡市 하시모토橋本 일대이다.

하인을 보내 사들이고, 술잔에 넘친 술이 마쓰오松尾[74]신사까지 흘러갈 정도이니, 이 집의 번창함은 언제까지나 그칠 줄 몰랐다. 그런데 어느 때인가 이와시미즈하치만구石清水八幡宮[75]의 신령 강림을 위해 안거安居의 주역이 되어 의식을 진행했다.[76] 신의 계시가 느껴지는 영험스러운 장면도 많았지만 무엇보다도 이 행사는 주인의 마음가짐이 중요해서 무슨 일이 있던 속상해하면 이 의식은 바로 소용이 없게 된다는 것이었다. 이 집이 파멸할 것이라는 계시라도 있었던 것일까, 큰 가마솥 아래에서 갈대 다발의 불길이 꺼지려고 하는데도 정원에 있던 사람들이 그저 지켜보기만 할뿐 불을 다시 지피려고 하지 않았다. 주인은 이것을 보며 아주 속상해 했는데 얼마 뒤 이 집은 망해 버려 그 이름만 지금도 유행가에 남아 있을 뿐이다.[77]

72) 하시모토로부터 2킬로미터 더 하류에 있는 오사카부 히라카타시枚方市 구즈하楠葉 지역이다.

73) 우지宇治는 차로 유명한 곳으로서, 우지바시산노마宇治橋三の間 아래를 흐르는 물이 차를 끓이는 데에 가장 좋다고 알려져 있었다.

74) 교토시 아라시야마嵐山에 있는 술의 신을 모시는 마쓰오신사松尾神社를 말한다.

75) 교토부 야와타시 야와타초 오토코야마男山에 진좌鎮座하고 있다.

76) 음력 12월 13일부터 15일까지 산 위의 신사에 머무르며 육식을 금하고 몸을 깨끗하게 하여 신에게 제사를 지내는 의식으로 이를 집행하는 자는 야와타초의 유서 있는 집안에서 3년 전부터 선정되어 음력 12월 1일부터 목욕재계하며 의식을 준비한다.

77) 앞의 주에 나오는 요도가와의 유행가 속에 같이 남아 있다는 뜻이다.

권 6-5_ 지혜를 달아보는 88세의 평미레

이 세상이 얼마나 넓은 곳인지 지금 새삼 절감하게 된다.[78] 장사꾼들은 늘 경기가 나쁘다고 불평하는데 이는 45년 전[79]부터 매년 줄곧 들어온 말이다. 그렇지만 세상 살기가 어렵다고 해도 무일푼으로 장사를 시작해 훌륭하게 성공한 사람도 얼마든지 있다. 그런가 하면 쌀 한 석이 은 14돈 5분으로 시세가 떨어져도 역시 거지는 있기 마련이다.[80] 곰곰이 사람들 사는 모습을 지켜보면, 어느 집이나 제각기 여러 살림도구들을 장만하고 있는데 옛날에 비하면 역시 물자가 풍부해졌다. 물론 그 중에는 가산을 탕진한 사람도 있지만 집을 장만하고 잘 지내는 사람들이 훨씬 많다. 이 사실은 교토만이 아니고 에도, 오사카의 변두리, 공터나 들판까지 조금도 빈 터가 없이 인가가 들어차 있는 것으로도 알 수 있다. 무엇을 해서 먹고 살고 있는 지 알 수 없지만 어쨌든 3~5명의 아이들에게 솜이 들어간 정월 옷을 입히고, 본盆에는 유카타를 입혀 춤추게 하고, 사슴 털 무늬로 염색한 오비帶[81]를 매어 주는 광경은 보기에도 아주 정겹다. 주인은 두레박줄을 만들거나 애들 상대로 하는 개구쟁이용 바람개비를 만드는 등 온 종일 일을 해 겨우 37,8문에서 45,6문 많아도 50문 정도로 4,5명의 식구가 먹고 살지만, 아무도 어려운 지 모르고 지내는 것은 모두 부인이 일을 하기 때문이다. 같은 5인 가족 중에서도 하루 생활비가 은 3돈 5분씩 드는 집이 있는 가하면 6돈씩 들어가는 집도 있다. 세대

---

78) 작가 사이카쿠가 자주 사용하는 언설 중의 하나이다.

79) 본 작품이 간행된 1688년부터 45년 전이면 1643년이 된다. 집필 당시라고 추정하여도 그보다 1,2년 가량 앞선 해라고 생각할 수 있다.

80) 1596년경으로 추정된다. 사이카쿠의 다른 작품 『신요시와라쓰네즈네구사新吉原常々草』 상권과 『사이카쿠오키미야게西鶴置土産』 권4-1에도 이 시절에 관한 언급이 나온다. 본 작품의 출간 당시의 쌀 시세는 한 섬에 60돈 정도 하였다.

81) 당시 젊은 여성들 사이에서는 오비의 끝만 털 무늬로 염색을 하여 뒤로 묶는 것이 유행하였다.

의 살림은 집집마다 다른 것이다. 사람들이 살아가는 모습은 여러 가지로 변해가고 있다. 부부가 맞벌이를 해도 살기 어려운 집이 있고, 혼자서 벌어도 많은 식구들을 먹여 살리는 집도 있는데, 후자야말로 조닌町人으로서 제대로 성공을 한 셈인데[82] 요컨대 본인이 총명했기 때문이다.

모든 인간은 누구나 눈과 귀가 있고 수족도 달려 있어 그 점에서는 다를 바 없지만 고귀한 사람들,[83] 또는 여러 분야의 예능인[84]들은 별도로 치고, 보통 조닌은 돈을 많이 소유해야 세상에 이름을 남기는 것이다. 그러하니 상인이 젊을 때부터 돈을 벌어 부자의 이름을 세상에 남기지 못한다면 유감천만한 일이라 할 수 있다. 집안이나 혈통에 관계없이 상인에게는 오로지 금은이 가계도가 되는 것이다.[85] 설사 대직관大織冠 가마타리鎌足[86] 공의 혈통을 잇고 있다고 해도 시중의 상인 동네에서 가난하게 살고 있다면 원숭이곡예로 먹고 사는 처지보다도 못한 것이다. 어쨌든 조닌은 큰 행복을 빌면서 장자가 되는 것이 가장 기본인 것이다. 부자가 되려면 마음을 산처럼 크게 갖고 좋은 하인을 데리고 있는 것이 무엇보다 중요하다. 오사카에서도 에도에 판매할 술을 주조해서 그 일족이 크게 번창하는 사람도 있다.[87] 또 광산에 손을 대 벼락부자가 된 사람도 있다.[88] 요시노吉野산 옻 장사를 해서 사람들 모르게 큰

---

82) 권4－1에도 조닌의 출세에 관한 언급이 나온다.

83) 황족 · 공경 · 쇼군 · 다이묘 등 귀한 신분의 사람들을 말한다.

84) 렌가連歌 · 노能 · 시문詩文 · 다도茶の湯 · 하이카이俳諧 등의 예능을 전문으로 하는 사람들이다.

85) 금은을 얼마나 소유하고 있는가에 따라 조닌의 신분이 결정되었다는 의미이다. 근세시대의 조닌들은 성씨는 아무런 문제가 되지 않았고, 금은을 얼마나 지니고 있는지에 따라서 신분이 정해지곤 하였다.

86) 대직관大織冠은 647년에 정해진 일본 최고의 위계로서 훗날의 정일품에 해당되는 지위인데, 이 벼슬을 한 유일한 인물이 바로 후지와라노 가마타리藤原鎌足였다.

87) 주조업酒造業을 발전시킨 고노이케鴻池 씨를 지칭한다. 1599~1600년경에 에도로 청주清酒 보내기 시작하면서 큰 성공을 거두게 된다.

88) 근세 초기에 광산개발은 많이 이루어졌으나, 여기서는 1673~1681년경에 스미토모住友 집안의 3대 도모노부友信가 갑자기 성공한 사례를 말한다.

돈을 모은 사람이 있는가 하면[89] 소형 쾌속선을 만들어내고 선박도매상을 해 이름을 날린 사람도 있다.[90] 집을 담보로 잡고 돈을 빌려주어 부자가 된 사람도 있다.[91] 이들은 근년의 벼락부자들로 최근 30년간의 성공담들이다.[92]

주택지로서 교토·에도·오사카의 세 도시만큼 좋은 곳은 따로 없다. 먼 지방에도 부자는 많이 있지만 대부분 잘 알려지지 않은 사람들이다. 대개 도시의 장자들은 금은 외에 세상의 보물이라고 할 만한 여러 도구들을 집안에서 대대로 물려오고 있다. 가메야龜屋[93]라는 집의 차 도구 하나를 이토야糸屋[94]라는 사람이 은 300관에 사들인 적이 있다. 20만 량이나 되는 부채를 연부로 반제하는 환전상도 있다. 어쨌든 도시사람들이 하는 일은 통이 커서 시골사람들이 따라하기가 어렵다. 오래된 장자가 망하는가 하면 새로운 장자들이 이곳저곳에서 나타나 도시는 점차 번창해 간다.

그렇지만 사람은 건강하면서 자기 분수에 맞게 세상을 살아가는 것이 큰 부자가 되는 것보다 좋은 것이다. 집이 번창해도 대를 이을 자식이 없다거나 부부가 헤어지게 되면 만사가 잘 안 풀리게 되는 데 이런 것이 세상사이다.

교토의 기타야마北山[95] 지역에 세 부부 가족[96]으로 사람들에게 알려

---

89) 오사카에서 옻 장사를 하던 요시노야 니자에몬吉野屋仁左衛門을 가리키는 것으로 보인다.

90) 오사카에서 선박 도매상을 하던 이즈미야 헤에몬泉屋平右衛門은 쌀 200~400석까지 실을 수 있는 소형 쾌속선으로 술·간장·솜 등을 에도로 나르는 사업을 하였다.

91) 실존인물에 대해서는 알려진 바 없으나, 집을 담보로 돈을 빌려주는 것은 당시 가장 안전하고도 많은 이득을 챙길 수 있는 대출 방식으로 여겨졌다.

92) 오사카가 경제적으로 고도성장을 하는 1658년경을 말하는 것으로, 이 시기에 신흥 조닌 계층이 형성되었다.

93) 교토에서 활동한 행정 우두머리로서, 외국에서 구입한 실을 구입한다거나 막부의 포목점이었던 가메야 에닌龜屋榮任을 가리킨다. 그가 가지고 있던 차 도구는 미소야가타쓰키味噌屋肩衝 또는 에닌가타쓰키榮任肩衝라는 별칭이 있을 정도로 명물이었다.

94) 교토 가라스마烏丸 3조三條의 이토야 주에몬糸屋十右衛門. 미소야가타쓰키를 금 천 량을 주고 구입하고자 한 것으로 유명하다.

95) 기누가사야마衣笠山·다카가미네鷹ヶ峯로부터 가미가모上賀茂에 이르는 산이 있는

져 누구나 부러워했던 집이 있었다. 무엇보다도 조부모가 건강했고, 자식이 신부를 맞게 되고, 다시 손자가 어른이 되어 신부를 맞게 되니 한 집에 세 부부가 지내게 되었다. 더구나 내외가 모두 소꿉친구 사이였기에 세상에 그 예를 찾아볼 수 없을 정도로 행복한 일가였다. 영감님이 88세, 그 부인이 81세, 아들은 57세, 그 부인은 49세, 손자는 26세, 그 부인은 18세였다. 일생 병이라는 건 앓아본 적이 없고 무엇보다도 모두 화목하게 지냈다. 게다가 살림살이도 농민들이라면 누구나 바라는 대로, 소와 말이 있고, 남녀 하인들을 옆 건물에서 나란히 살게 했다. 이제는 연공미도 거의 없는 세상이기에 생활 만사가 뜻대로 이루어졌고 신불을 잘 섬겼다. 점차 그 덕이 쌓여 88세가 되던 연초에 누군가의 제의로 됫박에 쌓인 쌀을 평미레로 깎아내리는 미수 잔치를 벌였다. 이 경하스러운 일이 알려지자 교토의 상인들 누구나 할 것 없이 하늘로 곧게 솟아있는 울창한 대나무 숲을 베어버릴 정도의 간절한 마음으로 이 행사의 평미레를 갖고 싶어 했다. 이 평미레로 곡식을 깎아내리는 행사를 하면 장사에 행운이 찾아온다고 알려져 점점 더 유행하게 되었다. 세 부부의 평미레로 가마니에 들어있는 곡물의 무게를 재게 되면 뜻밖의 행운이 찾아온다는 것이었다. 가미교上京[97]의 어떤 장자가 이 평미레로 백금의 무게를 잰 뒤 3인의 자식들에게 물려주었다고 한다. 금은은 있는 곳에만 있는 법이다.

그렇기에 앞에서 적은 여러 이야기[98]를 전해 듣고 일본대복장日本大福帳[99]에 적어두어 앞으로 길이길이 이것을 보는 사람들에게 도움이 되기

곳이다.

96) 일본어로는 미묘토三夫婦라고 한다.

97) 교토 북부의 고쇼御所를 중심으로 하는 지역으로 귀족들이 많이 살았다.

98) 이 작품에 포함되어 있는 30개의 치부, 몰락담 전체를 말한다.

99) 대복장大福帳은 금전출납부를 말한다. 상인들의 치부출세와 실패영락의 이야기를 실은 책을 『니혼다이후쿠초日本大福帳』라는 이름으로 나타낸 것이다. 아울러 『일본日本』은 그 뒤에 『영대장永代藏』과 서로 대응하여 이 책의 제목을 암시하고 있다.

를 바라는 마음으로 이 책 제목을 『영대장永代藏』[100]이라고 붙인 것이다. 태평성대의 이 나라에 부는 바람도 잠잠하기만 하니 경하스럽기만 하도다.

100) 일본어로는 에이다이쿠라이다. '물건을 영구히 보존할 수 있는 창고'라는 뜻을 지닌 이 책의 작품명이다. 작가 사이카쿠가 치부담의 집필의도를 형식적으로 작품 말미에서 밝히고 있다.

해제解題

1. 작가 이하라 사이카쿠井原西鶴에 관해

이하라 사이카쿠井原西鶴(이하 사이카쿠로 줄임)는 일본 근세소설 작가 중 문학사적으로 가장 비중 있는 작가로 자리매김 되어 있는 문인이다. 그는 일생 일본 근세기의 주요 시 장르였던 하이카이俳諧의 창작자인 하이카이시俳諧師를 자처했었고, 『호색일대남好色一代男』으로 시작된 일련의 소설이 창작 초기에는 근세의 시인으로서 일종의 여기余技에 가까운 발상과 방식으로 창작되었음에도 근세소설사의 큰 획을 긋는 새로운 장르浮世草子의 효시가 되었으며 바로 이 점이 사이카쿠 우키요조시浮世草子의 문예적 특질 중의 하나라고 말할 수 있다. 다시 말해 사이카쿠의 소설은 하이카이俳諧라는 시 형식에 다 담아낼 수 없는 당대 현실의 제상諸相에 관한 사실적이고 산문적인 풍자였다고 말할 수 있다. 이는 고전문학의

미의식적 핵심 축인 아雅와 속俗의 조화를 일본의 근세적 현실에 수렴시키려고 하는 작가의 문제제기의 구현具現에 다름 아니며, 전통적 문예관에 대한 작가의 새로운 문제제기의 일환이었다고 할 수 있을 것이다.

사이카쿠(1642~1693)의 본명은 히라야마 도고平山藤五이고, 호는 작품 활동 초기에는 가쿠에이鶴永이었으나, 후에 사이카쿠西鶴와 사이호西鵬 등의 호도 같이 사용했다. 사이카쿠는 오사카大阪의 부유한 상인의 아들로 태어나, 15세경부터 하이카이를 익혀 21세경에는 이미 하이카이의 덴자点者 즉 평자評者가 되었던 것으로 추정되고 있다. 그의 하이카이俳諧 작풍은 처음에는 교토를 중심으로 한 마쓰나가 데이토쿠松永貞德 하이단俳壇 계열의 흐름에 속해 있었지만, 이후 단린하이카이談林俳諧의 중심이었던 니시야마 소인西山宗因과 가까워져 1670년대에는 단린풍談林風으로 변모해 갔다. 특히 자파의 신풍을 고취하는 『이쿠타마만구生玉萬句』(1673년) 이후, 그 화려한 활동에 의해 단린하이카이談林俳諧의 대표적 존재로 주목받았다. 1675년에는 망처亡妻의 추모를 위해 하루 만에 일천구를 완성해 『하이카이독음일일천구俳諧獨吟一日千句』를 간행하는 개성적인 면모를 보였고, 이후 그의 하이카이시俳諧師로서의 활동은 정해진 시간에 많은 하이쿠를 짓는 것을 주안으로 하는 야카즈하이카이矢數俳諧 등을 중심으로 더욱 본격화되어 갔다.

그러던 중, 하이카이 창작 작업 중의 와중에 집필한 그의 첫 소설작품인 『호색일대남好色一代男』(1682년)이 크게 호평을 받자, 그는 하이카이시俳諧師를 자처하면서도 동시에 소설작가로서 41세가 넘은 나이에 많은 산문작품을 만들어내게 된다.

『호색일대남』은 주인공 요노스케世之介의 일대기의 형식을 취하면서 그의 호색 편력을 중심으로 17세기 일본의 세속적 현실인 부세浮世의 모습과 당대인들의 심적 세계를 사실적으로 그린 작품으로, 이 작품에서 나타나고 있는 사이카쿠의 청신한 발상과 문체는 그 이전의 가나조시仮名草子를 뛰어넘어 현대의 풍속소설의 성격을 지니는 이른바 우키요조시浮世草子라는 새로운 장르의 영역을 확립하는 것이었다.

그 후 『제염대감諸艶大鑑』, 『호색오인녀好色五人女』, 『호색일대녀好色一代女』 등과 같은 이른바 호색물好色物 계통의 일련의 소설을 발표하여 상인들의 향락생활을 둘러싼 여러 모습들, 여성들의 성이나 풍속에 관련된 다양한 소재 등을 뛰어난 수법으로 묘파함으로써 인간의 성性의 문제를 본격적으로 소설의 주제로 설정할 수 있었음은 주목할 만 하다. 이어서 『사이카쿠제국화西鶴諸國話』, 『회연懷硯』 등의 작품에서는 여러 지방의 기담과 진기한 사건 등을 통해 당대 민중들의 다양한 관심과 흥미에 부응하는 작품을 만들어냈다. 또한 『본조이십불효本朝二十不孝』라는 작품에서는 20개의 불효담을 통해 인간에게 효란 어떤 의미를 지니는가라는 본원적인 문제를 허구의 세계를 통해 날카롭게 제시하고 있다. 즉, 불효가 일상적으로 저질러지고 있는 당대 일본의 현실을 직시하면서 효가 지닌 당위적이고 도덕적인 측면을 넘어서는 곳에서 존재하는 인간 실존의 문제로서의 불효의 문제를 다루고 있음은 의미심장하다고 할 수 있을 것이다. 『남색대감男色大鑑』에서는 당시 유행하고 있던 당대인들의 남색행위의 이면의 세계가 사이카쿠 특유의 문체를 통해 그려지고 있다.

무가武家의 복수나 의리의 문제가 주제로 다루어지고 있는 『무도전래기武道伝來記』와 『무가의리모노가타리武家義理物語』에서는 상인 출신의 작가로서 당대의 현실 안에서 무가를 바라보는 시각이 사실적으로 담겨져 있다.

사이카쿠는 1688년에 이르러 일본 최초의 경제소설이라고 할 수 있는 『일본영대장日本永代藏』을 발표한다. 주로 상인들의 경제생활을 주제로 하는 이른바 조닌물町人物의 첫 작품인 것이다. 이후에는 사후 간행된 『사이카쿠오리도메西鶴織留』를 비롯하여 본격 서간체 소설인 『요로즈노후미호구萬の文反古』를 집필하였고, 섣달 그믐날을 작품의 시간적 배경으로 설정하고 이를 통해 중,하류층 상인의 생활상을 집단적 묘사의 형식으로 창작한 『세켄무네잔요世間胸算用』와 상인의 향락생활의 끝을 그린『사이카쿠오키미야게西鶴置土産』 등의 작품을 집필했다.

사이카쿠는 1693년 8월 10일, 「부세라는 달맞이 구경을 하고 지낸 마지막 2년浮世の月見過しにけり末二年」이라는 사세辭世의 구를 남기고 52세로 생을 마감하였다.

사이카쿠의 연보로서는 노마 고신野間光辰 『사이카쿠연보고증西鶴年譜考証』(中央公論社 1952년, 1983년에 증보판 간행) 등이 있고, 영인본은 『近世文學資料類從西鶴編』(勉誠社)에 대부분의 사이카쿠 작품이 수록되어 있다. 또한, 『사이카쿠제국화西鶴諸國話』는 희서복제회본稀書複製會本과 고전문고古典文庫로 나와 있고, 『회연懷硯』은 稀書複製會本으로 나와 있다.

서지는 天理図書館編 『西鶴』 해설과 『定本西鶴全集』, 『近世文學資料類從』 등의 각권 해제에도 상세하게 제시되어 있다.

번각본 중 가장 신뢰가 높은 정본으로 인정을 받는 것은 『定本西鶴全集』(暉峻康隆・野間光辰 中央公論社 1949~1975년) 전 14권 15책이다. 본 번역본의 번각본도 이것을 사용했다.

주석 및 현대어역본은 다음 9권이 대표적이라고 할 수 있고, 본 번역본 작업에 참고문헌으로 활용했다.

『西鶴名作集』(評釋江戶文學叢書 第一卷), 講談社, 1935.

定本『定本西鶴全集』 7 頭註, 中央公論社, 1950.

『日本永代藏』, 岩波文庫, 1956.

『西鶴集』 下(日本古典文學大系), 岩波書店, 1960.

『新注日本永代藏』, 前田金五郎, 大修館書店, 1968.

『井原西鶴集』 三(日本古典文學全集), 小學館, 1972.

『日本永代藏』(新潮日本古典集成), 新潮社, 1977.

新編 『井原西鶴集』 三(日本古典文學全集), 小學館, 1996.

『現代語譯西鶴全集』, 小學館, 1977.

2. 작품 『일본영대장日本永代藏』에 관해

사이카쿠의 우키요조시浮世草子는 호색물好色物, 무가물武家物, 조닌물町人物 및 기타 등으로 분류되는 것이 일반적인데 『일본영대장日本永代藏』은 조닌물町人物의 첫 작품으로서, 문학작품의 주제로서 다루기 어려운 금전 즉 경제현실과 인간의 물욕物慾의 문제를 주제로 다루는데 성공했다는 점에서 사이카쿠의 소설 중에서도 가장 높은 평가를 받고 있는 작품이다.

6권卷 6책冊의 형태로 출간되었고, 부제는 『대복신장자교大福新長者教』이며 내제內題는 「본조영대장本朝永代藏」으로 되어 있다. 1688년 오사카大阪의 森田庄太郎, 교토京의 金屋長兵衛, 江戶의 西村梅風軒에서 간행되었다. 각권 5장章, 6권卷의 30개 단편소설로 이루어진 이 작품은 부제 '大福新長者教'에서도 알 수 있듯이 치부도致富道를 언설하는 교훈적 실용서의 포즈를 통해 선행 가나조시假名草子의 형식을 수용하고 있지만, 입신출세담立身出世談이나 파멸담破滅談을 통해 금은만능의 조닌사회町人社會의 여러 모습들을 날카롭게 묘사하는 데 성공함으로써 선행 가나조시의 치부담과는 그 문예적 내실內實을 전혀 달리하는 새로운 장르인 우키요조시浮世草子라고 할 수 있다.

사이카쿠가 처음으로 우키요조시를 창작했던 17세기 후반의 근세 일본은 일본경제사에서 획기적인 고도성장을 기록했던 시대였다. 근세 전기에 그 조짐을 보이기 시작했던 일본의 이른바 상업자본주의적 토대는 17세기 중반에 비약적으로 성장하였고 17세기 후반에는 고도성장의 정점에 달했었음은 그간의 일본경제사 연구에서 잘 밝혀져 있다. 그리고 동시에 이 시기는 사이카쿠의 문학 활동의 거점이었던 오사카가 명실 공히 근세일본의 천하의 부엌天下の台所으로서 일본의 도시 경제 가운데서도 부동不動의 지위를 확립했던 시기이기도 했다. 오사카 이전의 경

제활동의 거점도시였던 교토京都는 막부幕府와 가까웠던 문벌적門閥的 특권상인인 어용상인御用商人, 또는 귀족을 대상으로 하는 고급 의료품이나 고가의 공예품이 중심이었기 때문에 상권이 제한적일 수밖에 없었고 쇄국령이 발효된 이후로는 경제적 활력을 더욱 잃어갔다. 이에 비해 오사카는 특권상인이 없었던 것은 아니지만 그보다는 지속적으로 증대되는 농촌의 생산물과 도시를 근간으로 하는 수공업과 연계하여 대량의 일상 생활용품의 물류物流의 거점이 되기 시작했고 17세기 초반에 들어서면 전반적인 생활수준의 향상과 더불어 오사카의 도시경제적 기능은 교토를 압도해 갔다. 이러한 오사카 도시권(교토와 나라를 포함)의 경제영역에서 도시민중을 상대로 성공한 많은 신흥상인들이 등장하게 되었고 그들은 정치도시 에도江戸로까지 활동범위를 확대해 갔으며 근세후기에는 근세일본의 도시경제의 중심은 다시 오사카에서 에도로 바뀌게 되었던 바, 일본경제사에서는 이들 신흥상인들을 전대前代의 이른바 기생적寄生的 특권상인에 대해 '혼초닌本町人'이라고 지칭하고 있다. 그리고 근세일본 또한 같은 시기의 조선과 마찬가지로 주자학적인 신분질서로서 사농공상을 내세우고 있었지만 실제적으로 상인계급이 사 즉 무사武士의 다음의 위치로 자리 잡을 수 있게 된 요인 중의 하나로서 바로 이러한 '혼초닌'들의 경제적 활동이 있었음은 물론이다.

『일본영대장日本永代藏』의 창작동기와 배경은 앞에서 언급한 근세일본의 사회경제사적인 현실에서 출발한 것이며, 이 작품의 많은 주인공들 중 상당수는 바로 '혼초닌'이었다고 할 수 있다. 이른바 서구시민 사회의 부르주아지에 가까운 인물들이 작품의 주인공으로 등장하게 된 것이다. 사이카쿠의 많은 우키요조시 중 이 작품이 가장 많이 판매된 베스트셀러가 된 것 또한 앞의 사실과 무관치 않다.

또한 이상과 같은 근세일본의 사회경제사적인 측면 외에 『일본영대장』이 일본 근세소설사에서 그 유례를 보기 어려울 정도로 대량 유포될 수 있었던 문학내적 배경에는 다음과 같은 점이 지적될 수 있을 것이다.

첫째, 작가 사이카쿠가 자주 사용하던 제국화적諸國話的 양식樣式 즉 여러 지방의 이야기를 동시에 다루는 창작수법의 완성을 이 작품에서 찾아볼 수 있다는 것이다. 에도의 치부담에서 시작해 교토의 치부담으로 끝나는 전 30편의 단편소설군短篇小說群은 긴키近畿 지역에서부터 멀리는 에치젠越前, 미마사카美作, 스루가駿河, 히타치常陸, 분고豊後, 히젠肥前 등의 여러 지역을 제재題材로 다루고 있다. 또한 단순히 전국 각지의 진기하거나 기이한 이야기들을 독자들에게 제공하려는 지리적 흥미에만 의존하는 것이 아니라 중앙과 지방의 멀리 떨어진 지역의 경제상황을 서로 관련시켜 한편의 작품에 공간적인 내용의 폭을 부여하는 새로운 창작방법이 시도되고 있으며 이 점이 작품의 성공으로 이어진 것이라 볼 수 있을 것이다. 본 번역본 안에 포함되어 있는 첫 번째 단편소설 권 1-1(첫 午日날 말 타고 오는 행운)에서는 에도의 해운금융업자의 치부담을 다루고 있는데 그 계기가 된 것이 센슈泉州 지방의 미즈마데라水間寺의 관음참배를 둘러싼 고리대금高利貸金이었고, 이 양 지역을 도카이도東海道의 마상수송馬上輸送의 취향으로 연결시켜 작품을 완성시키는 것이 바로 이러한 창작방법의 전형적인 예라고 할 수 있다.

둘째, 이 작품은 모델소설로서의 독창성을 갖추고 있다는 점이다. 이미 선행 연구자들에 의해 지적된 것만으로도 에도의 三井八郎右衛門(현재의 미쓰코시백화점), 센슈泉州의 唐金屋, 교토의 藤屋市兵衛 등, 17세기 중반기에 활약했던 신흥조닌新興町人의 군상群像이 실존인물들의 에피소드와 오버랩 되면서 허구로서의 모델소설의 새로운 창작기법이 생생하게 제시되고 있는 것이다.

따라서 『일본영대장日本永代藏』에 관해 다음과 같이 정리할 수 있을 것이다.

1. 사이카쿠는 근세소설 작가 중에서 문학사적으로 가장 비중 있는 작가라는 점.

2. 하이카이시俳諧師였던 사이카쿠가 시도했던 우키요조시浮世草子는 선행 소설인 가나조시와는 그 문예적 내실을 달리 하는 새로운 장르라는 점.
3. 사이카쿠는 출판사書肆와 독자를 의식하며 소설 창작을 함으로써 일본문학사에서 최초로 문예대중화의 길을 연 작가라는 점.
4. 『일본영대장日本永代藏』은 문학작품의 주제로서 다루기 어려운 금전 즉 경제현실과 인간의 물욕物慾의 문제를 주제로 다루는데 성공함으로써 그의 소설 중에서 가장 높은 평가를 받고 있는 일본 최초의 본격 경제 소설이라는 점.
5. 이 작품 창작의 배경에는 근세일본의 독특한 사회경제사적인 현실 즉 신흥 상인들의 형성과 성장에 대한 날카로운 작가적 관찰이 존재하며 17세기의 일본적 상업자본주의의 현실이 사실적으로 묘사되고 있다는 점.
6. 기존 선행 가나조시 등에서는 찾아볼 수 없는 기발하고 참신한 창작 방법을 통해 새롭게 등장하는 많은 독자층(신흥 시민층)들을 확보했다는 점 등이다.

그리고 이하 영인본, 번각, 연구사전망, 참고문헌 등은 주로 『近世文學研究事典』(櫻楓社, 1986년)과 『日本古典文學大辭典』(岩波書店, 1983년)의 『日本永代藏』 항목을 참고로 해서 정리했다.

영인본

『日本永代藏』, 고전문고古典文庫, 1956
『日本永代藏』, 田中伸 櫻楓社, 1966.
『日本永代藏』(近世文學資料類從), 吉田幸一 勉誠社, 1976.

번각

『西鶴名作集』下(日本名著全集), 山口剛 同刊行會, 1931.
『定本西鶴全集』7, 暉峻康隆 中央公論社, 1950.
『日本永代藏』(東明雅), 岩波文庫, 1956.
『西鶴集』下(日本古典文學大系), 野間光辰 岩波書店, 1960.
『日本永代藏』, 暉峻康隆 角川文庫, 1967.
『新注日本永代藏』, 前田金五郎 大修館書店, 1968.
『井原西鶴集』3(日本古典文學全集), 谷脇理史 小學館, 1972.
『對譯西鶴全集』12, 麻生磯次・富士昭雄 明治書院, 1975.
『日本永代藏』(新潮日本古典集成), 村田穆, 新潮社, 1977.
『日本永代藏』(日本の古典), 谷脇理史 小學館, 1983. 등

서지사항

1688년 정월에 간행. 6권 6책. 각권 5장 전 30작품. 겉 표제『日本永代藏 大福新長者教』. 목록제목「日本永代藏」. 목록에 그림모양 있음. 내제「本朝永代藏」(권1만). 주제柱題「大福新長者教」. 각 장에 양면 내지 반면의 삽화(양면 21면, 반 장 10면. 4분의 1만 양면과 반 장). 그림 吉田半兵衛風. 간기刊記「貞享5 戊辰年 正月 吉日 / 京 / 江戸 / 書林 / 二條通麩屋町 / 金屋長兵衛 / 神田新革屋町 / 西村梅風軒 / 大坂　書肆 / 北御堂前 / 森田庄太郎刊板」.

본 책은 1627년에 간행된『장자교長者教』를 의식하고 있음. 작품의 배경이 되고 있는 곳은 북쪽지방인 出羽에서 남쪽지방인 豊後까지 17개 지역이 등장하고 있어서 거의 일본의 주요지역이 망라되고 있음.

본 책의 판 계통은 크게 원판계原版系와 이판계異版系로 이분된다. 원

판계에서는 첫머리에 기술한 京都金屋・江戸西村・大阪森田의 3도판都版이 초판. 위의 책에서 江戸 西村을 제외한 2都版이 재판임. 그 2都版을 다시 인쇄한 北田清左衛門판이 3판, 2都版을 재차 인쇄하여 서명을 『大福新長者鑑』으로 개제한 文榮堂판이 4판, 文榮堂에서 재인쇄하여 서명을 『日本永代藏』으로 한 뒤 大阪河内屋茂兵衛 등 11서점이 연서한 판이 5판이다. 한편 이판계는 구성을 지역별로 개편하여 판을 다시 새긴 책임. 위에 기술한 西澤판을 재인쇄한 柏原屋左兵衛판, 같은 柏原屋판이면서 같은 서점의 소장 목록을 붙인 後印판, 나아가서는 지역을 재편한 無刊記 판본이 있다. 그러나 이상의 여러 판의 대부분이 중판되고 있어, 이 책의 수요가 상당히 많았음을 말해 주고 있다(近世文學資料類從所收의 吉田幸一「解題」참조).

또 이 작품의 성립경위와 시기에 관해서도 논의가 활발하게 진행되어 왔다. 데루오카 야스타카暉峻康隆는 본 책이 간행되기 1년 전에 간행된 役者評判記『野郎立役舞台大鏡』의 권말에「永代藏」의 이름이 이미 나와 있음을 근거로 이 작품은 1686년 이전에 초고가 완성되어 교토와 오사카의 문인들 사이에 회람되고 있었으며, 현행본의 권1~4가 초고이고 권5,6이 판이 간행되기 직전인 1687년 말에 쓰여 진 것으로 추정했다. 이와 같은 데루오카의 2단계 성립설은 다니와키 마사치카谷脇理史에 의해 새롭게 서지상의 차이로 인해 지지를 받음으로써, 현재는 거의 정설화 되고 있다. 또한 작품내용의 충실도에서 권5,6이 초고에 가깝고 1~4가 퇴고를 거친 것이라는 다니와키설谷脇說이 거의 정설로 인정되고 있다.

연구사・전망

작품의 성립론을 둘러싸고 서로 대립하는 견해가 있다. 앞에서 언급한 바와 같이 데루오카 야스타카暉峻康隆의「日本永代藏의 성립에 관해」라는 논문에서 데루오카는 評判記『野郎立役舞台大鏡』의 기사에 주목,『永代藏』에 초고가 있고, 1686년 봄무렵에 일단 완성하여 동료들에게 보여주었다고 했다. 이 설은「永代藏二分說」로 발전하여 권1~4야말로 초고이고, 5,6권은 출판할 때에 추가된 것이라는 설을 전개하였다. 데루오카의 二分說은 무네마사 이사오宗政五十緖의「西鶴後期諸作品成立考」라는 논문을 통해 지지를 받았다. 한편, 다니와키 마사치카谷脇理史는「日本永代藏成의 一試論」에서 데루오카와 같이 二分說을 제기하면서도「日本永代藏 초고의 문제」 및 그에 이어지는 여러 논고에서 데루오카와는 반대로 초고를 권5,6이라고 하였고 집필 시기를 1686년 후반기로 하는 등 다른 견해를 제시했다. 이러한 다니와키 설은 후에「1686년의 西鶴」라는 논문으로 이어지면서 이 해의 후반기를 '사이카쿠의 작가로서의 전환적 모색'이라는 중요한 시점으로 삼고, 풍속이나 인심에의 인식 확대의 욕구라는 관점에서『永代藏』의 창작 의도를 밝혀내고자 했다. 한편 데루오카는「日本永代藏에 있어서의 사상의 변모」에서 다니와키론에 반론을 제기함과 동시에, 상인 작가 사이카쿠의 사상적 변모를 인정해야 한다고 주장했다.

부록

작가 사이카쿠西鶴 연보

1642년 : 오사카大阪에서 출생. 사이카쿠의 출생연도는 그의 사망연도에서 나이로 추정하여 밝혀진 것임. 본명은 平山藤五로 알려져 있고 그의 집안 등에 관한 자료는 현재까지 발견되고 있지 않음.

1656년(15세) : 1681년 간행된 『西鶴大矢數』에 밝힌 내용으로 미루어 보아 15세부터 하이카이를 시작한 것으로 보임.

1666년(25세) : 『遠近集』(西村長愛子編) 간행. 가쿠에이鶴永라는 그의 첫 번째 호로 3수가 실림. 현존하는 작품 자료 중 최초의 자료임.

1671년(30세) : 3월 간행된 以仙編 『落花集』에 「長持へ春ぞくれ行く更衣」라는 1수가 들어감.

1673년(32세) : 1월, 「餅花や柳はみどり花の春」라는 歲旦吟을 읊음.
3월, 大阪 生玉神社의 南坊에서 12일간에 걸쳐 萬句俳諧를 개최하고 6월 28일에 『生玉萬句』라는 제목으로 간행. 최초의 선집選集으로 추정되며 자신의 신풍新風을 서문에서 강조함.

9월, 『哥仙大坂俳諧師』라는 初選本을 간행, 10월에 개편하여 간행. 「長持に春ぞくれ行く更衣」라는 시구와 자화상을 실음.

겨울, 호를 가쿠에이鶴永를 사이카쿠西鶴로 바꿈. 스승 西山宗因의 호 西翁에서 西를 받은 것임.

1674년(33세) : 1월, 表紙屋庄兵衛板 『歲旦發句集』에 「俳諧で申すや慮外御代の春」라는 歲旦吟을 싣고, 西鶴이라고 서명함.

5월 중순 성립된 『櫻川』(內藤風虎編)에 「餠花や」(1673년의 歲旦吟)라는 시구를 게재.

1675년(34세) : 4월 3일, 3명의 아이를 남기고 부인이 병으로 사망. 향년 25세. 결혼 후 10년 전후의 일로 추정되고 이름은 미상.

4월 8일, 죽은 부인을 추도하기 위해 獨吟千句를 읊고 스승, 친구, 제자 등 500명이 지은 추도 發句를 모아 『俳諧獨吟一日千句』라는 제목으로 간행.

4월, 『大坂獨吟集』 간행.

11월 간행된 『糸屑集』(伊勢村重安撰)에 發句 5수를 게재.

1676년(35세) : 1월, 『俳諧大坂歲旦發句三物』 간행.

10월, 『古今俳諧師手鑑』를 편집, 간행.

1677년(36세) : 3월, 生玉本覺寺에서 하루 낮밤동안 千六百句獨吟을 개최하고, 5월 『俳諧大句數』라는 제목으로 간행(이 책은 상권만 현존하기 때문에 刊記·板元이 명확하지 않다. 5월 25일자 서문이 있으며 이날을 개최일로 보는 견해도 있다). 자신이 쓴 서문에서 이른바 矢數俳諧의 창시를 자랑함.

9월, 奈良에서 月松軒紀子가 矢數俳諧 千八百句를 개최. 이듬해 5월, 『俳諧大矢數千八百韻』 간행.

겨울, 「烏賊の甲や我が色こぼす雪の鷺」를 發句로 하는 獨吟百韻을 읊고 이듬해 간행된 『俳諧珍重集』에 수록.

1678년(37세) : 3월, 大阪 四天王寺에서 青木友雪이 개최한 千句俳諧에 출석. 前川由平・中村西國과 三吟三百韻을 개최하고, 『胴骨三百韻』을 간행하고 西鶴의 서문을 수록.

8월 간행으로 추정되는 『難波風』(片岡旨恕編)에 旨恕, 貞因, 昌本과의 四吟百韻을 게재.

가을, 筑前鹿の嶋の西海가 오사카로 상경하여 西鶴 등과 俳諧를 개최. 西鶴의 서문을 수록하여 『大硯』이라는 제목으로 간행.

가을, 那波葎宿・田代松意와 三吟三百韻을 개최. 다음날 河野定俊과 兩吟歌仙一卷을 함께 지음. 이후, 이것을 『俳諧虎溪の橋』라는 제목으로 간행.

11월, 『俳諧物種集新付合』을 간행. 『三鐵輪』에 獨吟百韻一卷 게재. 『五德』 간행. 西鶴이 참가하는 西翁・西鬼들과의 五吟三百韻을 수록.

1679년(38세) : 3월, 西六・西花・西吟・西友와 五吟五百韻을 개최하고 『西鶴五百韻』을 간행.

4월, 青木友雪과 兩吟一日千句를 개최하고, 이에 발문을 추가하여, 5월에 『兩吟一日千句』라는 제목으로 간행.

8월, 青木友雪・木村一水 등과 歌仙六卷을 지어 『句箱』라는 제목으로 간행.

10월, 大阪天滿宮의 신전 앞에서 문하생 등 13명과 一日千句를 개최하고 『飛梅千句』라는 제목으로 간행.

12월, 京都의 貞門 俳人인 中島隨流는 『俳諧破邪顯正』을 간행하고 宗因을 「홍모류의 장본인紅毛流の張本」, 西鶴을 「阿蘭陀西鶴」이라고 칭하면서 비난함.

1680년(39세) : 5월 7일, 오후 6시 즈음부터 다음날인 8일 오후 6시까지 大阪 生玉寺 경내에서 矢數俳諧를 개최하고, 四千句의 獨吟에 성공함. 이것을 이듬해 4월에 『西鶴大矢數』라는 제목으로 간행.

이 시기를 전후해서 西鶴의 發句・付句 등이 俳諧書에 게재되고, 西鶴에 대한 평가도 평론서 등에서 찾아볼 수 있음. 俳諧師 西鶴에게 관심이 집중되어 가는 당시 상황을 짐작할 수 있음.

1682년(41세) : 10월 중순, 『好色一代男』 간행.

1684년(43세) : 3월, 『好色一代男』(江戸板) 간행.

4월, 『諸艶大鑑』(好色二代男) 간행.

6월 5일부터 6일에 걸쳐서 大阪 住吉神社에서 하루 종일 2만 3천 5백 수의 獨吟을 개최. 그 전체 내용은 명확하지 않음.

1685년(44세) : 1월, 宇治加賀掾을 위해서 淨瑠璃 『暦』을 새로 지어서 간행.

1월, 『西鶴諸國はなし』 간행.

2월, 『椀久一世の物語』 간행.

1686년(45세) : 1월, 『好色一代男』을 菱川師宣이 그림책으로 만든 『大和繪のこんげん』, 『好色世話繪づくし』(이 두 권은 한 세트)가 江戸에서 간행됨.

2월, 『好色五人女』 간행.

6월, 『好色一代女』 간행(이 시기를 전후하여 浮世草子 집필간행에 전념).

11월, 『本朝二十不孝』 간행.

1687년(46세) : 1월, 『男色大鑑』 간행.

3월, 『懷硯』 간행.

4월, 『武道傳來記』 간행.

5월, 西鶴이 板下 및 삽화를 그렸던 것으로 추정되는 『西行撰集抄』 간행.

1688년(47세) : 1월, 『日本永代藏』 간행.

2월, 『武家義理物語』 간행.

1월 29일, 鶴字法度發令 등으로 사이카쿠西鶴는 鶴을 변경하여 한 때 西鵬이라는 호를 사용하였음(1691년경까지)

3월, 『嵐無常物語』 간행.

6월, 『色里三所世帯』 간행

9월 이전, 『好色盛衰記』 간행

11월, 『新可笑記』 간행

1689년(48세) : 1월, 『本朝櫻陰比事』 간행

1월, 『一目玉鉾』 간행.

1691년(50세) : 1월, 『椀久二世の物語』를 간행한 것으로 추정됨.

8월, 『俳諧石車』 간행

1692년(51세) : 1월, 『世間胸算用』 간행

1693년(52세) : 1월, 『浮世榮花一代男』 간행

8월 10일, 大阪에서 사망. 법명은 仙皓西鶴. 寺町誓願寺에 매장. 「浮世の月見過しにけり末二年」라는 辭世句를 남김.

겨울, 『西鶴置土産』 간행

1694년(사후 1년) : 3월, 『西鶴織留』 간행

1695년(사후 2년) : 1월, 『西鶴俗つれづれ』 간행

1696년(사후 3년) : 1월, 『万の文反古』 간행

1699년(사후 6년) : 4월, 『西鶴名殘の友』 간행

작품(원문과 주석)에 자주 등장하는 일본 근세시대 관련 전문용어

가나조시假名草子 : 무로마치室町時代의 모노가타리物語나 오토기 조시御伽草子의 뒤를 이어 17세기 후반의 우키요조시浮世草子의 선구과 되었던 에도시대 초기의 단편소설을 말한다. 의고문체擬古文體의 평이한 가나문장을 활용해 부녀자들을 위한 계몽적, 오락적, 교훈적인 내용이 주류를 이룬다.

가독家督 : 자산과 가업의 권리 일체를 말한다.

가문家紋 : 한 가문家門의 표지로 삼는 문장紋章이다.

가부키歌舞伎 : 근세시대의 주요 극 장르의 하나로 원래의 어의語義는 비정상적인 행동이나 방탕한 몸짓, 혹은 희롱거리는 춤이나 풍속을 의미했다. 오쿠니阿國라는 여무속인에 의해 시작되었다고 전해지며 에도시대에 독자적인 연극장르로 발전했다. 사실史實, 전설, 사회사상社會事象 등에 관해 배우가 중심이 되어 에도시대나 그 이전의 인물로 분장해 음악과 무대장치를 배경으로 극을 전개하며 무용의 요소도 가미된다. 가부키시바이歌舞伎芝居라고도 한다.

가이초開帳 : 사원에서 특정한 날에 즈시廚子라고 불리는 문을 열고 그 안의 비불秘佛을 일반인들에게 배례시키는 것으로 대부분 봄에 열린다. 즈시는 경전이나 불상을 보관하기 위해 만든 두 개의 문짝이 달린 궤이다.

겐지모노가타리源氏物語 : 헤이안시대 중기의 장편소설이다. 작가는 무라사키 시키부紫式部이다. 궁정생활을 중심으로 한 헤이안시대 전기·중기의 세상을 묘사하며 전편 54첩으로 되어 있다. 히카루 겐지光源氏라는 주인공의 애정편력을 중심으로 한 화려한 일생을 그리고 있다. 일본 고전문학의 백미로 일컬어진다.

고로모가에衣替 : 계절의 변화에 따라서 옷을 갈아입는 것을 말한다. 4월 1일부터 겹옷으로, 5월 5일부터 홑옷으로, 9월 1일부터 겹옷으로, 9

월 9일부터 솜옷으로 갈아입는 일종의 연중행사였다.

고마가네小粒銀 : 무게가 약 1돈에서 5돈 전후인 원형의 은화이다. 마메이타긴豆板銀 · 고다마긴小玉銀 · 고쓰부小粒 · 고마가네細銀 · 쓰유露라고도 불렸다.

고반小判 : 에도시대의 금화로 타원형이며 1장이 1량이다. 금화에는 오반大判 · 고반小判 · 이치부반一歩判의 세 종류가 있었다.

고소데小袖 : 넓은 소매의 겉옷에 받쳐 입었던 속옷이다. 현재 일본의 기모노의 원형이 된 소매가 좁은 옷으로 에도시대에는 계층, 남녀에 상관없이 입게 되었다.

고쇼御所 : 천황이 있는 곳이나 장군이나 대신大臣의 처소를 가리킨다.

고우타小歌 : 무로마치시대에 생겨난 민간에서 행해졌던 손뼉이나 히토요기리(대나무의 한 마디로 만든 피리의 일종)를 반주로 하는 짧은 가요이다.

고우타이小謠 : 고우타이小謠는 요쿄쿠謠曲 중에서 짧은 대목을 떼어서 추렴구 등을 붙이지 않고 부르는 노래를 말한다. 주로 술자리나 여흥의 자리에서 부르는 사카나우타이肴謠 등을 말한다. 요쿄쿠는 일본 극예술의 하나인 노가쿠能樂의 대사 또는 그 대사를 노래하는 것이고, 사카나우타이는 사카나肴는 원래 술안주라는 뜻으로 술자리 같은 곳에서 흥을 돋우기 위해서 부르는 노래이다.

괘사掛詞 : 일본어 발음은 가케고토바かけことば이다. 와카和歌 일본 고전시가 등에서 사용되는 수사법의 하나로 같은 동음同音을 이용하여, 한 낱말로 두 가지 뜻을 나타내는 것이다.

교겐狂言 : 대사와 극적 행동을 동반하는 예능을 말하며 가무 중심의 노能나 춤과 대립시켜 말하기도 한다. 노쿄겐能狂言과 가부키교겐歌舞伎狂言 등이 있다. 교겐은 주역과 보조역의 구어체 대화와 흉내 등으로 이루어지는 예능으로 골계적이고 비속한 웃음을 자아내게 하는 것을 주 목적으로 한다. 초기에는 즉흥적으로 이루어지는 부분이 많았으나 점차 사회나 권력자에 대한 통렬한 풍자가 담겨지게 되어,

민중의 날카로운 비판정신, 하극상의 풍조를 반영해 갔다. 노와 노의 사이에 막간의 극으로 상연되게 되었으며 대본도 고정적인 것으로 정착되었다.

구게公家 : 구교公卿라고도 한다. 헤이안시대의 조정에서 정삼품·종삼품 이상의 벼슬을 한 귀족을 말한다. 구公는 다이진大臣, 교卿는 다이나곤大納言·주나곤中納言·산기參議 및 삼품 이상을 가리킨다.

금은金銀 : 금과 은은 화폐의 단위였으며 금은이라고 하면 일반적으로 금전 또는 재산이라는 의미로 사용되었다.

기이紀伊 : 기이紀伊지방은 현재의 와카야마현和歌山縣과 미에현三重縣의 일부에 해당한다.

나가모치長持 : 의복이나 제사 등에 필요한 여러 집기를 넣어 보관하거나 운반할 때 쓰는 장방형의 덮개가 있는 대형 상자를 나가모치長持라 하며 이것에 바퀴가 달린 것을 구루마나가모치車長持라 한다. 구루마나가모치는 비상 시에 들고나가기 위한 용도로 쓰이는데 1657년에 일어난 큰 화재 때 길을 막아 피난이나 소화에 방해가 되어 이후 사용이 금지되었다.

나니와難波 : 오사카시 부근의 옛 이름이다.

남도南都 : 지금의 나라奈良 지방을 말한다.

낭인浪人 : 로닌浪人은 주군을 떠나 봉록俸祿을 잃은 무사를 말한다. 현대 일본어에서는 대학입시에 실패해 다시 준비를 하는 재수생을 뜻하기도 한다.

노能 : 노가쿠能樂를 말한다. 일본 고전예능의 하나. 중세에 사루가쿠猿樂으로부터 발전한 가무극이다. 조닌이 노를 구경, 또는 배우는 것은 사치스러운 일이었다. 일본의 대표적인 가면 음악극이다.

노렌暖簾 : 상점 출입구에 상호를 써 넣어 드리워져 있는 천으로 상호와 업종을 나타낼 뿐만 아니라 상점의 신용의 상징이다. 본문에서는 가업의 번성을 바람에 나부끼는 노렌으로 표현했다.

다유太夫 : 다유太夫는 원래 율령제도에서 五位에 해당하는 관리들의 통칭이나, 유곽에서는 최고급 기녀를 일컬어 다유라 했다.

다이묘大名 : 에도시대, 장군에게 직속되어 있었던 봉록이 1만 석 이상인 무사를 가리킨다. 다이묘大名란 다이묘슈大名主에서 나온 말로, 무가사회에서 많은 영유지와 부하를 소유하는 무사를 의미하는 말로 바뀌었다. 장군과의 친소관계에 따라 신판親藩, 후다이譜代, 도자마外樣로 불렸고, 영지관계에 따라 國持, 准國持, 城主, 城主格, 無城 등으로 나누어진다.

다이진大臣 : 다이진大臣이란 호칭은 현재는 일본 정부의 각 부처 장관을 부를 때 쓰는 호칭이지만 예전에는 재산을 많이 갖고 있는 부호나 유곽 등지에서 돈을 많이 쓰는 사람, 호유豪遊하는 사람을 가리켜 부르는 호칭이었다. 현재로 치면 VIP 손님이다.

다이코모치太鼓持 : 연회석에 나가 자리를 흥겹게 하는 것을 업으로 삼는 남자들을 말한다.

단바丹波 : 옛 지명으로 지금의 교토 대부분의 지역과 효고현 일부 지역이다.

당국唐國 : 당唐은 중국의 고대국가명이지만 선진문명인 대륙국가라는 의미에서 중국 외에 조선국을 의미하기도 했다.

당직唐織 : 중국에서 건너온 직물로 금란金襴·능직綾織의 비단을 말한다.

데다이手代 : 에도시대의 상점 종업원 중 중간등급인 점원이다. 종업원은 3단계로 나누어지며 견습점원인 뎃치丁稚와 데다이手代, 그리고 수석종업원인 반토番頭가 있었다. 17,8세 정도가 되면 뎃치에서 승진하여 데다이가 된다. 보통 2,3년은 데다이 견습을 하게 되는데 이를 데다이분手代分이라 부르기도 한다. 21,2세 전후가 되면 정식 데다이가 된다.

도리이鳥居 : 신사의 신역神域을 상징하는 일종의 출입문이다.

도카이도東海道 : 에도시대의 지방구획인 오기五畿(고키), 칠도七道(시치도), 중의 하나로 에도의 니혼바시日本橋에서 서 쪽 연해의 각 지역을 거쳐 교토로 가는 가도를 가리키는 말이기도 하다. 고키五畿는 교토京都를 에워싼 다섯 지방으로 야마시로山城·야마토大和·가와치河內·이즈미和泉·셋쓰攝津이고, 시치도七道는 일본 전국의 호칭으로 도카이東海·도산東山·호쿠리쿠北陸·산인山陰·산요山陽·난카이南海·사이카이西海를 가리킨다.

렌가連歌: 렌가連歌란 일본의 독특한 시가詩歌의 양식으로 보통 두 사람 이상이 윗구에 해당하는 5·7·5와 아랫구에 해당하는 7·7을 번갈아 읊어 나가는 형식이다.

마치슈町衆: 의절義絶이나 이혼 등에 관한 가사문제를 관공서役所에 신고하려면 거주하는 지역의 도시요리年寄(에도시대 町·村의 행정을 맡은 우두머리)와 고닌구미五人組(에도시대 다섯 집을 한 단위로 한 연대조직)가 함께 출두해야 했다.

마치町: 인가人家가 밀집되어 있는 지역을 도로로 나눈 일 구역을 말한다. 市坊이라고도 한다. 에도시대 이후 도시부에 상점 등이 밀집되어 있는 곳을 말한다.

무사시노武藏: 현재의 도쿄도東京都가 이 지역이다. 사이타마현埼玉縣이 이 지역에 속하고 일부분은 가나가와현神奈川縣에 속하는 곳도 있다. 현재의 도쿄를 위시한 주변지역을 무사시노쿠니武藏國라 했다. 1657년의 대화재 후에 개간된 토지로서 현재의 도쿄도와 사이타마현에 걸쳐 있는 홍적대지洪積臺地로 에도시대에는 농업지로 개발되었던 토지를 가리키기도 한다.

반토番頭: 상점 등의 고용인중 우두머리를 말한다. 교토 등지에 본점이 있는 가게의 지점을 맡은 점원이다.

분겐分限: 분겐分限은 원래는 신분·지위·능력의 최대한도의 뜻으로 쓰이던 것이 신분의 정도·분수라는 뜻으로 쓰이다가 에도시대에는 부자나 자산가의 뜻으로 쓰이기도 했다.

사이코쿠西國: 오사카·교토를 중심으로 하는 간사이關西지방에서 봤을 때 서쪽에 있는 지방國들로, 특히 규슈九州지방을 가리키는 말이다. 이후에는 주고쿠中國・시코쿠四國지방도 사이코쿠西國라 했다. 고대 일본에서는 현재의 각 지방을 가리켜 ~고쿠國라 불렀는데 각 영주가 지배한다는 의미를 담고 있으며, 현재의 현縣정도로 이해하면 된다. 규슈지방의 쌀이 10월 중순부터 연내에 오사카에 회송된다. 가마쿠라鎌倉시대 이후에 스즈카鈴鹿 후와不破 아라치愛發 세 곳의 군사적 요충지三關을 중심으로 동쪽 지방을 간토關東, 서쪽 지방을 간사이關西라고 했다.

사카이堺 : 센슈泉州는 이즈미和泉의 별칭이고 사카이堺는 오사카부의 중부에 있는 도시이다. 오사카시와 인접하고 있다. 무로마치시대부터 에도시대 초기에 외국무역의 중심지로 번창했다. 사카이라는 지명의 의미는 셋쓰攝津・이즈미・가와치의 경계에 위치하는 것에서 유래한다.

샤미센三味線 : 삼현三弦으로 된 일본 고유의 현악기이다. 목제로 된 사각형의 납작한 동체 양쪽에 고양이 가죽을 댔다.

서사序詞 : 와카和歌 등의 일본 고전시가에서 어떤 어구를 이끌어내기 위한 허두虛頭로서, 두 구句 이상(5・7음절)으로 된 수식어이다. 일본어 발음은 조시じょし 또는 조고토바じょことば이다.

센슈泉州 : 센슈泉州는 이즈미노쿠니和泉國의 별칭이다. 이즈미노쿠니和泉國는 고키五畿 중의 하나로, 지금의 오사카부大坂府 남쪽지역을 말한다.

셋쓰攝津 : 지금의 오사카 서북부와 효고현兵庫縣 동남부이다.

셋쿠節句 전날 : 셋쿠節句에는 다섯 명절이 있는데, 인일人日(1월 7일), 상사上巳(3월 3일), 단오端午(5월 5일), 칠석七夕(7월 7일), 중양重陽(9월 9일)이 바로 그것이다. 그 중 상사上巳의 전날은 일본에서 '모노마에物前'라고 칭하며 수지결산을 하는 날로 매우 바쁘다.

셋타雪駄 : 대나무 껍질로 만든 조리에 소가죽이나 말가죽을 입힌 신발로 주로 눈 속을 걸을 때 사용했다.

신불神佛 : 일본의 전통적 신앙의 형태로서 신도神道의 신神과 불교의 불佛이 서로 포용하고 보완하는 성격을 지닌다. 이를 신불습합神佛習合이라고 한다. 일본인들에게 신불이라는 용어는 그들의 전통적 신앙을 상징하는 것이라 할 수 있다.

신神 : 일본어로는 가미かみ라고 하며, 일본의 전통종교이며 자연종교인 신도神道에서 말하는 신을 말한다. 인간을 초월하는 위력을 지니는 존재로 인간의 사고로는 알 수 없는 능력을 지녔고 대개는 인간들에게 축복을 내리는 위령威靈이며 신앙의 대상이다. 일본의 신화에 등장하는 인격신들과 최고의 지배자인 천황 등도 포함되며, 신사 등에서 모셔지는 일본 전국의 영靈과 인간에게 위해를 가하는 번개와 같은 자연현상과 신령한 동물들도 신으로 받들어졌다. 일본의 이러한 자연종교적 신들은 불교가 전래하면서 이른바 신불습합神佛習合이라는 형태로 불교를 상호보완적인 방식으로 받아들였다.

아게야揚屋 : 유곽에서 창기들을 불러 노는 곳을 말하고 , 기녀들을 모아 놓고 있는 집을 오키야置屋라고 한다. 점주는 자기 집에서는 손님과 기녀들을 놀게 하지 않고 아게야揚屋나 자야茶屋로부터 주문이 들어오면 창기들을 그곳에 보내는 형태로 영업을 한다.

야마토大和 : 나라현奈良縣의 옛 이름이다.

에도江戶 : 현재의 도쿄東京 지역으로, 강에 인접해 있다는 뜻의 지명이다. 도쿠가와 이에야스德川家康가 막부幕府를 연 이후 18세기에는 인구 100만의 대도시로 성장했다. 1868년 9월 도쿄東京로 개칭했다.

연어緣語 : 와카和歌 등의 일본 고전시가에서 사용되는 수사법의 하나로 일본어 발음은 엔고えんご이다. 어떤 말과 서로 의미상의 관련을 갖는 용어를 말한다. 예를 들어 여행에 나서다는 의미의 "旅に立つ"의 경우 여행旅과 나서다立つ는 연어緣語라고 할 수 있다.

오미近江 : 옛 지명으로 지금의 시가현滋賀縣이다.

오반大判 : 무로마치 말기부터 에도 말기까지 통용된 타원형의 큰 금화와 은화이다.

오비帶 : 당시는 폭이 넓은 띠가 유행하고 있었는데, 여기서는 띄지 않게 조심스럽게 옷에도 주의하는 모습을 나타내고 있다. 또한 남자나 나이 많은 여자들이 매는 폭이 좁은 띠를 가리키기도 한다.

와카에비스若惠比須 : 와카에비스若惠比須는 정초에 많이 팔리는 에비스惠比須의 인쇄물을 말하는데, 여기서는 에비스신えびす神을 의미한다. 칠복신七福神 중의 하나이다. 칠복신은 대흑천大黑天, 에비스, 비사문천毘沙門天, 변재천弁財天, 복녹수福祿壽, 수노인壽老人, 포대布袋이다.

와카和歌 : 와카和歌란 일본고유의 시가로 5·7음을 바탕으로 한 정형시이다.

와키자시脇差 : 왼 쪽 허리에 차는 단도이다.

요쿄쿠謠曲 : 일본의 전통예능인 노가쿠能樂의 사장詞章에 가락을 붙여서 부르는 것 혹은 사장詞章 자체를 가리키기도 한다.

요큐楊弓 : 유희용의 작은 활을 요큐楊弓라 하는데 버드나무로 만들었기 때문에 붙여진 이름이다. 길이 2척 8치(약 85센치미터) 정도로 표적은 13.5미터 정도 떨어진 곳에 둔다. 일종의 활 놀이이다.

우라본盂蘭盆 : 조령祖靈을 사후의 고통으로부터 구제하기 위한 불사佛事이다. 음력 7월 13일~15일을 중심으로 행해지며 각종의 공물供物을 조상의 영靈·신불新佛·무연불無緣佛에게 바치며 명복을 빈다. 일반적으로는 이 날 성묘를 하고 승려가 집집마다 염불을 하러 돌아다닌다. 흔히 오본이라고 한다.

우키요조시浮世草子 : 일본 근세소설의 한 장르. 이하라 사이카쿠井原西鶴의 『好色一代男』(1682년)이 창작됨으로써 이전의 가나조시假名草子와 일선을 긋는 새로운 민중문학 성격의 소설장르가 시작되었다. 이후 약 80년간 가미가타上方 지방을 중심으로 많은 작품들이 만들어졌는데 특히 유곽과 극장을 중심으로 조닌町人들의 정의문학情意文學을 사실적으로 묘사한 호색물好色物, 정인물町人物, 삼미선물三味線物, 기질물氣質物, 무가물武家物, 괴담물怪談物, 재판물裁判物 등이 있다.

이세모노가타리伊勢物語 : 와카和歌를 중심으로 이야기를 전개하는 헤이안 시대 우타모노가타리歌物語의 대표작이다. 실존인물이었던 아리와라노 나리히라在原業平로 상정想定되는 남자 주인공의 일대기로, 남녀의 정사를 중심으로 하는 화려하면서도 세련된 귀족의 일상이 125개의 설화의 형태로 이야기되고 있다.

이세신伊勢神 : 일본어로는 이세사마伊勢樣라고 한다. 이세신궁에 간다는 등 이세참배를 빙자해 동냥을 받는 것을 말한다. 당시 이세참배를 하는 사람들에게는 숙식을 제공하거나 쌀이나 금전 등을 무상으로 원조하는 풍습이 있었다.

이세伊勢 : 미에현三重縣의 옛 이름이다

이즈미和泉 : 지금의 오사카 남서부이다.

자야茶屋 : 손님에게 식음食飮과 유흥을 할 수 있도록 장소와 음식 등을 제공하는 소규모의 유곽업소이다. 스모자야相撲茶屋・연극자야芝居茶屋・요리자야料理茶屋 등이 있다.

장자長者 : 부자를 가리키는 말로 『일본영대장』에서는 1,000관 이상의 돈을 지닌 사람을 뜻한다.

전錢 : 일본어로는 제니라고 발음한다. 지금은 돈의 속칭으로 쓰이지만 에도시대 때는 동銅이나 철로 만든 원형의 화폐를 지칭하였다. 가운데 구멍이 뚫려 있는 것이 특징이다.

조긴丁銀 : 은화의 일종으로 무게를 달아 수수하는 칭량 화폐이다. 조긴丁銀은 무게 43돈(약 160그램)전후으로 해삼모양을 하고 있다. 교토, 오사카를 중심으로 한 가미가타上方지역에서는 은화, 에도를 중심으로 하는 간토關東지방에서는 금화가 주로 사용되었다.

조닌町人 : 일본 근세기에 주로 도시지역에 살고 있던 상인을 말한다. 町정은 일본이 만들어낸 한자인데 시골마을과 대비해 도시를 가르치는 용어였다. 훈독으로는 마치라고 발음한다.

조루리淨瑠璃 : 샤미센의 반주에 맞추어 특수한 억양과 가락을 붙여 엮어 나가는 이야기의 일종이다.

조町 : 행정구역상으로 시의 하부지역을 말하며 조 하부에는 村이 있다. 또한 시가지의 구분된 지역을 말하며 중세도시에서는 상공업자가 구성한 지역적 자치조직을 말하기도 한다.

주반襦袢 : 포루투칼어 'gibao'를 한자로 표기한 것이다. 맨 몸에 바로 입는 속옷을 말한다.

지쿠젠筑前 : 지금의 후쿠오카현福岡縣 북서부이다.

침사枕詞 : 와카和歌 등의 일본 고전시가에서 사용되는 수사법의 하나로 일본어발음은 마쿠라고토바まくらことば이다. 특정한 낱말 위에 붙어서 수식하거나 어조語調를 조절하는 일정한 말로서, 대개 5음절로 되어 있다.

칸間 : 칸間이란 원래 일본건축에서 기둥과 기둥의 사이를 말하는데 여기에서 주로 토지나 건축물의 길이를 재는 단위가 되었다. 1칸은 약 1.82미터. 2칸은 상가商家 중에서는 가장 좁고 작은 규모이다.

하오리羽織 : 기모노 위에 걸쳐 입는 짧은 겉옷이다. 옷 위에 방한용 또는 장식용으로 입는다.

하이카이俳諧 : 익살이나 장난스러움을 의미하는 말로 하이카이 렌가連歌의 약칭이다. 중세말기에 야마자키 소칸山崎宗鑑과 아라키다 모리타케荒木田守武 등에 의해 시작되었는데 자유분방한 골계를 주 내용으로 하고 있으며 근세기에 들어와 크게 유행했다.

하이쿠 : 하이쿠俳句란 5・7・5로 된 일본 고유의 단시短詩이다.

하카마袴 : 에도시대 서민들의 평상예복으로 허리에서 발목까지 덮는 주름잡힌 헐렁한 하의의 정장이다.

호쿠리쿠北陸 : 호쿠리쿠北陸 지방의 주요 도시를 홋코쿠北國라고 불렀다. 이 지역에서 오사카나 교토로 보내지는 산물은 주로 쓰루가敦賀에서 말을 이용해 비와코 쪽 연안으로 옮겨진 후 그곳에서 다시 배로 오쓰大津로 옮겨졌다.

홋코쿠北國 : 현재의 야마구치현山口縣 시모노세키下關로부터 홋카이도北海道 마쓰마에松前까지의 동해 항로를 홋코쿠北國의 '北海舟路'라고 했다. 악천후와 암초가 있는 위험한 항로였다. 호쿠리쿠北陸 지방의 총칭으로 지금의 도야마富山·이시카와石川·후쿠이福井·니이가타新潟 4현의 총칭이다.

화국和國 : 일본인들이 스스로 일본을 지칭할 때 화국和國이라 한다. 중국의 문헌상에 일본이 맨 처음 등장했을 때는 왜倭라 하였다. 왜倭라는 글자는 왜소하고 못났다는 부정적인 의미가 강해 일본어 음와, わ이 같은 화和로 대체된 것이다. 화和는 일본의 고대국가의 기초를 다진 쇼토쿠 태자聖德太子(574~622)의 헌법십칠조憲法十七條의 첫 머리에 「和를 소중히 하라」라는 내용에서 유래되었다. 이후 화和는 일본을 의미하는 상징어가 되었다. 和語(한자어가 아닌 고유일본어), 和食(일본식 음식), 和漢(일본과 중국), 和服(전통 일본 옷) 등이 그 예이다.

각종 단위 표기

1. 화폐단위

일본표기	발음	한국표기	설 명
貫(かん)	간	관	1貫=錢 1000文(에도시대, 960文)
貫文(かんもん)	간몬	관	錢의 단위(=貫)
兩(りょう)	료	량	금 1兩=4分, 은 60匁, 錢 4貫文
文(もん)	몬	문	錢의 단위, 1文=寛永通宝 1장
匁(もんめ)	몬메	돈	은화의 단위
目(め)	메	돈	(=匁)
錢(せん)	센	전	貫의 1000분의1
厘(りん)	린	리	錢의 10분의1
步(ほ)	호	보	금 1兩의 4분의1
分(ぶ)	부	분	금 1兩의 4분의 1(=步), 은 1匁의 10분의 1, 錢 1文의 10분의 1

2. 무게단위

일본표기	발음	한국표기	설명
貫(かん)	간	관	3.75kg, 1000匁
貫目(かんめ)	간메	관	(=貫)
兩(りょう)	료	량	分의 4배, 금 1兩=4匁 4分, 은 1兩=4匁 3分
分(ふん)	훈	분	1匁의 10분의 1
匁(もんめ)	몬메	돈	3.75g
目(め)	메	돈	(=匁)
厘(りん)	린	리	貫의 10만분의 1

3. 길이 · 거리단위

일본표기	발음	한국표기	설 명
尺(しゃく)	샤쿠	척	약 30.3cm
寸(すん)	슨	치	약 3.03cm(尺의 10분의 1)
丈(じょう)	죠	장	약 3m(尺의 10배)
間(けん)	켄	칸	1間=약 1.82m(6尺)
反(たん)	단	단	천 종류의 길이의 단위. 폭 약 34cm, 길이 약 10m
町(ちょう)	초	정	약 109m(60間)

4. 용적 · 용량단위

일본표기	발음	한국표기	설 명
斗(と)	토	말	약 18리터(1斗=10升)
石(こく)	고쿠	석	약 180리터(1石=10斗)
升(ます)	마스	승	약 1.8리터
合(ごう)	고	홉	升의 10분의 1

일본영대장 | # 찾아보기

ㄱ

ㄴ

ㄷ

ㅅ

기타

일본영대장日本永代藏 : 니혼에이타이구라

영인본

뒤에서 부터 시작됩니다

此跡ヨリ

人ハ一代名ハ末代

甚忠記

全部八冊

仁之部

義之部

礼之部

智之部

信之部

板行仕候

京 二条通鋪屋町 金屋長兵衛

江戸 神田新革屋町 西村梅風軒

貞享五戊辰年正月吉日

大坂 北御堂前 書肆 森田庄太郎刊板

願ひのまゝに田畠牛馬男女のめしつかひ子孫をかゝへ
[illegible]の世の中[illegible]
[illegible]八十八歳の
年の[illegible]升掻をきらせて世の人に[illegible]
[illegible]竹の[illegible]切[illegible]の京都の諸商人是をもらひ
[illegible]商賣に仕合ありて[illegible]
三夫婦の[illegible]
三[illegible]の長[illegible]升の[illegible]白銀を[illegible]人の
[illegible]金銀[illegible]
[illegible]分限大福帳に[illegible]長久[illegible]是[illegible]
人の[illegible]永代藏に[illegible]時津國
靜なり

系遊へりしふるやうに武蔵野あつまりと年寄て候
も世帯屋色をさだめく親乃きらハ外にて分ぐりもなし
乃ちちん縁ハ新ちちんの見ていつりけちんやうハ深情
さりあり人ハ縁回にてまかんざいさうおやうに世とこう段
ハ大福長者と成りぬまことなるかな家屋継なく
又夫妻にすきなれあひ揃ひて子孫の中に世にまれなる
らしあり家に京の北山の里かられいれい三夫婦どもを
人のうらやむ人なりそこしく祖父祖母が身にしてそれ
世に理をとりて此孫娘人多く理をよく見て家に夫婦
三組のもの色ねさる事身のうそのかくてひとかいの段身のわ
ものれ仕合あり此親仁八十八にて八十へ男子
七十母ハ十九此子二十六女ハ十八へ生まれしものまづし
ひかへ父川ま色ありていのちもあり此術も百歳乃

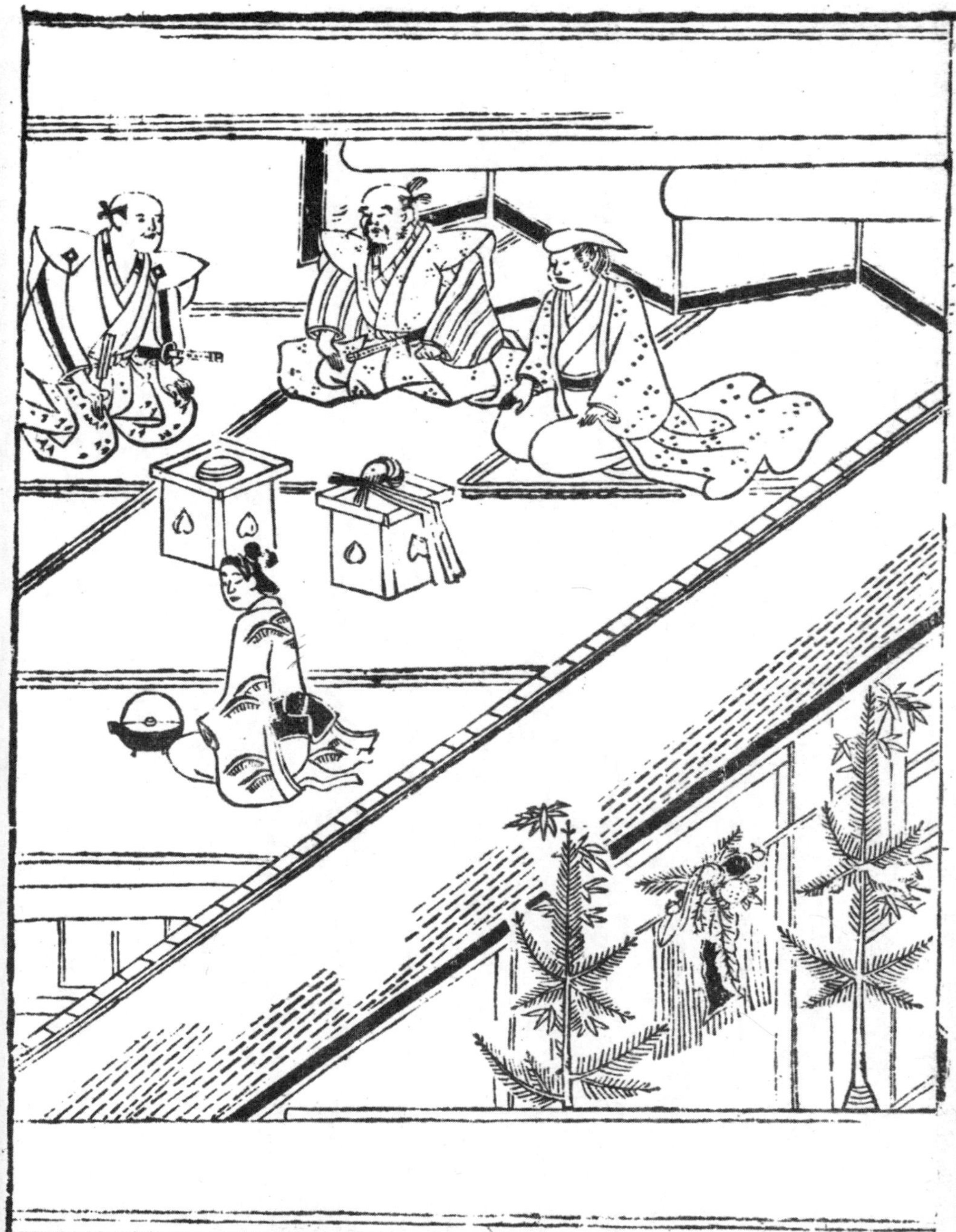

思ふまゝなりしたとへば大名よくらんの栗あたりあまくかく
町屋住(まちやずまゐ)の身は免(めん)なれば儀(ぎ)まゝしの身のつれおもしろかり
とく大福(ふく)を祝ひ長者(ちやうしや)となるなり是(これ)うら山
しくかしく分限(ぶんげん)なれば手代(てだい)なる身一なる難波(なには)
の津にも江戸(えど)酒(さけ)つくりはじめて一門(もん)さかゆる事又稀(まれ)
山中の鴻池(かうのいけ)ぶんふむかちなき盛して
人の志しは理(ことわり)の金なる人もあれば小早(こばや)飛出て来(らい)問(もん)
屋は名(な)とも成(なり)しも家繁(うちさかえ)の始(はじめ)して富(ふうき)にならしなる
泉州(せんしう)の積(つみ)山志く淀(よど)の分限(ぶんげん)の人も近年(えんざい)紀代の出(が)
木商人(あきんど)三十年此かたの仕出しなり人のもよもしより
津の橋本(きはま)かねて国に分限(ぶげん)なれども是ほどなる人
もなし其外紀の国(くに)は金銀の外世の名(よ)を賞(しやう)しぬ暖(あたゝか)なると
いふべくしより泉府(ふ)とふつ家の茶(ちや)入にも分限(ぶんげん)と百貫目に

縄屋又は帝まうまうしの樗松の風車とてしおもやすく
一日に丸とりにしてかくし三十七八文まで十文六文五斗までの
位すまうの世わたりとて皆人是をまねくはまりもなの
さむらひはもとより母のそだてしまうり目じるし人口まで
一日に三五文五つ入ても又は六五つ入もかはり世帯の仕
ことへ狂言師に盡て種のおもしろき人の渡世はさ様に盡ぬ
やうしくふうなるの支度を見たるとてもあれば其人のそらう
さらにくも大分にせんとすれば町人へまかせも大ふうえおもしねがひ世
をもがらの発明な伝達あり一切の人事目に見る舞あり
わしもかつらを是まれ作らせも人〳〵ある人の藝者
細工帯の町人全銀の多き渡せ世間に居をもとめなりて
是を是へはおのれ時よりかせぎてわがのそこ居を世に結
されば皆いはゞ暗き生前目に見ゆる迄も只金銀が町人の氏系

廿五

智恵(ちゑ)をはかる八十八の升掻(ますかき)

世界(せかい)のひろき事今思ひあたりぬ。万(よろづ)の商(あきなひ)事がないとて
我人(われひと)年々(としどし)くやむ事ぞかし。それ十六年切の世代(せだい)
まうくる事は、ふらりと丸裸(まるはだか)にて取付(とりつき)なく連々(れんれん)に仕出し
たる人あまたあり。是(わり)米穀をも捨て、其外ある時色も金銀
は世渡りしけれ。人の内儀(ないぎ)をも手にさはれ
に智恵の長者(ちやうじや)を経て、しらぬ人も、むかしより知るべく
物ごとに才覚(さいかく)にて、分限(ぶげん)やぶる人もあれど、あふれぬる人
は人まさりて、ものは家業(かぎやう)にかゝりて、江戸大坂のうち
く明(あか)り懸(かけ)にまぎくもとしの明(あか)るく人並に見え
つまり皆くせとまる所をみて、とくさう人三人の子共
に正月を過ぎて銭(ぜに)入れ、銀(ぎん)ハ滴(したゝり)ゆるき色替へ置きつれぬ
の後帯(うしろおび)ひとしかるにげ有り。手(て)ま入用(いりやう)ちりかず(?)いはず

かりしき栖とかりしき栖と覚しぞけしんれしくうせにて舎
とやされば是に移るなりされば商人の心ざしは指を折きる元
とふらく見けりきりんより今は山崎の人数の菜花をかんなる
は大川を泉衣に休らけあまりわまさうさとうしき
不断の名車もとまりやうく淀を流し流の寄伏れ
まくらひ淀焼の名物諸方に替ぬなひ菜から
人もちとうけ酒の名でつき松の尾まで流れけ山崎留りて
流る浮世わらじとみてはる石清水八幡大菩薩と申す
あんじみうと桃の木日出る山とありしふは山崎中にも
宇治の稲荷大明神のおやと抑しき人の思ひむろつ
うる今しは伏見の山城もやく大坂下より大米の薩も人
あさうしはおすき人座ふるさなどしの宅ときうくぐる人もありく
わうしいふくけしより貧くけ山家のえらくく所の領家に持り

29 일본영대장 6

職人ハいふにおよばず諸のものつくりの渡世しきる高座いかなしきる身
つゞれて木綿着る事まで通り者だてや見苦しからずしれく
風をいたせねばさき小袖おほく自ら地さし家にしも繪のさし
かけ傘小竹つゝみのかららしくむかしはれのづれんし
て小判ハ壱両かへて蝋燭がほどにしてのけがるの
やうに思はれ今は欲深き世やうとかし銀
なくても仲人まで小娘をもやらずと入まいらせん
銀持むかし大津にて五貫目の引も世帯ならず
ところせし三十年京大坂にて二百貫目の
貫目の分限といはれし人大分ありしに時代につれて
橋の手広くなりぬはかなき世なれ金銀なく
つくりすけものをつりしそれもなく高利もなしそれハ今なり
程かなる世をわたりかねたるやう常にあはせぬの細

ゑ外肉桂に鍋のあくまで細工に数寄をたてられ、ふさんき
そん所をあらため無用の事ども今時の商人あまねく[illegible]にならせ
ざる楽を背く人の[illegible]てあそび、人の年の暮に物語
ろさ工夫をこらし、擬へあるく世をわたりて見せつけよく[illegible]を実
深[illegible]をつけ町の家を母おやにゆづりひ琴引女を
よびよせ[illegible]一門をいさめ松葉大和[illegible]のむかしもかへり
ん小座敷のまへにて[illegible]して実の[illegible]の湯は[illegible]ども[illegible]
おのおの[illegible]をつらぬき[illegible]に[illegible]ども[illegible]へり
金[illegible]をひろうし外より見れば[illegible]世[illegible]て[illegible]るゝ[illegible]
年もとむやうにおもひの世肉[illegible]間にあまた人の[illegible]
かゝる[illegible]はれても[illegible]ひとつに[illegible]を実[illegible]一生[illegible]業を[illegible]
らへ[illegible]外までも[illegible]付所ますくなく[illegible]間して
こゝ[illegible]にては[illegible]にけ[illegible]をうちつくるゝのちを

十八川乃落合より源流れ出たまへり。漆あり。是天人乃おしへ
よろこびてござりて上杯舟まで差上せし。ひろく人に売出す物を
ふせひとつ川乃うちよりも実用にあまりけれ此里乃者あまた
ねぐらして、かの光乃念沼まで行して、ずでんせい乃社合あり
物の外と金ぐらをまうけ志くも名をせうにふれ乃者武い
親よりのゆづりをうけ又ハ博奕業にて務ともなく細番
高ひ後家を見かれて入牢高野山乃沼をまうし入
らずハとくえんさしつ魚らしとかくれ是乃ありのよしとさは
暮しかへず。常にて介沼ふある人しまて波とと知れ人乃
ふかきをいふるみハ姫あるふそれは恥く乃光帰ふかくるみあり
まよひ出て稲いたる稼ぎをしらぬふ甚いふ所姫乃くら乃人世にた
波ぎれて経のうちて入へハ讃沼かくまは随甲ふ場りふつまり
まは波く調をとるにあらがふて。自然にて家を得ず也

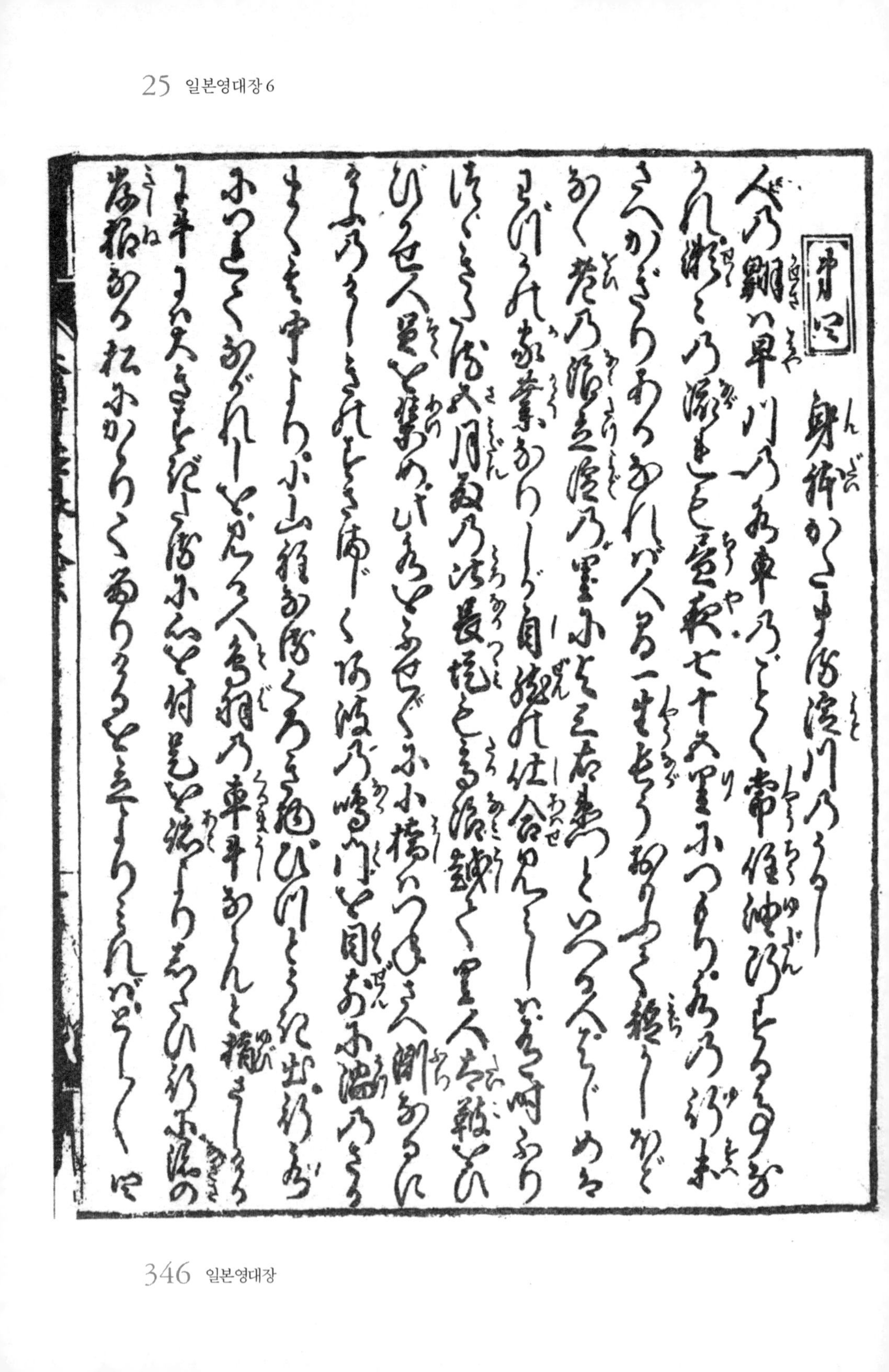

身持かたまる淀川のうるし

人の齢ハ早川の水車のごとく常住油断[illegible]

[illegible]

目くらうんざと稲を今は世にも油断なく文章を好む人まれ年
あまりに思れごとく遊山に出し給ひ山手をかくれなし親
の為にしく懐しきれあゆまりに請讃をさ次の入る人今
目出度日なれば菜代とやうやれにあにつかうりとなりて
種むとあれば弘次せし丈夫になるとさるて是かる毛色
とふ一庵の札弘めて粒とさしづきれば肉を乃いつくそれは何
とて籾三粒を播き侍のちに光の百粒を其郷に二千把許
穂を苗に箱密にひの外なる菜代ぐらとし毛再三の秀ん
まやく乃次の人も力を添へ籾百粒備くは讃岐に出勤殿御
とりとめさせ次第に時節出種なく秀穂にのとれるを催せ
かりけれるなるがりし十貫目にそふるね所持して籾一百粒
の菜代せしは博きりが身もりく町人へまわり知るなりし此穂
大分仕出し敵さるべしとなり

23 일본영대장 6

八百五拾貫目有銀一子にゆづりて、かゝる人世にまれなる[illegible]

是より銀に銀をもうけはじめ、八十を[illegible]船のごとく入て[illegible]下並

ふかくいはひて吉の雛かんざしと一生を[illegible]八十八[illegible]

おとなしやかなるうち[illegible]入来れ[illegible]の

身をも[illegible]入より銀五貫目づゝ千人より五拾貫目[illegible]

く[illegible]買置[illegible]その年大分の利を得て三

十五貫目ありけるに[illegible]の男子有けり

かぎり[illegible]

さ[illegible]

が[illegible]

十乃[illegible]

[illegible]

[illegible]

廿八三

買置ハ世の心やすい時

毎年元日に書置して定まる以後死ともすへ心置よ
世をさりもとるにも身縁とも分限よなりく泉州堺の小刀
屋といふ長浜商人なりけり津ハ海なかくれ里根なし
またぬ大金持まかせとなしても諸文箱の様々なる物を挿
唐織先祖より五代ありしが買置多くして問屋に出入
置人色々の家又寛永年中より年々毎込今ほ一
家色出せぬ人色々なる又問屋十室の埋入事く家抱入十
貫目を時のおち入封の事なかる置ちも嫁縁に付時是
とりなくおくりの人色々弥外よりハ後の問屋の唐
きなかりしひけは徳にわかすかふかぶ分限のかしくよいぞもく
の書置ハ三貫目百目あまりしのこ十五年ぶらふひくらの
利銀ふして始めは年々書置ハ世のいとうにて流れかくにおれ時

行るゝに気ふ色なしひ於し人中にて書口よきいひよくよきと目
安き自筆に書なまて何ふひとりかしら袮ど勿る
乃大事をおもしろしも遠慮なく江戸ふくだりて筆云をも
るに須おの算用かくいはずしわるけくはなしく結構
此時の用に立事二よび気転よりのかりくおもくまとひ
なれし手習よしと年月をかさしこれ友とされとて礼
難乃指南をやくやうく身ひとつくしぬ弥乃不
自由をはらやしの時簟らけく又指くまやまとし。
此ぶんにて無るべきやくやんなれ身ハまづをひとかけの旨く
をさとのるかんじなはを川次六十年はおくらりて云
目れるとくらしこ男をおもふにかなれし乃家業油
心を成るにかならくさ旨を若乃くらりね

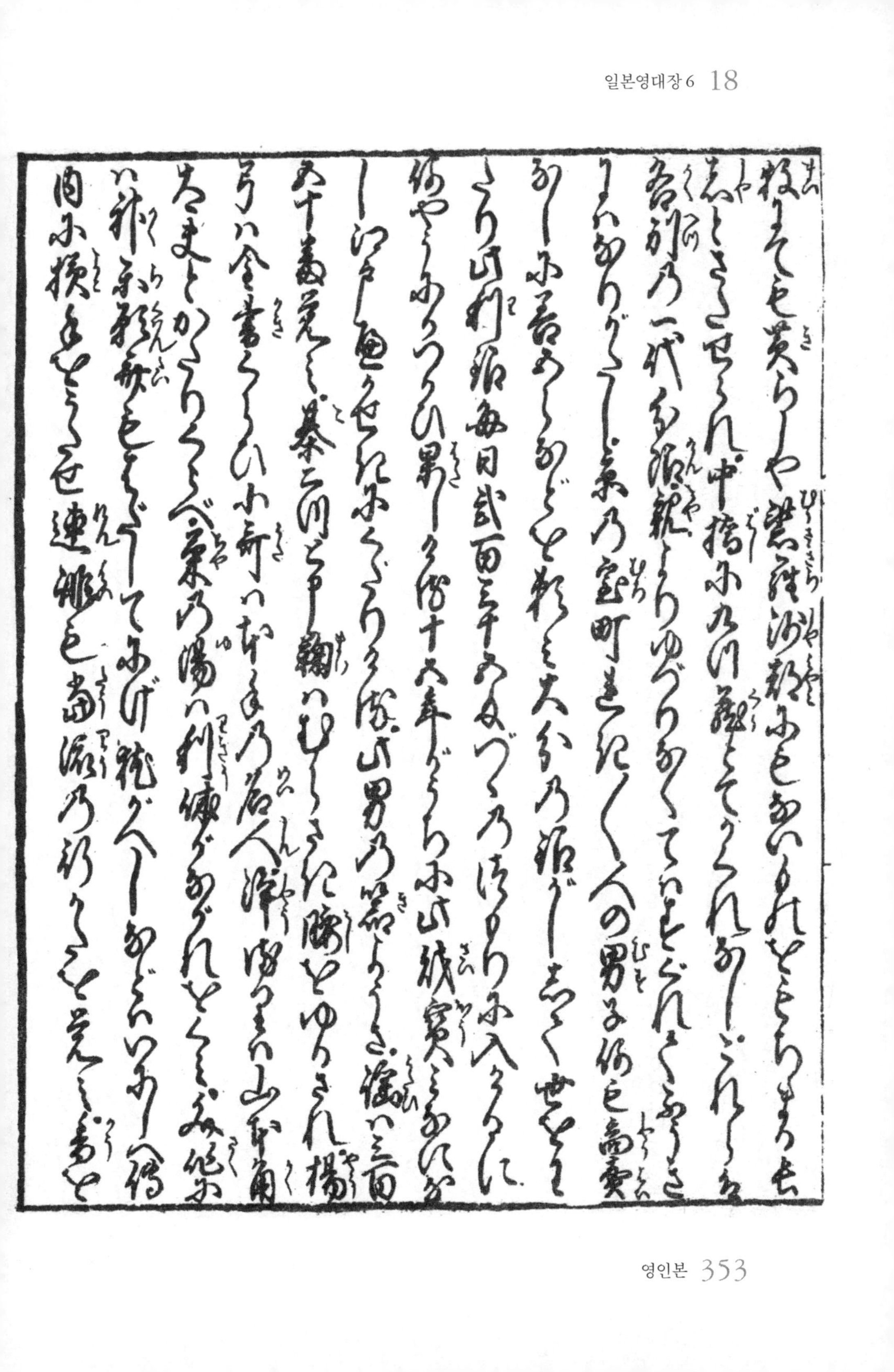

松[illegible]そて色変らじや[illegible]沙[illegible]色[illegible]れ[illegible]
[illegible]させられ中[illegible]に九[illegible]そてかくれなし[illegible]
[illegible]の一代[illegible]ゆづりおくてはれとくれさふさ
[illegible]ありりけるし京の室町にて人の男子[illegible]色商売
[illegible]しに[illegible]あるしなどと[illegible]て大分の[illegible]しきせと
より[illegible]毎日[illegible]百三年あまりづゝの[illegible]に入りて
[illegible]やうのかうひ果し[illegible]十六年[illegible]に[illegible]山[illegible]
し江戸[illegible]色[illegible]山男の器[illegible]に三百
五十歳見て[illegible]川[illegible]はむしきれ[illegible]をゆりされ揚
[illegible]は今書[illegible]小寄[illegible]の名人[illegible]山[illegible]角
大まとかゝりくべ京の湯[illegible]へ利[illegible]がありしともくしみ[illegible]
は[illegible]もぶしてゆげ[illegible]へしありいはあへ[illegible]
[illegible]に[illegible]ても[illegible]連[illegible]も[illegible]の[illegible]くても[illegible]

に鸚鵡に入行法様もしましねされに徒人の様ありさ浦
に思ひも愛宕しさて忠さ拂つまさぬ秦り前の笠杖ざら
うきも請取るりあまぞ真饌づるそ銀られもなひつらけ
すられ每日饌ありけしく主人乃様色つまめる隙がくのど
もくすら中に気も付後りんなひ乃かりの会隙密患を出して
每所紀乃自由させる行乃世もしらん劇場帝ずく自
にかけく愛出し・もんねり乃神かりつけたからるれなど
入外乃人のせねる事に十八年くねぐらにさ万両乃分限
に子りけく壺截潟に湯居ずく他らり乃志賀親に在とり
くすら隙ぶうれにもんぶやう乃ふわかれ山さく常乃ともたられ
すそ走るりはいぬざくしこ文字御とせくなべいひりし爐中合
精をも仕出しぶたれしかるる名るまれ仕込持りまさらくくわ銘
乃識緒からる猶と調へも取れば擢く鄕乃百あらざき魔乃後ろ

金弐千八百両こしらへ此外金子百両母親に楽渡しける是は
金子此六年おふのけて道具御取し包みて封じ目に
年号月日書付置なかれ是とてさらに高ひ
下よかり包みて置候金子は是て遊び色々かくは御すし
利發なる小判とて長持の底に入置年久敷世わたりを仕給
是は商人の程にありしか此人の大分限に成りける
どかしらぬりけるまゝ此頃江戸に居なりしやうくと
母の男術是と大きなる奥へつれおさりしく隠りさらし
書置に有るへかりしは六年のうらに江戸へこまでの
女房に見て見世は人ありけり是給はひの
毎日精出しける事ありし時下向を縄に繕ひ
ちからの程の種々に世帯仏法ありけりちくくなり。
後のてのちはかれかれ外の事かれは浮世山桝とて

15 일본영대장 6

ことさら人は何の子細もなく寿は古稀にして目出たかりけり
らんくさまの長息もつゞきざる楽年をへて稀
の分理をも知る中に天理にあたりて亀鶴にかはりて親類中を
よろこび世にも隠居ゆずりてあつかはず此まゝに居ても養子ぶんにしてよき家督
をゆづるべしと一門に夫婦ともに相談して伊勢の親のかく
亀に夫婦の人々つみかさね時に米を中へ入れて出しければお
のづからも物に近い人の猶いきて年しけき猶れども
国土の人の頂きにも無用なる首尾せぬ時は是をいかにの
貴賤なり妹に此内証の中にも世にある猶なれども頂
にて天分の猶今にて是をよろこんでしまふて見ることなり
さかなは大事にやくは殿のしたがへ
そうじて家の勘定をかたくして年中の算用をつけ
也人の鑑ぞかしとて毎年の勘定帳をたゞしくつけ

末代一の人なれども一度武家の鯛を調へ悦びにもれ程なくさき
〳〵のたびに川魚を仕合をなす事を祝ひぬ大勢の子
いふ者の中にも此程伊勢の山田の者是をもて十年切に抱
置し鯛十四に是をもらひし膳とて三合
くらね共に十露盤を置て流れ行亀屋の算にて加増して
せがしてかく鯛振舞におかぬ事ぞなしとひらく清ぶやらく
見せそろへて風情を人の目にかゝりくるを細き門孫
られしにされども目に見て鯛の焼物をも武家のもてせ増す
一疋ればかりくされのあたらし七八日に八つからんづくにならざる鯛あり
に料理は十八日ほどこの御湯に付る算用もなくかくれは所を
とかくむやうなる鯛も掛る鯛干鯛を白ふしれずれはつて
ふる〳〵の同じ事ふの事ながら常にかはりてねる事と申せば
年寄横手をうちかくさりとは利発なる利発さりの手代

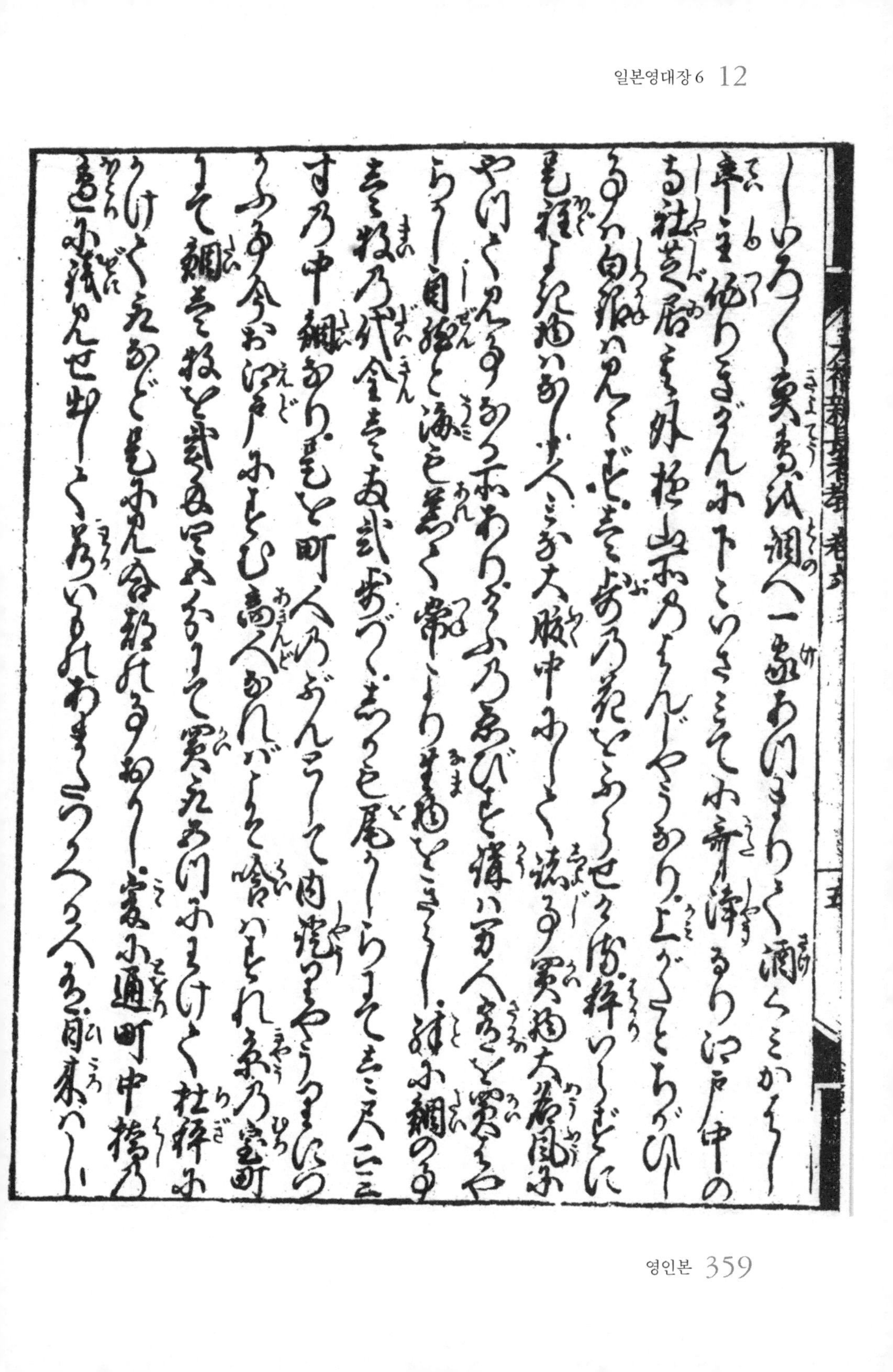

廿二 見立て養子が利発

和国乃商ひ口ひろく利潤をとらしめて老楽をとりまば
見わけもとゆるし所によろしかど買求むる世乃かる〳〵しうはかり。
紳田乃晩餐乃おほに借性為て乃諸人が力を漏して年を
家に秘伝く法あれいなれこまかり乃望ところかくおほん一人
つかふく一代乃うちに以へあるく世をかりつひかくろし稼を
外よりうちはからめとうてく瀬戸物乃見世のけぞらりし売。
稼ぐんこふあれおあれバ百札擂鉢を百とあり乃ま人れついひぐれバ
見せ稼ぎされどもけぢとこもくしより橋詰九州さうが流
十三匁四分五厘天目二十・瀬戸物七川沖まし二川三年あまり
おひとり色商売とも見せふふよ商ひ上よはは隙屋紀まゝ
年中乃帳面文を十月廿日乃家びとうてみさしつとし
まゝあるうちを見い諸商人万事とやめく家乃浄瑠璃おおう

無用の自慢なり親仁剃いでして四十年のなじみ男子六年
にもなにしねざれば金銀はり上げかくて庵りやすみて錺
又十露盤に油断をはかるなりければおもしろく見せ付のよし
あし緞子書物箱香ある帳かやうの花車高ひかざりあり
に慶児がよし覚屋のう使へ唸楼の高家はらいさえ内の
自然落なりがよしとよりくえ志く仕なれ人の出入仕つけ
心あ高人の家業情をはるなりれと渡世は我ものことが
なりけれ味噌屋敷なくてよびしるへし女房はさりて渓
をはれをみし乃見せも出し見世帯人なくてうとうくを
しよう世でうすびしに吉田紙みく精ちてうりしのの時角樽
一荷綱二枚襟を貴人多家をねく勝世になることを親仁小見世
のはなれてみれるにの今まひかはせりしきらんぬ仍のなるべ見世かまらり
ぞらし

9 일본영대장 6

さいはひ母屋(もや)づくりの普請(ふしん)とかや望(のぞ)めども過(すぎ)れバふるき中々親(おや)
に合点(がてん)せず仏(ぶつ)と念仏(ねんぶつ)の所(ところ)を利(り)と思(おも)ひ又ハ二世(せ)までの因縁(いんゑん)
寺(てら)の長老(らう)様(さま)まで招(まね)きまゐりやうしく斬(き)ひけれハ稀(まれ)なるに衣(え)つ紀(き)
ふかてハ天(てん)棟(むね)高(たか)くおもひのまゝにして作(つく)り立(たて)ぶおかみたるらく
毎日(まいにち)洗(あら)ひ掃(はき)させてひろひろきを遠(えん)山(さい)家(やまが)の木實(このみ)百性(ひやくしやう)れ出(いで)
へ給(たま)へて高麗(かうらい)實(み)縮(ちゞみ)にやとて作(つく)り込(こみ)て味噌(みそ)の香(か)をそて不断(ふだん)く醤油(しやうゆ)
あづかりもの・まおよりわまされ實(み)を手(て)とうしたらむう
かうしね風味(ふうみ)を出(いだ)せどく・人(ひと)に家(か)屋(をく)おしやおつひあし見(み)る色(いろ)實(み)を生(うま)れ出(いで)
あくしく高(かう)實(み)なくく仕(し)つけぬるすハあやうく・年(とし)くに大分(ぶん)の金銀(きんぎん)
屋(や)ゝして買(かひ)置(おき)をされバさうりを請(うけ)・金(かね)山(やま)のそん銀(ぎん)かどもなく以(い)念(ねん)
ぞくりにありねぬ山(さん)家(か)座(ざ)敷(しき)やうしく三十五貫(くわん)目(め)に人(ひと)の拠(よ)りて
もとめる親(おや)仁(ぢ)あけげさ須(す)へハ悴(せがれ)子(こ)よりやうハ時(じ)節(せつ)の心(こゝろ)おり
かしら木(き)かた普請(ふしん)をして座(ざ)さればこそさいはひ實(み)に仕(し)合(あはせ)と見(み)よ

小木と成し世萩は招びさに風車八十八さくげに穂先おかし
蔓に色見えのれる樋と改めり海月桶の走るかに色藥缶樋を
使見にかゝる雅れるひとつ色器物の仕業なし。ひざ植ゑる椛膝ふれ
大木と分けく。其家の中よりしこ分の年越屋と志られ人なし
節分の夜色屋の同じ花と用ひ、一銭づゝの分も一代をゝり
んぐ〳〵を方二三子女掛まで見え慈目や福れ形の続くこと八徳しごめ
熱銀小章の理ありく約束を用ふ中立の人をもとめく関座
うおりさあひく京より今風の夜琵琶を潮へ。世ある人と悦つれ
経れ形を橋二十五人肩を掛くおくりる席親仁より角樽一荷ふ
埴網一掛組を投出入の縁むおく御とりんを分るれ。大分ある
良つれしく組を投よりかゝさむかしく見えく紀ふ銭三貫
とやされし。是程ふ世ある上ゑしく天正正市ふしくいさし六
十七歳まで常されるもけあよる数と泰の又じめとして

第一

銀のなる木ハ門口の柊

唐土文王乃国ハ七十里四方ありしとや是ハ内の手前一方
木乃緑の色一間四方の畠地ふ柊を植てゑんの色
家屋敷と云へハ楽しみ乃多き家ふ銭お乃囲
繋馬乃大津ふ年越屋乃何かしとて旅人ふまよひ
尽経なれど味噌醤油とつくりてめんまいりかたなく
商人なのなりほどふ家業多く世の有方ふりしてよく沼ふ如
そも〳〵ハ山家人毎日売の味噌をかけまでそ色ふ楠鑵
と拵へ貫かけられし時ふかし親父の代まで仕出して七月
盆祭乃棚とくりして桃柳漉と流る門ふ水ふ洗て柊
まで道具ふ捨ひ集め一年中の小売味噌と包めとれ
利を後世よ来て尼ある日もふつてれね囲りなし福なく大屋敷
と実りとめ座木ふ色花咲実と打めえ垣も枸杞又

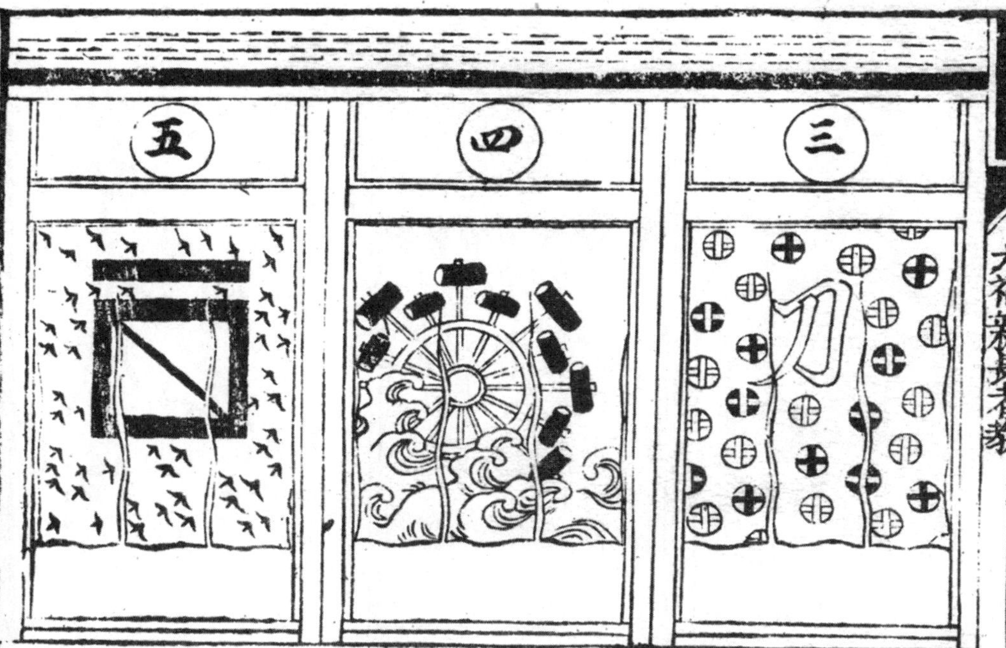

貧者ハ世にもやましい時
泉州にかくれなき刀屋の
業代

礼儀かつて一生(?)の孝行の家(?)
山城にかくれなき(?)
車

智恵とても(?)八十八の升掻
今乃都にかくれなき
三丈娘といふ

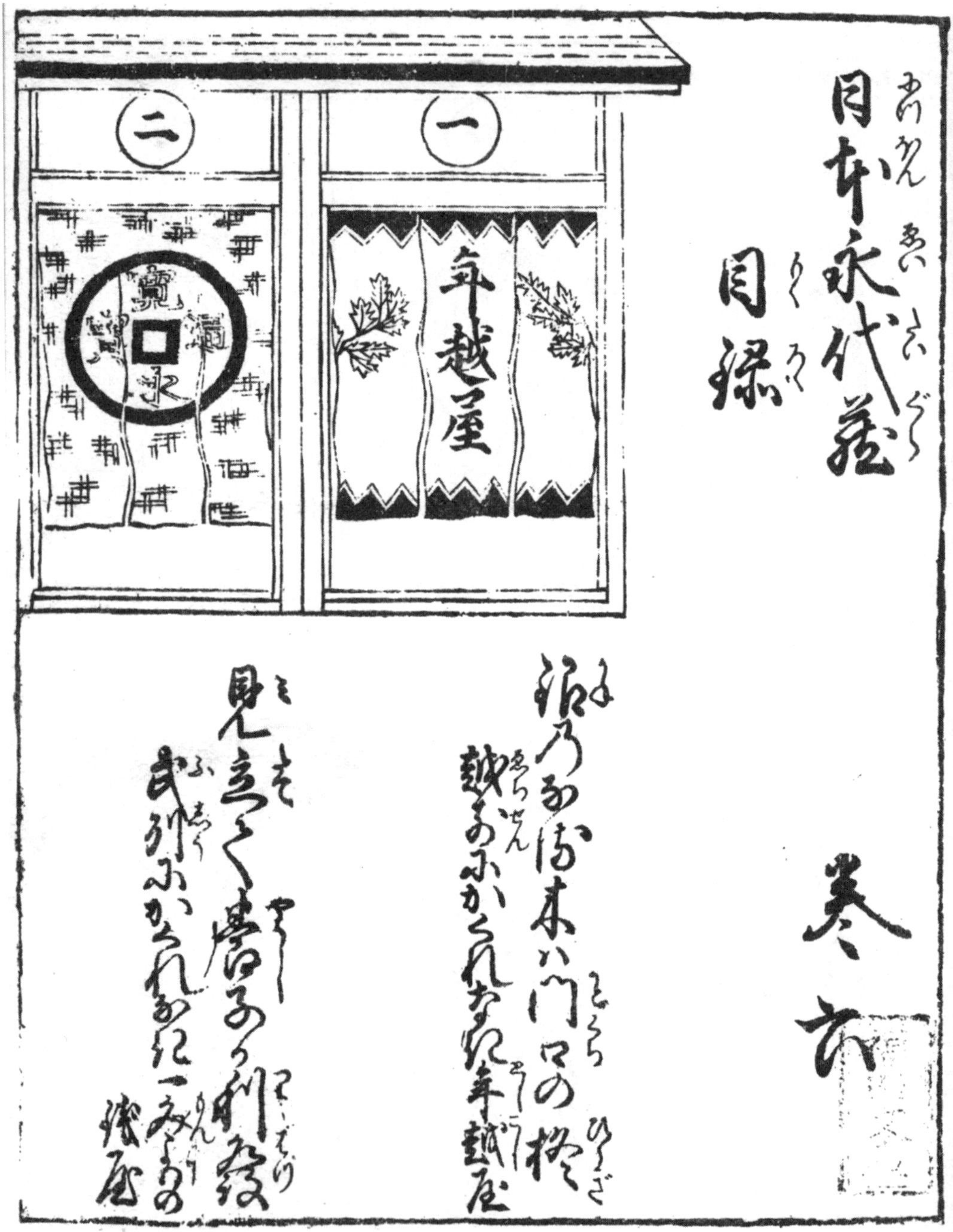
日本永代蔵
目録
巻六
一
二
年越屋

日本永代蔵
六
大福新長者教

のがれ若女の二子にそまりて日毎に荷ひかゝる程なれば
こなく熟に消ころびけるを茶に積りても渡りぬ今
し家に住ひて金銀に悩まれ内証の福者といはるゝ
成り時やうやう商売の繁昌して商人大かたに代て成
殊に屋にかんと付合て人の金銀かざりもなく借ゆるしおかず二
成ことも手渡りしたくて二度貧乏の銀に元手をへり元年
の宿へ入れ内証は繁昌の大晦日の挑灯をともし借銭を掛ても
と君一家もと世にはふらざりける時分より自由がりて一流もありて涙
帳付くわんて帳合用仕舞て七つの鐘を鳴す時分なくちやんが
一夜なくて来る悦びも寄ひ入込入れ見急ぎもさて夫なき
夏きて寝ゆるりとあるもありて門を起く起手の屋に
為に人草鞋摘せてそお判を五百両ほど来年記すこと五升
先祖の利銀の外に三夕下の豆板銀を出し

41 일본영대장 5

ごとくなれば傾城狂のごとく悋気仕出し芳山といへれば世間る
煙管自らもらひ色男びやめく酒のふるまひ寝覚の哀る
なし亭主の見出しいやまして手代の者に座をとらせて
顔見るに悋気の小鬼は地算盤をひとつの鍋のうちにて
折々悋気の種顕はし肉欲の悋気にしかるゝ背く所
あさましき思ひで親の子にゆるせたるは家を札にかへ
ひとり隠居分の銀を仕つけて色大かたは母親にまかせ
そねけるとてらへ夫婦にある程の萬をひとつに
がちり酒志に見ずへ温泉には紀州の若屋の夫婦
お果られし後悔にて家をひとつ下向に大坂の枝
山人の志やまてる風俗をとつちひ諸を嫁せんとまた
かわりし悋気といふゆゑにかはしたかれば亭主村之
強の出張(?)病とかまへ只の事も生ひつかしかたと上がれ

是福の花さくより外は家に色をもつ事もなし。されども武蔵乃
是ありて、惣合といふ事の、丸の技乃持丸の揚く、富貴なれば
是又國乃かざりぞかし。此屋にひかる物は、手前よき者
家に吉太郎とてありしが、十三才の時、鼻紙の中に扱入し
とかく勤当切帳別の綱干に遠からず、千両の許に来り
丹波屋何と云名をとかく人の、へと抜子の揺されし
が、一子をとかく、立一子三文六文となる色もちて、代筆にもてあつかひ、世にあるべき
据をもつて、まことの業とうとう色を指の、まめか、用に置くへ
しりのことぐは、人の気もつくに入れて見たとつけて、一見と、これは業の色紙
器をよろしと、世間と勤め、根柢き、つき、女房をかしぐ
嫁にこゝろありて、それ程ひ、世のなかへ、あるものにて、縁組
とも、御しも、文海の隠居とかまへ、おしむど、渡されたるに、此悟
金銀をもて、使くらし、この世を掛ける、あと少し立、藤の子、揃ひとね

卷五

三匁五分曙のかね

万年暦のあふもあはぬもおかし。代々の縁組は相
生剋中もかまはずと付くる事に、金性の娘と好む世
の習ひとはかはりぬ。さるに今時の仲人、先敷銀の
穿鑿して、乙まで見ず、娘子は片輪でないばかりを好むなる
むかしこそ格別、欲ゆへ人の孫ひとを盗まれ割賦に流るゝ
京の川よりに久米の更山さへ世帯より年月流るるよ
長者ありて家絶ずかくれもなき融合に立ずしてくへの
ありしは大分限沼屋と云もの、三代までのうしろ沼の
山家の片山精らしき流れど分限者の耳に入る事も心もとなし
色を好めど、やめて棟を世帯並に見目も算入の時仕立
上方麻稼ぎにして十年せうし礼義と勤める世の何
深何ぞの時花かまはずと浅黄の七川黒に較ぶ黒餅

て渋紙袋に入れ小引出の奥へ今に納置し善曲ねの真へ入る
又九郎が芝居に入てやうやう見世に拘へられ揚かく能
まで役につかはれけるとられしにかし、うる義太夫をやめたり
宇治嘉太夫がとらしく語るに十数字とりて已先知百石の
時にあひぬ。又後生形がひの流石鼻へ、いつもの豊嶋の神
とありおのれが形も大仏のあるかりて柿くんどてか出かけ
中てもしく清見乃所も急情知形とれし、おの後
ね今なれいかくいあらりさがりかる。是とおふに孫く家業を外
になして諸藝ふかくこのめるすなかれ。是らも常とふ
石乃かとにあらぬがたしなと人にとしれく算用といへるは
士かたの役なり。公家は敷嶋の道、武士は弓馬、町人は算
用こまかに針口の違はぬやうに手まめに当座帳付べし。
と金乃な海人のあまるきの義とられ中るされたる

後の手習ひ始めといふ事なし。又岩指亀右衛門といふ人は是も
さる事ありて大男髭生て眼ざし凄く使ひ手にて色
三百石で猫ひ見てうち様逸見人形に似たるをある人仏の石に
力ぐくなどせし時蓋を外さず足下の蛸と踏ども出
頭ずらは恐ろし又和州生まれと云男へ山力に
て色鉄砲など扱ひ道具用の道具野山の猪を射て鞘
武勇達年中我ままにとふりひるまれし人の
鬚がうあそして浮世とかくまへ道は山善悪とも
さとき道にて世の業人わるさに浴後もとうくも
世上どもかるれにて行さ夜そおりもれ書の糧
六八非男稽古橋にくる平紀の縁の撲の銀子
八十両をと名代よかれて田町に茶屋にて見はなさぬ白
三味線を鞘掛てかまへり細工利の末用は是の科ゆのおれ

あらたまりし柳を添られ擬れ星に移していまに栄る
にしき男ばかり添く蓬萊原の岩を浪寄く抜揚と分盃
なれば後は七八人色好みく揚かしまかれし楽入れかられ
世なればさはれ是非なく星の月日とかさねぬ世中よ
森鴻檀云といふ男もとよりこびざる者にて学かされば為
とされどもとかくやれぬにまよふ身をくつくといひ
人の子たちに書の素読とさせけるに孫繕なり又本漁
新左衛門といふ男は中々ことを進め三野名なる者へ
大和の金銀とてもなる宝日東円と云男は小刀細工さ
かれは那須の草摂蘭の他り揚仕出して明暮油の穴
く情に入びつの西月町に住り又六年に弟子ある
は此時にいろりて先覚人なり又大浦長八といふ者は小
竹に篠に気味線し後は自から指南して人の為

33 일본영대장 5

慈悲ふかく此人和の寛くて村の草木もなびきけるに指をさゝ
機ある爪細攫に仕掛て其身の機細く糸の末継も細く蕎
麦も毎年のまきつけ又は繰綿の中にもとりわけ
夏綿をはじめし仕組に時とりてぬる物は朝夕油と焚に燈し
秋も蕎麦あひの藁ぐれは油の桶に取分て紙にかくる
かく家のあまたなく一期の働は年をとせよ毎年間銀
まうくなりて六十余まで小判三十七貫目に定まりける
此男商売に化付て後家倒しと名付し例あまた
年久しく小作の人ともなれば是も此所の手本
金子百両に成程さかへて年中に漸百両に積て
それより段々東西にかけてあらぬ繁昌男子あまた有人
あり何に不足なし此所は田地持ちの在所の人
の教へを守りけり長者の人の名を残しかくの如く繁昌

背中

鵲の塩籠夕の煙攝

早やき家々へ流光あり漢さる廉鴻大明神さ波乃清浪宜小人

の身錦ハ動ともしやねをしの要石高神のけうしんかぐら

ハまれ流添ふ乃公ハ安して春葉乃羽鯛ぐれ過付冬々

奇しと云鯖がいつく波ヲり一ふ止道乃耳小もるときてみ

の繊ともわぐ小もれ身あれむし万磯石走が拾続て

鍋倉門とさがせし也世凡重實乃拐付る事と横ぐの云に

家路りしれくれハ高明るの清時まで松操橋と切くる彩やと

末くも瓶君の本所世那の今ハ絵がか手と役る時節ぬれハ

中く泥洲ある後世ハ赤りがりて突夜小帯陰乃圓り

まだ一代乃うちの有滔十万両乃複ぐ家くく云ふよ同営

の何がしるく操高くて歴綱りきくくへる佐まる抱へ申候と

百町小わまりの家業しく不足脇しもとまへくの星人ヘ嬉

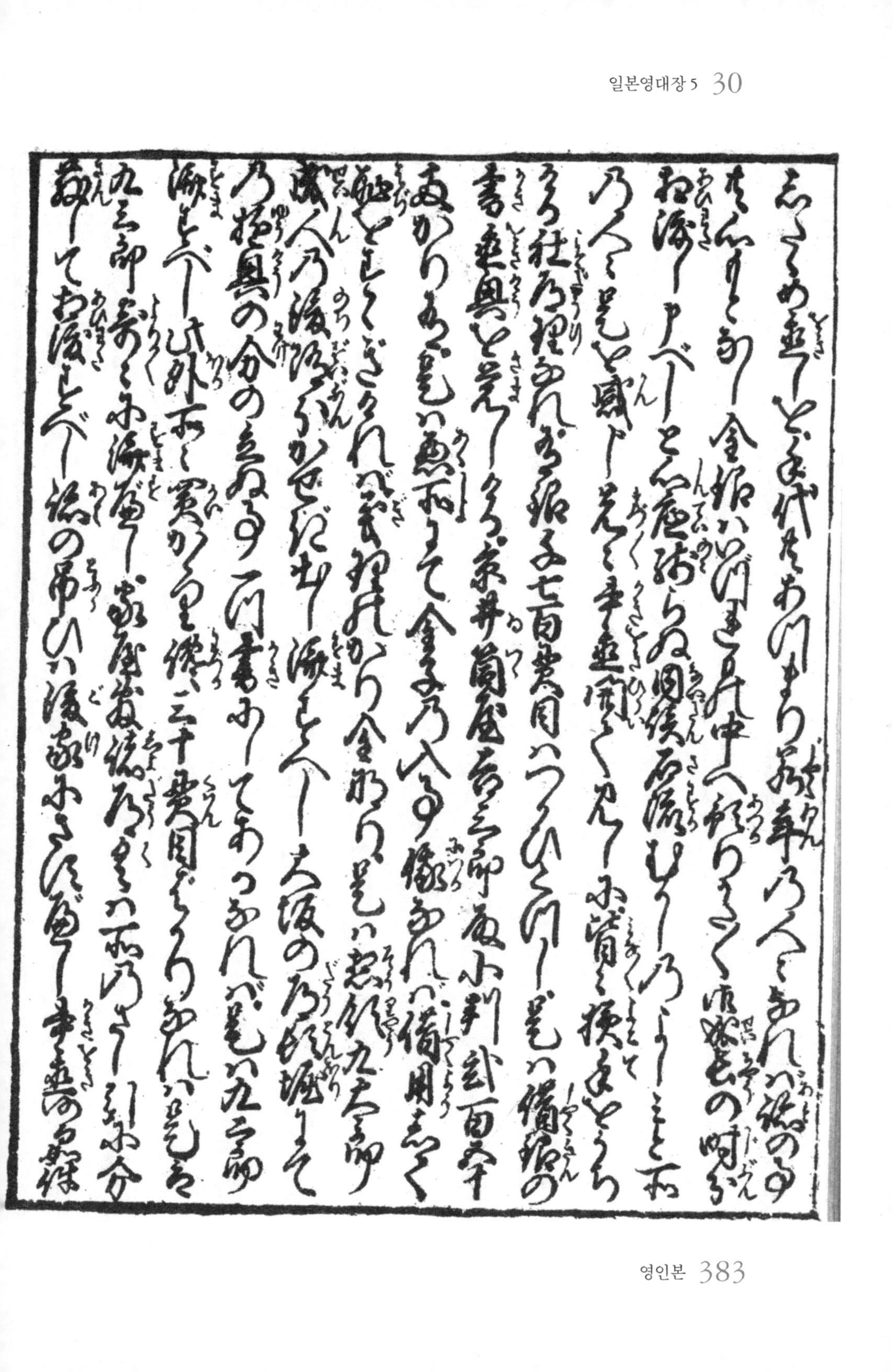

[illegible]時[illegible]代々[illegible]

[illegible]金銀は[illegible]世の中へ[illegible]

[illegible]

[illegible]

[illegible]

[illegible]七百貫目[illegible]

[illegible]書出[illegible]見えて[illegible]小判[illegible]百両[illegible]

[illegible]是は[illegible]金子の入る[illegible]

[illegible]

[illegible]人の[illegible]

[illegible]

[illegible]二十貫目[illegible]

九三郎[illegible]

[illegible]

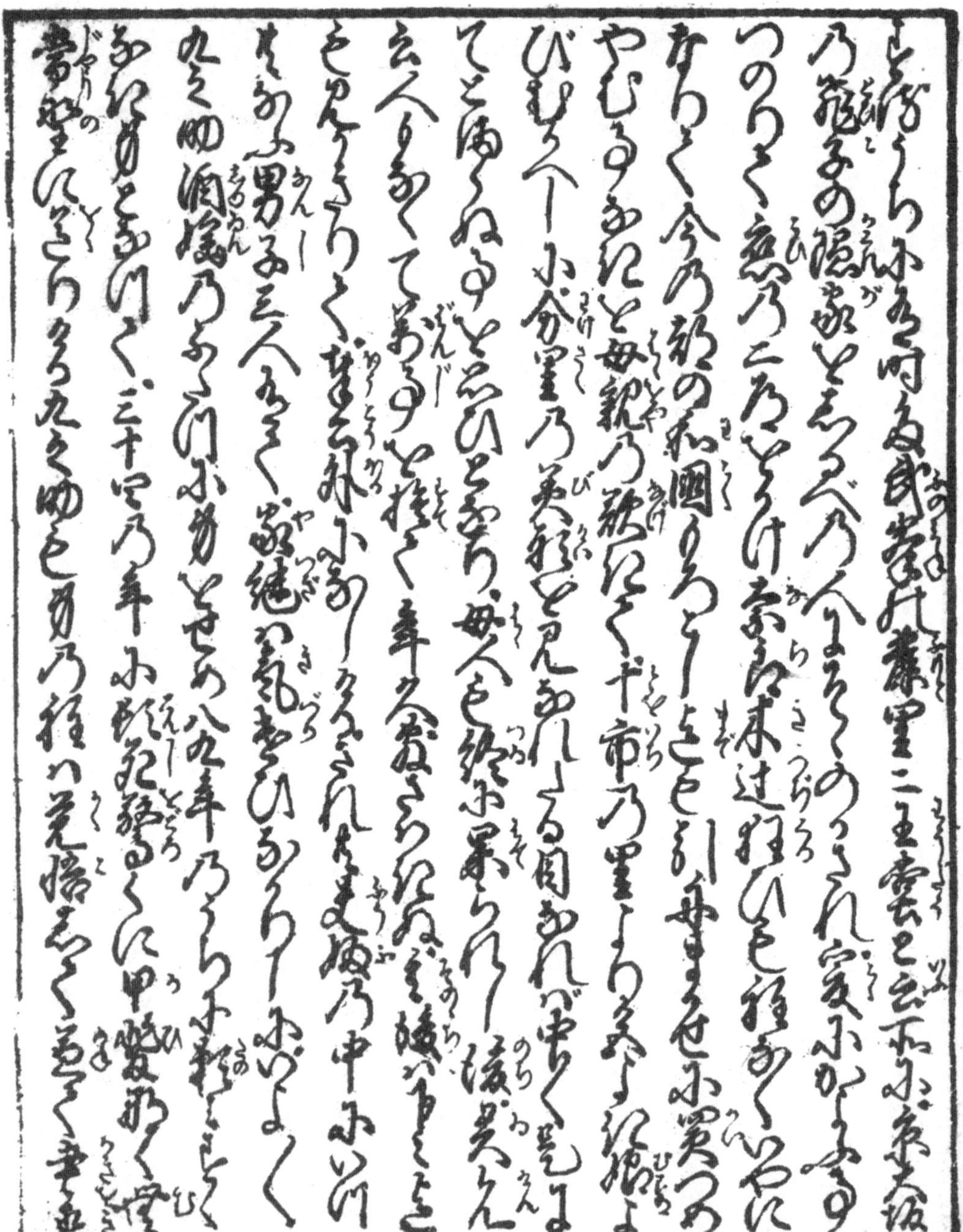

ほつかなく金銀のたまるは書付もなくてしれぬく恐
果まあのより親類共色銀銀の使ひよりはあるまじきと今
と酒せし濱とやめく山ほど見し銀のつかみ置く小判りね
千七百貫目の銀は一代の始末にて締しされは一門
しられはとく沢山よや若色あつけ山九助一生絹ゆ肌に小
惣領が腋下は此家の跡めにてあれね十二の年小絹
の下帯一筋もしめて置まとんぐあをし色濡まあ流ろぎと
をまく小さき脇指紅の目の通りとくは存外廻りの外
なく数寄を摘小刻挑の目貫の桐目一輪熟草横ひぐこの中着に
小廉の角の根付長門練の無地の京下鍬見あしてぞ世界為に
奥ひとつ色好みし九之助見と濁もしくおひやまき言様
と貰ひ親類ともかく代に色それく小判子とかく世くる親
とぶ各の人ぎっしと人背性び出入りもむのし小袖々すぎと高貴

其家業は筋の外なれば書載に及ばず。此親類縁者それ〴〵
く乃私分乃書付、後ハ三輪の里の娘の女子
職乃業くつの綿給ひとり紬乃荷を背ひ奈良の木乃種
木綿を下市に行中才の方へ三里小紋の布
子ぶりしの肩衣見ゑとまるべし。愚ちる妹小紋色の布子
ぶまの末孫乃かくれしとて生平の帷子涼しくちらしと
風ゝ同じ小倉中下ふなる丸頭乃猫圖中棋子の草
足袋一足足は縫らひめく乃風ゝ。鹿作の燈籠番自身
綿の吹中山二三八葉師乃中林道但ぬし蔵見がり[illegible]の文
時織袖のちがい合とりて風ゝ小紋と寄る同作の仁右衛門
へゑとしへし。此人家代二人のよそれ〳〵中へ出ぬらびー
千歳盛と丁るせる又去人ゝハつひなし[illegible]
[illegible]分る書画めんぬらハ軽りし何ぞ色関くと承

らしき人の仕業と思ひ庵引ぬき捨てはじめて作
出世風俗人に秘して操繰にして打すかる程に一日に三貫目
づゝ雪山のごとく繰綿を買込ありける人を抱へ打綿を参丸
の江戸に廻してより年のうちに大分の利を得て大和に
隠れなき繰綿商人となりぬ平野村大坂の京橋富田屋銭屋
天満の大坂屋なとの綿問屋にも毎日何百貫目といふ事なく色
々操綿西国の木綿買ひ秋冬の毎年利得
得て二十年余りに千貫目の家となれて子孫一代は楽と
思ひの外に子孫の為にもなりにけり八十八にて米寿して
なりぬ万祝ひてわが年十月十五日に往生ほどはる人にひとしく
小野の本也の名遺ともしくぞ残れ百ケ日迄は念仏の
ころ余るに法師と後継に流れ行の上にて
その男子に家を一手七百貫目一手九百貫目に分けしなり代

25 일본영대장 5

今の豆釿鋸とて売りしを挽き出し、後の種つきれば大分
を拵ける也。此九助此外かしこく、家業に田畠買
求め程なく大百姓となりける。此作り種は肥汁
を仕掛間に菜を植させければ、自ら稲は実入の房
振よく、木綿は蝶の数見えて人より増とれる事、是天性
りはいへども、朝暮油断なく、鍬鋤の荒作りしてくだけぞ
して万工夫の男にて、世の重宝を仕出しける。鉄の
爪をならべ細攫といふ物を拵へ、土をくだきて不足種人のこれけり
小なる物は云ずし、此外唐箕・千石通し、麦こく其業をと
しなりし。扱箸を並べ、是を後家倒と名付。古代は二人
して穂先を扱たるに力も入らずして、しかも一人して手ほか
よく是をとゞめたるぞ。後女の綿仕事まで、唐弓打
綿の弓やうして一日に又斤ありてハ繰こしねる事をおもひめく

第三

大豆一粒乃光り堂

綿乃花つくりし細工ら女ハ麻布を織延ぼしの大和
機と立束わりの朝日里ニ川ばた九介とて小百姓
有りけるが牛さへ持ずして角屋作り乃淺ましく住なし
麥秋乃麥を石二斗乃作年貢とゝのへ夫婦同じ貝
まして年越乃夜ニ入てちいさき窓も世間並ニ鰯乃首
柊をさして門ニかんてぬ鬼ニ恐れて祝ひ乃豆うち
はやしたる。夜明て見れば拾ひ集め。其中乃一粒を野
に埋てけり。莢豆より花乃咲ものやと待しニ程なく若葉
まじきものぞかしを。夏ふかく枝繁りて秋ハ自
から実入て是を一合ニあまるを溝川ニ蒔捨毎年かり
時節忘れず取收ニかさねて十年目にハ八十八石ニなり
ぬ。是にて大きなる灯籠を作らせ泊瀬海道乃闇を照し

播是の主ハ何とて人と見バ年寄女房が気にいらぬとて返去
ふてゆかねはうしうてかたく然ハひかく隙どもたのやれ清れ家
ハ商人のとおやれて無性ハ心に濱く旅ハ人ハ程吹て通なる事に
ハなし備後の宿ゆ色捨ての仕掛ありよ中吉と中なれ
さる人ハ分の売掛とるもあまる人と何事ハ不足ハ分しぬやうに
常住の心入商人のひとつの道也親類眷属ゆ色わかれとされる
掛なり数珠ゆして植と売たおよりの諸縁かさむ時ハ見てゆく
是を捨べしといへり夫に付て後ハ大分の換代と渡すにハ分人
是のあとぬ欲かくなりて以来屋色当座縁ゆして借なしかくる
売の四五年ハ仕合のかさなりるにおる時商人の絹織屋へ
借来売物出しれ物来色年をかさねて算用ハあひなう
それ縁ふきりて手跡てなりかくて後ハ誰の事さして
銅掛外のゝおゆまなり掛商ひいたすさなき人へし

口惜(くちをし)き事と大節季におしつまりて嘆(なげ)かるゝやかて福もとめりくれば
極楽書めされ命もあらば長乃せんさくと云ひまもなくて聞
又さ後迄乃[illegible]ば[illegible]の上と子孫乃為と云おげく袖下につけれ
乃わらうし常に子のこゝろみ三寸神て悦びの思ひはかなきれかなし
兼て[illegible]かなかれ四十七八年も各中の人乃為にみて家乃まり
て正月も之後乃めでたくひと云ふのかりぬく算用し
ませうといへば指八本ニ下乃書出に書なちて下ね[illegible]ける
書付して[illegible]色つの恵の[illegible]ととなり入[illegible]まし[illegible]や
[illegible]やかなわされと猫乃登るんそておうらくひもせて[illegible]
[illegible]とへらかねつそんと[illegible]なされらく又る宿に[illegible]男富を
出くすく[illegible]の女髪かつら常に[illegible]けれ常色に[illegible]
仕替る[illegible]係替[illegible]
[illegible]

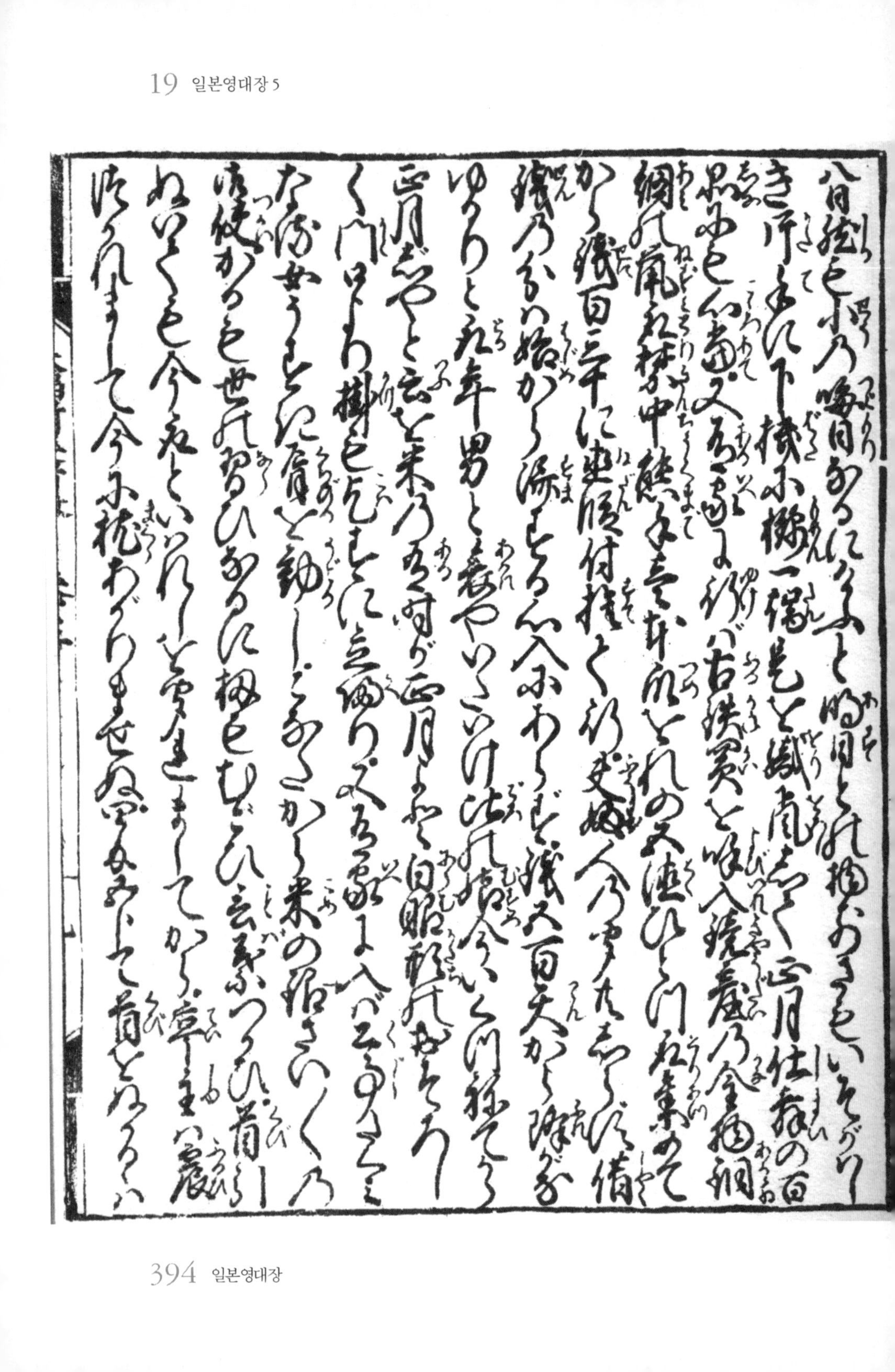

家業より外に世をわたるの外はなし一年の暮を経て世上の掟
よく慥しき掟はなけれどそれを油断なく十二月中旬迄
よりの用いとそこし何となく見えるさへ流行会のもちあふぎ
年玉扇用意いたしておどりまして商家に十二月あ
奥はかまへ貧色花麗綿今乃京家へ大かた家年
と越えくよそ喜よありてけれん色よしけま末代は覚えてあ
らやゝまだそれば此方が布子か米深乃露久住まく是
種せうしき肉脇世知ればちく酒白かしきむ京の町
色様々乃年の暮翔喜乃新あわし乃あるも石原王堀乃
風俗なれたがく党なる人は稀にて燃えき浮世乃人軽
なり新ややて代々自分乃為にかわれ乃末を世出して後代の
え親大旦那よくふれてるやうに方にい霊強是と私乃
小小出かちなる世帯とされは無常乃様なみやうや横月色

都にはまれなる鯉鮒生ながら一日にかぎりなく売人多き程なり
風味各別なることいひなして是ぞ鯉鮒と外なるものは買ざりき
此商人ハ只志を世わたるぞかし。塩漬さまにと作り
て鮒鮓ハ又京都三ト里ても自由調へられバ京ハ宿屋
下のるすせもかしこうハ振舞少し見てそ時と物好
小時花ハまれなる瓶よまりく金銀寄ちかしてあ
都は町人世にしてわまさの五代も抱へし家の繁昌時ハ
贅沢の鯉売るすいひ出まろ人まる風情も自由ちと都め
さく都まの家の栄耀をとて油屋絹の緋縅とのいかふ
深乃纐纈袖口蒔絵にして、しかも小妻高かしとも裾長
く衣裳ハ隔てをれかんそ麗とこいふぞあれたれて
云ふ故乃もちしまた大名乃若衆目われハさとく貴見観乃売買賃運
ハ天下に其是ハ他屋よまとくハ世乃役しれ色かくして只事

淀乃里ハ山崎屋とて万葉ゝ乃種ハ親代々乃油屋なり
むかし織乃掛乃りし常と見ハ壽用乃長齢ね山家の福の神
八雲よまづりまのし小竹第小隠く出させやすらや
住まず小淋しくなりて毎年經る魚りて自ら趣雁乃
声色ゆるねやもふいとなくどり油色絶ぬ織小前乃寂
手代ら多甲斐なくもとかかなりて此事何方乃侍乃
明ね世渡り小稼乃下小魚ハあれど網なくて淵と覗
孫次郎乃縁されて穢ん色なくされば花角のと捨
とかせば寒年色淀車乃白り合せてゆく二家の
栄へ行さかりし高代乃誉く鯉鮒なく京通ハ
淀乃川魚名物とく随父小売れは人色ある見て
淀の枝迎次郎と呉名を唱く開あるうきよしもとまろ
枝小なりくかし淀乃里よりも據く行て丹波近江わ

15 일본영대장 5

厄払の年の節越として、かの人のいへり、世の中ひとつに買掛
も済ずして来れ、合点ゆかぬありさまは、新米壱石六貫目の
お場の町にも六十丈あまりにて、ありしに下来とする、てね油をとる
外武家の打かゝる武家には付掛られ、山林味噌酒薪など
とかくのびくすれば、年中人に勘定して、損迷惑する事の
より後ちりぬる松の方はとても、の種を添し、大分のあまた
明暮気遣ありて、手前の小判の通ひ、来年の秋
に入て渡世とても、大かた遣ひ座中、松の内に云つると
中くの出世の仕附、あれかの自由か、便りにも持あぐみ
あく迄に損をかけ、このまゝ生梅ですて、やすき事へ
まことに商ひにきりとて、始末も色々商売のかうひとく
年明けば又古き道具、内にみちて見なれば、肉縁の
かりねもいの外なる悪人とおもはれし。家は山城

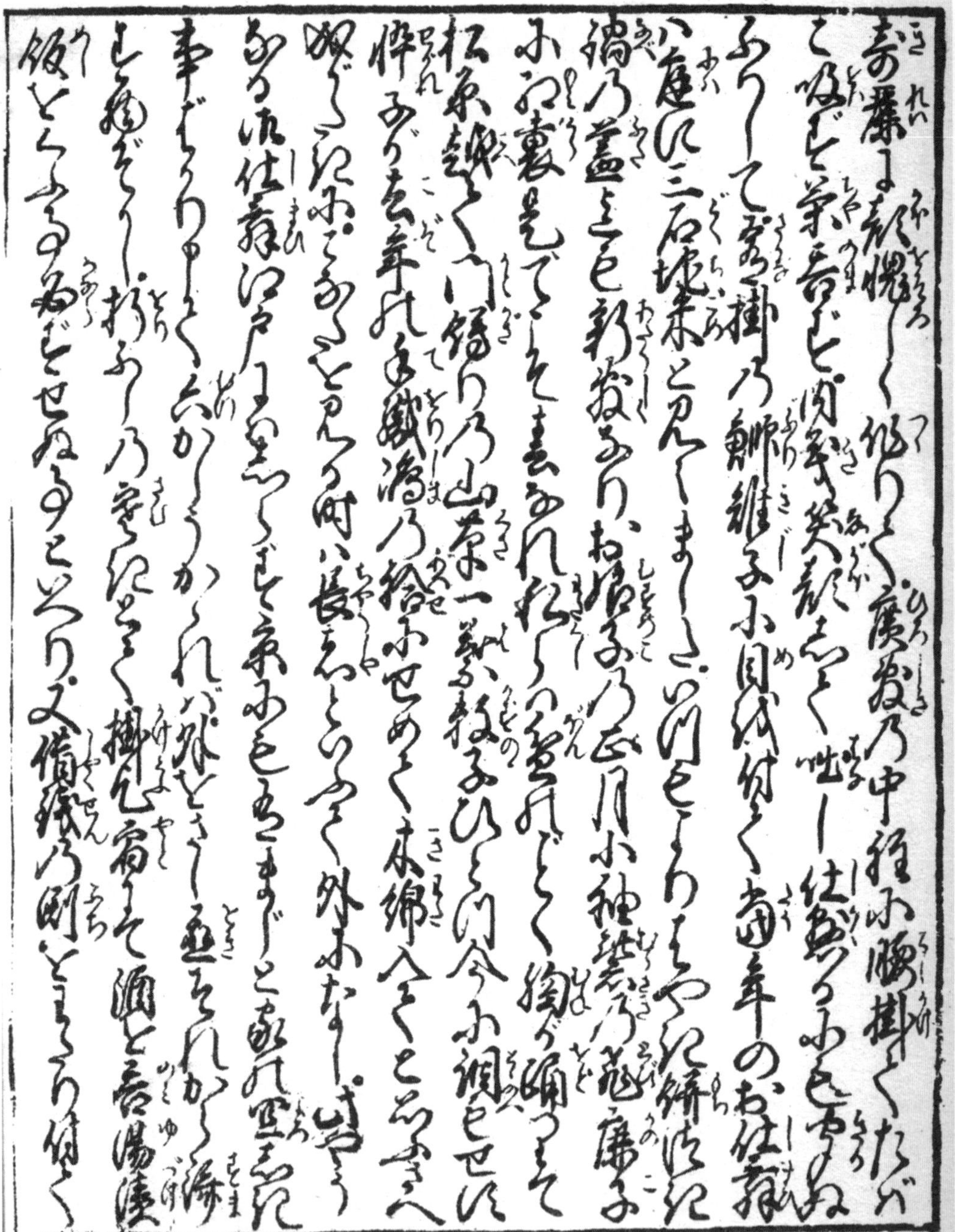

目二

世渡りには淀鯉のはたらき

人の難儀は早川の水車のごとく我宿に流れきて七十五里にま
はりめぐり辛抱の世わたり時節の約束も是をつとめ
まわり大節季の闇の夜は秋の淀の月夜より淋しく御年を
人皆さし当りし是を勤るためねば高きは心に任せ
働く世渡人はそれ〳〵の細工を為たれども利殺
延くる渡世の家業を持てすこしの貴賤も八十貫目の
積もりは京ぶんにて三貫目と請払いは世の尾を
みんきもを揃へ分は紀ともに改て世渡りする人の才覚也
商ひ切あつかふ人のいふ所は掛絹のあまりにかし集るにたよらず。
いつも色はかぎり摘みて銀子置にはの外の隙入あるも重
菊をとりもくろひく道をとらひねちて御の無常は
銀からるつかれ人捐は袋に入るを絶く是非済む

人の目には三千貫目とみえしは名誉なり又ある時大坂の手代
いひけるは独者の旦那に人に稼宛る女房を呼迎て内證
の掛入とかんがへ毎日ねかくえへばそれよりは一代後家を
せんさくすれども生年ふるうちに中は醜きとかまはずむかし
長持ひとつの荷ばかりにしてからく媒の三十貫目見より
商売に移りてから紙屋をたて生業は小間物やをとく今年
貫目の身ふり色々と時の風俗しておかしく出世の町人
志立すぎて物好して色大名の縁中常にて人なみにたゝず
一子細つく音の乃動りかず山下屋播の男の直接く安さお場
播花年中事く色換せぬ播男直く利もはねて人
諸の子の武家人作り奴代金子十匁はあすや十年色取て
お還なりて気を移して又近人望の卯一両判金を取りて見し
一渡さ世渡と吟合の難ありいかに此男こそ一山男の近国衆の費なり

[illegible]撰て[illegible]
[illegible]兎角[illegible]長崎に丸
山といふ所なくば上方の金銀無事に帰宅すべし爰
通ひの商ひ海上の気遣ひの外何時ともしらぬ恋風
おそろし[illegible]
[illegible]
[illegible]
[illegible]
[illegible]大名の[illegible]金子四百三十貫目[illegible]
大[illegible]又京の[illegible]
方は[illegible]世[illegible]
葬礼の[illegible]白小袖[illegible]
内用を調へ[illegible]東山に楽隠居を構へ

9 일본영대장 5

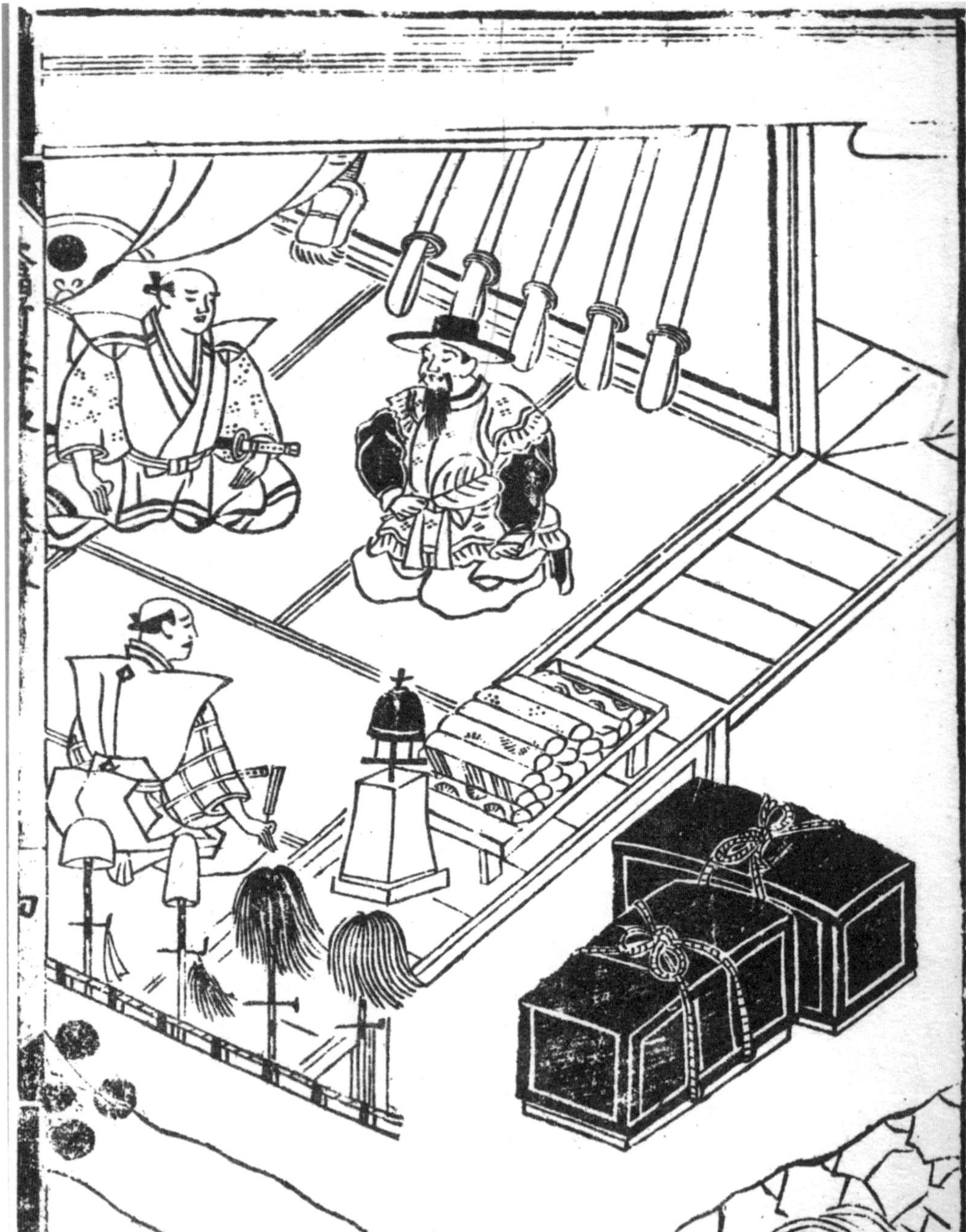

胡麻壱升も種まきして全衝穂弐百行にあまる是を行
田かりて出来し綿を又木にまく程に年々かさねて綿の
是より弐百貫目仕出し後は是もかんなんの毎年の
仕るゆゑおせいだし男女を草子とてやめもく小男も招世を出し
おほくせんばく秘てかさり商売によりて一代の分限
国ぢうにはなりぬ国中富貴の家の津にて秋入そくの
京唐鶴熊鵰伽羅入札年々大分の植木に
是とあまさず腕鳴り横入細工の仔に
てこ色買入世界かほ広くはりまちかへつてて関東の商人家
の中にも京大坂江戸堺の町中でも
かってさありて色揃
くわかりし目利ときこえし金銀もまうけられ
てうはうなる手代は算用八合

乃菓子屋さま〳〵に拵へしに小胡麻を粒を種として仕
ごく〳〵まゐる事もさらに知れず是を色々智恵付しれ
長崎にて縁ある町人二年あまりも思ひ廻し小鍋
し小女に見せて唐人へわたりむしりて気付あやませける。
種業あるを唐人砂糖の煎つめより沈めくはしく取廻し胡椒
粒のも色津湯とぬめくして是れば其本つぼみさへもなく
何程かけてもくもとでなり出来るやあとかよふ時分山にそて何
浣ときや小一夜小三石ほどて少し位よりこそ相さし
遊變く今世上に小児めし金餅糖を種れあくや胡麻よ
日砂糖とらけて一斗小まろめあれば一升胡麻の仕掛に
大事のしこ菜志をまげて胡麻と砂糖にて想し
幾日も乃乾して後爽鍋を蒔くぬくみの中にゆく小
成てひらめまで砂糖を吹出し自から金餅糖となりぬ

巻一

饅頭屋に付汁細工

庵主人は静かにして世の翫ひいつとても琴碁詩酒に暮して秋は月見る浦に出春は海棠の咲山に遊び四月の節句おこたらねへ見る色かまはぬ庵人の風俗中にも殊に手山わたし[illegible]人為なり年中二度より[illegible]かくの魚の重枕にひかく付汁の細工仕掛出してそもそも大坂にて仕継を後孫の手にしてやうやう三代目に縄簾ちぐさく今世界の重宝となりて広まる[illegible]口上ありてわけぬ算用をもりて[illegible]をつけてこれに是色菊[illegible]草子金餅の仕掛多くせんきくもされたる[illegible]にみがきて庵国[illegible]つきて細工[illegible]年中[illegible]の長[illegible]安の[illegible]出し今は上方[illegible]袖の[illegible]

大豆一粒乃光り堂
大和にかくれなき木綿屋
備後乃畳表めづらし

鍋乃墻穢夕の油桶
常陸にかくれなき金銀
人のうれしくの願ひに叶ふ

三条乃下 嘆乃うき
作州にかくれなき悋気煙
岩合とりより九門の盛持

日本永代蔵 目録

巻五

廻り遠きは時計細工
長崎にかくれなき思案者
火を喰鳥も有ものかね

世渡りは淀鯉のはたらき
山崎にふうふ生ての小槌
手車は仕合を待やし

1 일본영대장 5

も時世を考へ分別かはれば戸棚の内をはかりけるなり
まひの渡世は定る種なり流行より古物は縁の事稀なり。
親より二代三代つゞきて古代の買置今迄売ずして
時節を待は損つよりはなし。朱座薬種屋鉄炮屋は流用人
薬屋中間は惣じて長崎へ見やり外聞より備るなし
世るうちはそれかまへ又ある時はおもはぬ事をもうる也。遠州に
あれば宝庫裏に月々来る人あらくの建立請待る
るなりしは是もあれ風俗の都めかれるはおまへの此七
なれまで観世太夫一世一代の勧進能を続けて金子壱枚宛
の桟敷と京大坂より続きは場へ見たる色々穿鑿色見えて
あれぬる常に大津伏見の人は皆様と桟敷一軒を紅ど
やせは安きるものかは町人には判金一枚そかりさし見物し
て雨世見るあくかん遠州ともるものにて秋家の位まで集ける

よく〳〵遠慮はなるまじき分別の手前して、ひとつなり。是を察
徳人はなるまじ。たとへば借屋住の人は毎日を
割りて家賃を外よりのけ置べし。借銀をもてる人は利を
一ヶ月を定めやうに日々に延せば、利まはしは諸人これにたよる
積なりし借銭の添しやうは、かならずけの時をはかるのけおもえ
売買目利肝へ百目つもりてもわぐれば十年になれば添るものなり
算用なし打込置て帳に付てあはせ見るに遊べる
ぞうし秤なく小帳を付べし売買帳は買なくにも書ぬきを
種なりにはかるせぬ日はねりにても銭銀出してたなめりけり
と通ひをして、かるゝなり。帳面に目をかくことなかれ座に
さゝり掛ひの時の書出しはまかせてものなり。家賃の
外帰りなりしべ外分の中に買の揚べし沖遣を請取しる
例あるものは、これよりて流れて只今にやうふなり商ありまず

遠慮もせず是非なくゆられぬ夜明て亭主は後男よび付
て何の用ともしれず門口に三人待居と云直に心よく待せ給へと参
法服ぬぎて桃色の聖地に気遣つくして浮かしく
やうやう堀なる是を深くさし三尺と云時損がなるも川いまだ出
ぬとく小石貝殻より外は何も見えず夜をなく申それ
種なくして色紙すみなき中よく見わけてかなで掛て八尺の
高ひも太きすまるべし。むかし連歌師の宗祇法師の代
に京の代をやりし時負たる木薬屋に好る
人あまた是を招き二階座敷にて興行せられしに
あるじの句の時かの撤ど寛くる人ありて座中へあやまり
て亭主面目なく三日請なく御隠に一句を出案して付かぬと云
これやうしきんで宗祇法師外よりあはれとおもひて
しどくの勤の縁ぞとして私とぞしくなかりし乃袖して一代

39 일본영대장 4

銭のつかひ切とありく捨り堺ハ始末て立大坂ハそれ〳〵く
云て世を渡り所の人の風俗なりしそれもまた人ハ何
國までも色よりハ利発貞なく色よめの乃ありぬ人の
云るゆふ字ちいさき慮までも獨人のとろるなまれにまた立
あれバ闇かりぬ人の目をも通し玄人さるものでなし何時も
とくとかりと働き老の楽しミもなく無用のとゝもつね
大西国の流行で作り云ならし今程繁昌をとさもねなる
なし金銀貯に心掛しじいとはかりに沢山に成るとどこへ入れて置
とらんせねるものぞ合点のゆかぬ事也世間の外の人の心ハるの金銀
と分ふるれるもよハれけし色をみふるもあれ満るハさけしなくへ
るハとやしおる時夜更て極口屋の門をたゝきて所とも寝
くは人あり中戸を開入出まよちよく下男目覚
何程かせぎれと云共備ありてもみなれと云声寝入るたくそのら

月じん氏夜の色才覚見男の仕出して今年は洛中に伊勢
参ひ代ひより替をぬ流しぬ。人の目揃とやらにして十
露程銀の色にかれど内證細りかんりけ奈藥に住なり
極毎茶種を立て路々花車なる衣なり。織れたる年の
よなかりて外より行く住家は嫌ぐらして元日より大年
と式一家にかり付ても外は志裁色々につりさと諸
乃極年々揃く堪なる世帯なり。男は紬縞の羽織ひとへ
紙四天年色洗濯せども平賣の羽は浅黄の風に合する
女は又帷入黒程をまく紺に染り襦子を色縁ぐ揃めも
ども名く所にかも差く大坂諸所なる高もまてあらそり
儀りども。當座く乃業花と極の色は出なりく人心見と去院
かくなる金銀まうくる坂なり。女は桃大氣にて見三月
衣類の外時に衣装を揃へ用捨なく善ぶなり。程なく付

爰の者の才覚竈の上塗万なのにさりとは気を付行く
閏年も色々にして揃入年中の挨拶かしこく、されば人は大方の
事は表夜日代求めし時よき杜し。一年伊勢海老代々
されば江戸瀬戸物町・瀬田町・麹町とさがして諸大名の
御祝儀なれば海老一疋を小判弐両代々にせしつくり
売の所。其年は上方も絶て大坂などまでも伊勢ゑ
び武家ゟ下代々七八十づゝせしに表の飾ども是非調て
蓬莱を飾りける。江戸でさへ町の人心のふくれたる所で
の分別せぬぞかし。家に損泉堺の小心の通り小揺見るを
ふ人世をわたるに油断なく一生構夢なるを見せざり。され
ば蓬莱は神代ゟこのかたの事なれば、とて高直なる物を買
調ぬと見えてかざる事の益なし。天照太神もとがめさせ給ふ
まじと伊勢ゑびの代に車ゑびの代々、数九年母をつみて

伊勢ゑびの高買

[illegible]れば合あり世は作りしは何事も色紫しるがかなはぬ
毎年世るがつまり我人迷惑と言へどそれぐに應
分の仕舞餅突ぬ宿もなく数子買ぬ人もなしさまざまの掛よ
丹後鰤雑子ともわくべ薪棚よ積重ね庭の米俵三月
迄の用意払ひは廿日切にすまし計にはなく遊して夜酒
り閑談のよろしき咄ありて又算用はおひおひとしく賣
掛とる集めて買掛も濟ませしき物はかりぱとく
乃霜雪色見え碧色大海見の秋来るは潤へなるは浮世の
義理はさしつまりて我がぞろし年切の下女でもいちろの
仕着に買嶋の綿入に白裏付くとうせし親方はおのおのが
らぬ節季の喜ふなるをぞろしおきて人の始末
は正月のありかまへは懐の分限をしても役め肉段なん

て後々は問屋をめぐり年々の売掛を[illegible]ふしぎ
[illegible]死失しても[illegible]
し[illegible]掛[illegible]利分が[illegible]
[illegible]屋敷もなく人の[illegible]
[illegible]付[illegible]
[illegible]の付合[illegible]の付女房[illegible]
[illegible]流し[illegible]中間山売人[illegible]付
[illegible]乳香子[illegible]流れの[illegible]
[illegible]人外なる手業[illegible]
生[illegible]世帯[illegible]
[illegible]口惜し[illegible]世[illegible]
[illegible]世[illegible]人[illegible]
て六十年の内外何となく暮せ[illegible]

そのまゝ乗物におしこみ野墓に送りける時、雲
晴れし日の俄に黒雲立ち、車軸の雨平地に川
を流し、風枯木の枝を折り、天火ひらめき落ちて外の紀
かりを焼き、光にふれてや行人鳴る雲霧の行衛も
つく眼前おそろしく、見し人も身の毛よだちて消
業焼けずして、亡骸を葬り、後の世までの紙
日の本に見しを證として、語り傳へしも多かりし
唐人の下人迄も配りて、その人を又呼び
もとけ仕舞の弟子まで出れば、欲で
し人色の有り様ぞせんかたなくて浅ましき
独りして慎みも、ひとりの仕合見しを備へ
まいつくりて気の毒なる野郎あそびに打込
又ひがし山の茶屋のよろこびとぞなりにける

口ばしりけるは椒はあれなる沢さりしきん念よりと人の附会
絶て業晒とよべと行べかくおのれ沢ようり
湯水のかよひ絶て流れ来る沼米おりしれ我今生れかはれ
喉へ小茶も一口も流と涙と聞て仰ん色々閑界の
咽良く息色引入時見舞の金子丸出させて絵や枕よ
なく人へ覧ル尤しけし金銀指挿ゆるべし云々ハ積やかに
しやくと云ても付かとも付添りよ見ひ乃畚引く魚つれなき
かしる角あれ青鬼のらし。商紙屋肉魚籠めぐりて落入
と押付れハよくよりてあく派と移るゝ三十口文家よ及
ぬ面り後まハ下ミ色電報淀さく摘もぞく痛気よゆく
人まるくやうく蔵所よ大切集り推乳切木も手毎よ
持く好用心して二三日も音せぬ時あまりに立かさなる
けまくかんとみ金銀に丸付眼を開し亡き人皆総のわれ

衿小烏帽子をかけし小袖着て人よりはやく市町に出る是は
ゑびすの朝茶とよぶに商人の気祝ひ咽はかわかぬ人までも此茶を呑
くれて十二文づつなげ入られ日毎の仕合程なく元手出来て
ほどなく葉茶見せを出し其後は手代あまたかゝへてかくれなき
大問屋となりてこれまではいふにおよばず分限になりて人のあ
尊なり歴々の聟にとのぞめども欲のしん小さきあまりうちに
うまれて夫婦もなくよろづを守千金といふもおそれかくすを当の楽みに
善悪二つの道を捨る心ざしいつとなく月日をすごしぬる
よからぬ事をねがひ悪心発りて越中越後へ若き者をつかはし
捨り行茶の煎じ殻を買あつめ京の染物のためといふ
呑茶の小見世も入まぜて人これをしらず高賣しこれは天
は利を得ずいつとなくあらはれて世間の人もおそれ此利助俄に乱
人とありく紙子の袖もあさましき国中の小舟まはりの茶屋も

茶乃十徳も一度に皆

越前乃國敦賀乃湊ハ毎日乃入舟判金壱枚づゝ乃上米ありといへり淀乃川舟乃運上にかはらず万乃問丸繁昌乃所なり殊更秋ハ立つゞく市乃借屋目前乃京の町男まじりの女[illegible]小國乃都ぞかし[illegible]色宿とかけ中居切色まれば今時のんぐらしこく[illegible]がしめ[illegible]げど鼻紙袋に[illegible]よ入しハ[illegible]でく事よ[illegible]中にそて色[illegible]と[illegible]見[illegible]とく[illegible]人中にも[illegible]の世や[illegible]角[illegible]頭をさげく商[illegible]あひしらひ小[illegible]とすきれ高[illegible]の[illegible]ハ世[illegible]わらかむと町[illegible]小[illegible]作[illegible]ごく妻[illegible]色[illegible]どロひとりと[illegible]見るも[illegible]てま[illegible]男[illegible][illegible]りしく[illegible]へとめかは[illegible]とあげくるま[illegible]利

呉服棚それ／＼の稼を縫ひ仕立る町の縞屋絹屋色同じ
棚つゞき大名の面々も弟の紙売買あまや町の萬市米折哉の売
買尾棚乃塗物問屋通り町乃繁昌も流行なるへし凧絵
く雲龍水門紙町ハ下谷宮部乃細工人白銀町の簪乃
者皆かくして人も家職かゝらず此お日用元ハそれ／＼山伏
いさ貝蠟燭切屋乃売背世来売買ハ今も同じ節ゝ摂り色
付るそれ／＼においてひいき来るひんそ分限ハなる限よ
渕の所見様るしふなるるのしとはなる銅屋かん南通り座
く稼りね廣小町筋小呉来人も時かゝる頃ほひてやうや
隠れし珠数屋もやめく中橋乃脇指れ棚出して一家
か東くふんてしか稼るく今乃緞背乃蒔本かとさいひて又
りしれ珠数屋も後生大事をもつて命乃珠をつなぐれ
人ハおのつけし所道をも一筋よ勤めてくしまする事

錢ありく男ありて鶯を讃乃かん世を猫を抱へ一年ハ閻魔
鳥とく絶り猫殺し一日ハ五十貫つゝも丸込又ある年
ハ鶉乃かしげる事を役猟場と名付毎日殺の山となりて應
よ家業求めし人ハなき也かく今ハ奥山入海ハなきも自然
浅黄色の紋付ハりし色も又是乃付る縄乃なき身と
為の泡に世をわたり憎る身を安しおもて従者乃丸裸
ハ芝居に紀花そめし玉川千之丞といへる河原者ハ
乃狂言一番を一日小判壱両つゝ定め一年三百六十両づゝ
なれども伊勢へ引込みし時ハ昔の舞台衣裳も捨ぬ
も時乃栄花を楽しめ外ハ金銀油ぐ為ハ不あるべ
さん郷なる人もあらず。さればとなる人乃行ゑ知れず
小質乃年猿乃さも化懐となりけ諸々丸裸ふなりけ経
なく以前乃ごとく酒屋の杖をとなりて乃門ハかゝらず本町乃

しぐれは天の[illegible]も山もこゝに銭掛松かと
いかれ立かへりて拾へば松原の袖にあまり味噌漉よ
りもこぼれて[illegible]
よ[illegible]やしんともを[illegible]して[illegible]
の[illegible]まて人の[illegible]ね[illegible]世なる小[illegible]大名のみせ
え付高[illegible]おかし[illegible]人は面[illegible]れかなしく[illegible]のつれ
るこの[illegible]とつるぐゞしく年每の仕合かさなり[illegible]一
より五十六年[illegible]小判と[illegible]全七千両と
一生ゆづりぬ[illegible]といふ[illegible]
小九兵[illegible]備て[illegible]
よ銀弐千三千の[illegible]て[illegible]の[illegible]
の[illegible]つれば天[illegible]
く是[illegible]

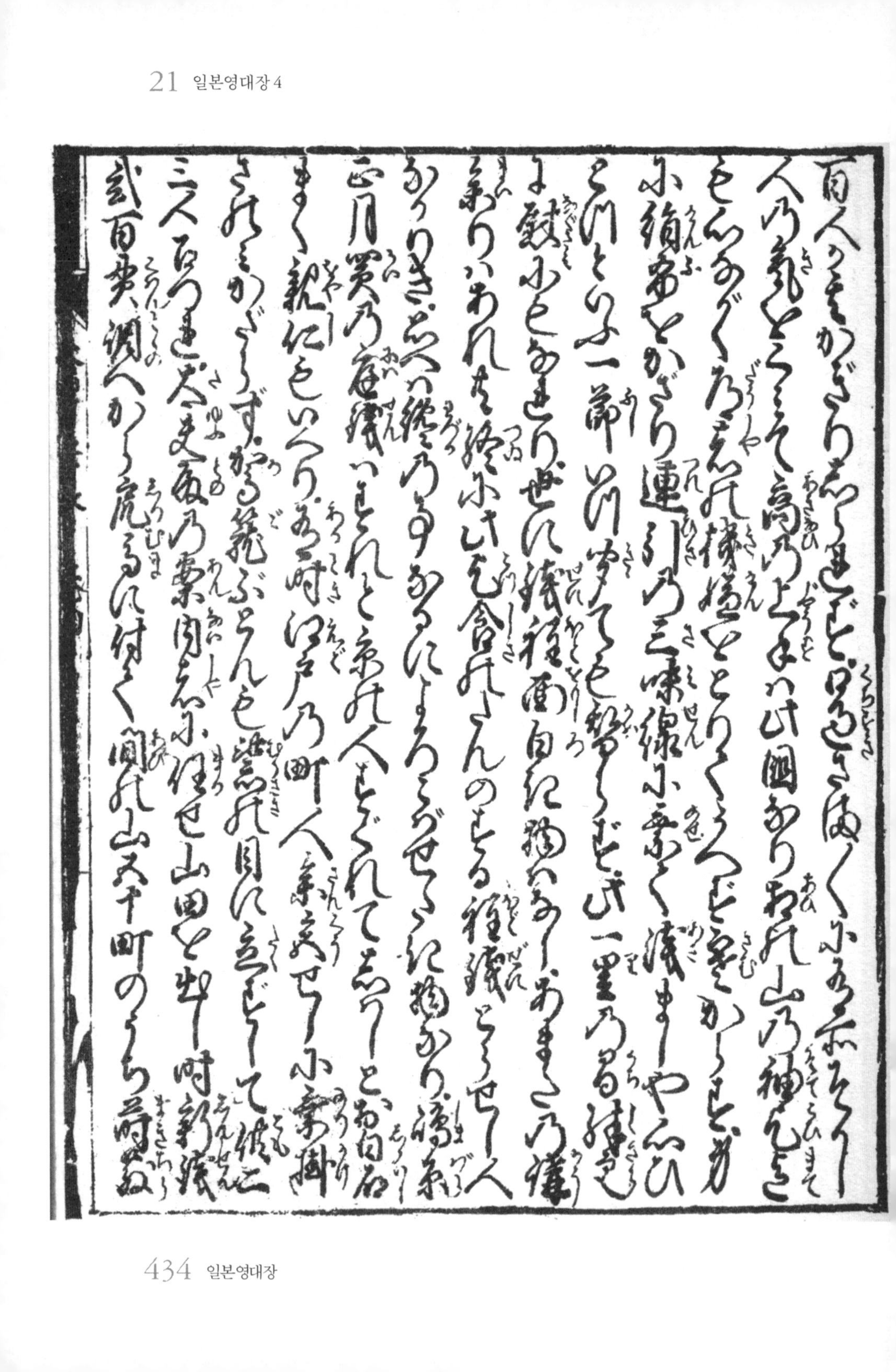

仕合の種を蒔銭

人ハ正直をもとゝす是神国のならはせなり。伊勢の社もかろく数百二十末社紙表具の神体おへハ脇間なお清中あれ此の源の御なれんと続く人は果なれバ諸事勝手よろしく此秋津州に住ぬとおもひぬ。されバいづれ世より小細工らしく京の小屋めぐりの蒔銭小箱の目ぐらふおりしげなる鉛銭百といふを六十つなぎにして楓色せちがしとれ人ハ悠々なる福の神是を笑ひのあるべし。家の繁昌色おかろなり。大く神楽の寛の山にて千歳出し世渡るさハ能屋の縁がある男色なく海の荒和布よ長崎の数をかつぞ外来て御師の宿古きれ人ハ諸国櫃船出けりのおゝ家の状ひとへに是をみつくみして是を書く事中妻ものもらくむしく何

金にして古筆明所なく押たるびやうぶまではなかりけり
し中にも定家の小倉色紙名筆あり此外古牧程
時代紙正筆の類ひなりしが何かる人分け太夫ならでハしく
欽ひあつかりて極奥ハ脇よりはならぬぞ。それより内書置へあれなく
上手を仕掛しに小判よろしく女郎悩く秋果長老色惜からぬ切
程に悪ものなりて古屏風貫しけれ仔細ありてなくくれける。
私あへど勝負に上方のかり。手細を軽く大殿へ
あげく大分の金子申請て又もなりかねかぬ大商人を聟に
春屋あまたこぼれひるを後々の後に花車を請出し
程ひの男ぶ分の浦里にたまれしが其後金銀借状を
縁は不足なく抜参に付れば花車のなく焼びもれ
立身は忘れじと申ね。一たびハ傾城をさもしとくらべど是ら
ハ悪からぬ仕かた同利ならぬ男と世帯持もせざりける

おのれが合點にてかくべつの利ありとも見えずあれさへ人のあかく。
萬事をうけおはせて樂しむなればいよ／＼人の氣色よ
猶毎年折節のわかれとも見よりも付て居宅萬拵
其時を見合かはの茶の湯も仕入むかしにかはりてよ
代のおかく我らもあふさきるさ旅の人の寶市にまじはり
唐織やかさね紗綾緞子縮緬の類をも見て人に寶はあがりをとるといへり
ありくは金銀にて年々殊更に京城の衰にいはず仕せく
箱嶋屋算覚大晴人よりおとらず稼ての是非なき草
袋に光有やく五十両の寶乃商人の輩はつね／＼物を
らぬ算用拵てまぎれいふになりて丸山の柱田町
ゆく金銀の時になれば太夫とて肩ざりて一生乃
おまへによしおの後を花鳥といへる金掛ありあき
かくれなく常にすめるが枕屏風と見えて面の

17 일본영대장 4

不仕合一年に三度上の大風年々の名に打込て漕る
拙くも家業むかし物の松風淋しかりしひのきを賄出
しく暮も一日暮しのかなしさ仮にかぶれ付渡もなく浮き
る者も人恐ろしく孫子に傳く舟はいぬまじきとて住吉
大明神を心願をかけ立あるゆ暮に鳩居して海風を和
ひ住吉山を詠めしに雲れ姿に立かさなり旅色の如くなる人
さ風情を定めなれ人の世ゆ秣も見事とみれば庭も
藏み乃蔵茶に濯道いけとなく藻乃窓に似て第乃
夏虫出まと間せなし秋葉乃数にならず蝶乃大行う
秋乃梢に蛛乃巣を繕ひて見るとされば嵐に切れて中
程より落て命もあやうかりしに又も巣をかけて隠
西はふれ三度まで離れとも終に虫をなめりとか
ねもなく身をあかく蝶の巣を作りて飛数え見にかゝると

もと殺せとかまはどもかくらぬ大名に親でもすぐし
ふなし只は通さじとむかし封行の若者とくらはされ
紹入ふかてかづらの数く時花大坂までも職人に新まち
江戸の南都をしらねばのさとく下つきよね程して銘もやかしさ
しまつし江戸に舟子らのうちにかくまはり鰹の様といふ
ぎりさ庵人道とあつく作をも次の年あそ又もつる年の
十億もあつる人これは欲より目あかぬ人悪性しとて思
ゆきしも江戸の小大判添へ様せ重く去年たがひなるふしめ
されなりかなしきど。当年は湯の塩につけしく見る人と咲く
つれなまされ自ら持ちて殊の外ちとに激なの。是と思ふまく人を
ねくるは深つくらず。正直なれば神明も頭に宿り貞廉に
まで心をもんで思ひも角は天より仕く生まれの富はせて
人諸国の畜類多くに往ずして金やさのやいづる人海上の

心を畳込古筆屏風

時津風静に日和見すまして乗出し、西國の唐土へ八寸よの[illegible]る雲行を三日あまりもかへて今程舟路の順風見定ぞ。世の舟あればとて一日の百里を越、十日に千里を過れば沖をちらして万里の自由をつけり。されば大商人の心を渡海の舟にたとへ、我宿の細き溝川を一足飛に窮嶋へもぶらくわんどして打出の小槌に天秤の音をきくるものぞかし。一生秤の目の中をまもる廣き世界をしらぬ人こそ口惜し。それ和國は扨置、唐人へもわけの大氣先もくわんなねず。唐土人は律義に云約束のたがはず、絹物に奥口せず、薬種にまぎれ物せず、木は木、銀は銀に幾年かはる事なし。只ひすらこきは日本、次第に針口を違へ、諸織物の幅をちゞめ、傘にも油をひかず、銭安にしてかゆふして実渡

の出世は下々をとり合せ家をおさむる事に仕合からして紺屋の
ならあれおびたゞしく三人口とは見世といへねあらげなく人より
世をまうくる渡といふものなり下人壱人もかゝへぬ人は世
常持は帳面さねあり算用どのふれもなく精を出し
無分別にまかし其くれなく女房よりよろこぶなどいふ
に腹ふくるればこそ口をもきゝてそろし請世までも
暮しの書ひあがりてそれとても暫時も油断せざるなり
おのれ金銀はまうかり精出しかねまする色めまりまじきれ
棚にはあらき紙子丈夫よりつゞきし出世今七十五人
の竈将軍大屋敷構へのまくに七つの内蔵九つの
とれ座敷万木の前栽の外珍しき名木をならべたり
く西京も色も長者町まであり

わらじされは家業の中武士も大名にそれ〳〵国につかはり
て禄をもらひかし末々の侍親の後譲知行と取来て楽々として道
らまに世をおくるはまことに栄わるゞも自分の才覚を勤め身禄
よ進めなどして出世なれ町人も親よりまかせけるさの譲状
まで家督請継仕合せもなく商売又は細工職人まれ
利つかれてわかくして世をわたくしておくり二十の年比より
無用の竹杖をつき頭巾長柄の傘さしかけさせ世上かまはれ
ぬ隠上男はおのれが金銀つふくれはそれは天命を
あるもと人は十三才迄はわきまへなくそれより廿四五まで
は親のさしづをうけ其後は我と世をかせぎ四十五迄に一生
の家をかため遊楽する事に極まれりなんぞ隠居と
て男ざかりの勤をやめ大分の家来に暇を出し外なき
まれとさせるを思ふをれかしかひある雑談にあかしぬ町人

くわ染のつるべし。紺ぬれたるは小紅屋といふ人、大分の
仕込して世の自由となりぬ。それ〳〵に分[illegible]蘇枋染の
仕出し、家共は智恵[illegible]のおこりし、大分の利[illegible]
をうけるの[illegible]ひは[illegible]のむかし、[illegible]工夫を仕掛し蘇枋木
の下染、其上を酢にてむしかへし、本紅の色にかはらず
と思ひ付、是を秘密して染込、自ら紅[illegible]商く
江戸へ[illegible]本町の呉服棚小見世[illegible]
絹紬[illegible]のへ[illegible]て[illegible]商[illegible]して十
年もたゝぬうちに千貫目[illegible]の分限となりぬ[illegible]人数あまた
の手代を置て[illegible]の世を渡り[illegible]代[illegible]
時代辛労をえてぬ見ぞ人々の[illegible]もちやうなれ
さても[illegible]万貫目持されども[illegible]老後[illegible]やすらひ氣
ともして世を渡る人、一生は家業の世わたりに[illegible]

大福新長者教 巻四
三

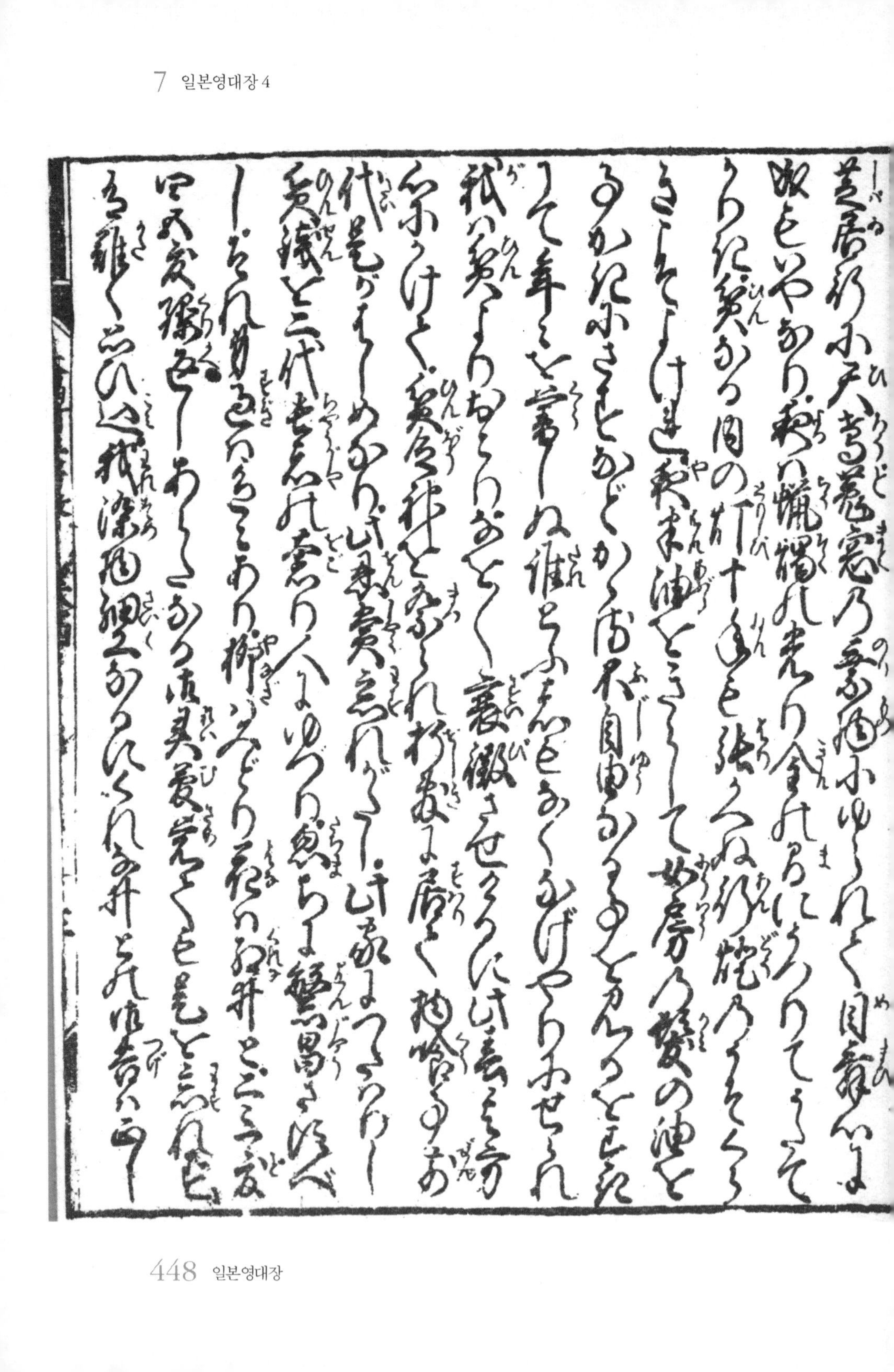

[illegible]

大福新長者教　巻四

かゝわせなり。紙ハ又人の恐るゝ貧乏神とまつられやく
おりしけるる薬人形を作りなして頭に渋帷子をきせ
頭つゝみ紙子頭巾を被せ手に破れ團をもたせ
猫と松ふぐりの中にたてて元日より七種まで
をそれかし此神をもてなし祭れば

祈るしるしの神の折敷

大絵馬掛替の清寅が洛陽橋のちらし呉昭平れ絹
表紙百貫目と祈りても紙継終く是は名をとめて
して縫れしと語りぬ今もて世に紙継目を見ん様
一代に金銀に倦てゆく室町の是さきなり。
人皆欲の世なれば恵比須大黒毘沙門弁才天
に祈をかけ猿松取付えてを神のしに世なん
かしこき時代よりかくすかなひがたし家に桔梗や
とて紺染形見れ丈夫後世と大分小ぢゃれ程とて
ありて甚将時も只居せずかせげども毎年餅搗おそく春
掛よ鯛も持ずして春を待る事を悔しみ宝船を敷寝して
ありく節分大豆をも福は内へと祝ひ日ひかひなく身を
よりかかりつき世はみな富貴ある神仏をまつる事人の

仕合の種を蒔銭
江戸にかくれなき[illegible]銅
[illegible]人の目の種

茶の十徳も一家の繁昌
[illegible]にかくれなき[illegible]
[illegible]の小釜の下

伊勢海老の高買
[illegible]にかくれなき[illegible]の白[illegible]
[illegible]

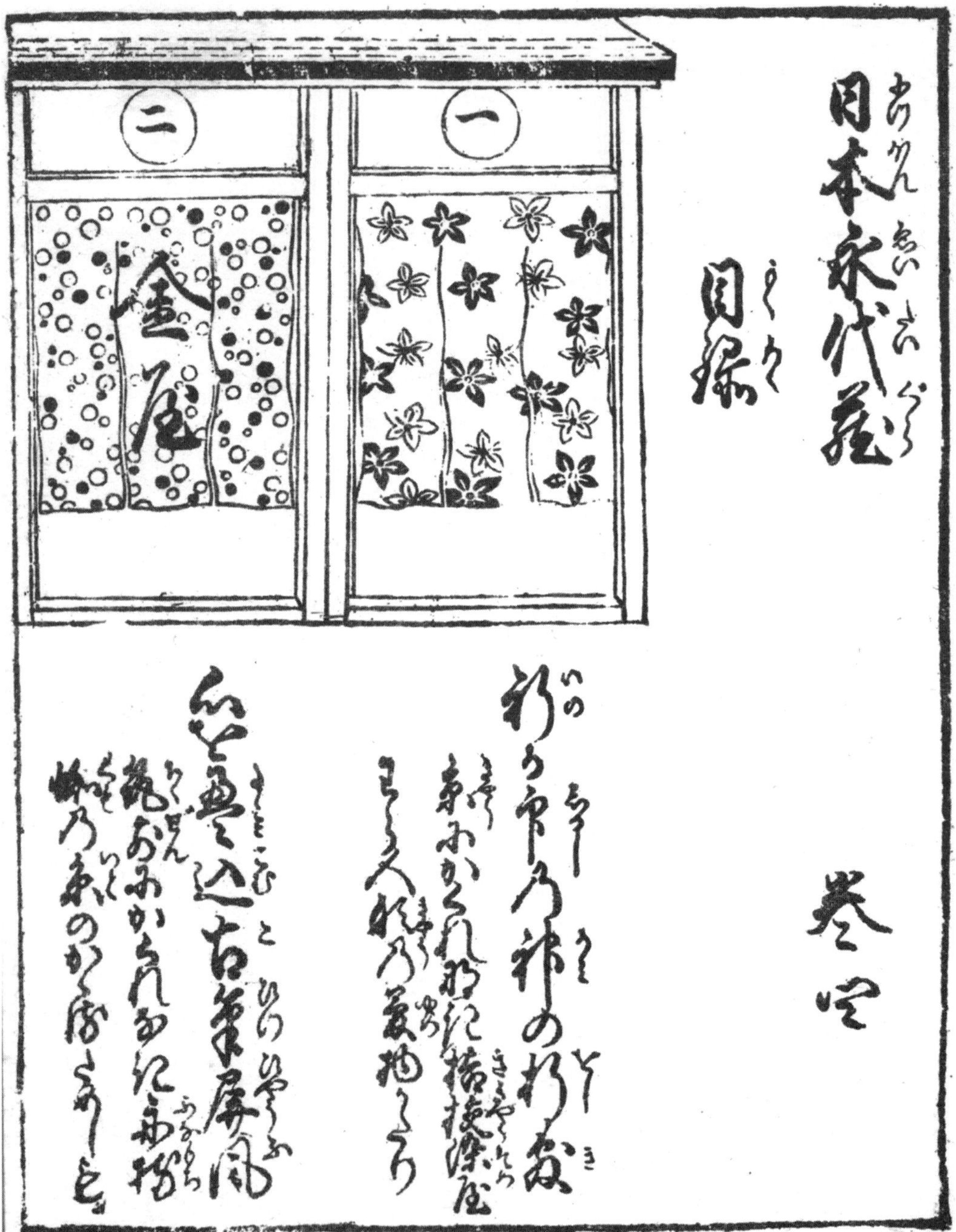
日本永代蔵
目録
巻四
二
一
祈る印の神の折敷
東にかくれなき桔梗染屋
心を畳込古筆屏風
筑前にかくれなき舟持

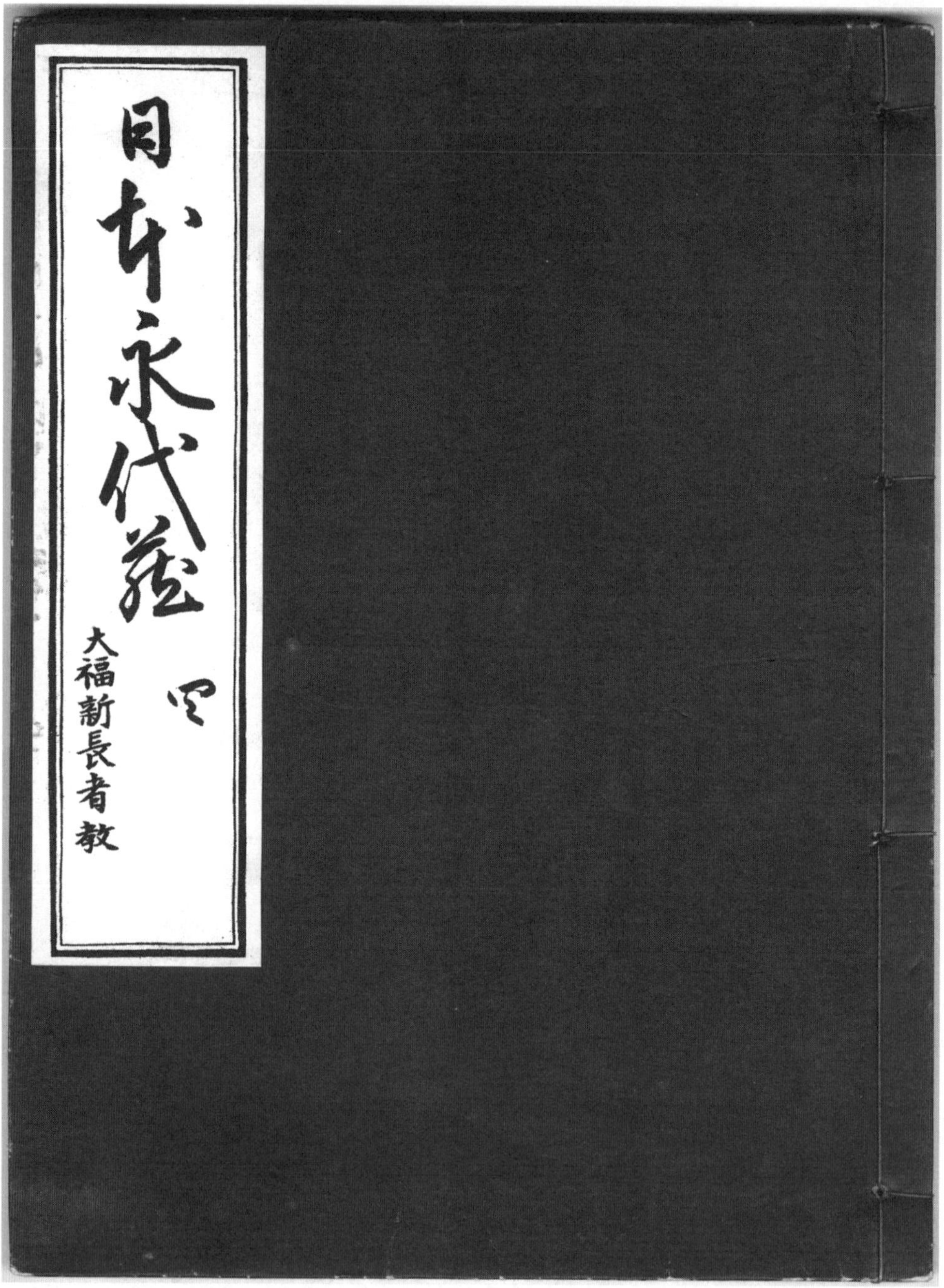
日本永代蔵 四
大福新長者教

なしひ鬢を入て髪結とつくらせ十三にある人に府中の
在所へ奥より出し其目とありまひに木とくりさゝれ
人の親によき者の中にかくれなし絶色をあらはし
気性を見るの種美女ありける時江戸の福人伊勢参
宮の下向にも見るそれ親りて貴ひ御りする子
の娘になしを後見面交ぬ一家おいて東武に引こし
子にかゝる時を得て一生楽しくとりぬ美目は果報のひ
とつにとてもあると容顔女子とえらみよ生肩なれ
見安倍川の遊女はおすゝめはね女かんてる事あり
亀角美形は其れに極りたりと思ふに唐土虎居
士の人の霊照女は貧女なるべし美形なりしやは競ひ
美せずしてはあらし

39 일본영대장 3

とりふの文ハむかしの奥がけよ後の事を分別かぎれたるにも
年よりの物よハ数へしといハれまで推量して待てる楽め
がんさし人のいひく甚だハ瀬ふかかる大井川をこそとりて
彼岸の中山よ立世まよ界の親子に参り浮世ハともわ
まだ現世を行つまくいへ川の世すハ煙らし無明れ積れる流
を尋ぬく骨髄徹して我一代今てハ長ぐさよなす後へ
子孫の代まてハ乞食にもなるべし只今たりともけまへと父ある
くまても通ずく突まるる中に潰を突て名残ふあらハ
今の世ハ人まれ世すハ地獄よあるきもかまふへりる増て
燃れ地獄など恐しかりとも恐ろしの無用の諸残を
つらく家小木にての先さし崩て先程れ換小あけね
駿河よゆりく語れハ聞人毎にそんりくあれと指をさし
久しき下弥衆れ木れさし撫所細工名人わりたる物見まで

めでたき事あり諸道成人の身の上達者にて申つるにみな色
寿ふさだめし四十八九の大分限精皆かゝりて歴々のお国住は
私の商年三十九より分際よりふけにも色合点せしより
ふしてよし三十九四十にしては精出して撫ありやうに
溜り得て貯へ間つもれ年八千七百かれ三十九が歳
ころくいふぞ子細を聞ば元日に雑煮も祝ずして梅
もせぬ松かざりは世の色よしばえん家やゝ蔵に梅が
咲や一つ鳳凰さへりてはちくさぞとそね年が八年めなれ
より此手七百貫三千九やと大笑ひなさく蓄わ紙
色嬉の紛坂わるもまで浪人共らめしまうよ鼻紙小
老人あるて仕中せハ小学経のれへとりとれやすく
寿菓式百つもれに集め合かせてよろこびて座より
とく小勝てらさずあくまゝつまき観ありて

長分別十露盤の玉も色ぬけて春の柳の風にまかせ
氣もとく日あたりの氷のごとくむかしの氷ハ水より湯と
喜びの勤りのみかやうにおもひくらす世なれとも
くらしおぼえて金銀のくらハ散ずしておのれと
ちやしめん仙は銭買てこのみはなれて今の家川く今良の行
るとおもひし是非なく浅草見九家のおあるを町いづれ世にかかり
の世なれから屋ともはうちくらく人の情も無縁当れ時
まそ親類縁者の見さごされがましてや他人ハ見も知らず
かゝる是程までと來とゝろよしあるとや彼是が家とかゝるく
音信不通に見捨置れさし錆刀の鏡をとりよるゝが
くそかゝしらぬ月代おくり世上ハいつとなくろうし師走をとも
惜なくして夜深わかれ來の暮られ年せんとさらぬかぶれく
忠敵とさしてこゝろゝもいやうふみたてかゝ良よ始る

紙子身袋の破れ時

長者ひとりおなじ呉服屋の帆をあくむかしは駿河府中
の町に軒をならべし中にも花菱の大紋にて染屋とて
世継国におろかなく東国北国にわたまさの身代出見世を
かざらし世間に人まし国の稼は大雲に冨士の煙の絶ず
高く賤機の山水と清く朱楼田のまはらと茶町白衆はむさ
しぬ世に宛名様にごとく朝の盛衆日夕より清くかくも
又なりたる世の習ひをかし節季にいひおひかずしる亭主の
んかけ悪しきの婦みりけ人親代よりまはりの身袋なりぬ
安部川紙子の縞緞子を仕出し又は沈しくの小紋を付は
下は名物しみのる旅国の商ひのあるぢめは毛人みれいづ
余年ようの変目といふれる御家もかね後世れおうり
てむかし出郷とおり三十年あまり勤宮なりしの無帳

九輪小も百貫目迄六かしかれは掃除ものゝむかし難波津の
小嶋小伊豆屋といふものありあゆみ自然と倒れし西国の肴代
さげて滝なくて銭宝落しく六分まはりの利かさみ
いかにもく也仕合吟味して清水にて済もとへしと借つくしけれは
近くも生国伊豆の大嶋より行く親類を頼みて目見えの世
とかくはひとつよびたくかりてたのもしく不及より大か
ますけてこそびた大阪よのがりおかれて悟るの
つま銀なくして済しぬ。それより十七年もたゝざれは
国させて忘れぬ人ゆへりかわり山がの銀の百神に入る
よあげ。又六七人もなくせしく子孫の子に人の銀の高野
山より石塔を切りて備前嶋に名付てもの結ひとそかへしける
かゝる人へお代よつてなし利にうれ事なり

古帳を枕にあらく横に寝てかしこそうにてそれ町衆
欠ひよかるも年中に一度もとらんとせばかく聞く是を
迷惑がりく外聞は疾まで濟し經盛をとれば三月の
節句の代はやらずく機嫌酒を祝ひの時十五貫目の金
算に事請武具八百目課世に八十六人毎日勤むる小出
合中間の小者までも人々多く夜目毎に温飩蕎麦切酒
客ぶるまひの菓子ともに年中あまり隙と費しえ
積りて分に少なからずして寄れば手形に五人あまりつゐて
出して行くびひ町聞へ礼にまはり色ありしかり
きびしく大津にて千貫目借銀おひられば世になる
とりせてふ三年余大坂に三千貫目武千八百貫目の
分散せし甚の團のちはされにおりかのえ多く
びゐれ大勝もれば借人もあれかしと是非なき商人也

31 일본영대장 3

大福新長者教 巻三

小通ある人の富貴は此る金の三川ハ三面の大黒殿のまもく
小共なしと験る乃今門天乃ふしへよ徃世百足のごとく
身を働く事ハ其身の才覚ならぬ是非もなし。天を恨
みる諸人は不便とかくろなりおれきがかせにハ諸書して
居宅を奇麗に作り朝夕酒宴美食を好み夜ハ玉づさ
妻子を撫へ分限なる人附合頃年の浮世の楽を
我かねばならぬ計を第一に続くもほうくねの内は人の極
とも世の中の備え道ハとづくれ世割の地ハ秋と
思ふく乃仕業も見出しく屋造へより進し若き一夜る
例をつゞりふ七年色おもり見積して井と万を仕
るも分箇よ是を遁れさし。当代まづハ伏見のたる富
く敷屋敷とりくの通ひ大坂の町人数々小田畠を買
世事成身乃通を先へ誘の座敷を備へて楽へ御て

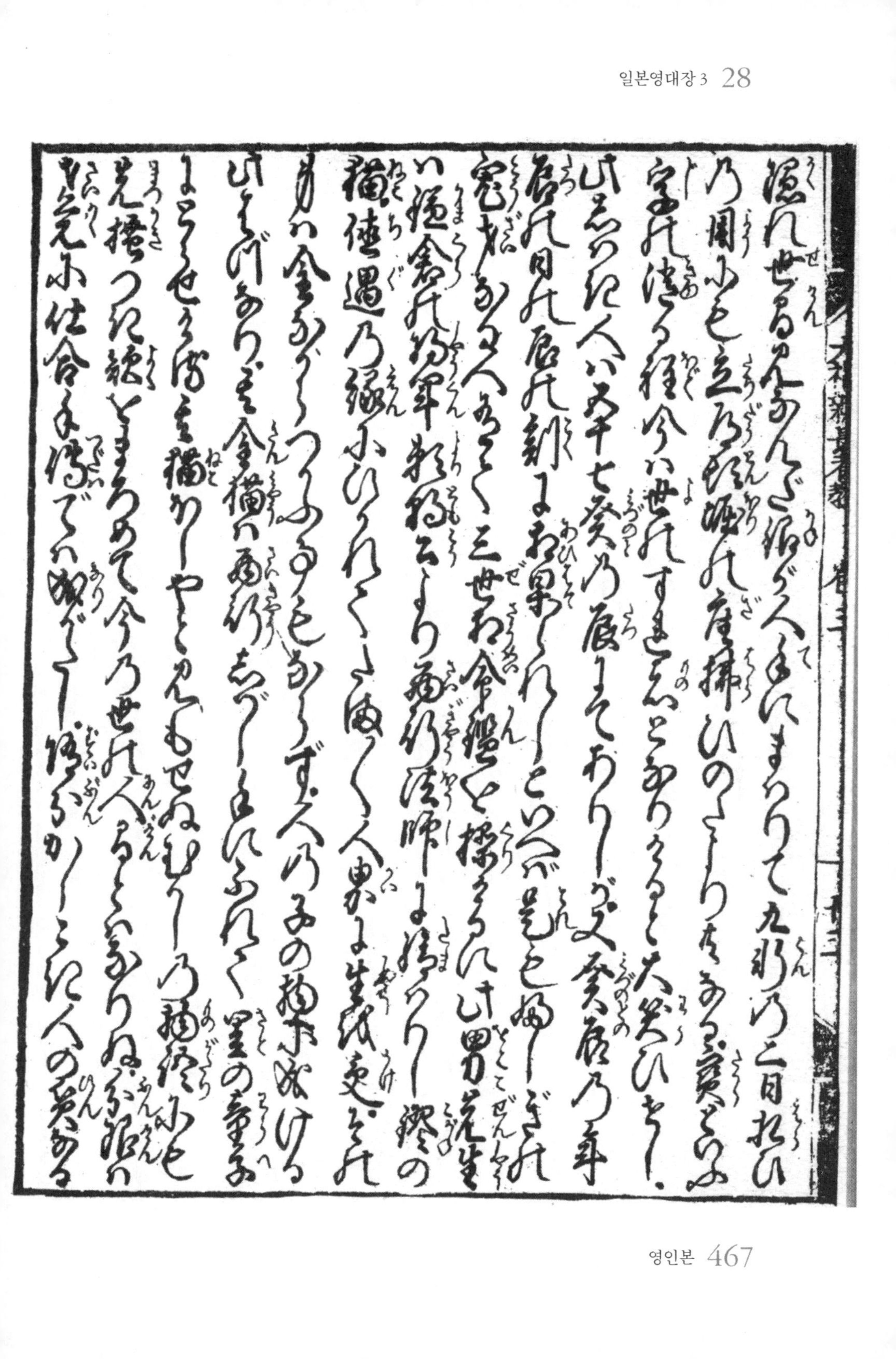

高野山借錢塚の施主

物には時節花の咲[illegible]人あれば生れながら[illegible]ならずよ
あるまじき[illegible]命は吉生れ一大事なるに毒魚と知
ながら鰒汁食ふは風味かはりとして藻魚には[illegible]
何の気色なく[illegible]女房は縁組のそもそもより祖母に
なるまで手池[illegible]と是非[illegible]と思ひしねば貧
者[illegible]一生[illegible]すれども
是非命は[illegible]親に[illegible]
[illegible]難波の今[illegible]
[illegible]人も男一代独りの暮して始末の倉
[illegible]世と何の面白
[illegible]十八
歳にて[illegible]年久敷[illegible]

浅黄地乃花色縫紋乃雲鳳、其外色羅模様なかりけれ
見ことなる乃葉入乃緋縮子奥切よ黄なる紋羅に大分
乃金銀をちりくらべ、象牙入大百貫目と贈かし精好喜ひ
おし、銀杏綸子まいおしどもを見よとくれそまさく
色ととりね男一人とびいれておまるなりさのぞかん来とらち
なれ分限むかしより浅ましくおもひく後は
京橋にまいてざりを借りて精蔬乃焼耐後白
あさまひ色事ひとも人は酔されぬ世なる

ぞかし。此戸帳七日と古代より判金一枚づゝ入
錦の掛られしを、菊屋武兵衛目乃利銀にて三度まで
戸帳もとれば、むかし紙坊とも一山よりはなして傳へまゐらせ
ぶんは後生縁がひ古今より三度まで入るく乃戸帳お
きるのみ、傳ふる時、うらをとけくみ戸帳とあんしかけま
くも色半して一端づゝされ十端あしびと用替りか
くわげおろしまゐられ外踐かぐろしからさき菊やが
やりい紙をびく戸帳せし小戸帳かくされ換じける
と弁進より行でて掛けられたる信中をれとものらひ
錦より金襴とりませあつらへめさるゝぞかし。それより菊屋が
以せあるは白戸帳と申うけ京乃三十三所乃観音へかけ
さんそえへば大和にてさまくをぬり地によぢれく
かゝる時、唐織も色おとろへ時代まさりの錦地の小判

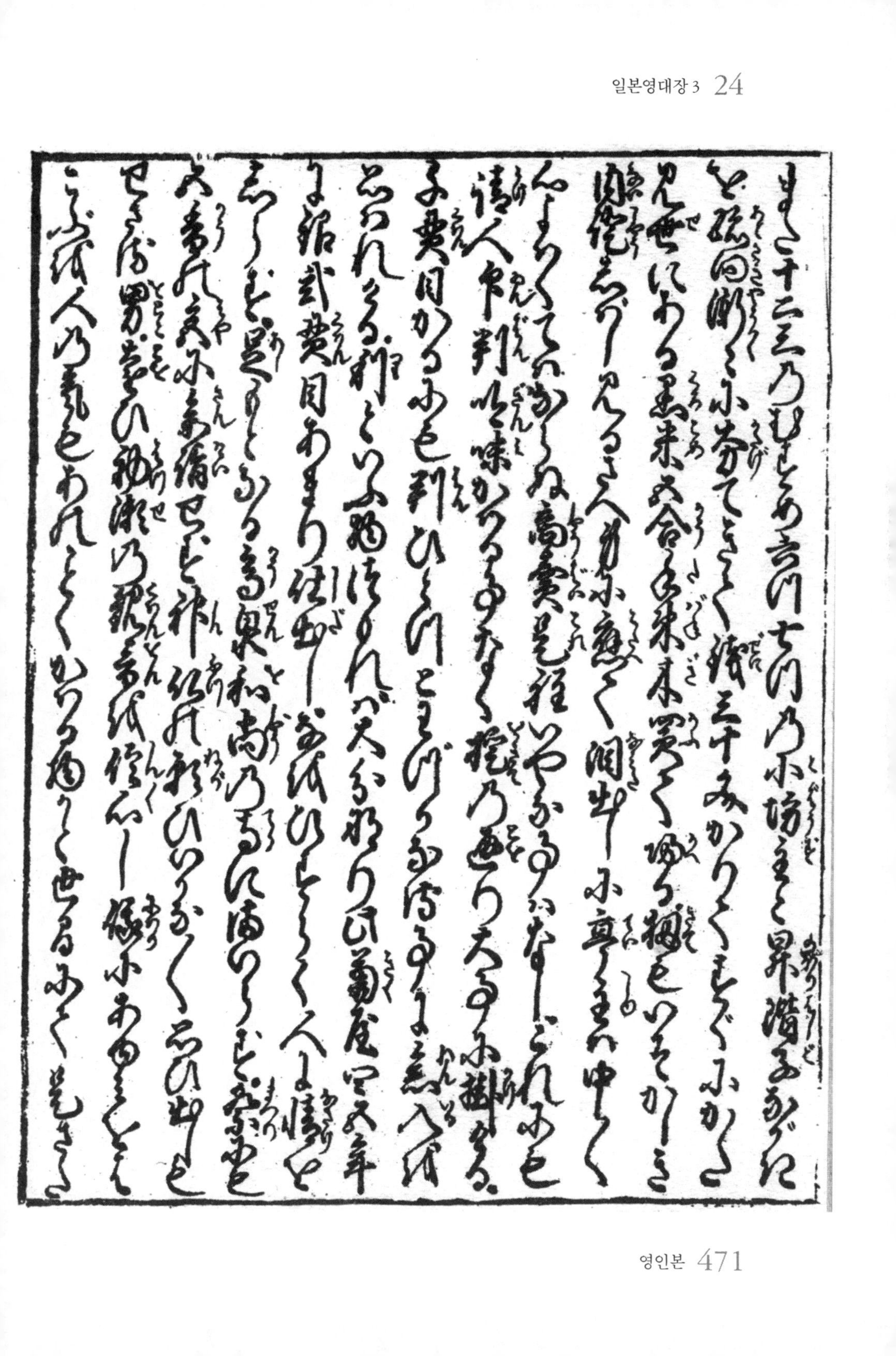

[illegible]

23 일본영대장 3

と削りても苧縄なひ其身はそれぞれに細き命をつなぎかねけり
これ世の渡世の多く集りし町も川きれの菊屋の善蔵と
いへる零落して問屋の裏屋住みかりて車のかかりも持
ひとつ川朝夕の色も立かね色見えと稀に此のところをとると
て弐百目ふところにて先に深く何を頼むべく人にと
大きくて渡世のよるべも此世の賢の垂さうとく[illegible]のかなし
さるかたにくるしかりし袋かゝる女とまで古傘一本六
ふかりくわが網合焼[illegible]思はず洗の色やうね見絵さ
げさく残百文かりの色めく八月に色帷子をさし房
がかみす汚ぬる二幅ひとつに三下かりく[illegible]の見入むくと
もかりまづものますき八十ぐらゐの勝かぐさ流れ続ひまく
かくと年もこえぬ我でて一日もかなしく母の
ない備一神そうか神ひとつ稿くたく宮千ヽ八ゑかるは世や

車にかゝりの香車木とあつかくしてし。細工人が掘出し金の
大釜あれはて含色燒まゝ茶沸もある事も有様なし。
人やに判に棒さ一生楽とせとけさためれとてそれにゐ
どうもれ是に目ともろつくつゞ一笑、秋の目ありあひにそこそや
是くねぢろつき、頼れ斑功遠寶袋かさげく部に論ろとみ
てへりかうして日営歩とそもそも思しく今に居さら
しるの時の藝蜀にかゝりの尾紙の猪の草鳥しるかゝみれ
寂志の桃抹ままる咲き素い人も往てしるられ、冬宮にはまる
是色論協説く蜜色出づの風情ありゝ茶海名い背行り
てかん世の村こ所数りわり。行脚の前ほ寺りまの人論鏡て一
町外に二十にむらりかよらある翻又の煙呼客到し乃夏多の秋
蒲団りゝえびの名と漸ままいよつらね。蜀錦咲矢の細工人い
出すつて色磨こありゝ元書の座根の論扇の要紛こ交紛れ

世はぬけとりの観音の眼

寄合佛の因果経と云はむかし伏見の御城代の時花
大亀谷の京町通り軒をならべて金銀珠玉を鏤め
後は近江の欄干を削りて紅梅の枝は去年を椿
只今の浮雲となりて桃は[illegible]小菊は荒れて
まことにかかる野ひかんの[illegible]の二十四孝と[illegible]の[illegible]
ありしと[illegible]小川清く[illegible]も神
すこし六十六万石三年の[illegible]入りしとあり[illegible]
されば[illegible]の[illegible]まりしが[illegible]門より
[illegible]の小[illegible]くれ[illegible]めるるに[illegible]大[illegible]の[illegible]
[illegible]の[illegible]半の[illegible]れども[illegible]
車とこぞめ[illegible]ぬ[illegible]
見[illegible]くき[illegible]のやう小[illegible]風

に湯風呂屋を拵へ日毎に焼せけるにむかし融の浦と云所に移されし塩竈の大臣ありしも都の事と時に移されしは風呂釜の大臣とぞ申ならはし。追付惣領の煙絶ずしてうき窮して小庵もなく一年の暮に其勘定せし小判の貫目余もさしにる其うへ下々金銀は不足出来て其あ夫より次第に商く千丈の堤も蟻穴より崩るゝ事の水滅するごとく其身は悪にかゝり一命を細ろひ世に捨る楫は人の寛とぞなりける

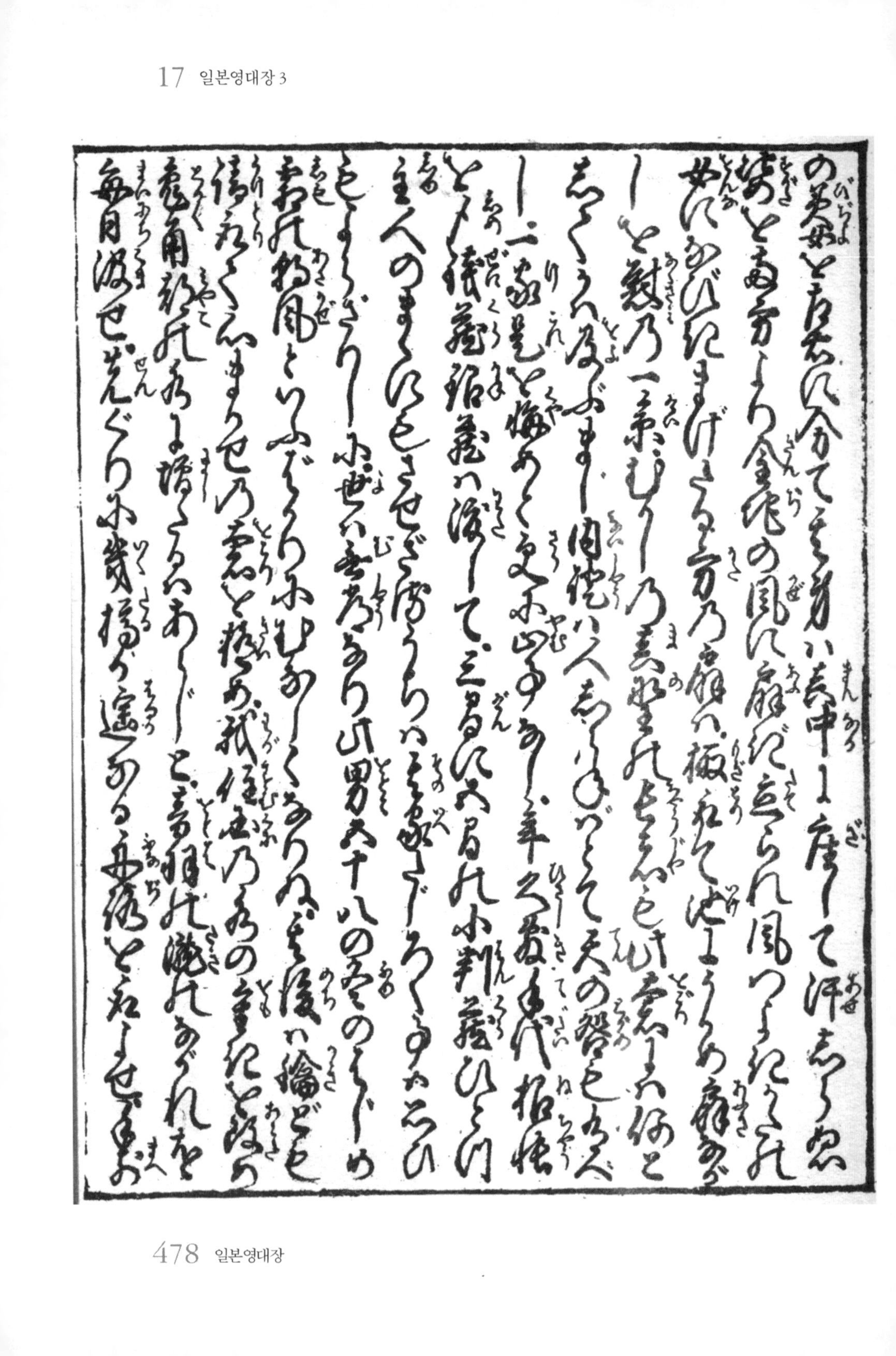

[illegible]

不足なし。其後母親同じく果て、京の栄耀栄花何をも
花の色香、歌舞の遊びにあかして、花なる人に遊びおしみの
女郎の都や山も川もちらぬ花の盛りとて、かたやいろ
なる因果まで思ひまはれぬるぞと[illegible]の事を究めて
毎日の揚屋遊興は気散じ、ちかされたる[illegible]に
[illegible]より妾を十二人抱へて慰みの為に
善美をつくして、邸の尾の内に金銀の三の字を付けたるべき
方より三階の家を建て広間をつづけて大書院、六十間四面
廊下東西に続き、山の南に築山を構へ、[illegible]
[illegible]庵を建て、[illegible]草木の[illegible]の[illegible]
とひるちも鴨の汀[illegible]の[illegible]
矢[illegible]の[illegible]を付けて[illegible]の[illegible]
夏の夕涼み[illegible]宗の花[illegible]

15 일본영대장 3

の痩れ軒端は破損もまゝれ悲しき指にふくミ今日を暮
ひ義理の善根とて一人の母の養をさせば何事も親に
孝心仕合あり親仁まで云出されつひに乃ち様を大分とせし当れ
次第に家業は油の商売に有り業は様なるべしと一筋に念入
ければ此買置とゞくる事はいはれぬと伸しせよく皆損に成る事
と思ひ案じ定めくらしけるが府内とおもふに大廣野を見て
古代より勝れて鶴亀を遊びかゝる所と指して作事によると
ある色に国主の貢とおもひ付窮民に家業を許して分んする
にも時節に花咲実がのりておのづから又是なれば新田
より作る十年は年貢御免と切手を出され小松村
の人数を立つづけ湿地をしせ耕作させられ毎年違ひ
ぬくく是に金銀湧けるより上方へも名高くなりて
代にさかへせ国中に聞えしなれば浅ましと何事とありて何乃

国ニ於して風呂釜乃大臣
国中乃医師乃相談ニ来る者乃命ぞ生死の海蛤貝
りそ入るにもさへ咽を通りまらず川もまた見と掘り見も
く西方極楽へ只一ツにぞさへ色寿ぞとてあるとぞ云
孫子ニ親仁様と進めけれバ又中眼ニ見んひくきぞ是ハ頭
年六十三窒命さら引かしに浮世れ悦廻さうりて見と清
く閻魔の爺に付かわるに胸算用と極めけれバ何とてぞ
ひ於もとるがかし浄土る頭乃種と云れなく云掛りても見れ
のるがかく往生ることれしと命く我犯とゆく死せ遠乃ぞ板を
死ぐく何色入ねぞ焼ひとつ門と壊六ぞと呼十九日の色掾
のつりひ地獄のちるに象のふ色とまつしきと終れ行乃と掛りに
やりたいぞ一段親の家督と成くもりかかりしにそ段忠
府内ニ住くありく名る乃三孫ぞう名かるりし所る役とやり三年

に揺万歳乃円満是ぞ老の時春をのこす長寿丸乃験なり。
今八十余歳なれども、ひとへに不養生にかゝらず
それて上下これ龍頭[illegible]若[illegible]くしばさらなる[illegible]
是へ錢塚乃門流小目利して下[illegible]小本町の芝居とかん[illegible]
は碁友達とあつめ[illegible]ちより[illegible]を切る仙乃袖[illegible]
入花の[illegible]しこゝろ[illegible]なりひ袖られしもみてざり
が[illegible]さへあれば何の色かなずぞうしけん人おほかゝらば一生
[illegible]は富士と白[illegible]して持たれば[illegible]
なる[illegible]
[illegible]八十八の時[illegible]
人乃[illegible]
[illegible]
年[illegible]

檜の木丸切こくちらく捨るとかまはず是もらふまで大様な
る天下の城下なればこそこぼれ是に気を付てひと
つ〳〵拾ひ駿河町の辻より神田の筋違橋までに一荷
にあまる程拾ひ集めてまずく是と賣けるに弐百五十文
まれなく是よりこれかゝる事を今よりはじめぬる事の前代と
云後は日毎に暮と急ぎ大工衆の削りと見え合をも乃箸に
ある程拾ひ夕所に大筋よりもとくなれる事なし雨の降日は
此木屑より箸を削りて須田町瀬戸物町の青物屋にわた
し賣箸屋甚兵衛と鑓倉打杙にかくれなく次第分
限となりて後は材木切大木となりて材木町に大屋敷を
求め手代ならびを三十余人抱へ河村柏木伏見屋にも劣ら
ずさ木山をとらけ沖の海広く前神兵庫の風帆柱の
買置に儲ひのまくおつ利をねらく幾程なく四十年のうち

通り町十二間の大道世の中に近く此橋の上にて馬乗一人出
家ゝ人造りを仕事ありて繁昌と絶ずありけり。されば人の大
るすみかくる橋ハおとさぬ[illegible]を多かりけるを見て角をそぎ
捨ひろひ集めて是を子に細かによせてふくべに橋ハあるまじき所
角高實に一膳出しけるとんはり御ざゝかりて手振らかくろ
すハ今の世の中に在手代のゝ[illegible]近うこ五揚[illegible]外に沼
よき橋あし種[illegible]ども[illegible]して小判色を出し[illegible]
何となく只ある事を気を付て砕中に屋形[illegible]くぶて
夜つ絶り仕舞て大工屋拾[illegible]のひとつまゝに式百三百人屋ご
あぶりある事もして天窓つれおりしく[illegible]
汚れ乞食神[illegible]つされば[illegible]職のうへに常ちゝ間棹[illegible]実
色なき大かるる懐手[illegible]の尾もし[illegible]付る職人とへ[illegible]あし
にたれけり[illegible]より番匠近童に流木屑とうけかせるゝ[illegible]

子ふ万乃打囃○鞠楊弓香会連俳○座敷芸者情茶の湯
投壺○花火舟遊び月風呂へ○夜歩行将棋碁双六○新
町人乃居合兵法○物参諸職生花○浄るりの稽古判○新
田乃術諸乃金山乃中買人○合酒茶碗蓍所ん當乃系
のがり○鉋を相撲乃組なかなる加持の祈入○家業の外乃小
細工全の板同要○修志よ男志られ楊屋よを付○八より高
借銀せんぴ通りを挑猫汁高名より帰おりて[illegible]ふを損益
心ふおふすと色あれこらさ耳おれ小法うへ[illegible]皆全ごとく
懐び技猫せん乃義よ注を将[illegible]油了あく示は液江戸あれ
大なをたてられバとく商れおよはあり抜おせん立すかと
目か檜乃首浩小暖よりと一日立つくまれ源石流の
人の業りい山を色更ふうとくのとく系の[illegible]墨を芸大坂乃
天満祭ふかつ[illegible]毎月代[illegible]島せ作時為が代の乃廣く

煎じやうなどハかハりたる向もあ
四百四病ハ世に名医ありて験気を得るもすくなか
らざれバ人ハ智恵を見る事もすくなし
となるやうなる療治のありやと求むるにかゝる○
されバ今まそれとなく書生さりと四十乃院まで。
うりく業されしものよみしめんて五ねそれをいまぞよ
いふあるハ草足鏡より書籍と名へ経帯をうへむりしハ分限ぶ
とありきりん長者丸といふ妙薬乃方組仕べやーし
△朝起五両△家蔵弐十両△和合八両△始末拾両△達者
七両弐分五十両と細くして絹篩用ひ同乃毒ひあれやうれ
ちなる又は人を合らせ奉る

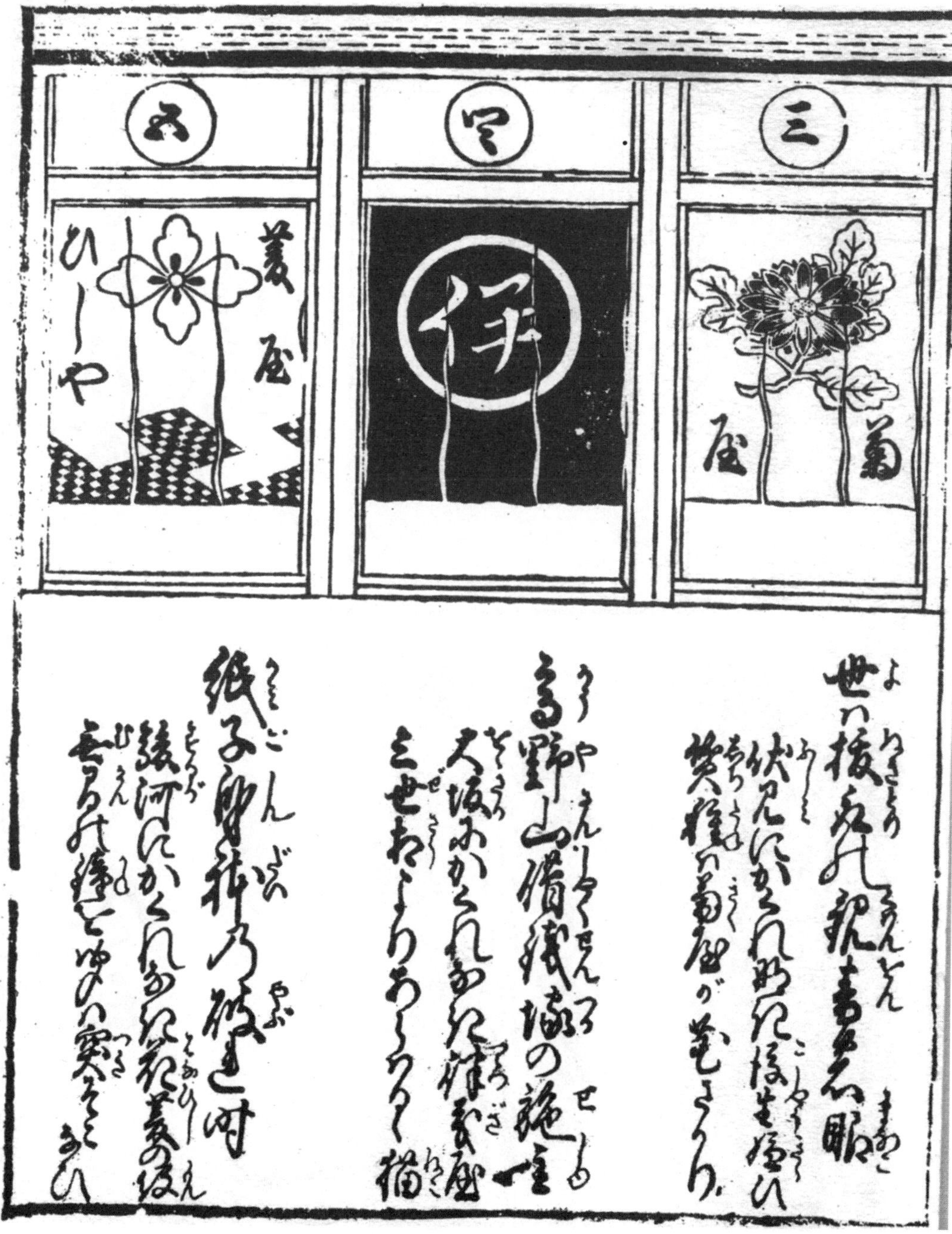
菱屋
ひしや
伊
三
菊屋

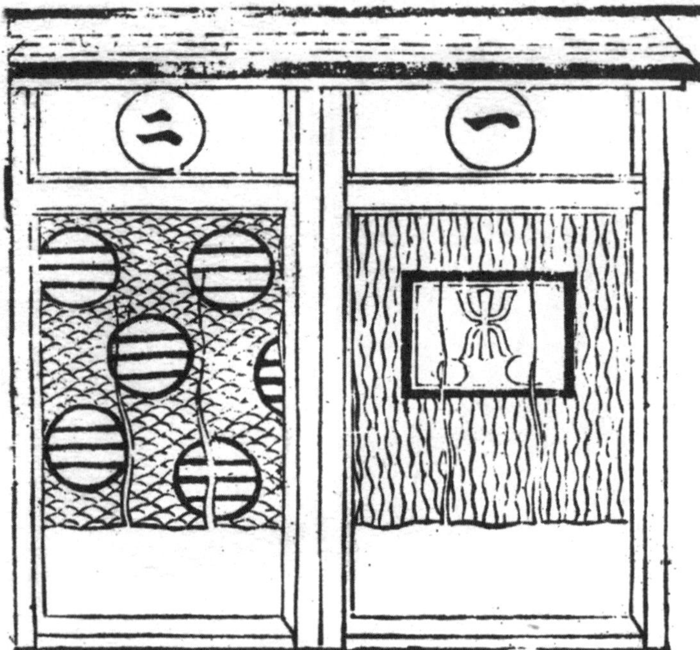

日本永代蔵

目録

巻三

煎じやう常とはかはる問薬
江戸にかくれなき世帯
小松さかへる材木屋

国に移して風呂釜の大臣
豊後にかくれなき[illegible]
種かくしぐる金溜れこの家

1 일본영대장 3

くるゝ仕様ど様子のいろ〳〵の捌ありし。問屋一軒かくし商
の売掛買掛大分ふかくなれば何れも気づかひもなし。惣
じて問屋の内證は見立て奢ひ出し外様
ろ手形入る事あり。それとも実躰なる所帯またもあり
かるし。衰微なく家久しかるべし。年中の足銀
見え目の門おあしぞてはなれど当座の入用の所へ
ぬる手あり。勝手風色仕合の時来年中の分入捌
おの年の極月に調へ置されより年中入込の金銀
とおおよおとし穴と明く是よりら入す十二月十一日さ
まはりく勘定と仕立て拂はしてから実問屋銀とお
づけくを読み寝らるゝ宿なり

41 일본영대장 2

ミさ乗物とつくろひ世わたり乃為、茶(?)湯(?)乃ゆく風(?)を勧(?)
めし代と寒(?)園よつまけりく人(?)へ、今まで生(?)きくる人(?)く出(?)る
もしあしなし、歎(?)くかなきれ程なく歎(?)きてなれ
人ハ是(?)れ付合(?)折(?)なり家(?)を去(?)といふや、両(?)替(?)ひきれり
紀(?)舎(?)いよく、弦(?)月中法(?)乃書状乃通りてお場(?)かりさ
倍(?)すハならぬかくず(?)かりる事(?)そ月利(?)かんさくめ
かざくあれ山乃雲くらハ二百貫目ずつまいりて風しんほん
なされぬ乃当年乃御(?)花乃出来ハ春(?)[illegible]何程と今(?)中
ぐらうと易(?)千鯖(?)乃ねけ月乃あいハ男名なく上がるき
旦那衆よりすゝめ(?)よしとなされ、名(?)所は川まと構(?)中は仕(?)やう
乃まさりぞろし、世(?)鎧屋(?)も武蔵野れごく広ふれし
めでたく、問屋長者(?)に似(?)たり何国(?)の内證(?)もかなりし時(?)
さぶらひし貢銭(?)と駄賃(?)まずすくなく、おおの商(?)しく大

十人よれハ十國乃者難波津乃人あれバ播州網干の人
もあり。山城乃伏見・京・大津・紀州・江戸の人入まじりて
くらせる世すぎ川〻と浅草く背がしこくを一ぶと掛
き遊つるゝ独りのもなし。年寄の語しハ我代ハ我身あれなる
身とふくおく。荒ひ其代ハ盛につとひ仕ることもらく親
にしれ陸地つけども是をおりふし遠國へ商に修ひける
その代ハ緑なる者ハよろしかりしと何事をもしらざれ
かまへて人の智恵よつて利を得る事かくて又大気にし
くる人よ撰りけれる狩者ハよれ商売をもして見るて
の引質と色理なる事をやし此間に程年あまたの商人
我身低く飛びたるにしてそめぐりの暇おりよりより寺をあげ
く的深乃宮縁付小者中其羽を脱て蝦皮をとく
新たに思ひ絹茶を寝鬢極つけり 柳揚枝雅なる人まへ

裏行六十五間と家蔵に立つゞけ、台所の手揃目と見えて
みその米味噌出し入の役人、焼木の請払、肴奉行、料理人
椀家具の部屋、菓子の捌、其外の役、茶の間
の役、湯殿役、又は使番、あき極め若代、内儀代
金銀の済し役、入帳の付込、諸事みな人にまかせて済し
く捌れ自由に絹の所へ、亭主は年中袴をきて、もとゆひも勝
とのさび、内儀はかるき衣装として居間をはなれど、わかく
晩まで奥に籠り、中々上方の同座とは格別、人の
様子よりも身なる色、太子小掛の所庭衆かざりける
くある事へは見たるのづ、済しの所なして蓮葉女といふを
掃して打とせつ女三十六七人、下に小編袖、上は木綿の着物
とあらく、大きく今織の後帯、是も女かしらの好くは精出と
ふく、あれはもこへつて寝所の名をあげおろしのくあふに付置る

舟人あるかし焼屋の庭

北国の雪年毎年まで三尺に積ねと云ふ事あり神
無月の初めより山々を埋み人の通ひ道も絶えて年
の埋根の流れ出しおのつから精気こもりて塊鱗の
若しとも寒さに堪へ其用意焼火ととも凌ぐむるひ
も其後尺通りよありく当年は何をせずとも雪ふる事あ
じ家ふしくおくりぬ焼を急ぐとて人夜もすがら
湯舎を渡りてさかう浦山へ登る馬の背ずりのりて舟
粉代とて八万両を運ふしく遂にさとべし世に航海
商人の損得ふ家ふ坂田乃町に焼屋といふ大問屋
信ろのみ前ハ諸方の人着せしふそ其なりけり渡
年々増して家業へ勤め国乃方より此国一番の米
乃実入よき方へといふ者代ぎを立たるは物し番口前吾

さかりの催の波の上薗のあひ舞燕の絵にて鞍ぞろへ打
くそくして将鳴袖色をうかゝりて名ある仕舞れる。
祈の子のかゞお腹立て大かたれ白りて又舟よ是素様色脱
ど信枕ちかくと叫て寝入られ俄より夢にも貧家が
のぬぐの色かはらずと貧様ちかく神ぬくり行ゑあげく岩の鼻かる
紅に赤様しせられのがるゝ染物屋も是やれくし中と云出して
ねくから世是さうい山猫と何れの猟師町も横ゐより伝き聞るなど云
細工人の世界入分せうく紙なるの計いふてぞうくと是より伝へと云て
家をとる色をなしおそろく毒々海へ仕合し耳にふれよせられ小声のよい。
魚島時に限らず生船の鯛を何国までも無事に着るやうを弱し鯛の腹に
小針の立所尾さきより三寸程脇にとぞ針を突入ては鬼やうく働く鯛の
療治ぞていかゝと格ふと表覚てうはし世に惣じて次の脊に付せなる
不案気ちく鯛を殺させぬ事入れて仕合よい時は道具を集めて

大福新長者教　巻二　十六

まろ家のわろきかへし中にも鮨屋とありて例年正
月十日まで人よりはやく參詣して一年中の繁昌の酒
錢をまうけられし厄払の樽の武十挺立て奉納
ことせ行にいづれの年よりか何とやらん心がゝり
まだひとつに男の福太夫といふ家来子細らしき負つ
さして中出もしは二十年此森稲荷をあさましく人の子の頭
年は日の入るより前に神前の提灯挑るともしけるに
らねばあさましくも案じ脇指ぬきて
かなしく荒くゆかし案の間に闇は提灯をまはしなりけり
まつりと見えし通し御さまりとて若宮の中に小半紙摺
宵浜に付くし社参せし松風淋しく灯の光り
殊の外詣下向もなくて参りの袂より外になく淋しく
神前なればお神楽あげて社人は車座に居なみて銭つな

33 일본영대장 2

三十三尋弐尺六寸の背美といへる大鯨前代の見はじめ七
郷の賑ひハ竈の煙立つゞき油をしぼりて千樽のかぎ
りもなく其身皮ひれまで捨る所なく長者になる
は是なり切かさねしハ山に紀浦に雪の富
士紅葉の名ある龍家よりしねいづくも色揃へ骨を源内
もらひ置て見しともらせ油をとりて思ひの外
速よりかはりは分限の人のこゝろえ大分限となりて今
まで家のつねにてありつあれ近年工夫して鯨網を拵
見付次第に取損ずる事なく今浦々に是を仕出しぬ
昔日ハ浜びさしの苫住せしが檜木造りの長屋弐百余人
の漁師をかゝへ舟ちかく八十艘何事もちかく色次に乗く
今ハ金銀うめゝて遣へど音ハ亀へ根へ入ての内証吉
是を楠木分限といへり是ハ速なりと根分よつて神と

天狗は家に風車

智恵乃海廣く日本の人乃祖ともてはやされし唐

樂天が逃て帰りし事乃[illegible]ハ耳さとく[illegible]

[illegible]

緞乃切売りハかならずしてハかなハ商売なるまじと云ふぞ
智恵付て此時[illegible]小[illegible]道人に三百乃[illegible]候
なりける[illegible]仕合よくて富士山[illegible]乃金持ト今の[illegible]
ぞと申乃[illegible]それより伝馬町乃太物棚にするべきとて[illegible]
親代家乃子細ありれバ[illegible]れども男乃働にて家
たまりひとかせぎと云中ぞて力とえんと云人の縁を調へまり
売乃手織[illegible]色三月廿八日よりはじめて下若乃天神よ
行くもおろ[illegible]乃りとにく売出しても[illegible]に来[illegible]の人買て
乃幸と一日に利を得て毎日見より仕出して十二年
[illegible]よ又[illegible]の[illegible]まされ一人の才覚とていかれ新
り指図をうけて西れ人乃[illegible]暖簾屋に[illegible]
る大[illegible]代済れバ[illegible]大[illegible]屋[illegible]川屋敷[illegible]出入
九間小判乃買[illegible]十てもいづれ[illegible]代に[illegible]

乃其の上楼閣さりとてハ同じ姿ひよ衣ふく翁(?)六枕(?)
まゑより神(?)しも京乃名所ぞ回望移まさへお江戸を指(?)
まいりて夕(?)ぞ谷唯しと定めしはかそしと亟(?)ぞつまづく
せバ三人共に只低楼く俺(?)名乃手便(?)ハあらずとや嫉(?)
色たる人の何とぞて下り給ハねがしハ梅もしなやかさ
殊しねむりし今かし先乃名所あり桐雨く乃利(?)発ふ
くかく浅ましく嘆かふハ不足(?)なり給ふを見立
ひとく色あるべきとゆへバいかなく出(?)広(?)き清(?)城下なれ
日本乃かしこき人の具(?)云(?)ふをまどふけさせ
むく只銀(?)がかゝ代(?)めぐ世の中ゝくり(?)ハなみなれバ
内よ高くも仕出しハなれてと称(?)
貝かりと指ひく霊岩(?)等がしく石(?)炭を焼く持参衛花(?)
不足(?)れバ刹界布花鰓かれく計霊がづれ撫を霊(?)く

野郎遊びは撞木町八といふもの、[illegible]には丸山の里の太
[illegible]なりよ[illegible]遠りよたまされ、人これを見ても後の名
人は朝[illegible]見えし何とてとらるれば、人の中には住がたく
されども[illegible]されしに、かくる縁もありて[illegible]の分
[illegible]の用にはたゝずして、千[illegible]おのづから[illegible]せしむ
るのを悔しかりぬ。武士たちもあつかひ[illegible]町人来
ともいふべき事なく追出されし。今は身の程をわきまへ
あぶり遊芸のかはりに[illegible]をとる家業へかはれぬ
親の代うしなひける。今の人は親のゆづり、江戸の地生まく
通り町に大屋敷を持て、一年に六百両づつ定まり
くの棚賃とり、[illegible]の二字[illegible]へなく。
其家を売て、身の上不分なく[illegible]鬼と出
く。車善七が中間にまじはり、ひとつありぬ。[illegible]

古郷乃竜田へりみだり乃錦ハさんざとなせめく新しき木綿布子あれバかへるゆく男振よく是に付く色仕付る所中を出来じき袴などといふ狂言も悪しからずとぞよふハ智恵乃出時色もやおもしろし又一人ハ泉州堺乃ちんありしが万よかりしころより義太夫自慢してまくらびらきの平野の仲居に筆乃代ゆるされ茶乃湯ハ金森宗和氏流れを汲詩文ハ深草乃元政に学び連歌ハ西山宗因乃門下と成能ハ小畠乃扇代受継ハ生田流の手所新洲に隠居源吾より伝乃代ゆる所に極る又玄斎乃碁ハ玄斎乃碁の琴乃鞠乃名代見立ハ玄斎乃碁ハ玄斎に教まであり歌ハ八橋撿挍に弾ならひ一節切ハ宗三に伝しをつまく息つぎ乃浄るりハ宇治嘉太夫節或ハ大和風の甚三郎ならひ女郎狂ひハ島原家の太夫高橋に揃れ

延し猿の黒焼の旅泊に流れめぐり、それよりは江戸へ入と
急ぎしに暮ぐれ行道も明ければ。東海寺門前におりよ
一夜明しかねしにさうら浮世に暮かかりし非人の集る所
ありて。雲も浦風あらく浪枕のさびしく。聞ればあはれ
夜もすがら身の上の物語りもちるは中々に。皆筋目
ある人。一人は大和の竜田の里の者にて。酒造り
して六七人の世を楽々とおくりしが。酒の事よりたまり
金銀あまた川ゆく百両になりたる時所の高利まがらへて。万事
うち捨家をはなれしも。一門あつめしにも其身はさくさく
中くらの身すぎ。家無く那さうんりよ物の世に呉服町の出見世棚
かりて。上上吉続向乃軒あつかひにて出しけれど湾の池
伊丹池田南都の相つまれし丈本乃松のまわりに並びて
酒え商人皆あまたなして。中程乃鶯代ありて

里人ゆゑにや隅田川と世に御の紙扇は玉しく。山谷乃鐘り
こそばにありく稲荷乃森瓦焼る煙乃町突けに吉原く
行色掛る名れ関越く志るも志しねりれつ其付高い遊
舟乃中乃人にあれ浮舟竹屋乃やかて追そ追
分より八丁まで又百八十が揃代橋して。是いやえ男
式丸也しが有りそ出れバ是い江戸ぞいかどれ済みぞと。
ん羽がし深川富岡八幡長橋も是にえそとけて茶漬
乃人宿りて弁天も焼が紬とむしろ乃境山にみん初し。
館く外乃花色咲出る桜山る色当色るるさらりかそぐ
に追て其夏屋神い是よりは荒蓋乃森の沼連橋色松の川
かゝりて蓋め見く秋かんる月色ざれりしく。不破乃関戸の明
さされ。是品川泉尾張式のく東海乃の去て毛り都へ出て
六十二月め川ならには、是まれ只式まさ紀浪武賞三百

あし乃首筋に入ねの淳色隨にめぐりて大悪名勃
清水寺の茶屋の赤き欅に湯釜のふきたぎるとこれはしくへ
かくれ家をさむきをはげしかへれぬよかくに識色あけ
まで勝りけるかたおなじく大津伏見なる親の乞つぐに大勢
のぢさうさ淡されに咽のかつくを山のさ淡に人の脱
持して泡を消かとつげしさうじめぐ盗人よなりて行
に小野と云里につくね藤蒸をりく掃さびしき撰の木
の陰に売すく友達の集りをく憎や無益の死なるに悔
むは守のいは特牛待ある思犬なるを立寄く見を貫は
通に流るかん嵯峨山の麓に行くで壁は鍬つるよ支を栢
きられ山の妙業になる犬なり三年あまり精々の葉を
あるへ今思焼になれとしへばさくは信人の為ぞとあされ
の業指替なかりめ火打袋をみ出し煙の種と部

大福新長者教
巻二
十

らぬど今ハ内證よ尾が見えて稲荷乃宮のおよぶる人乃
人ありく見えと隠しぬ律義なる親仁腹立せられしと
色々に詫しく色様極めをとしべし町衆よ誓させて旧里と
切くる状ひとり権え残されハ親乃事思ひて是程
までうしなふて由大かたならぬ悪心なり新六是非もなく
不仕合となる身の備へ小ちじ居しまぬ首尾いかなり
く家を立退東乃かたへ行なの草鞋銭とてもなく
かなしさは我身ひとりと思ひげくて甲斐なき人ハ法を
十二月廿八日乃夜ふの風呂よ入しとそれ親仁様といふ
暮おしく湿身よ綿入ひとつ肩にかけたまよ
常とちかく下帯よハ気紙ほけどしく迹のびなる懐
立ゆと丸かしけされども丗九日乃夜さぶらぬかぐふ蔵
つきとやしぬ白雪乃森の松よなりしなりく夢

才覚を笠に着る大黒

一人の情は二階造り三階蔵を見わたせば都に大黒屋とい
へる分限者有ける。富貴は世わたる事を祈りて五條の
橋切石に掛かる時西づめより三枚目の板をもとめ是
を大黒に刻ませ信心に徹あり次第に家名を大黒
屋新兵衛とてしらぬ人はなかりき。男子三人無事に揃惣領
新六色にふけりて親仁よりうとまれ老後の楽しみ極め追つけを
隠居もなりかねしに。此惣領の新六儀に金銀を費し算用
あしのなきあそび。四年立ぬるに百七拾貫目入帳の内見へ
ざりし。外に遊色時の鳴さる美儀あればそれ代ひとつにりきん
とも此世の實盛のあつ物にて勘當付て七月おもて渉くぞ
添し。向後寄付出たまへと異見さるゝくやせし不
更に此入ぞしく。其年の暮に又弐百三十貫目と

掛女とりもちく年越さ陌るまなく。縁木ぎもしる
やう乃分け所以乃家のゑびもとといひつたに。尾藤くしき
さざめるや。各雅鳴十二月廿九日乃夜の明かたまでおち
かりく。一跡は河乃澗金徽嶽勝房まくづれ是
と歎くれかひなく行時色なけれ世はあしらはど買りくめ
のまこしろ乃営なられ積みれ九年九宵天不不
買かりやう侍しきて守ね。是を於まよ当面不れかる
らとも違ふきれば世乃中。我色雅鳴れ藤ねまでは世了
こうれ猶いなすりしゆく梅の花

乃娘よ黄唐茶乃ぬれ袖よ丈長と見せて素人もとし
しおらしらひぬけ参り乃其よ頃合かと比伊勢様
と覚えし十二三年已前流行て世代る乃女色あり。
又池乃川乃汁屋かくれたる乃あれ娘と末へ乃縁組を
守護武家様付き娘とて仲人がってひまゆり。あいさ
面黄月八付くやらるべしと私語し人乃内心ハ夢に思ぬ物
此大津乃うらぶ色に流行くせりしと揚屋酒賣はやる
されくさそれ守遊平にて宿なるへりく揚りたる
此女房などいふんなりしくゝ子共も已に舞よかぶくしへ
乃娘と色たびらびと年と女娘と色師更乃すぐぬ法
より間へ節季は帳かさぐるく男乃身と九ね絵様や
ちらく万事と仕舞多分よ此世年う懐あれ
めく七ツ五ツ八ツ七ツ二つ八ツ九ツ下るぬけみる

無の若き人身に仁三郎とて背僂病ひとつりハ乳のま
せし乳母の足もとよりして外よりすゝむ縞色なく家にゐるか
つまへ毎日利をかへて色にいれど若き人出て行といふなれも
あしさりとて八拾貫目の利銀にて入相拾目九分八合
ゐる也かし此銀利目に清水又女の屋賃とのけて五
白米の上に小味噌塩薪ととての外常住夜番の菜
此外まいつかく三月の鯛とさえ松茸さへ竹の子
も時々色目にかへるもの喉がかはけば白湯に焦穀油
大色主中にひとりとりくあれど寝させ居りに清く嵐
乃あるさと居りとも盆正月乃祭り色せしと寒中に始末
まめともかるめ親世紙続として暗暮不自由ある
世や物乃あひ乃あるとく百目よりつねにそて七
人楽くし年を三とせあり文粗末の町に後家の独り

る人の立碁會の宿して一番に三銭づゝ茶の代とり
て薬師にぬを祖にして世おくる人も有るにまかせて塩屋
町といふ所に坂本屋仁兵衛といひし人は大商人あり
しが大分の銀をなくして後の掛乞に家蔵売て
武蔵八貫目ありしを死して退て三十貫又戸を開
質に入られしうちに今はおもひなしに嗜込て何ぞとよべた
さまわりなくひとりの厚鬢をうちとく仁神おそしげか
まづは人の色好のあるゝ男貧乏神の社へまゐれと
て一門中是を見れば其まゝ隠れて母親の隠居銀拾貫目
あるは人ひとりの子なれば不便に思はれせめくゞりれと
ちゝせ世よりとも経て是きれて仁王遊びて
に一年もおかれまじ歸る事のあけぼの川まで月に八指図
刊頭見るものなしけれは切てある人のいふも先是を守はつれりかはし

うし。達たその祖祀どもして銭が一夜天から落ず地から
涌ども正直よからまへてさふふ色埒の明ども才不疑じゝる高
責とおもうちうに世ぐと一日暮しも楽しみける。実方の
わざらひに森山玄好といへる人かくれなき薬師ハ上手
縁に起切られ養殿の山風寒さに目もうつゝ葉をつゝ
ども門に晩の募継く。酒に神農の掛絵も見なりし
ちりく方の紙袋の書付ばかりにて煙もたゝぬ祥二字の
ひとへ羽織せんじやうにかつて衣服はつぎて醫師も
傾城の目ふに聞ど呼て下人ハゆるれども家にて居れバ外聞がな
しく毎月後脉の時から出て、でゝその絵る紙をつぐ
めでたくハ高観寺の葬起ひいけて近江ハ家色あさゆる見
とくハ精出ろかうしへ人は弾かれそ、なほ気の毒
なる掴にふかし。くへりよに後る賢たいといひくれるく口たりしかつし。

怪我乃名を拵る

細波や近江乃湖に流めぐる色一升入盃をも通り也
大津乃町に名物油屋乃莚平にしてふちおちこる式部ろ
小間乃舟若律文東海乃繁昌ろ次へかる[illegible]車
を見し人足乃働き蛇乃組鬼乃角細工何とありれハ
どうろ売まじき呑ものと年問屋町長さんのごと
く屋造り着るかいり二階は擬音やさしく紫屋町よ
りま白女よしび寄る乃極真豆売乃かざりよるく天秤の
ひぐらしまくり金銀色ろく夜もりより尾石乃ぐらし[illegible]銭頭るる
下乃ちろ摺りろうしと莚平と[illegible]桶おちうく[illegible]組だし
の[illegible]紙高よ[illegible]まるされくふと色世ハ然[illegible]貧福のまうち
ちとくさりよいものふまくどかしられ人ハ素紙子とて[illegible]
[illegible]人ハよし積紙[illegible]一覧角一仕合ハ分別の外で

ふし時台所に摺鉢の音ひゞきければ客耳をよろこばせ是を推しては皮鯨の吸物といへばいや〱はじめてなれば雑煮なるべしといふ又ひとりはよく〱考へて煮麺とおもひ付必ずといふ所おかしく藤市出て三人に世渡りの大事を物語してきかせける一人申すは今日の七草といふ謂はいかなる事ぞと尋ねけるあれは神代の始末はじめ増水といふ事をしらせ給ふ又ひとり掛鯛を六月まで荒神の前に置かるゝはと尋ねけるあれは朝夕に肴を喰はずに是を見て喰ふた心せよといふ事なり又太箸をとる由来を問ひけるあれは穢し時白げて一膳にて一年中あるやうに是も神代の二柱をかたどるなりよく〱万事に気を付け給へ扨宵から今までの咄しを聞くからは最早夜食の出づべき所なり出さぬが長者になる心なり最前の摺鉢の音は大福帳の上紙に引く糊を摺らせけると申されし

らしせんかたなし洛中尽を見たらば見ぬ所を歩行たがるべし。
源氏伊勢物語は心のいたづらになりぬべき物なりと、多田の
銀山出盛し事を書しるし、いろは歌を作りて
誦せ女ちるべき色をさけざる筆乃代義をひもせず京乃
かしこき娘とかや、親の世智なるを見ならひ、八才より墨
に袂をよごさず、節句の雛遊びをやめ、盆に踊らず、毎日
髪かしらも自梳て丸曲に結て、身のまはり人手にかか
らず、引わたしひとりの真綿色をなむ袖横しと出かしぬゆきすき女の
子へ揃ふともすまじき猶ありけるふしハ正月七日の夜私の男
手代藤市らへ長刀によめやらの指南代親むらく書しるす。
在家ふかくや色娘と付とき家路乃戸の内附なりせとや
垂し小出娘ふらしくかしこまり所乃代一番ふしく嗅
乃若き時えんのごとくふしと勝手ふ入りけり三人の在

へまもや流して帰りぬ。此家に長崎の事も色々記されぞ
過りつる事の惜しみぬと請取して、此ゆゑ又聞紙一枚にまとめ、思ひの外
に減の入たる手代が算用もあらたに[illegible]あれど
[illegible]の新
生れ付目鼻に入て、売来る初物七十五日の齢延ぶると
のひとつは弐文、二つは三文に直段と定め、何れも二つと
らぬ仁はなし。藤市は一つを二文に買ひて、今一文で
盛なる時は大きなるがあると、心を付る程の事なり。
屋敷の明地に柳・柊・楪・桃の木、さては菖蒲・数珠玉
など取まぜて植置し。是はひとりある娘がためぞかし。
よし垣に自然と朝顔のはへかゝりしを、同じ詠めには
よろしからずとて、刀豆に植かへ、何によらず子共のそだつる程
面白きは、ひとり娘おとなしく成長して、嫁入屏風を拵へ

鶏にてそれ僕の夜着参を引て毛を抜干かしくろう
菜の茎まで以は適しけれど賤く悪しく櫃石代持く残り
入る身に鶴男の標を立る世帯持ハよろづかなよ気代付
どらしてはあるべからず。此男生れ付て慣れてよし。
万事の元まり人の渡世さまざまにて稼ひかかりの
銭までらしけ蔵よ餅搗ども開発時の人を遣ひ請
たまれ兀の遅色やの儀ときこえく。是を利勘してそ大仏の
前のつへを貫目に付、何程と極めて、十二月廿八日
の曙、いそがしく荷ひつれて藤屋見世にならべ、請取給へ
といふ。餅は搗たての好もしく、春めきて見えし。旦那ハ
きこえぬ顔して十露盤置て、小餅屋ハ時分の物幾所か待まきと
幾度か断て、才覚らしき若ひ者、杜斤の目りんと
請取てかへしぬ。一時ほど過て、今の餅請取たかといい

ひ者に長崎の様子を尋ね繰綿塩酒は江戸棚の状
日を見合せ毎日万事を記しおけば紛れし事は爰に
尋ね洛中の重宝となれり常の着物は単
襦袢大布子綿三百目入てひとつより外に着る事
なし袖覆輪といふ事も此人始て当世の風俗
見よげに始末にかなひぬ革足袋に雪踏
に大道をしづかにありきて一生これらに絹物
とては紬の花色ひとつは海松茶染にしても若き時の
無分別と十年も是を悔しく思ひぬ紋所を定めず丸
の内に三つ引又は一寸八分の巴の紋付て土用干にも
取ちらさず上下は中古なれど麻袴に鬼綟の肩衣幾年か
折目正しく町並に出る葬礼には是非な
く鳥部山におくりて人より跡に帰り六波羅の

世界の借屋大将

借屋請状之事室町菱屋長左衛門借屋に居られし藤市と申人慥に千貫目流屋は廣き世界にならびなき分限我なりと自慢申せし子細は二間口の棚借りて千貫目持都のさたになりし烏丸通に三十八貫目の家質をとりしが利銀つもりておのづから流れ始て家持となりしを悔しぬ今までは借屋に居ての分限といはれしに向後家あるからは京の歴々の内蔵の藝埃ぞくりし此藤市利發なくして一代のうちにかく手まへ冨貴となりぬ是一人の堅固なるが身をとゝのへたるなり此男家業の外に反古の帳をとぢ重くて見世をはなれず一日筆紙握りて両替の手代通れば銭小判の相場を付置米問屋の売買を聞合せ生薬屋呉服屋の若

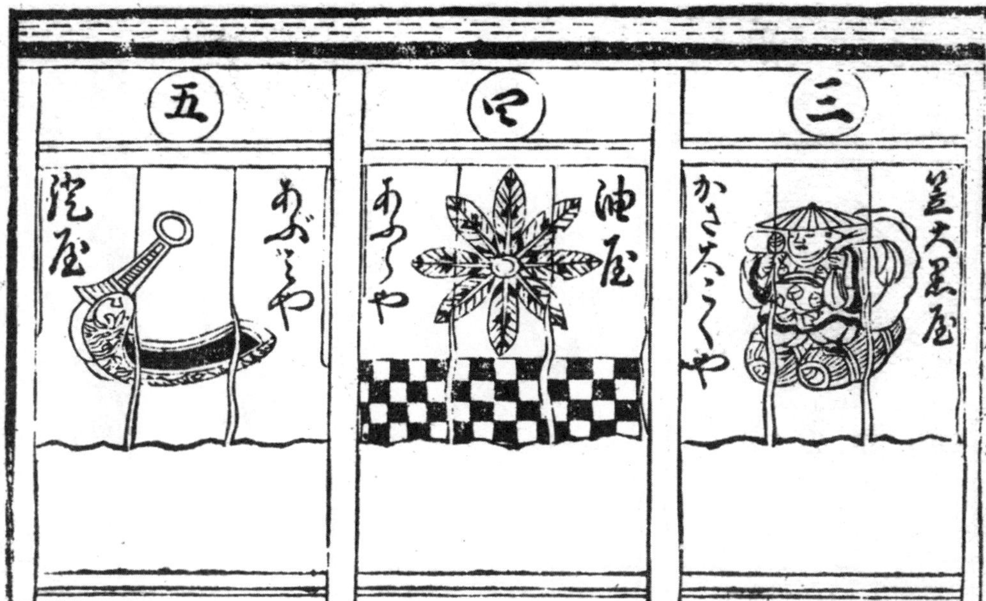

才覚と笠にころ大黒
江戸にかくれなき小金持
頭もれ乃恵く大の果報

天狗ハ家名の風車
紀伊国に隠もなき錦えびす
撲も娘の小斉の出所

毎人るかく碇屋乃庭
坂田にかくれなき亭主振
晴れば表向の出持の益

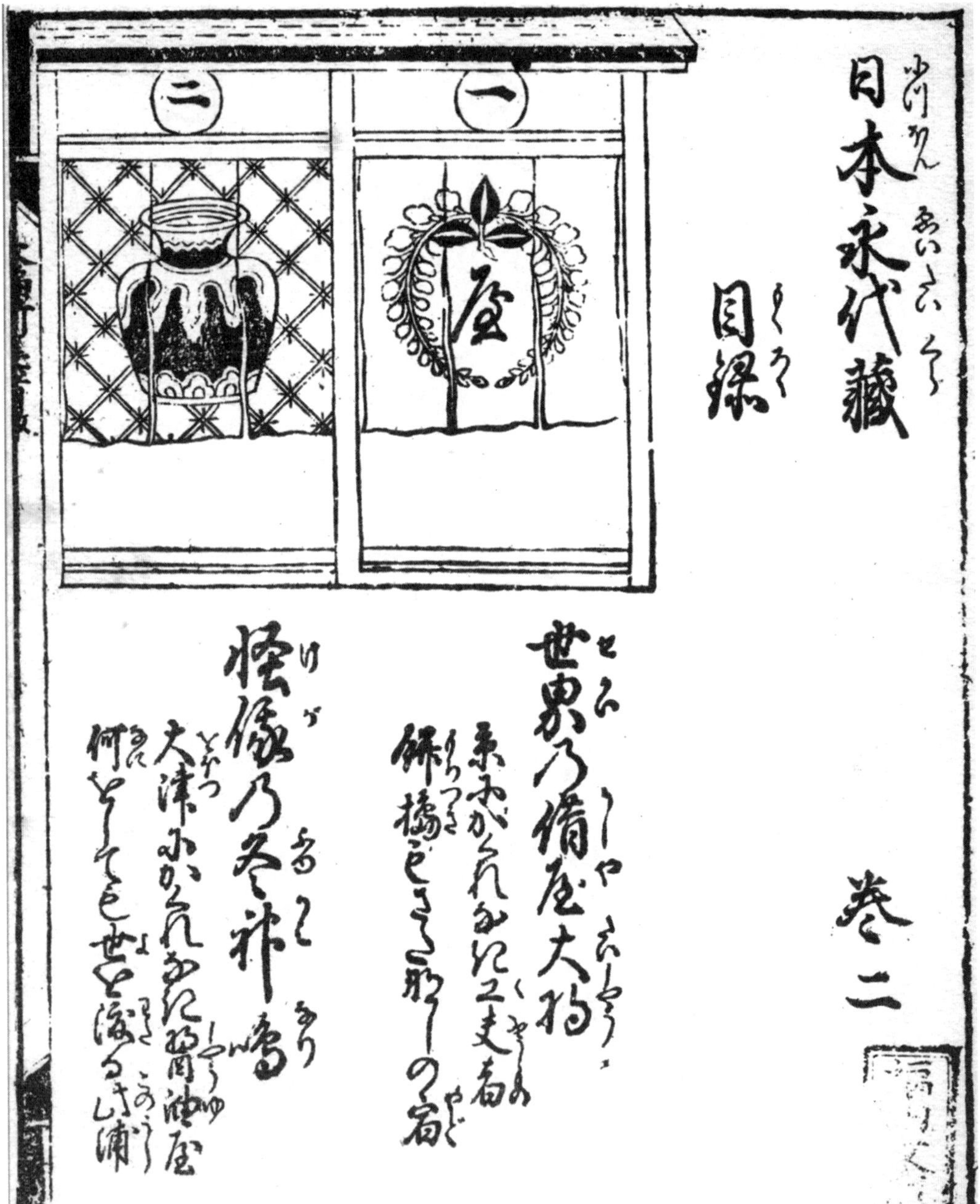
日本永代蔵
目録
巻二

世界の借屋大将
京にかくれなき工夫者
餅搗もさすが一つの宿

怪我の冬神鳴
大津にかくれなき醤油屋
何をしても世を渡る浦

1 일본영대장 2

とせ久しかりし。かゝしどもられ名もとて家久しき所の名を且ありよ
とおもふそふに見るを見んとびしかしかくあらんよりの外つれ縁
細工人の栄ふるためしあり。かゝる浪人松屋後家は世の人の繁昌
まゝつゐくの渡世もつくれ度を世にかゝわりどもむかしの借銀済
なれ調法色なりしかど、ひたすら思案する時一生一大事の
分別出し、諸色を借りられ京中に渡世をつゞけと申せば人請
あるれとく今ほどのと云者一人ありし。借銀又貫目此恩
爰にて三貫目より内ありしに後家町中にて拾ひ出されしを
しるの入札のあかしく貫目銀請人に銀四貫目つくれとて実指
ける方へ家、浪人をおもれとてかしれしくに銀四貫目を人に預けしる。
様は三千枚入ては銀拾貫目の請人又貫目の借銀をとへ
七貫目はかりて後家二度見るよりかの銀小判の人に渡すべし
まゝつ下々札に実当るく定とまつく家指ともまさり

39 일본영대장 1

懸られし御人の分限を離れぬ物ぞかし此後家今
年三十八なれども小作りなる女殊更めでたく見えて色
白くらうたげなれば二十七八の人の好める風流女房姿を忘れ
くらべの縁に色つくりて我家の風俗なりし小家年の子迄
とあれば人のうらやみぬ程に髪切て白粉絶て紅花の
口びるもさめ男様の黒帯色細きを好み見え男に
なされど女の秋色つくれど桂の根つよき色も手細工に及びがたく
とりとめて朝夕に志厚く野辺の朝夕の麻
の葬不断の花よりいかめしく恋慕の外に浅ましあひの
ゆゝしく女なる色世の中ぞかし今ぞかゞみにうつせる
今時の後家たるは其死跡より金銀多く所持あるゆゑ
欲より女の親類見立ていまだ家の女に無理やり
に髪をきらせて世をすてさせ仏の名代とさせて今見帰

これ当世男もけずかしく、人乃母親もすこぶる都なり。それ色好の人は衣類も細色背人まてよろしそおしき男乃紬絹花色小紋に深く好みける(?)ひとはまさらし付乃本郷禰(?)さつ当よりいおとろへし煙色なる人の家の若衆民家乃女は琴のかわりに小蒔絵と引伽羅の懐よりの花の撚ぶさ当とい(?)さしくへるがくしそれくに似合たる物好するよろしかんよける世のごとく付に衿だろり背の川のり乃世中にて時流行奈良晒や黄(?)目ん里の曝布乃買問屋なく京流人の松屋乃何がしちくわりしむかしは今の秋田や栖(?)屋小歯かくし。世盛乃人衣禰宮乃家に花とやりくてまをゆそうに営されし不酒乃かしら口銭乃さし代まで本家花よ暢し代家浅きまもろく天命とおる年よりなく平生の不養生まで非道とせられ他家婆まいよたから乃借物とおしられを

長者の[illegible]とは[illegible]武は又[illegible]親はおのれが分限より
為る[illegible]外[illegible]付諸藝お
らざる人の用[illegible]合ゆゑ小[illegible]ては[illegible]
あの太鼓持もこれが傾城ぐるひの[illegible]一座[illegible]人
よく人の[illegible]野郎あそびに金銀を[illegible]是を思へば
ふう男よくよく見るによかしこく世の[illegible]親よ
[illegible]人は[illegible]世の[illegible]なる人[illegible]
[illegible]
[illegible]上つ[illegible]人不祥はある物ましてや下つかたの
人[illegible]小男あり[illegible]
[illegible]親のゆづり銀を[illegible]人ありしが[illegible]
は[illegible]
付の小袖[illegible]の小脇指[illegible]

世は欲の入札に仕合

用心なき家へ囲に織物に嵐後家に入聟いろ〳〵ぐましれ
るなり。今時の仲人、敷銀づくにはあらず。でき者の銀子敷銀小袖
など〳〵へば五十貫目持参ならば五貫目またそのつけどゝく十
貫一銀出しく嫁呼うて来し、その家は内証がましく一代に
一度の高きの山挨えへしのぶしねるをよく〳〵無代入るべし
世の風儀とするゝに、目あまれ人、君むかれかつり見え、嘉の帰なり。
分限よりすぐるを花麗ほどになして年のへんようやく〳〵だ。
燿れ時のむかしよりあるへはまずうき屋普請、新屋づくり
志く長者の様下人、下女代々一退して富をまたも見せけ。
燿の最須代のまゝ高るあそびよきゝ所のそん相の船もなし
世の外聞にもあらずとくらひの乃かる栄一門縁者の奢
くらべ無用の橋入へかくさるりく様、穴のわく御をも導

33 일본영대장 1

浴しぬされよりく家業人毎日金子百五十両ならしに商売しけるとなり世乃重宝是ぞかし此亭主を見るに目鼻手足ありて外乃人にかはりたる所もなく家職にかはりて大商人乃手本なるべしいろは付乃引出しに唐土和朝乃絹布をたゝみ品々乃時代絹中将姫乃手織乃蚊屋人丸乃明石縮阿弥陀乃涎かけ朝比奈が舞鶴乃切達磨大師乃敷蒲団林和靖が括頭巾三条小鍛冶が刀袋何によらずないといふ物なし萬有帳めでたし

かく自分前になりぬ。惣角へあがりぬ算用江戸棚おろし
何百貫目の損銀これあはいうちに年々の穴のかくし
ぬくらぬ所となる時、又商人の名ある三井九郎右衛門と
いふ男、手金の光、むかし小判の駿河町と云所に、面九
間に四十間に、棟高く長屋作りして、新棚を出し、万
現銀売に、かけねなしと相定め、四十余人利発手代
を追まはし、一人一色の役目、たとへば金襴類一人、日野
郡内絹類一人、羽二重一人、紗綾類一人、紅類一人、麻袴類
一人、毛織類一人、此ごとくに手わけして、天鵞絨一寸四
方、緞子毛貫袋になる程、緋繻子鑓印長、竜門の袖
覆輪かたかたにても、物の自由に売渡しぬ。殊更
俄目見え、熨斗目いそぎの羽織などは、其使をまたせ、
数十人の手前細工人立ならび、即座に仕立、これを

本町呉服所京の出見世役付継よあしらひ棚より手代
それぞれに将監の流屋敷出入ことかたじけに勤あれは商賣
まで油断なく弁舌手ぎれ智恵才覚算用にたけくらる
者どもつね皮も利徳に生牛の目をぬくごとく虎の門の
殊どこあぐ千里小ゆくも其云綱より四ツ代の川さ採算より
ん様代わしく明暮機嫌媚られしがいつとなく今はさもなん
常の武蔵野なれや隅から隅までを見入ていへば史小判
次色なりけるを流行る又は衣配の移りかはりを経へ小細
戸かさの好きふく一高まりくなる今時は諸宮の
入札すると利潤を見掛て喰ひ詰よなりて内證
かなしく外聞ばかりの用にも大名の賣かり
数年不埒になりて京銀の利まはしにかゝりて
しまひつまりて雑儀偏よなりけりける棚を仕舞

なりける時(ころ)室町(むろまち)のかた脇(わき)に仕(し)立物屋の覗(のぞき)からくり橘(たちばな)の暖(の)
簾(れん)掛て当世(たうせい)模様(もやう)の縫(ぬひ)出しもぐれて[illegible]の手(て)利(きき)
ありて絹紬(きぬつむぎ)家(いへ)に持(もち)つゝひろくさまざまの衣掛(きぬかけ)山を我(わが)宿(やど)
よろしき事ぞかし仕付(しつけ)の糸(いと)火熨(ひのし)あつる代(だい)諸(しよ)万(まん)目(め)よく
ぞかし物(もの)数(かず)卯月一日は衣(ころも)かへとて是より袷(あはせ)仕立(したて)縫(ぬひ)うけしなる
に白(しろ)紋(もん)紗(しや)の内へしまひ緋縮緬(ひぢりめん)と中に入(いれ)て足袋(たび)かさね
の袷(あはせ)袖(そで)襟(えり)に引綿(ひきわた)むすびしは昔(むかし)のことなり此うへ為
方の唐織(からおり)を帯(おび)頭巾(づきん)となし侍(はべ)る此時節(じせつ)の衣裳法度(いしやうはつと)
發(と)諸國(しよこく)其人の身のうへ今(いま)ははじめなくゆるかせに御(ご)法(はふ)
ぬ高家(かうけ)の人のはじめ絹(きぬ)ならで色(いろ)えらぐりし紬(つむぎ)はおのれよそ
つましかりしげある武士(ぶし)は綺羅(きら)紋(もん)をとしてつむぎなる
是(これ)にならへ無僕(むぼく)の者(もの)ぞ次第(しだい)に色(いろ)風儀(ふうぎ)を移(うつ)しておもはく
しかれども代(よ)々江戸(えど)稿(しま)めして松(まつ)はかはらず時(とき)鳥(どり)

鼻毛掛算 今ハ当座帳

古代よりかハりし人の風俗次第に奢になりて。流行事へぬ
済よりハ花麗をこのミて妻子の衣服まで上を学ぶ
者共の形そこしいに栄耀加へて流しきる者人の清き衣さん。
京都江戸二つの外ハなかりき。是さし其花を堂しよ川
ての又不絶大名よりもさりしの方人よけ似合ざる事
云も斯ういち年々にさりしき都人の仕出しに男女の衣
裁風しの美をつくし離れよ色をそへ浮世小紋の模
様流行の百色染衣しの洗染をして摺模各別世界ま(?)さ
ゆせんさしく女の者指物の縫ひより肉抱られしく成りく。
家業の隙し(?)家人の形そしと塩梅の平生こうしもの見
上(?)ハ渡世のとめ(?)にハ万民の美婦ハ春の花見秋の紅
葉見ん婚礼振舞の外ハ目立衣裳をさんまきたもとやうま

うかりになりく流行に備帳紙のろへいかなるゆゑなく銀磬
の手代これに縁とかくめ積福代と当程によりねば小判市色
此男実出せば像によりて黄出せば泉ちさゝりに小かまへり自
此男の成親にかく紙さげく且おくとやねや。中に
色先祖とさうしくかんぞあれめに随の世代よ当色口
惜にも紙と立の当人ぐ播れ気なる時まさしありて建武
し是色又の座んやさるて。金銀の威勢をもつ様の大名
之の掛屋ある二ろある二の請出入にわつらし者そんが。前の
ろいひ出色人とにかく恩この声とかりく家業をつくり
く母親の指まて箇掃薬第子渋団扇の類也
くとい小此家の實箱とく乾の湯によおさめとしまて。流
囲とめぐりの当に今色まさかせいつかんるべくれかの大坂加讃
流れありく銀色になりとい入り

捨る米を塵塚まじりにすたれたる集めたるに朝夕にくらひ
あまりしく壱斗又弐升宛ためけるに是より欲心出来
く始末としけるにぞや年中に七石五斗ためてひそ
かに売明のとしも又そのぞみしける程に毎年かさねて
二十余年に胸くり金拾弐貫五百目になしぬ。其後世
悴も九歳の時よりわざとらしく小口俵のあきたる
をひろひ集めて銭ざしをなはせて両替屋問屋に売せ
たるに人の思ひよらざる所銭まふけして紙子よりかせぎ出し
後には両替見世を出し日備の小判商座しのちに両替是より
思ひ付く今橋の片隅に銭見せ出しけるに田舎人立寄
よひまはる明ぐれまで暮て是川れ銀子とりひろ
げて丁銀と両替へ小判と大豆板に替利をひさぐ
け出し。毎日くつかへして十年あまりに中間商の

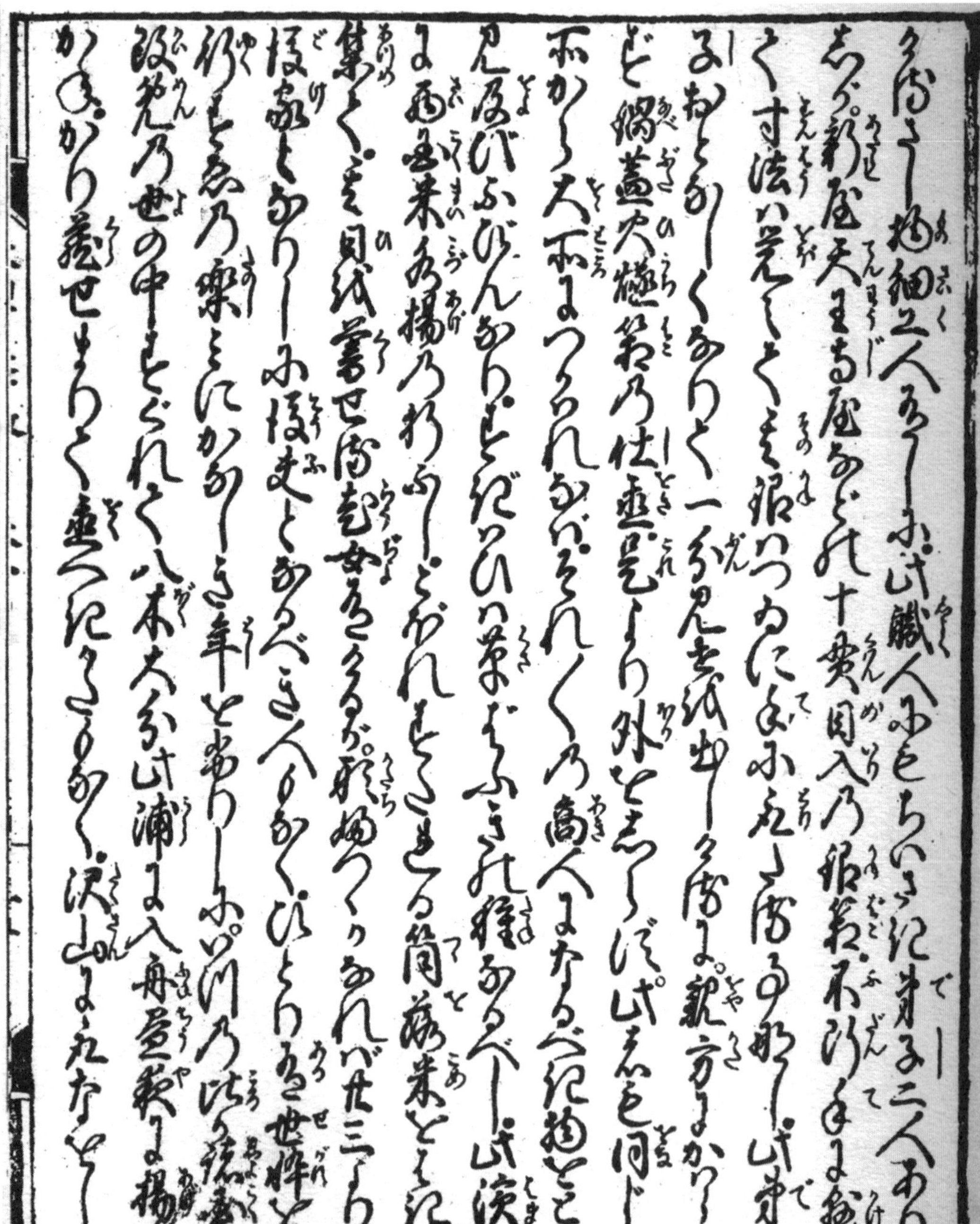

され行て小遣ひ遣ひよふく角お發より銀元乃鋳ろ
さげ渡し自分おくりに代ぶんに為て見ん事に目
えかゝる商ひ仕掛利速いふ商りく換は所方にかゝりけ。肝心
身を持て時節請人に雑義をうけ。其身の精しく金銀乃出所を
をはかりては肉親兄弟添くも商乃身のすゝめ。為ぞ親類人
のかくざりありし。わのれが性根よしく長者に成る事
ぞうし。惣じて大坂乃手まへおもろてく人代々つゝりくされ
あとむど大くさい吉蔵三助がありあがり。銀持すかりし身を対
ちんく詩歌鞠楊弓琴笛鼓香会茶乃湯もおぼえける
られ芸くくよし人付合もしし乃行衣もうきりぬ程
角まれ人ハおもいつ世云家乃おもしろき他乃花ちく棄ましわ
猶ゆとあしばゑをおもふに業云は生死が身一乃仕合あり。
子細は繁昌乃所にかゝるはそれ淡路書町乃よりよろしく

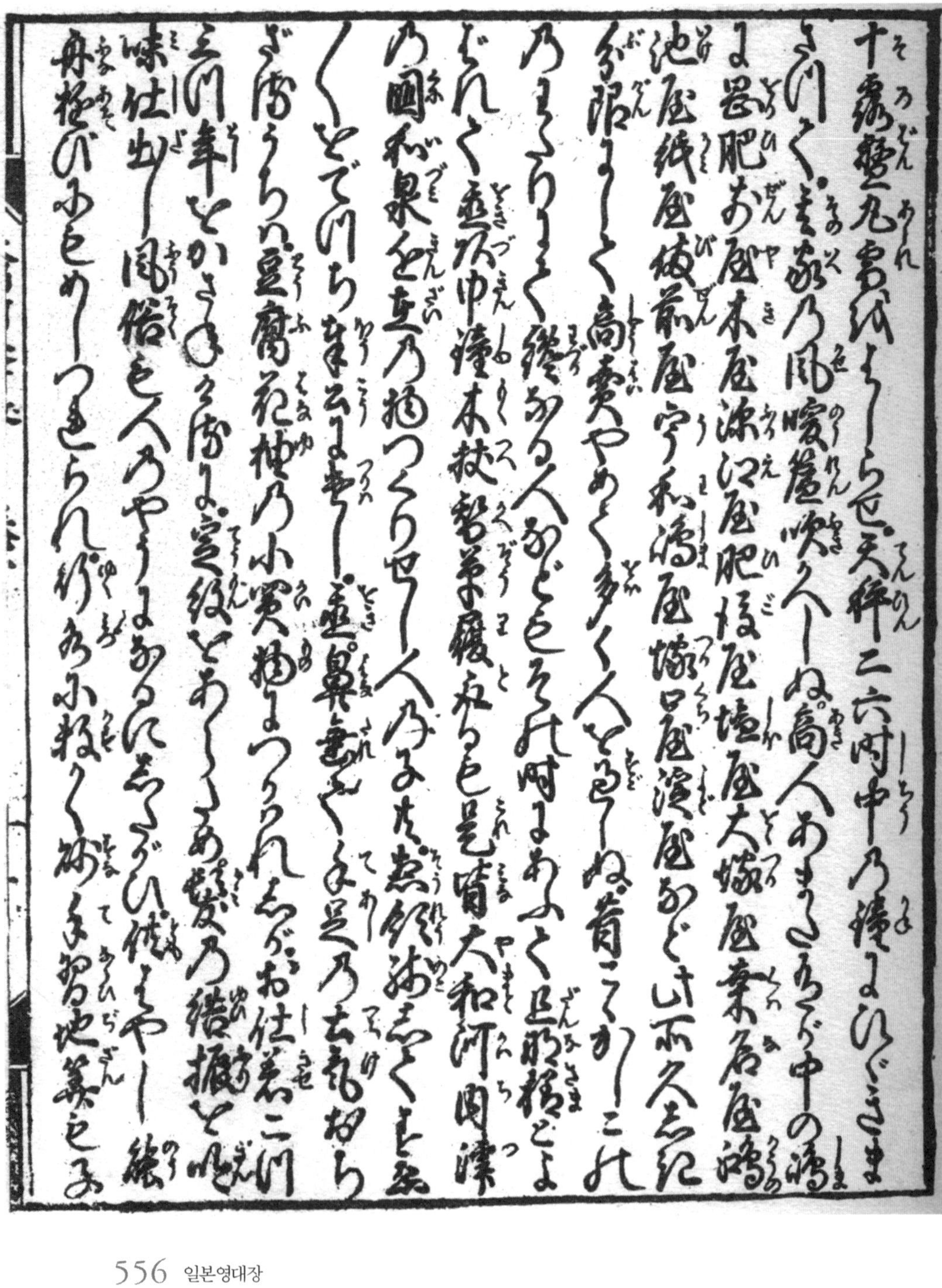
十露盤丸雪ちらし、天秤二六時中の鐘にひゞきまさり、其家の風暖簾吹かへしぬ。商人あまた有が中の嶋に、岡肥前屋木屋深江屋肥後屋塩屋大塚屋桑名屋鴻池屋紙屋備前屋宇和島屋塚口屋淀屋など、此所久しき分限にして、商売やめて多く人をすごしぬ。昔[illegible]継ある人なども、その時にあふて旦那様とよばれぬ。[illegible]是皆大和河内津の国和泉近在の[illegible]つくりせし人の[illegible]惣領[illegible]鼻垂て手足の土気おち[illegible]

立所をかんがへ夜のうちの思ひ入にて売人あり買人あり壱分
弐分をあらそひ人の山をなし互に面を見しりたる人には
千石万石の米をも売買せしに両人手打て後は少も是に
相違なかりき世上に金銀の取やりには預り手形に請判
慥に何時成共御用次第に相渡し申べしと相定めし事さへ其約束をのば
し出入になる事なりしに空さだめなき雲を印の契約
をたがへずその日切に損徳をかまはず売買せしは扶桑第一の大商
人の心も大腹中にしてそれ程の世をわたるなる難波橋
より西見渡しの百景数千軒の問丸甍をならべ白土雪の
曙をうばふ杉ばへの俵物山もさながら動きて人馬に
付おくれば大道轟き地雷のごとし上荷茶船かぎりもなく
川浪に浮びしは秋の柳にことならず米さしの先をあらそひ
若い者の勢ひ虎臥竹の林と見へ大帳雲を翻し

浪風静に神通丸

俗大名[illegible]

万事の自由成時は[illegible]仏ともいふべく又外なき事し。

されば世に大名の御知行百[illegible]万石[illegible]百石どり

釈迦如来入滅より今に永き勘定すくなく見るほど[illegible]られしと

見つくさじといへり。大人小人の違ひ各別世界は広し。代

泉州に唐かね屋とて金銀に有徳なる人出来ぬ。世わたる

大船をつくりて其名を神通丸とて三千七百石積ても足

かろく北国の海を自由にして難波の入湊に八木の商売

をして次第に家栄けるは諸事につきて其身調義の

よきゆへぞかし。惣じて北浜の米市は日本第一の津なれ

ばこそ一刻の間に五万貫目のたてり商も有事なり。その

米は蔵々にやまをかさね夕の嵐朝の雨日和を見合雲の立

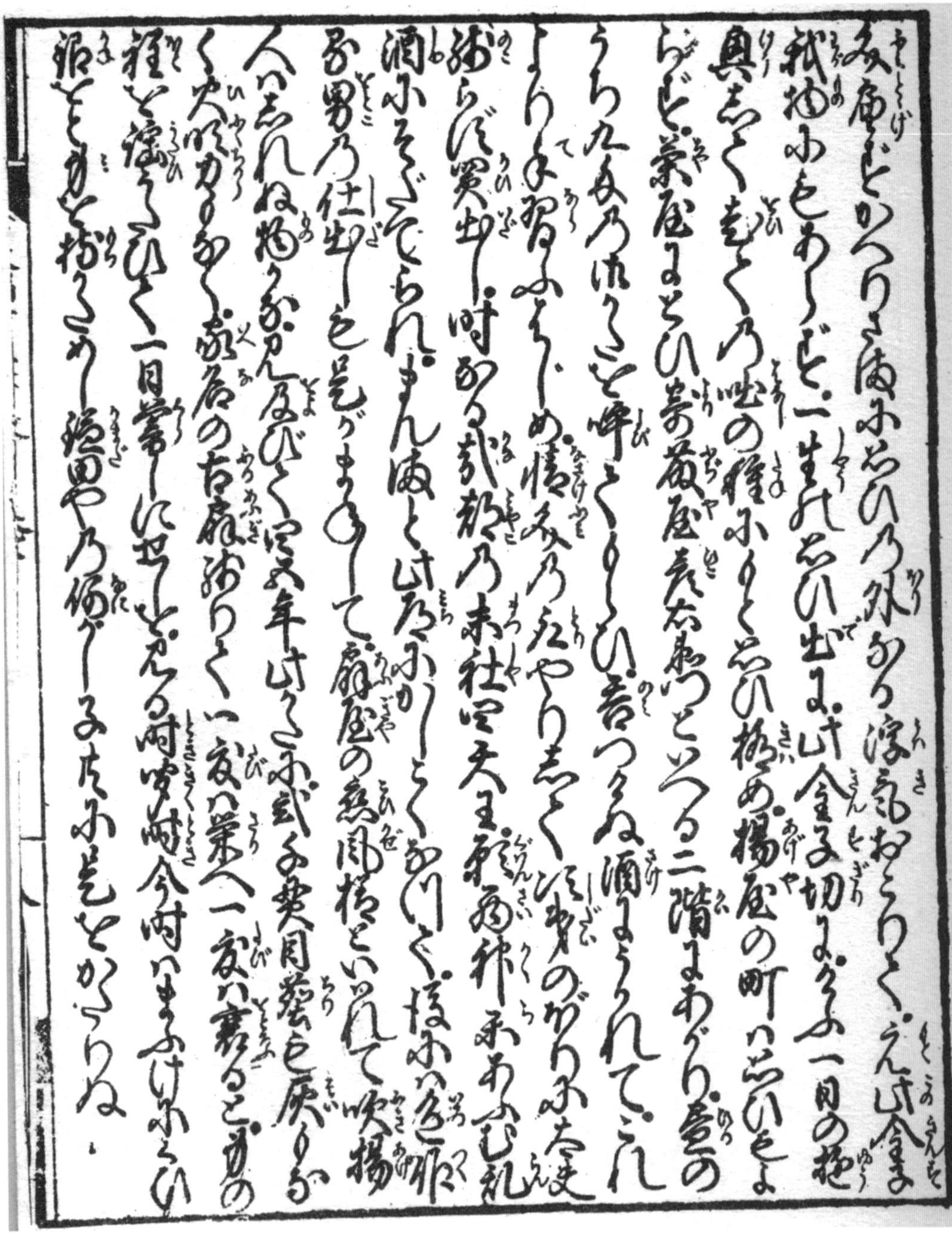

らく立やとどこほり揚屋より酒ゑよ行男に立寄此流は何
なしに通りましてもぐるしうござりませぬかといひければ
ば彼男是見て何とも合点せずおかしがりてそれへ行ばとて編笠
ぬぎて手に持中程にかゞめくやうくくに出口の茶屋の
まへを行過て女郎町に入一文字屋の今唐土出掛姿に
ちぎりより嶋原花川様と申遣さるゝを渡して太夫やりての
かたへ見せ給へ私はぞんじ申さぬと身ぶりやり手のまへ暖簾
のかげにありけるに指さしてどこぞでそなたがくれ給へと
いへば見てある六尺目に角を立て此女郎はおじや彼
えくやしきと申せばそれ程ある種なれば涙まへさ申にて
縁あれば申さぬと猶へさがりてあなたこなたにさぶらふ
何とて女郎の事は武士方ごりのちしまへせてあるが此二三月前
おしくも引籠りたるやうすこしくふかくなり出ければ様

名は小兵衛(こひ)と嘲(あさけ)もあれく、かしらうしひとり書(かき)おしくはす
えにかしこの清左衛門(む)なれは才ふかく、くらひとほしされまく
表(くろ)切米(きりまい)を借越(かりこし)つもりし事も世代同武家は岩川ぞやの蔵屋(ちよまり)にく
それ迄の咽(のど)は背(とな)合かく年(かくつもくしく)につもりし借銭(しやくせん)を済(とき)しやさるべし。
惣(そう)じて人の心は、万端(ばんたん)恐惶(さうとう)のおもはく、大坂屋の野(の)風(かぜ)殿
は西国(さいこく)の大臣(じん)、菊(きく)の節句(せつく)の仕舞(しまひ)にとて、一(い)歩(ぶ)三百とくまく
色ばかり一角(かく)色ふ入ば同(とな)じ事(こと)ぞかし。何の勿体なかるべし
も哀(あはれ)ふくミての分限(ぶんしやう)棟(むね)種(たね)ふびんかさなりければ気色(け)は
金子(きんす)をひろふてはぬるるれ、しばし無念(そねん)色おもそ折しも男(とこ)よかへ
さんとそれは但所(ただところ)をおしくも、先(さき)おれお隔所(まはり)も行(ゆき)く範
川そう淀(よど)さんとおもへは鬢(びん)のそそけを直(て)りく宿(やど)所(ちよ)立
出(いで)し後(のち)は一歩(ぶ)の只(ただ)くしと色おへがおしきぶんぶし出しく又七夜色分(ぶん)
別(わか)く名残(なごり)惜しく色里(いろさと)の門口(えくち)につれくもて、よ入るまでおんばへ

紫野にそへる藥園の竹垣のうちにしつらひし所
年切女并末入し明鐘掛し行て封じ者一通指ひ
あげしとれくられば花川さ渡なりる二三とわたらう
かれそくる付所がし立代へく帝判ねしるるえへまで
大かおさりとそめくと筆代うどう世の所見ハ寄上ちお
まがね清名家前の清名わりしられより宿ようくらん
まふり孫名れば見ハ島原の高上郎のつる人尾るわるく
しく擲もなく名所と見も杉原反故一枚のうく採寄
ゆるねるりろく梅表りかれこれかんしまで毒をおびたりいふ
つるし出しよ。見つく登るに先付名りまくわらしむきは
将の上囲うて巻る女武ふつもんとわ所るとよまふらび。
膓れたりとおびめふひよしつ所仕合は見ぞうし。世界へ
さうしと所るりなされと。下々の口代知うく。掘付ふま代擲

世乃人心やうり揃てく絆撓成てせ乃偖されバかぎり
ある命は親仁七年乃時雨ふる浅憂乃雲立こゝ悲しき
さびしき死乃枕よ残る男子一人あまくは後成え乃ひとしく
九十一歳より生れ付ゆ長者おりて此世悴親よ成されて始
まつ弟一あしくおもゝさ乃親類よ才覚のちけらしくいとかき
しうさびさ七月乃仕揚八月目より病門口成ぬ暁し世成さ
さ商賣成大事まうけく胸乃あ乃成の病しこく大事の
見舞ふ色をやく心よおもぶこと心せんさくふとしられたく
晴れバ去年乃ゝふぞ親仁乃祥月とて又病あしに気つく
下向よ分成むけしとおのは出しく洞は袖にお為に分
此手紬の其外縁を得は命あつまりとく親仁乃若ゝられしく
がかはる人の物しき命今まで二年生残すへハ長百なり病死わ
さづしく大ぶん損乃分く見はまで欲先いらく悔りに

二代目に破る扇の風

人の家にあるべきは梅桜松楓それよりは金銀米銭ぞかし。庭山にまさりし庭蔵の詠め、四季折々の買置是ぞ喜見城の楽とおもひ極め、今の都に住ながら栄耀の梢をひがしへまはして、大宮通りより丹波口西へゆくほど。長山の出家とよせむと、長寒人に魯を付けど、ずらしの風雅虫振には自業紙用ひよく、屏は家職と大事につとめ。秋は団紙出ぞろへて蔵は時分がらひ過し小遣ひど。それも夏は渋紙もてかりかり、地紙あふし、紙ひとりの難儀にあはず。冬は庵。炉とろけ年中るにあはず。たゞ貴さとより世の費ひとり色せざりき。此おとこ一生のうち草履の鼻緒を踏切しは、釘のかしらに袖かけし破れども、万に気を付くる事一代に弐度、文目ちらさぬく行年八十八歳

吉

大福新長者教 巻一

八千百九拾弐里よりかなん。東海乃続通しゐるよつけさりう
く流るよ流こかさ里るれバ。信中撰て折くそれくち
せんざありくぱと念乃世のかくり白よなる里べしと察
よりあ里さる乃義近とよまさく。真語と遠こる雑
ささ流利生那りぱ此高人肉疏よは常焼乃ひらぱき名
は綱庭とく我疏よかられ都しぱ然さく親乃ゆづりを
うけども多里其兄まして加世に出しぱ銀五百里周よ
つもしく是とふ銀とぶりぱ千里周乃うへとたちゐとは
云那りぱ此銀乃息よりは貧子弟織楽と從へり

にまゐりし帰下の山桜の枝に野老入し髭籠をさげて
下向しかへらしが借銭およそ借銭壱貫と云る
まちる役の法師貴ざしおがしおほく酒を呑
とかげ孫色やうぼ此男わがこゝろえしどありゆかる借あ
つまりて当山開闢より此かた終に未進の銭かへし跡
例の借人是がはじめなりけり此泉州の程の先にあれ
ど自今は大分になりもどるの費用とさして借る人の経
所は武蔵江戸にして小網町の末に浦人の住し
舟問屋して江戸中に其家富てよろこびて掛硯に
仕合丸と書付来るまでの銭を入置猟師の出船に子細
と語りて百文づゝかしけるにかりし人自然の福ある
とて遠浦に聞伝へてせんぐりに毎年集りて一年一
倍の算用に積りて十三年目になりて元壱貫のぜに

そのかみの夫は田掻く婦は機織て朝暮をいとなみしに

し。一切の人此ごろ戸帳ばしにかゝる流行あれ

ば。諸人の耳に入ざる事の様もしられ世の中に備

銀の利足程おそろしき物はなし。此借手万人かり

銀にて商ふ事あり。当年壱銀あげられ来年弐銖

かしこちかし。百目の請取弐百目をすくわ流しぬ。是親の

の銀なれば。此川も色共深くて細して又此水

くひ銖三銖十銀より内紙ふるるに。家に年の分

九三の男産付かしこくてまじく風俗衣によ

つれる。あんじの信長時代の仕立元揃神下せりしく

のら縫くゞへ志てこれに福たるきりと憂級の範を深めぬ。

同じ切の吉襟とうけく。上田嶋の羽織に縫ちらしとつけく。

中脇指に猪袋とうめく。世ゐるか尻かゝげしく。家

程の願ひ何によらず銀徳にて叶はざる事天が下に五つあり。それより外はなかりき。是にましたる宝船のあるべきや。見ぬ島の鬼の持し隠れ笠かくれ簑も暴雨の役に立ねば、手遠きねがひを捨て、近く目前に替る家職をはげむべし。福徳は其身の堅固にあり。朝夕油断する事なかれ。殊更世の仁義を本として神仏をまつるべし。是和国の風俗なり。正月初午の日、泉州に立せ給ふ水間寺の観音に、貴賤男女参詣ける。皆信心にはあらねど、欲の道づれ、はるかなる苔路、姫萩荻の焼原を踏分、いまだ花もなき片里に来て、此仏に祈誓かけしは、[illegible]際限に富る代祈りつ。此御寺[illegible]

[illegible]

本朝永代蔵巻之一

初午は乗てくる仕合

天道言ずして国土に恵みふかし。人は実あつて偽りおほし。其心は本虚にして物に応じて跡なし。是善悪の中に立て、すぐなる今の御代をゆたかにわたるは、人の人たるがゆへに、常の人にはあらず。一生一大事身を過るの業、士農工商の外、出家神職にかぎらず、始末大明神の御託宣にまかせ、金銀を溜べし。是二親の外に命の親なり。人間長くみれば朝をしらず、短くおもへば夕におどろく。されば天地は万物の逆旅、光陰は百代の過客、浮世は夢幻といふ。時の間の煙、死すれば何ぞ金銀瓦石にはおとれり。黄泉の用には立がたし。然りといへども残して子孫のためとはなりぬ。ひそかに思ふに、世にある

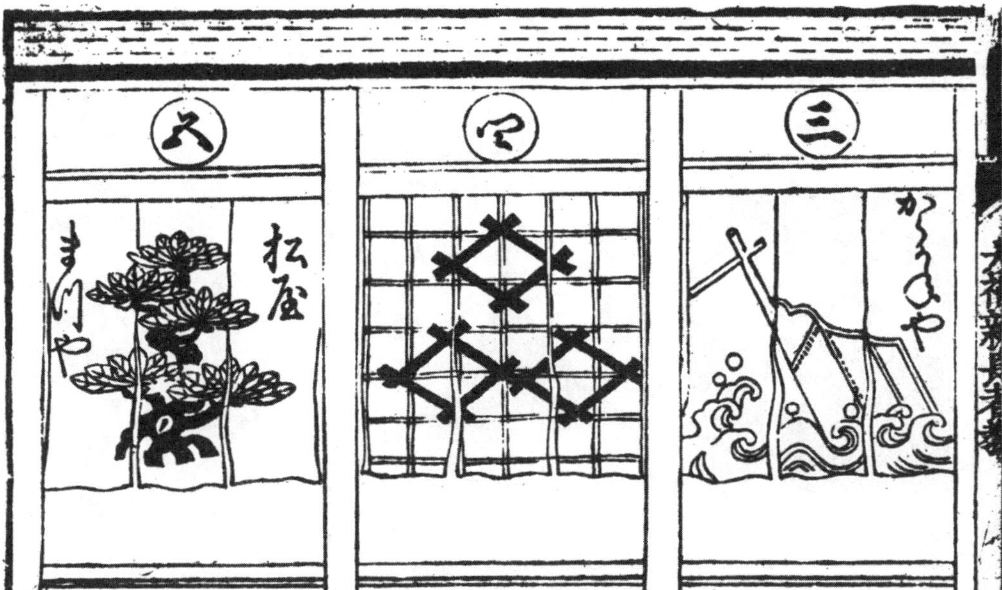

浪風静に神通丸
和泉にかくれなき商人
北浜に箸の先する女

昔は掛算今は当座銀
江戸にかくれなき出見世
[illegible]商売の種

世は欲の入札に仕合
南都にかくれなき松屋が跡式
後家は女の鑑となる商

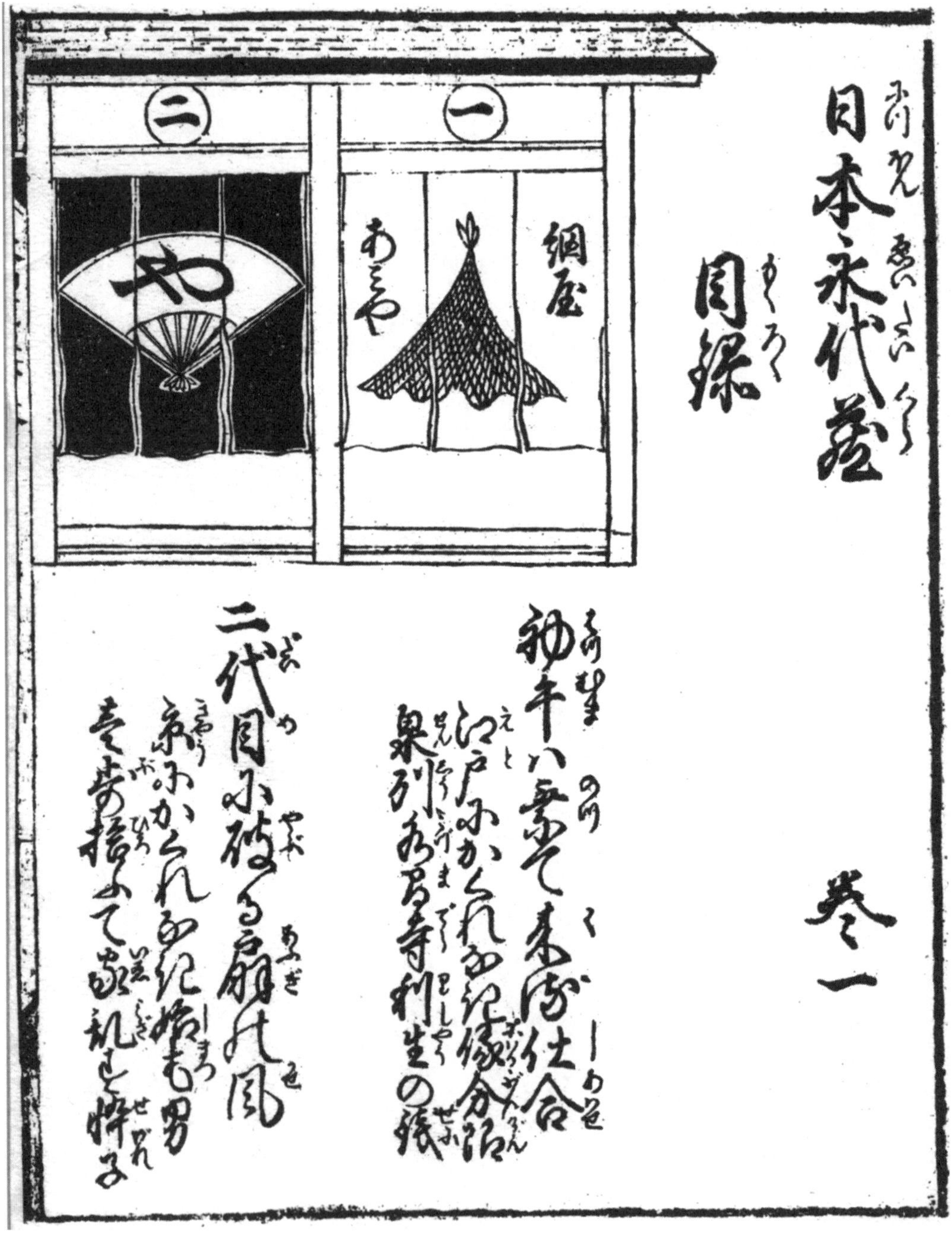

日本永代蔵

目録

巻一

初午は乗てくる仕合
江戸にかくれなき俄分限
泉州水間寺利生の銭

二代目に破る扇の風
京にかくれなき始末男
壱歩拾ふて家乱せし悴子

1 일본영대장 1

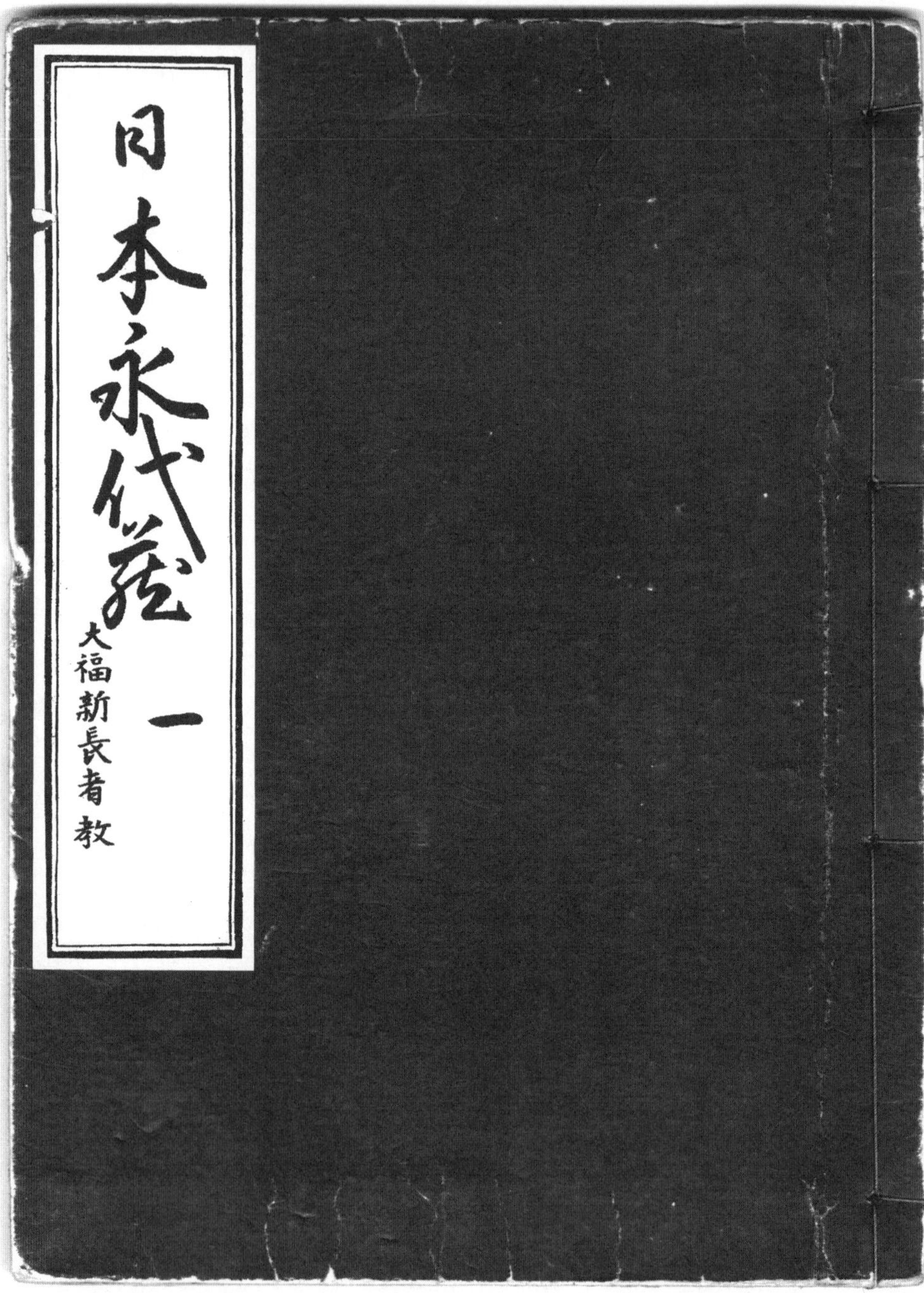